인터넷 소셜미디어 개론
: 이론과 사례

WCU 웹보메트릭스사업단 – 사이버감성연구소 공동기획, 박한우 편저

책 머리에

우리는 2000년 중반 이후 페이스북과 트위터를 선두로 한 소셜 미디어의 등장과 급속한 성장을 목격하고 있다. 이러한 현상은 과거 매스 미디어의 등장에서는 볼 수 없었던 것으로서 미디어를 좀 더 적극적으로 활용하려는 이용자들의 욕구를 반영하고 있다.

웹2.0시대, 이용자들의 관심은 단순히 미디어를 어떻게 수용하는가에 그치는 것이 아니라 어떻게 활용할 것인가에 더 기울어져 있다. 소셜 미디어에 대한 수많은 입문서들은 이 디지털 미디어를 좀 더 적극적으로 활용하려는 이용자 욕구를 충족시키기 위한 것이다.

이미 여러 입문서가 소개되었음에도 불구하고 이 책을 기획하게 된 데에는 기존 서적들이 충족시키지 못한 부분을 채우고 싶은 욕심 때문이다. 기존 입문서들의 특징을 크게 두 가지로 구분해보면, 하나는 언론 및 정보통신 분야 종사자의 실무 경험을 바탕으로 한 소셜 미디어 활용 컨설턴트이고, 다른 하나는 미디어 혹은 정치, 사회 등 특정 학문 분야의 관점에서 기술된 소셜 미디어 개론서이다. 각각의 장점에도 불구하고 전자는 실무 위주의 개론서라는 점에서, 후자는 특정 분야에 한정된 것이라는 점에서 소셜 미디어를 어떻게 포괄적으로 연구할 것인가에 대한 정보를 충분히 주지 못하였다.

이 책은 기존의 소셜 미디어 개론서에서 얻을 수 있는 부분은 줄이고, 기존 개론서가 다루지 않은 부분을 충분히 다룬다는 방향으로 기획되었다. 그리하여 미디어, 정치, 사회, 마케팅, 각 분야의 학자들과 소셜 미디어 실무자들을 저자로 초청하였으며, 소셜 미디어의 이론과 연구 사례, 그리고 소셜 미디어의 구체적 실용을 아우르고자 하였다. 이 점에서 이 책은 지금까지의 소셜 미디어 개론서보다 한 단계 더 나아간 소셜 미디어 연구 입문서이자 소셜 미디어 활용 지침서가 될 것으로 믿는다.

이 책은 크게 세 부분으로 구성되어 있다. 첫 번째 부분은 소셜 미디어를 전반적으로 소개한 개론 부분으로서, 소셜 미디어란 무엇인지, 소셜 미디어를 연구 대상으로 하거나 전략적으로 활용하기 위해 어떤 접근이 가능한지를 소개한다. 두 번째 부분에서는 소셜 미디어에 대한 학문적 접근을 통해 소셜 미디어의 특성을 이해하고, 정보 분석을 통해 소셜 미디어의 활용 전략을 모색해 볼 기회를 제공한다. 세 번째 부분에서는 소셜 미디어 관련 실무진들이 자신의 경험을 바탕으로 실무 활용 사례를 소개한다. 한편 부록에서는 소셜 미디어 일반 이용자들이 이미 공개된 이용자 정보 및 메시지를 활용하여 직접 해볼 수 있는 네트워크 분석 방법을 간단히 소개하고 있다.

이처럼 이 책은 전공자뿐만 아니라 일반 이용자에게 소셜 미디어에 대한 이론적 지식과 활용 전략을 구체적 사례와 함께 제공하는 한편, 구체적인 분석 툴 및 방법을 소개하여 이용자의 역량을 더욱 강화시킬 수 있는 지식을 제공한다. 웹 2.0시대에 이용자들은 콘텐츠 제작자로도 활약할 수 있는데, 앞으로는 여기서 더 나아가 자신들의 사이트를 방문하는 사람들을 분석하여 커뮤니케이션 전략을 세우는 커뮤니케이션 전문가 역할도 할 수 있게 될 것이다. 이 책은 가까운 미래의 창조적인 소셜 미디어 이용자를 키우는 유용한 지침서가 될 것이다.

각각의 글들을 살펴보면 다음과 같다. 조오지 바넷과 정정주의 글은 새로운 서비스의 등장과 성장, 그리고 소멸이 반복되어 왔던 인터넷 역사에 비추어 소셜 미디어의 진화 방향에 대해 짚어보고 있다. 김장현은 소셜 미디어의 의제설정 기능에 대해서 새로운 이론적 관점을 제시한다. 이연옥은 소셜 미디어의 역사적, 사회적, 문화적 맥락의 중요성에 대해 논하고 있으며, 문정훈 등은 소셜 미디어 시대, 사회적 정체성에 대한 이론적 시사점을 제시한다. 즉, 첫 번째 부분은 소셜 미디어를 통해 사회 네트워크를 형성하게 되는 현대 사회에서 사회적 의사소통 과정이 어떻게 형성되고 변형되는지에 대한 답을 모색해보고 있다.

경험적 접근을 통해 소셜 미디어의 특성을 제시하고 있는 두 번째 부분은, 윤호영 등이 기존 연구 논문들에 대한 분석과 종합적 논의를 거쳐, 소셜 미디어가 정치 지형과 정치 커뮤니케이션에 어떤 영향을 미치고 있는지를 보여주면서 시작한다. 이어서 남윤재 등이 2010년 6월 지방선거 사례를 바탕으로 소셜 미디어 소통과 선거 결과간의 관계성을 웹가시성 분석을 통해 보여주고 있다. 조성은 등의 논문들 역시 정치 커뮤니케이션에서의 소셜 미디어를 주제로 하고 있는데, 사례 분석을 통해 정부 부처의 소셜 미디어 소통 전략에 대한 방향을 살펴보거나, 2012년 대통령 선거를 앞둔 현재, 대권주자들이 소셜 미디어를 통해 구현하는 선거 캠페인의 커뮤니케이션 지형을 분석하고 있다. 특히 정부부처 사례 분석과 대권주자 정치 커뮤니케이션 지형 분석 논문은 누구나 이용할 수 있는 공개 툴을 통해 얻은 데이터를 이용했기 때문에, 소셜 미디어를 전략적으로 이용하고 싶은 사람들에게 좋은 본보기가 될 수 있을 것이다. 이 분석 사례 논문들을 참조하고, 부록에 소개되어 있는 소셜 네트워크 분석 툴을 활용하면 여느 학자 못지 않은 전문적 지식을 찾아낼 수 있을 것이다. 다음으로, 김지영 등은 일본의 트위터 기반 지역 포털 사이트를 소개하고 있는데, 이 논문에서 다룬 사이트들은 우리나라에서는 아직 볼 수 없는 것이라는 점에서 눈여겨볼 만하다. 마지막으로 온라인 광고/마케팅 회사인 The IMC 대표이사 전채남은 지방자치단체의 전국 규모의 행사 홍보 전략을 소셜미디어 활용이라는 관점에서 분석하고 있다.

세 번째 부분에서는 소셜 미디어 실무자들이 참여해 실용적 측면의 소셜 미디어 활용 전략을 제시하고 있다. 파워 트위터리안 중의 한 명이자 소셜 미디어 마케팅 회사 트윗캠프 (TwitCamp Korea)의 대표 신호철, 최초로 한국형 트위터 모임 서비스를 구현한 트윗애드온즈(Twitaddons) 서비스사 지우닷컴의 대표 김태견, 그리고 페이스북 관련 책을 여러 권 저술한 소셜 미디어 마케팅 회사인 페이스북 네트워크 (Facebook Networks) CEO 최규문이 참여했다. 이들의 글은 트위터의 비즈니스적 활용 전략, 트윗애드온즈 활용 방법 및 가치, 중소상공인의 페이스북 활용 사례와 그에 대한 제언 등을 담고 있다. 이들의 글은 소셜 미디어를 단순히 사회 관계를 관리하고 유지하는 수단이 아니라 비즈니스적 측면에서 활용해볼 수 있는 사람들에게 전문 컨설팅 이상의 정보를 제공하고 있다. 또한 대학생들에게는 소셜 미디어를 보다 능동적으로 활용할 수 있는 구체적 사례를 보여주는 동시에, 미래 Web2.0을 넘어선 세대가 맞부딪치거나 지향해가야 할 전망을 그려볼 수 있게 한다.

이 책에 실린 글이 모두 구체적 사례를 포함하고 있어 교재로 구입해 읽는 학생들이든, 소셜 미디어에 대한 전반적 지식을 얻고 싶은 일반인이든 누구에게나 쉽고 선명하게 다가갈 수 있을 것이다. 게다가 각 주제마다 그 주제와 관련된 논문들을 짧게 소개하고 있는 점도 이 책이 갖는 큰 장점 중 하나인데, 이 소개글들은 하나의 논문을 통해 얻은 지식이 다른 맥락에서 어떻게 응용될 수 있는지를 보여줌으로써 독자들의 지혜를 넓혀줄 것이다.

끝으로, 이 지면을 통해 이 책의 취지를 듣고 선뜻 소중한 원고들을 보내 준 저자들에게 감사를 표한다. 이들은 기존 소셜 미디어 개론서가 놓치고 있는 부분을 메워 보고 싶다는 편저자의 취지에 공감하여 기꺼이 참여한 분들이다. 이 분들 덕분에 이처럼 알차면서도 흥미로운 소셜 미디어 개론서를 출판할 수 있었다. 개론서 하면 보통은 내용의 깊이가 깊지 않거나 흥미가 떨어지기 십상인데, 이 소셜 미디어 개론서는 연구자와 실무진들이 생생한 사례와 함께 소셜 미디어에 대한 다양한 특성과 전략을 제시하고 있어서 여느 개론서와는 달리 내용이 풍부하고 흥미롭다. 이러한 책을 출간하는 데 함께 해 준 저자들에게 다시 한 번 감사를 표한다.

2011년 9월

저자를 대신하여 박한우 씀

목차

Part 1 인터넷 소셜 미디어 이론

012 *Chapter 1.* 커뮤니케이션 및 소셜 미디어의 진화 : 문화 컨버전스 측면에서

032 *Chapter 2.* 소셜 미디어와 전통적 미디어의 역할 변동에 관한 이론적 고찰

044 *Chapter 3.* 사회적인 나 : SNS에서의 사회적 정체성

074 *Chapter 4.* 소셜 미디어 연구에 있어 맥락(context)이 갖는 중요성

Part 2 사례 연구 논문

088 *Chapter 5.* 인터넷 시대의 정치와 정치담론 : 분석과 전망

112 *Chapter 6.* 정치 선거운동 기간 동안 온라인 플랫폼에 따른 웹가시성 계량분석
: 2010년 6월 지방선거를 중심으로

128 *Chapter 7.* 트위터를 통해 본 대권주자들의 소통 유형

7-1. 한국에서 나타난 마이크로 블로깅과 정치현상 사이의 상호 작용
: 서울시장 예비후보토론회를 중심으로

7-2. 한국과 대만 대선후보자들의 페이스북 사용에 관한 탐색적 연구

7-3. 갈릴레오 모델을 통한 유력 대선후보들에 대한 인지도 조사

178 *Chapter 8.* 웹2.0 시대 소셜 미디어를 이용한 정책 홍보 전략
: 농림수산식품부의 트위터 활동을 중심으로

218 *Chapter 9.* 일본의 지역기반 소셜 미디어 이용 동향에 관한 연구 : 트위터를 중심으로

9-1. 한국과 일본의 트위터 이용, 지역적인 측면에서 차이가 있을까?

9-2. 위기 상황에서의 트위터 영향력 : 일본 지진 당시 트위터 메시지 분석 결과

242 *Chapter 10.* SNS를 활용한 지방자치단체 커뮤니케이션 방안에 관한 연구
: 대구시의 SNS활용을 중심으로

Part 3 실제 적용 사례

266 *Chapter 11.* 중소상공인의 비즈니스 플랫폼으로서 페이스북 활용사례 분석
: 페이스북 활용 실태에 관한 연구 활성화 제언

300 *Chapter 12.* 트위터의 이해와 비즈니스적 활용
12-1. 아이돌 네트워크 : 아이돌 그룹 멤버 간 연결 관계는 팬 관계에 도움이 되는가?
12-2. 농식품 분야의 SNS활용 : '도토리속 참나무' 의 신선육 마케팅 성공 사례

336 *Chapter 13.* 트위터의 가치와 트윗애드온즈 활용방법
13-1. 개인의 동기가 네트워크 구조를 설명하는가?
: 트윗애드온즈 온라인 공동체 비교연구

부록

359 *Appendix A.* NodeXL을 이용한 소셜 미디어 분석

373 *Appendix B.* Webometric Analyst 를 이용한 소셜 미디어 분석

389 *Appendix C.* 저자 소개

인터넷 소셜 미디어 이론

part 1

Internet Social Media

Chapter 1. 커뮤니케이션 및 소셜 미디어의 진화 : 문화 컨버전스 측면에서
Chapter 2. 소셜 미디어와 전통적 미디어의 역할 변동에 관한 이론적 고찰
Chapter 3. 사회적인 나 : SNS에서의 사회적 정체성
Chapter 4. 소셜 미디어 연구에 있어 맥락(context)이 갖는 중요성

01 part 1

커뮤니케이션 및 소셜 미디어의 진화 :

문화 컨버전스 측면에서*

글 · George A. Barnett (캘리포니아대학교 교수-데이비스)
정정주 (뉴욕주립대학교 강사-버팔로)

최근 동아시아에 페이스북, 싸이월드, 그리고 트위터와 같은 소셜 네트워크 사이트(SNS)가 관심을 받으면서 소셜 네트워킹 열풍이 불고 있다. 학계에서는 사람들이 소셜 미디어를 활용하여 인간 관계를 어떻게 증진하고 정치 체제에 어떤 영향을 미치는지, 혹은 직업을 구하고 신뢰를 증진하며 새로운 제품을 거래하는 데 소셜 미디어가 어떻게 이용될 수 있는지에 대해 많은 연구가 진행되고 있다. 한국에서 싱가포르에 이르기까지 SNS는 아시아 사회의 근간을 변화시키고 있는 것처럼 보인다. 그 영향은 사회 각지에 확산되고 있는 것 같다.

그러나 영원한 미디어는 없다. 커뮤니케이션 학문의 용어를 빌리자면, 미디어는 수용된 뒤 버려진다. 즉 미디어의 사용이 중단된다는 것이다. 전통적인 사례로 1950년대 미국 내 텔레비전이 대중화되면서 영화관 이용률과 라디오 청취율이 감소하고 대

* 본 원고는 Journal of Contemporary Eastern Asia에 발표된 George Barnett(2011) 교수의 논문을 바탕으로 재구성하였습니다.

중 잡지의 구독율이 하락한 사실을 들 수 있다. 21세기의 새로운 미디어인 인터넷이 활성화되면서 텔레비전의 광고가 감소하고 시청률이 하락한 데서 보듯 이제는 미디어 시장에서 텔레비전의 영향력이 줄어들고 있다. 온라인 신문을 구독하는 독자가 증가하는 만큼 종이 신문을 구독하는 이용자들이 감소하고 있는 것도 일반적인 미디어 수용–확산–퇴보 과정과 맥을 같이 한다.

커뮤니케이션 및 지식 · 정보 기술 분야에서 이러한 수용 · 거부 과정을 '미디어 대체(media substitution)' 라고 부른다. 새로운 매체가 등장함에 따라 기존 매체에 대한 사람들의 사고 방식은 재구성되는데 이러한 미디어 대체는 전이(displacement)와 보충(supplementation)이라는 두 가지 방식으로 나타난다.

'미디어 전이' 는 우월한 콘텐츠, 기술상의 이점, 그리고 비용의 효율 등의 요인에 의해 발생한다(Lin, 2001). 실제로 TV는 화면을 제공하기 때문에 그렇지 못한 라디오를 대체한 바 있다. 대중들은 새로운 테크놀로지가 기능적으로 우월할 경우 기존의 테크놀로지를 버리는데, 이 빈자리를 새로운 테크놀로지가 대신하게 되는 것이다. 다시 말해, 새로운 미디어의 기능 또는 컨텐츠가 보다 뛰어나고, 비용이 저렴하며, 사용하기 편하다고 사람들이 인지하는 경우에 기능적으로 유사한 기존의 미디어는 대체되는 것이다. Chon, Park, Rosen, Barnett(2001)은 인터넷이 데이터 전송, 비동기화 및 비용에서 갖고 있는 기술상의 장점 덕분에 기존의 전화를 대체한다고 보았다.

Kayany와 Yelsma(2000)는 온라인 미디어를 이용함에 따라 TV나 신문을 적게 이용하고 가족간의 대화가 줄어드는 대체 효과를 확인하였다. 그러나 미디어들 사이의 기능적 동일성으로 인해 시간의 흐름에 따른 대체 효과가 나타나지 않고 있는 것이 사실이다. 인터넷 이용자들은 이러한 대체를 아직 경험하지 못했다. 지금까지 연구 결과는 새로운 미디어의 수용이 기존 테크놀로지를 이용하는 시간을 오히려 증가시키는 '미디어 보충' 을 보여준다. 물론, 이는 새롭게 등장한 정보 기술이 기존에 사용하는 것과 기능적으로 유사한지 여부에 따라 다르다. 미디어 테크놀로지가 완전히 사라지는 경우는 거의 없는데, HD 라디오나 텔레비전의 경우에서와 같이 컨텐츠 제공 또는 전달 시스템을 개선 또는 갱신함으로써 기술은 시장에서 살아남을 수 있게 된다.

뉴미디어 테크놀로지로서 등장한 인터넷 기반의 소셜 미디어는 전화나 면대면 만남, 그리고 전통적인 대중매체를 대체할 수 있도록 보다 편리하고 저렴한 커뮤니케이션 채널을 제공한다. 뉴미디어의 초기 수용자들에게 전통적인 미디어의 이용과 인터넷의 이용 사이에는 큰 연관이 없다. 게다가 인터넷을 이용하는 사람들은 그렇지 않은 사람보다 다른 미디어를 더 자주 사용하며 사회 활동에 보다 적극적이다. 이들은 보다 많은 책을 읽고 더 자주 전시회에 간다. 또한 영화관에 더 자주 갈 뿐만 아니라 스포츠도 더 많이 관람하거나 실제로 즐긴다. 물론 뉴미디어와 전통적인 미디어 사이의 관계는 이용자의 특성에 따라 다르게 설정된다. 그동안 얼리어댑터였던 사람들 사이에서는 인쇄된 미디어의 사용과 인터넷의 이용이 관련있는 것으로 나타났다. 이들의 소득과 교육 수준은 상대적으로 높다. 그런데 얼리어댑터가 보여준 이러한 상관관계는 인터넷을 늦게 시작한 사람들 사이에서는 점차 사라지고 있다.

최근 Nam과 Barnett(2010)은 다양한 미디어 대체 · 대용 효과를 측정하기 위해 한국인의 국내/국외 서신과 집전화, 텔렉스, 휴대전화, 텔레비전, 그리고 인터넷 사용 추이에 대한 종단적 연구를 실시하였다. 그 결과에 따르면, 국내 서신 및 국제 전화가 기하급수적으로 성장하거나 도입되는 반면에, 국제 서신, 국내 집전화, 그리고 텔렉스의 사용은 점차 줄어들고 있었다. 연구의 상관관계 결과는 새로운 미디어가 국제 서신, 국내 집전화 및 텔렉스를 대체하고 있지만, 국내 서신 또는 국제 전화를 대체하지는 않고 있다는 것을 보여준다. 마지막으로 텔레비전, 휴대전화 및 인터넷은 각각 기술 확산-보충이라는 전형적인 성장 단계에 있었다. 다양한 매체들이 다양한 방식으로 상호작용을 하고 있는 것이다. 뉴미디어는 전통적인 매체가 수행하던 기능과 동일한 기능을 수행함으로써 기존의 매체를 대체하거나 혹은 커뮤니케이션 과정에서 자신의 역할을 통해 기존의 테크놀로지를 보충할 수 있다.

소셜 미디어의 진화

이러한 추세에 발맞추어, Matt Weber와 Peter Monge는 소셜 네트워크가 여러 분야에서 활발하게 이용되는 진입 단계에서 나타날 것으로 예상되는 SNS의 진화를 조직-네트워크의 진화론적 관점에서 관찰하였다. 그들은 다양한 홈페이지 사이에서의 변화와 그 전개를 기술하면서 서비스-기업-웹사이트가 인터넷 사용자 공동체와 같은 조직적인 커뮤니티를 통해 관련을 맺고 있다고 분석한다.

이를 통해 제기되는 질문은, 향후 소셜 미디어가 어떻게 진화할 것인가이다. 21세기가 도래하기 전부터 인터넷에서는 홈페이지 열풍이 불었고 곧이어 블로그 서비스가 확산되었다. 1999년 싸이월드로 대변되는 미니홈피 서비스가 한국에서 시작된 이래, 2000년대 중반부터 페이스북, 마이스페이스와 같은 개인 가상 공간이 전세계를 강타하였다. 2009년은 트위터의 시대로, 트위터는 이란이나 이집트와 같은 중동에서조차 (시민의식 성장과 민주주의를 위해) 정보를 획득하고 전파하는 새로운 커뮤니케이션 매체 역할을 하였다. 트위터가 끝이 아니다. 현재 더 짧은 내용으로 더 자주 접속하는 블리퍼(Bleeper) 서비스가 준비중이다. 구글의 소셜 네트워크 서비스인 구글플러스가 내년 중으로 미국에서 트위터와 LinkedIn을 제치고 페이스북에 이어 2위 SNS로 올라설 것이라는 전망도 있다. 소셜 미디어 분야에서도 새로운 매체의 등장은 막을 수 없고 영원한 테크놀로지도 없는 것이 아닌가?

자료 : Compete.com(2011)

	Rank Stie	UV	Monthly Visits	Previous Rank
1	facebook.com	68,557,534	1,191,373,339	2
2	myspace.com	58,555,800	810,153,536	1
3	twitter.com	5,979,052	54,218,731	22
4	fixster.com	7,645,423	53,389,974	16
5	linkedin.com	11,274,160	42,744,438	9
6	tagged.com	4,448,915	39,630,927	10
7	classmates.com	17,296,524	35,219,210	3
8	myyearbook.com	3,312,898	33,121,821	4
9	livejournal.com	4,720,720	25,221,354	6
10	imeem.com	9,047,491	22,993,608	13
11	reunion.com	13,704,990	20,278,100	11
12	ning.com	5,673,549	19,511,682	23
13	blackplanet.com	1,530,329	10,173,342	7
14	bebo.com	2,997,929	9,849,137	5
15	hi5.com	2,398,323	9,416,265	8
16	yuku.com	1,371,551	9,358,966	21
17	cafemom.com	1,647,336	8,586,261	19
18	friendster.com	1,568,439	7,279,050	14
19	xanga.com	1,831,376	7,009,577	20
20	360.yahoo.com	1,499,057	5,199,702	12
21	orkut.com	494,464	5,081,235	15
22	urbanchat.com	329,041	2,961,250	24
23	fubar.com	452,090	2,170,315	17
24	asiantown.net	81,245	1,118,245	25
25	tickle.com	96,155	109,492	18

〈표 1〉 방문자 기준 소셜 네트워트 서비스 사업자 순위

그렇다면 소셜 미디어의 미래는 어떠할 것인가? 오늘날의 페이스북 또는 싸이월드처럼 영원히 유행할 수는 없으며 나중에는 사용이 중단되거나 다양하게 변화할 것이기 때문에 결국 사라질 것으로 예상된다. 기능이나 콘텐츠 면에서 보다 뛰어나고 비용이 효율적이며 편리한 뉴미디어가 오늘날의 소셜 미디어를 대체할 것이다. 실제로 Alexa.com(2010)의 최근 데이터에 따르면 마이스페이스, 클래스메이트(Classmates.com), Linkedin 그리고 싸이월드와 같은 소셜 네트워크 사이트의 이용률이 전반적으로 감소하고 있다는 것을 알 수 있다. 〈그림 1〉에서 보듯이 싸이월드는 지난 3개월간 사용자 당 페이지 뷰가 22% 감소하였고 사이트 방문 시 사용 시간은 13% 감소한 것을 알 수 있다. 2008년 중반과 2009년 중반 사이에 사용자 당 페이지 뷰는 18에서 20회 사이였으나 지금은 방문 1회당 평균 페이지 뷰가 약 8회 정도이다. 2008년 싸이월드의 경우 방문 1회당 이용시간은 평균 20분이었고 2009년 1월에 최대치를 기록하였으나 현재는 6분 이하로 떨어진 상태이다. (〈그림 2〉 참고)

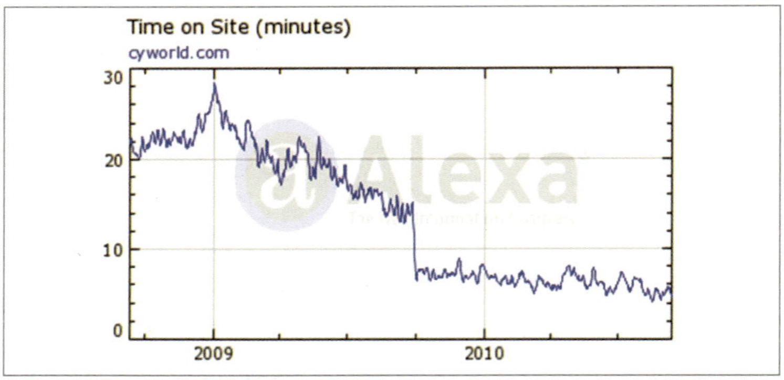

〈그림 1〉 싸이월드 사용 시간

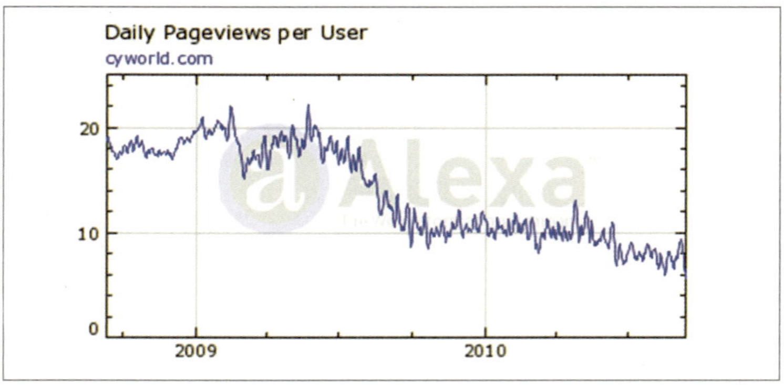

〈그림 2〉 사용자별 싸이월드 1일 페이지 뷰

싸이월드와 같은 급격한 감소는 아니지만 페이스북도 동일한 추세를 보이고 있다. 지난 3개월간 페이지 뷰가 6% 감소하여 13회를 기록하였으며 사용 시간 또한 줄어들고 있다. 미디어 시장조사 기관인 Comscore(2011)의 연구결과에 따르면, 페이스북 이용자 수와 이용 시간이 계속 줄어들 가능성이 높은 것으로 나타났다. 여기서 주목할 만한 것은 페이스북 사용자의 인구 구성이 학생에서 성인 여성층 등 전통적으로 기술을 늦게 수용하는 사람들로 변하고 있다는 점이다(Rogers, 2003). 그러는 사이 얼리어댑터들은 다른 매체로 옮겨가고 있다.

또한 최근 트위터가 받은 관심에도 불구하고 지난 1년 반 동안 사용자당 페이지 뷰가 10회에서 6.5회로 줄어들었으며 사이트 사용 시간도 하루 10분에서 8분 이하로 감소하였다. 지난 1년간 사용자당 페이지 뷰는 정체되었고 사용시간은 오히려 줄어들었다(그림 3 참조). 미국의 경우만 봐도 2011년 1월 이후 트위터 계정을 갖고 있는 사람들 중에 거의 절반(47%)이 트위터 서비스를 활발하게 이용하고 있지 않다(Comscore, 2011).

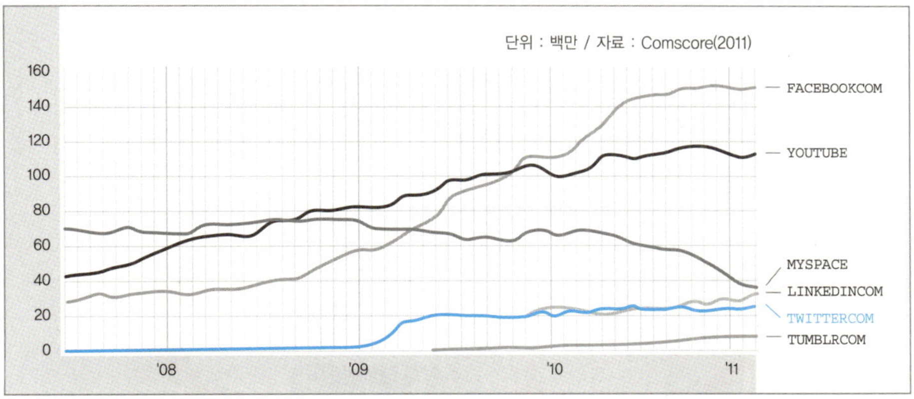

〈그림 3〉 SNS 서비스의 미국 내 트래픽 변화

어떻게 소셜 미디어를 연구할 것인가?

Ellen Wartella와 Byron Reeves(1985)는 오늘날 우리가 시각적으로 진기한 물건이라 부르는 새로운 매체(책, 신문, 영화, 라디오, 만화 포함)와 텔레비전이 등장할 때, 이들이 사회를 바꿀 수 있는 잠재력이 어느 정도인지, 즉 사회를 유토피아 또는 디스토피아로 바꿀 수 있는지, 미디어의 이용 방안과 그 영향은 무엇인지에 대한 논쟁이 다시금 일어나게 된다고 주장했다. 학자들은 커뮤니케이션 현상을 이해하기 위한 연구방식을 토대로 뉴미디어를 연구한다. 미디어 연구에 대한 이러한 접근방법은 한 시대의 대중 매체에서부터 이를 능가하는 다른 매체에 이르기까지 계속되어 왔다.

예를 들어, Haddon과 Kim(2007)은 사람들이 (특히 여성들이) 싸이월드를 사용하여 기존의 사회 네트워크 내에서 타자와의 관계를 어떻게 강화하는지를 설명하였다. Jang, Yoon, McClung(2007)은 특히 여학생과 젊은 전문직 종사자들이 어떻게 싸이월드를 사용하여 자신을 표현하는지 또 그것을 사용하는 이유가 무엇인지를 이용과 충족 이론의 관점에서 분석하였다. 그들은 미디어 이용 동기로 즐거움, 자기 표현, 전문성 개발, 여가 활동 그리고 친구나 가족들과의 소통을 꼽았다.

그런데 커뮤니케이션의 과정과 미디어의 역할에 관한 소셜 미디어 연구를 통해 우리가 알게 된 것은 무엇일까? 사회과학자로서 우리의 목표는 단순히 개인의 특정 매

〈그림 4〉 소셜 미디어에 대한 연구

체 사용 현황을 설명하는 것이 아니라 인간의 인지 및 행동에 관한 이론을 수립, 평가하는 것이다. 그리고 우리는 단순히 현재의 소셜 미디어와 연계된 이론을 발전시키려는 것만이 아니라 일반적인 커뮤니케이션 과정을 예측, 설명 및 제어하고자 한다.

소셜 미디어 연구를 통해 무엇을 알게 되었는가?

질문을 다시 해보자. 소셜 미디어에 대한 구체적인 연구를 통해 인간의 커뮤니케이션에 관하여 우리는 무엇을 알게 되었는가? 이 질문에 대해 컴퓨터를 활용한 대인 커뮤이케이션 분야의 대표적인 학자인 Joe Walther는 CMC(Computer-Mediated Communication, 컴퓨터 매개 커뮤니케이션) 연구를 통해 우리가 알게 된 다섯 가지를 다음과 같이 제시한다.

● 인간은 알려지고자 한다

시각 및 청각적 익명성을 통해 사람들이 인구통계학적 신원을 어떻게 드러내지 않는가에 대한 논쟁이 인터넷 초창기에 있었다. 그런데 사람들은 언어 표식(언어 문체, 철자, 구) 등을 사용하여 성별, 인종 및 기타 개인의 특성을 드러낼 수 있다고 알려졌다. 이러한 예의 상당수는 인터넷에서 친구 맺기를 도와주는 온라인 사이트를 찾는 이들의 경우를 통해 알 수 있다. 사람들은 온라인 상에서 자신을 드러내는 것을 막을 수 있는 여러 옵션이 있음에도 불구하고 스스로 사회적 신분이나 개인의 특성을 드러내고 싶어한다.

● 코드 시스템은 흐른다

커뮤니케이션에 관한 다수의 연구 자료를 보면 비언어 커뮤니케이션은 감정, 정서, 선호도, 관심 및 변심, 그리고 리더십 · 카리스마의 표현에 많이 사용되고 있다. 그런데 비슷한 가설을 세운 CMC 연구 결과에 따르면, 사람들은 비언어적 단서를 활용하지 못하는 대신에 신체와 목소리를 사용할 수 있다면 언어가 비언어의 역할을 대신하게 된다. 이는 시각장애인이 청각 신호에 더욱 의존하는 것과 마찬가지다. 다양한 방식의 실마리를 사용하는 것보다 하나의 도구에 의존해야 한다면 이해를 하기 위해 보다 많은 시간과 노력이 필요할 것이다. 그러나 이 경우에 이해의 신뢰성이 감소된다는 증거는 발견되지 않았다.

• 사람들은 의사소통 상에서 구두쇠이다

사람들은 (다음의 두 가지 모두를 사용할 수 있고 의사소통 과정이 특별히 득이 되지 않을 경우에) 매체를 사용하는 커뮤니케이션보다 직접 얼굴을 보면서 하는 커뮤니케이션 행위를 더 선호한다. 그러므로 CMC가 객관적으로 볼 때 효과적이지만 사람들은 그것이 단순히 더 많은 노력을 필요로 하기 때문에 직접 얼굴을 맞대는 것보다 효과적이지 않다고 생각하게 된다.

• 사람들은 규칙을 따르는 사람을 신뢰하고 좋아한다

커뮤니케이션 효과에서 다수의 규칙(예, 자주 작성하며 명쾌함)이 가상 그룹의 관계형성에 도움이 되는지에 대한 연구가 있었다. 흥미롭게도 자신이 규칙을 준수하는지에 대해 스스로 보고한 것과 다양한 결과들 사이에는 상관관계가 거의 없었다. 그러나 집단의 다른 구성원들이 정해진 룰을 따른다는 것은 그들의 활동에 대한 신뢰, 사회적 관심, 그리고 자질과 밀접한 상관관계가 있었다. 이러한 사실은 실제 환경보다 가상 환경에서 더욱 두드러진다.

• 사람들은 대인관계의 위험에서 취약성을 피하려고 한다

사람들은 온라인 데이트 사이트에서 신청한 데이트가 거절당한 경우에 상대방에게서 받는 불안감 및 당혹함을 줄일 수 있다. Walther 교수는 사람들간의 상호작용이 서로에게 널리 알려져 있을 때에는 사진과 비디오가 일반적으로 사용되는데 이는 소셜 미디어 환경에만 국한된 것이 아니라고 보았다. 심지어 싸이월드의 경우, 사람들은 감정을 교류하기 위해 자신의 미니홈피에 음악을 올린다. 이러한 예들은 대인관계에 있어 소셜 네트워크 서비스가 다른 형태의 CMC를 대체할 수 있는 기능상의 장점 때문일 것이다.

이상의 논의에 한 가지 항목을 더 추가해 보자. 이는 소셜 네트워크 서비스가 전파되기 이전부터 우리가 알고 있었으나 그 수용 및 확산으로 인해 더 분명해진 내용이다.

● 의사소통은 컨텍스트를 기반으로 한다

사람들은 소셜 네트워크에 구조적으로 포함되어 있다. 전통적으로 많은 커뮤니케이션 이론이 설득과 이행에 초점을 두고 있었다. 대부분의 이런 연구들은 다양한 이론상의 가설, 가정을 테스트하여 메시지가 미치는 효과를 판단하기 위하여 실험 연구를 하였다. 그런데 일반적으로 이러한 접근방식은 사회적 맥락과 소셜 네트워크를 구성하는 개개인에 의해 사회적 영향이 미치는 과정을 무시하였다. 최근 페이스북(Stefanone 외, 2011; Wang 외, 2010), 블로고스피어(Park & Jankowski, 2008; Park & Thelwall, 2008; Lazer 외, 2009), 하이퍼링크 웹 페이지(Kim, Barnett, & Park, 2010) 및 트위터(Smith, 2010)에 관한 연구들은 개인이 소셜 네트워크에 구조적으로 포함되어 있다는 것이 정보를 받아들이고 그에 따라 행동하는 데 어떤 영향을 주는지에 관해 초점을 맞추었다. 이 연구들은 SNS에서 한 사람의 위치를 통해 정치인이 어떤 방식으로 선거에 참여하고, 이타적인 활동을 하며, 정치 활동에 참여하는가를 알아보고자 하였다. CMC 연구를 통해 우리가 무엇을 알 수 있는가에 관한 지금까지의 논의는 〈표 2〉와 같이 요약할 수 있다.

1	인간은 알려지고자 한다
2	코드 시스템은 흐른다
3	사람들은 의사소통 상에서 구두쇠이다
4	사람들은 규칙을 따르는 사람을 신뢰하고 좋아한다
5	사람들은 대인관계의 위험에서 취약성을 피하려고 한다
6	의사소통은 컨텍스트를 기반으로 한다

〈표 2〉 소셜 미디어 연구를 통해 배운 인간 커뮤니케이션의 특징

지금의 논의가 새로운 소셜 미디어를 사용하는 새로운 연구방법을 개발하지 않았다는 것은 아니다. 다만 그동안의 연구방법이 현상을 이해하는 관점을 제공하는 이론(theory)과는 별개이며 새로운 소셜 미디어가 우리가 알고 있는 만큼 실제로 사회나 세상을 변화시켜오지 않았다는 것이다. 페이스북, 싸이월드, 블로그 그리고 트위터에 관한 이 모든 연구들은 인간의 커뮤니케이션과 우리 사회를 이해하는 데 어떠한 기여를 하였는가?

Danah Boyd와 Nicole Ellison은 SNS 연구에 관한 2007년 리뷰에서 다음과 같이 결론을 내렸다.

… 지금의 연구들이 시사하는 바에 따르면, 소셜 네트워크 서비스 대부분은 주로 이미 존재하는 사회적 관계를 지원한다… 네트워크화된 행위들은 사람들이 자신을 어떻게 드러내고 (아니면 숨기고) 다른 사람과 연결되는지 등 일상 생활이나 행위들을 반영하거나 지원, 혹은 변화시킨다고 분석한다. 한국에서 싸이월드는 생활의 일부가 되어 가고 있다. Choi(2006)의 연구결과에 따르면, 설문 응답자 중 85%가 싸이월드를 사용하는 주요 이유로 기존의 소셜 네트워크를 유지 및 강화하기 위해서라고 밝힌 바 있다.

많은 사람들의 상호 교류 및 금융 거래가 인터넷 상에서 이루어지고 있기 때문에 뉴미디어는 사회과학자나 정보학자들에게 기존의 사회 이론을 평가할 수 있는 여러 기회를 제공한다. 예컨대 인터넷이 존재하기 이전에 공통/개인의 가치가 입찰 과정에 미치는 역할에 관한 이론을 테스트 하기에는 경매 건수가 부족하였으나 인터넷을 활용한 경매가 가능해지면서 이베이(Ebay) 웹사이트의 데이터 정보를 이용하여 경매에 관한 특정 경제이론들을 테스트 할 수 있게 되었다(Vishwanath & Barnett, 2005).

또한 소셜 미디어에 관한 연구는 기존의 여러 커뮤니케이션 모델에 이의를 제기할 수 있도록 했다. 예를 들어, 페이스북 담벼락(Wall)의 생일축하 메시지는 개인들 그리고 대중들 사이의 의사소통을 위한 유쾌한 결합을 보여준다. 이러한 하이브리드 형태의 커뮤니케이션을 연구함으로써 우리는 관련 모델을 더욱 흥미로운 방식으로 개발할 수 있을 것이다. 분명한 점은 정치적 커뮤니케이션의 과정에 대한 우리의 이해가 소셜 미디어가 등장하면서 크게 변하고 있다는 것이다.

아직 변화 중인가? Malcolm Gladwell은 2010년 뉴요커지 기사를 통해 2009년 독재정부에 반기를 든 몰도바의 시위나 이란을 뒤흔든 학생 시위에서 페이스북과 트위터가 큰 역할을 한 것은 아니라고 주장하였다. 이러한 일련의 사건들은 전통적인 사회 조직의 결과이지 소셜 미디어에 관한 거대한 열망의 결과는 아니라는 것이다.

국제 통신 네트워크

George Barnett은 지난 30년간 세계화의 과정에서 국제 커뮤니케이션 네트워크와 그 역할을 연구해왔다. 그 결론을 말한다면? 세계체제론의 관점에서 전세계 커뮤니케이션 구조는 국제 교역 구조와 상당히 유사하다. 즉, 산업 기반 경제에서 정보 기반 경제로 부의 생산 방식이 변화하였지만 세계 경제 구조는 변하지 않았다.

일반적으로 글로벌 커뮤니케이션 네트워크는 중심(에 위치하는) 국가 및 주변(에 위치하는) 국가와 함께 지역을 기반으로 하는 클러스터 국가로 구성되어 있다. 중심 국가들로는 중국, EU(독일, 프랑스, 이탈리아, 스페인), 북미(미국, 캐나다, 멕시코) 및 영어권 국가(영국, 인도)로 이들은 서로 광범위한 연계를 맺고 있다. 한국의 경우 중국과 연결되어 있으면서도 미국이나 캐나다 같은 북미 국가와 더욱 밀접한 관계를 맺고 있다. 주변에 위치하는 국가들은 라틴아메리카, 아랍(중동), 중화문화권 내 동남아시아, 그리고 구소련연방 국가들이 지역 클러스터를 이루고 있다.

〈그림 5〉에서 보듯이 주변국가들 중에서 보다 잘 사는 국가들은 중심에 위치하는 국가들과 더 긴밀히 연결되어 있으면서도 주변에 위치한 국가들을 묶는 준주변 국가의 역할을 하고 있다. 이러한 상황은 세계체제론과도 맥을 같이 한다. 예를 들어, 사우디아라비아와 아랍에미레이트(UAE)는 아랍국가 중에서 가장 중앙에 위치하였고 브라질과 러시아는 각각 지역 클러스터의 중심국가로서 다른 남미 국가들이나 구소련연방 국가들과 가장 많이 연결되어 있었다.

세계화는 지금까지 30년 이상 천천히 진행되어 왔다. 글로벌 커뮤니케이션 네트워크는 연 0.9%의 비율로 밀도가 증가했다. 그러나 밀도의 트렌드는 단조롭지 않다.

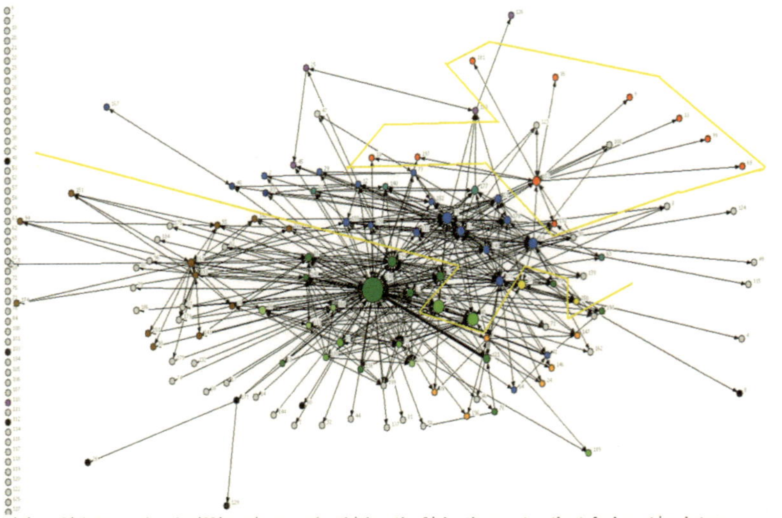

〈그림 5〉 국제 커뮤니케이션 네트워크

1990년대 중반까지 네트워크의 밀도가 증가하여 최고치를 기록했을 때 구소련연방이 해체되었다(Barnett, 2001). 그 후 21세기에 들어서면서 밀도가 낮아졌다. 이 결과는 아마도 홍콩이 중국으로 재편입되면서 영국과의 관계가 약화된 일 등에 기인하는 것으로 보인다(Barnett, 2004). 2000년 이후 네트워크의 밀도는 상대적으로 안정되었다(〈그림 6〉 참고).

또한 지난 12년간 네트워크의 중심 지역 내 국제전화 통화량이 소폭으로나마 꾸준히 증가하고 있는데 이는 네트워크가 보다 집중화되고 있다는 것을 의미한다. 세계체제론 논의와 일치하는 이런 변화는 국제전화 비용이 감소하고 저렴한 휴대전화 서비스가 확산되면서 해외 근로자들이 본국에 더 많이 전화를 한 것이 주요 원인으로 분석된다.

Park, Chung, Barnett(2011)은 전세계 하이퍼링크 네트워크 연구에서 이전과 유사한 구조를 발견하였다. 이 결과는 〈그림 7〉에 나타나 있다. 글로벌 하이퍼링크 네트워크의 중심부는 미국, 영국, 독일, 프랑스, 이탈리아, 일본, 캐나다, 그리고 스페인이 차지하였고 네트워크 주변부는 아프리카, 아시아, 그리고 라틴아메리카의 약소국이 위치하였다. 흥미롭게도 가까운 지리적 위치, 동일한 언어, 유사한 문화를 바탕으

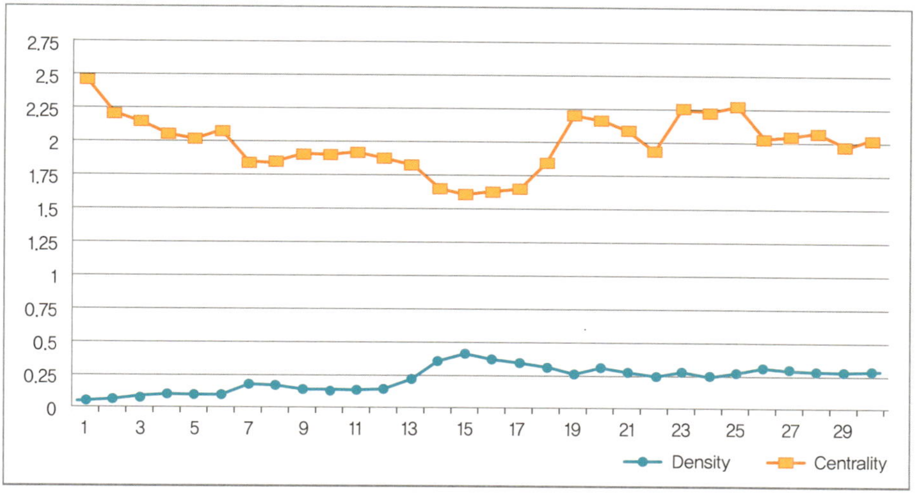

〈그림 6〉 커뮤니케이션 네트워크의 세계화 경향

로 한 지역 클러스터가 네트워크의 준중심부에 등장하였다. 이 연구에서도 한국은 다른 국가들보다는 미국과 더 밀접한 관계를 맺고 있었다.

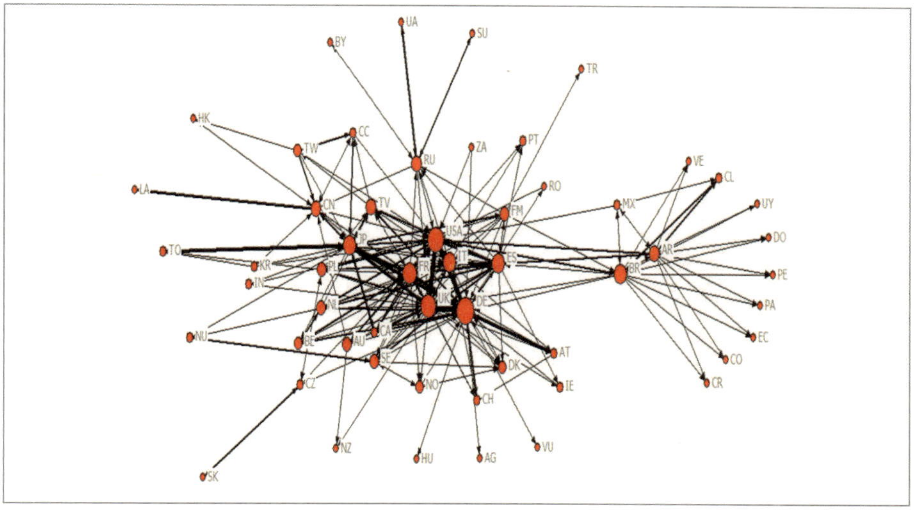

〈그림 7〉 2009년 글로벌 하이퍼링크 네트워크 구조

이들은 야후와 Michael Thelwall(2009)이 개발한 사회과학 웹 분석 도구인 LexiURL Searcher를 활용하여 모두 273개의 최상위도메인(TLD)을 포함하는 338억 개 웹사이트 사이의 하이퍼링크 중에서 93억 개의 하이퍼링크를 수집, 조사

하였다. 2003년 데이터로 Park과 Barnett(2005)이 국제 하이퍼링크를 연구할 당시에는 47개국의 5억 5천만 개의 웹사이트 사이의 하이퍼링크 중에 3억 5천만 개를 분석하였는데, 처음 수집된 하이퍼링크 데이터는 당시 인터넷 트래픽의 98%를 차지하였다. 웹 과학이 대단하지 않은가? 웹 과학은 연구자로 하여금 아주 거대한 데이터 세트를 활용할 수 있게 기여하였다.

소셜 미디어에 연구 초점을 두고 있는 학자들이 위의 텔레커뮤니케이션 연구를 언급하는 이유는 무엇인가? 이는 바로 새로운 커뮤니케이션 정보 테크놀로지 연구가 기술 그 자체에 초점을 둘 필요도 없고 그래서도 안 되며, 오히려 이러한 새로운 미디어를 통해 촉진되는 사회 이론과 커뮤니케이션 이론의 개발 및 시험에 초점을 두어야 한다는 점을 강조할 필요성이 있기 때문이다. 마샬 맥루한이 지구촌이라고 부르고, 다른 사람들이 글로벌 커뮤니티 또는 국가들의 웹이라고 부르는 그 구조에 우리가 관심을 두고 있다는 점을 기억하자. 세계 체제를 구성하는 이러한 네트워크는 국가간에 흐르는 정보 기능을 하면서 시간이 흘러감에 따라 어떻게 변하는가? 이러한 과정을 우리는 세계화라고 부르게 된다.

문화 수렴 이론

저자가 연구 기반으로 삼고 있는 이론으로 Everett Rogers와 Larry Kincaid(1981)가 처음으로 제안한 문화 수렴 이론(cultural convergence theory)이 있다. 이 이론에 따르면, 시간이 지나는 동안 폐쇄된 시스템(세계 체제 또는 글로벌 커뮤니티) 내 행위자(개인, 집단 또는 국가)는 만약 커뮤니케이션이 무한대로 허용되는 경우에 집단의 사고(문화) 패턴, 양식으로 총체적으로 수렴된다. 다시 말해, 세계 체제 내에서 모든 구성원들에게 커뮤니케이션이 제한 없이 허용된다면 그 체제는 평균적으로 유사한 생각이나 문화의 패턴을 보인다는 것이다.

커뮤니케이션과 인터넷 흐름의 구조는 국가간 정보 흐름이 제한적임을 보여준다. 문화권 사이의 무제한적이고 제약이 없는 커뮤니케이션은 결국 문화간에 차이를 줄이고 보다 비슷한 가치를 공유하며 메시지 교환에서 표현되는 평균적인 집단 지성으로 수렴하게 한다. 오직 새로운 정보가 들어오거나 혹은 정보의 흐름을 제한하는 경계가 형성될 경우에만 문화의 수렴은 지연되거나 거스를 수 있다. 상대적으로 경계 영역에서 고립된 집단은 보다 큰 글로벌 시스템이 아닌 그들만의 체제를 향한 더 큰 통합을 경험한다. 이 때 전체 시스템에는 궁극적인 통합이 지속적으로 일어나는 것이다. 이러한 세계 체제는 네트워크 분석을 통해 확인이 가능하다.

이후 Larry와 Barnett은 수렴이론에 관한 수학적 모델을 개발하였으며 하와이에 거주하는 한국인 이민자들을 조사하여 이 이론을 최초로 검증하였다(Kincaid 외, 1983). 보다 최근에는 Rosen과 Barnett(2007)이 하이브리드화에 대한 증거가 될 수 있다는 측면에서 이 이론을 재구성하였고 커뮤니케이션 네트워크 및 국제 텔레커뮤니케이션 네트워크에 관한 연구를 통해 이를 발전시켰다. 수렴이론과 관련한 이전의 논의들은 소셜 네트워크 내 행위자들 사이의 연결 정도에 따른 차이를 고려하지 않았다. 지금까지 커뮤니케이션 네트워크 연구는 노드(사람, 집단, 나라 등) 간의 연결 정도를 교환하는 메시지의 수 또는 커뮤니케이션 빈도로 (연구를 위한) '조작적 정의'를 하였다. 이러한 연구방법이 수렴 이론 형성 당시에 적용되지 않았던 것은 네트워크 이론이 (연결 · 링크 있음 – 연결 · 링크 없음이라는) 이분법으로 제한되어 있었기 때문이었다. 지금은 보다 복잡한 기법을 통해 링크의 측정된 정도를 고려할 수 있게 되었다.

이론을 통해서 고려되지 않았던 또 다른 사안은 행위자가 상호작용을 시작하는 것과 관련한 방향성의 차이이다. 정보의 인코딩과 디코딩이 갖는 차이의 영향은 무엇인가? 이 질문은 행위자들 사이의 힘의 차이를 고려하기보다는 동등한 행위자들 사이의 정보를 공유하는 것으로 커뮤니케이션을 정의해온 까닭에 충분히 논의되지 못했다.

이에 따라 수렴이론에는 두 가지 가정이 추가되었다. 하나는 행위자 사이에 연결이 강하면 강할수록 상호작용도 커지게 된다는 것이다. 따라서 행위자들은 공동의 신뢰 속에서 더 빠른 통합이 이루어진다. 다른 하나는 개별 행위자로부터 시작된 메시지의 비율이 커지면 커질수록 신뢰가 표현되어 수렴되는 정도가 유사하다는 것이다. 따라서 장기적으로 글로벌 문화는 그 시스템의 메시지를 가장 많이 인코딩하는 국가들 사이에서 유사한 양상을 띄게 된다.

오늘날 네트워크의 중심부에는 미국을 비롯해, 영국, 독일, 프랑스, 이탈리아, 일본,

캐나다, 그리고 스페인이 위치해 있다. 그러나 글로벌 정보가 흘러가는 구조는 시간이 지나면서 변하고 있다. 중국과 인도가 이전보다 더 중심부에 다가서고 있고 EU 국가들은 상대적으로 중심부에서 밀려나고 있다. 또한 세계적 공동체가 아니라 (언어, 문화, 지리적 유사성을 바탕으로) 자국이 속한 클러스터 내 커뮤니케이션 정도가 증가하는 지역 그룹이 커지고 있다. 남미, 중화문화권 내 동남아시아, 그리고 구소련연방 국가의 사례가 좋은 예이며 문화 하이브리드화의 한 측면을 보여준다.

글을 마무리하며..

지난 1990년대 벤처산업 붐으로 대변되던 제1차 정보기술(IT) 혁명에 이어 21세기 페이스북 · 트위터 등으로 대변되는 소셜 미디어의 제2차 혁명은 정치, 경제, 사회, 문화 등 다방면에서 경계를 허물고 있다. 우리는 소셜 미디어를 연구해야 한다. 이들 미디어는 너무도 귀중하고 풍부한 데이터를 제공한다. 이를 통해 우리는 인간 커뮤니케이션에 관한 이론을 만들고 시험할 수 있는, 또한 정교하고도 새로운 연구방법을 개발할 수 있는 굉장한 기회를 얻게 된다. 이는 결국 커뮤니케이션과 정보과학 연구의 목표이기도 하다.

참고문헌

- Barnett, G. A. (2001). A longitudinal analysis of the international telecommunications network: 1978-1996. American Behavioral Scientist, 44, 1638-1655.

- Barnett, G. A. (2004). A longitudinal analysis of the international telecommunication network: 1978-1999. In Z. Guo (Ed.) Globalization & Cultural Communication, Beijing Broadcasting Institute Press: Beijing.

- Barnett, G. A., Chon, B. S., Park, H. W., & Rosen, D. (2001, April). A network analysis of international Internet flows. Paper presented to the Sunbelt Social Networks Conference. Budapest, Hungary.

- Barnett, G. A., & Kincaid, D. L. (1983). Cultural convergence: A mathematical theory. International and Intercultural Communication Annual, W. B. Gudykunst (Ed.), Intercultural Communication Theory: Current Perspectives, Beverly Hills, CA: Sage, 7, 171-194.

- Barnett, G. A., & Park, H. W. (2005). The structure of international Internet hyperlinks and bilateral bandwidth. The Annales des Telecommunications, 60, 1115-1132.

- Barnett, G. A., & Rosen, D. (2007). The global implications of the Internet: Challenges and Prospects. In Y. R. Kamalipour (Ed.). Global Communication (2nd edition). (pp. 157-180) Belmont, CA: Thomson Wadsworth.

- Boyd, D. M., & Ellison, N. B. (2007). Social network sites: Definition, history, and scholarship. Journal of Computer-Mediated Communication, 13, article 11. Galdwell, M. (2010). Small change: Why the revolution will not be tweeted. The New Yorker, October 4.

- Haddon, L., & Kim, S. D. (2007). Mobile phones and web-based social networking-emerging practices in Korea with Cyworld. The Journal of the Communication Network, 6, 5-12.

• Jang, T., Youn, H., & McClung, S. (2007). Motivations and self-presentation strategies on Korean-based "Cyworld" weblog format personal homepages. CyberPsychology & Behavior, 10, 24-31.

• Kayany, J. M., & Yelsma, P. (2000). Displacement effects of online media in the socio-technical contexts of households. Journal of Broadcasting and Electronic Media, 44, 215?230.

• Kim, J. H., Barnett, G. A., & Park, H. W. (2010). A hyperlink and issue network analysis of the United States Senate: A rediscovery of Web as a relational and topical medium. Journal of the American Society for Information Science and Technology, 61, 1598-1611.

• Kincaid, D. L., Yum, J. O., Woelfel, J., & Barnett, G. A. (1983). The cultural convergence of Korean immigrants in Hawaii: An empirical test of a mathematical theory. Quality and Quantity: A European Journal of Methodology, 18, 59-78.

• Lazer, D. 외 (2009). Computational social science. Science, 323, 721-723.

• Lin, C. A. (2001). Audience attributes, media supplementation, and likely online service adoption. Mass Communication & Society, 4, 19-38.

• Nam, Y., & Barnett, G. A. (2010). Communication media diffusion and substitutions: Longitudinal trends from 1980 to 2005 in Korea. New Media and Society, 12, 1137-1155.

• Park, H. W., Barnett, G. A. & Chung, C. (2011). Structural changes in the 2003-2009 global hyperlink network. Global Networks, 11, 522-542.

• Park, H. W., & Jankowski, N. (2008). A hyperlink network analysis of citizen blogs in South Korean politics. Javnost-The Public, 15, 57-74.

• Park, H. W., & Thelwall, M. (2008). Developing network indicators for ideological landscapes from the political blogosphere in South Korea. Journal of Computer-Mediated Communication, 13, 856-879.

- Rogers, E. M. (2003). Diffusion of innovations (5th ed.). New York: Free Press.
- Rogers, E. M., & Kincaid, D. L. (1981). Communication networks: Toward a new paradigm for communication research. New York: Free Press.
- Stefanone, M. A., Lackaff, D., & Rosen, D. (2011). Contingencies of self-worth and social networking site behavior. CyberPsychology, Behavior, and Social Networking, 11, 41-49.
- Thelwall, M. (2009). Introduction to webometrics. New York: Morgan & Claypool. Vishwanath, A., & Barnett, G. A. (2005). An Empirical Investigation into the Structure of Bidding in Online Auctions. Electronic Markets, 15, 261-268.
- Wang, S., Moon, S., Kwon, K., Evans, C., & Stefanone, M. A. (2010). Face off: Implications of visual cues on initiating friendship on Facebook. Computers in Human Behavior, 26, 226-234.
- Wartella, E., & Reeves, B. (1985). Historical trends in research on children and the media: 1900-1960. Journal of Communication, 35, 118-133.

- www.alexa.com (방문일자 9월 15일, 2010년).
- www.compete.com (방문일자 8월 5일, 2011년).
- www.comscore.com (방문일자 8월 9일, 2011년).
- www.flickr.com/photos/marc_smith (방문일자 9월 24일, 2010년).

02 part 1

소셜 미디어와 전통적 미디어의 역할 변동에 관한 이론적 고찰

글 · 김장현 (하와이대 커뮤니케이션학과 교수)

대중매체의 등장, 번영, 그리고 경쟁 매체의 출현

20세기 초, 신문이나 잡지, 라디오와 같은 대중 매체가 폭넓게 확산되면서 사람들의 매개된 경험(mediated experience)은 급격히 닮아가기 시작했다. 특히, 영화라는 뉴미디어가 보여주는 새로운 시청각 경험 덕분에 사람들은 새로운 매체의 역량에 압도됨과 동시에 미디어가 제시하는 세계를 매개된 현실이 아닌 실제 혹은 이상적 세계로 인식하기 시작했다. 그리고 미디어에 의해 매개된 현실은 많은 이들에게 별다른 저항감 없이 공유되었다.

당시 새로운 매체가 주는 충격이 워낙 컸기 때문에 미디어의 효과가 크다고 전제하는 것은 극히 자연스러운 일이었다. 특히 수백 명이 한 자리에 모여 영화를 관람하는 경험은 이전의 미디어 경험에서는 찾아볼 수 없었던 일종의 동질감을 가져다 주었다. 학자들은 대중매체 환경에서의 수용자를 마치 화학 약품의 분자들과 같이 개별적이면서도 군집적인 모습으로 이해했고, 매체의 컨텐트에 압도되어 그들이 느끼는 동질

감은 분자화된 개인이 겪는 심리적 경험의 중요한 특질이라고 했다.[1]

텔레비전을 정점으로 한 "강력한 대중매체"의 지배는 컴퓨터 네트워크가 하나의 미디어로 등장하기 시작한 1960-70년대부터 조금씩 균열이 일기 시작했다. 그 당시 이미 컴퓨터 네트워크 이용자의 능동성 및 매체와의 상호작용이 학자들의 눈길을 끌었다. 학자들은 "텔레커뮤니케이션의 심리학"[2]에 관심을 갖기 시작했으며, 컴퓨터를 이용할 때 관찰되는 이용자들의 몰입현상이 급기야 중독으로 이어질 수 있음을 경고하기 시작했다.

1960년대에 시작된 이러한 흐름 속에 학자들은 대중매체가 개인화, 네트워크화된 매체와 경쟁하게 된 상황으로 인해 기존 매스커뮤니케이션 이론이 설명하지 못하는 부분을 어떻게 설명할 것인가, 그리고 타 매체의 등장으로 인해 매스미디어의 역할이 어떻게 변화하는가를 중점적으로 다루고 있다. 본 장에서는 이러한 역할 변동에 초점을 맞추되, 특히 소셜 미디어라는 새로운 매체 현상이 매체 이론의 틀 속에서 어떻게 해석될 수 있을 것인가에 관해 논의하기로 한다.

대중매체를 보는 눈

대중매체의 특징 중 빼놓을 수 없는 것은 사람들에게 사회적 이슈에 관한 강한 인상을 제공한다는 것이다. 많은 이들이 한국전쟁을 떠올릴 때면, 기나긴 피난민 행렬과 굶주리는 아이들, 그리고 엄청난 폭음같은 것을 연상할 수 있는 이유는 바로 대중매체를 통해 매개된 현실을 반복적으로 접하다보니 마치 실제로 접한 듯한 강렬한 이미지를 뇌에 지니고 있기 때문이다.[3] 이런 '각인된 이미지'에 기반한 미디어 이론은 차츰 사람들이 미디어를 통해 자신들이 생각하거나 토론할 소재를 얻게 된다는 입장으

1 Lazarsfeld, P.F., Berelson, B. & Gaudet, H. (1968). The people's choice: How the voter makes up his mind in a presidential campaign. New York: Columbia University Press.

2 Short, J.A., Williams, E., & Christie, B. (1976). The social psychology or telecommunications. London: Wiley.

3 Lippmann, W. (1925). The phantom public. New York: Harcourt, Brace and Company, Inc.

로 발전한다. 맥컴스와 쇼 (McCombs and Shaw)등에 의해 '의제 설정' 효과라고 이름 붙여지게 되는 이런 입장[4]은, 간단히 말하면 대중매체가 단순히 우리에게 정보(what we should think)를 제공해주는 것이 아니라 도대체 우리가 어떤 문제를 중요시해야 하는지에 대한 생각거리(또는 의제, what we should think about)를 제공한다는 것이다.

조지 거브너 (George Gerbner)라는 학자는 여기서 한걸음 더 나아갔다.[5] 상업화된 텔레비전은 이미 1960년대부터 지나치게 많은 폭력과 섹스 장면의 방영으로 사람들의 미간을 찌푸리게 만들었고, 거브너는 주요 시청자그룹 중 하나인 아이들을 보호하겠다는 생각에 미디어가 보여주는 현실을 분석해 보았다. 그가 분석한 미디어 현실은 참혹했다. 텔레비전에서는 5분이 멀다하고 잔인한 살인장면이 방송되고 있었다. 그리고, 텔레비전을 많이 볼수록 사람들은 세상이 폭력으로 가득차 있으며 그러한 폭력은 갈수록 심해져가고 있다는 염세적 인식을 갖게된다. 하지만, 그의 보고에 의하면 미국에서의 각종 폭력범죄 통계는 크게 증가하고 있지 않으며, 텔레비전을 많이 보는 사람들이 그렇게 느낄 뿐이라는 것이다. 사람들은 매체가 보여주는 세계에 몰입하다가 급기야 자신이 살고 있는 세계와 동일시하고 그런 왜곡된 세계관을 바탕으로 하루하루를 살아가게 된다. 사람들은 미디어가 보여주는 현실을 점점 실제와 같다고 믿는 경향이 있으며, 이를 우리는 '문화계발(cultivation)' 효과라고 한다.

이렇게 보면 대중 매체의 힘이 과연 어디서 나오는지 대략 짐작할 수 있을 것이다. 대중매체는 사람들에게 어떤 이슈가 중요한지 제시하고, 장기적으로 매체 스스로가 원하는 정보를 오래 노출시켜 사람들의 태도나 입장 형성에 큰 역할을 할 수 있는 것이다. 특히 인터넷과 같은 대안매체가 등장하기 전까지 신문이나 방송이 갖는 여론 지배력은 때때로 국가간 전쟁을 촉발할 정도로 강력했다.[6] 언론을 입법, 사법, 행정에 이은 제 4부로 칭하는 것이 결코 과언이 아니었던 이유다.

[4] McCombs, M.E., & Shaw, D.L. (1972). The Agenda-Setting Function of Mass Media. Public Opinion Quarterly, 36 (Summer), 176-187.

[5] Gerbner, G., L. Gross, M. Morgan & N. Signorielli. (1986) 'Living with Television: The Dynamics of the Cultivation Process', in J. Bryant and D. Zillman (eds.), Perspectives on Media Effects, pp. 17-40. Hillsdale, NJ: Lawrence Erlbaum Associates.

인터렉티브 퍼블릭 (상호작용적 공중)의 등장

그렇다면, 매체의 거대한 힘에 사람들은 무기력하게 굴복하기만 하는 것일까? 꼭 그렇지만은 않다. 사람들은 자신이 원하는 목적에 따라 적극적으로 매체를 이용하기도 한다. 어느 매체를 막론하고 주된 이용동기는 대체로 정보적 동기와 오락적 동기이다. 정보적 동기는 자신이 궁금해하는 바의 답을 찾아 나서는 것이다. 감기는 왜 걸릴까? 미국은 왜 이라크를 침공했을까? 한국 국민은 왜 2007년에 이명박씨를 대통령으로 선출했을까? 이 모든 것이 정보적 동기의 한 예이다. 오락적 동기의 예를 들자면, 바로 '위(Wii)' 라는 오락기기를 이용하는 사람들의 마음 상태가 있겠다. 친구집을 방문해서 왠지 무료함을 느낄 때, 누군가 '위' 를 갖고 놀자고 제안했다면, 그리고 올림픽 종목에 나오는 게임들을 함께 즐기며 행복감을 느꼈다면 바로 오락적 동기의 좋은 예가 된다.

매체 이용자들은 서로 소통할 수 있으며, 특히 소통에 적극적인 사람들일수록 다른 사람들의 태도나 행위에 영향을 미칠 확률이 높아진다. 필자가 어릴적 시골에 있는 외가를 방문할 때면 사람들이 마을회관 어귀에 둘러서서 농삿일, 시국 상황, 시장 물가 등을 주제로 이야기를 나누는 모습들을 하루에도 몇 번씩 볼 수 있었다. 이런 풍경은 한국에서만 볼 수 있는 것이 아니다. 미국에서는 라디오와 텔레비전을 열심히 보거나 듣고, 마을 어귀로 나와 자신이 보았던 뉴스를 적극적으로 알리고 논평하는 사람들을 여론지도자 (opinion leader)라고 불렀다.[7] 학자들이 관찰한 결과, 이런 여론지도자들은 대체로 여러 방면에 박식하지만, 때로는 특정 분야에만 정통한 민간 전문가들이 여론지도자의 역할을 하기도 한다. 예를 들어 패션이나 전자제품에 관심이 많은 사람은 그 분야에 국한된 여론지도자 역할을 하게 되는 것이다.

여론지도자들이 전파한 정보는 다시 사람들 사이를 헤집고 다니며 때로는 부풀려지

[6] Campbell, W. Joseph (2005), The Spanish-American War: American Wars and the Media in Primary Documents, Greenwood Press.
[7] Elihu Katz and Paul Felix Lazarsfeld, Personal Influence: The Part Played by People in the Flow of Mass Communications, 1955.

고 때로는 왜곡되기도 하는데, 이러한 대중매체 → 여론지도자 → 일반 시민의 정보 흐름을 학자들은 2단계 정보 흐름 (two-step flow) 모델이라고 불렀다. 하지만, 우리의 일상 생활에서는 정보가 꼭 이렇게 2단계로 흐르는 것은 아니다. 때로는 한 번에 많은 사람들이 모여서 정보를 교환하기도 하고 그렇게 다방면으로 흩어진 정보는 급속히 더 많은 사람들에게 전파되어 사람들의 호기심이나 감정적 반응을 자극하기도 한다. 따라서 일부 학자들은 정보의 흐름은 꼭 2단계가 아니라 다단계 (multi-step flow)라고 주장하기도 했다.[8]

소셜 미디어가 갖는 의미 : 페이스북을 중심으로

이 글에서 대중매체에 관한 기존 이론을 다소 장황하게 설명한 이유는 다름 아닌 다매체 환경, 특히 소셜 미디어가 등장한 환경에서 대중매체가 어떤 의미를 갖는가를 살펴보는 데 있다. 소셜 미디어는 점점 더 복잡다단해져가는 미디어 시장의 구조, 다시 말해 다매체 경쟁 구조를 질적으로 변화시킬 수 있는 잠재력을 가진 미디어라고 할 수 있는데, 그 이유는 다음과 같다.

첫째, 소셜 미디어에 관해 여러 가지 정의가 가능하겠지만, 필자는 이글에서 '관계가 컨텐츠인' 미디어라고 정의하고자 하며, 이런 '관계가 컨텐츠'라는 특성이 소셜 미디어의 영향력을 대인 커뮤니케이션, 매스커뮤니케이션, 조직 커뮤니케이션 등으로 폭넓게 확산시키고 있다. 개인 차원에서만 보더라도 텔레비전과 영화는 이전에 없었던 복합 감각 신호 (시각과 청각, 그리고 그것의 융합이 일으키는 상호작용)로서 인류 문명에 큰 획을 그었다면, 소셜미디어는 개인이 현재 다니는 직장, 살고 있는 곳, 과거에 살았던 곳, 과거에 또는 지금 다니고 있는 학교 등의 정보를 바탕으로 개인의 인맥을 유지하는 통로를 만들어준다. 또한, 소셜 미디어는 개인의 연고를 기반으로 오랫동안 연락이 두절되었던 사람들 사이의 관계를 복원시켜 주는 역할도 한다. 이용

[8] Robinson, John P. (1976), "Interpersonal Influence in Election Cam- paigns: Two Step-Flow Hypotheses," Public Opinion Quarterly, 40, 304-19.

자들은 페이스북의 'People you may know' 섹션에 등장하는 사진들을 통해 연락이 끊겼던 옛 동료나 지인을 찾기도 하고, 때로는 자신을 괴롭혔던 직장 상사의 보고 싶지 않은 얼굴을 발견하기도 한다.

동시에, 소셜 미디어는 비슷한 취향이나 배경을 지닌 사람들이 정보를 공유하는 것을 촉진한다. 다양한 연고를 공유하는 사람들은, 비슷한 취향을 가지고 있을 확률이 높다는 것은 많은 연구들이 지적하고 있다. 예를 들어, 정치적인 관여도가 높은 사람들은 '민주당 지지', '공화당 지지', '한나라당 지지' 같은 비슷한 정치적 취향을 매개로 페이스북 친구를 맺고 있을 확률이 높다. 이들의 공유된 정치관은 대개 세계관 (world view) 또는 가치관 (value sets) 의 유사성에 기반한 경우가 많으며, 이러한 유사성은 새로운 정보를 찾거나 공유하는 데 있어서도 비슷한 취향으로 이어지는 경우가 많다.[9] 다시 말하면, 낙태를 반대하는 사람들은 낙태 반대의 입장을 지지하는 정보를 페이스북에 올리고 그 정보를 본 페이스북 '친구'들은 자신의 기존 태도에 부합하는 그 정보를 다시 자신의 친구들에게 공유할 가능성이 높아지는 것이다.[10] 이런 연쇄적 반응은 페이스북 친구들간의 유사성을 재강화시키고 유대감을 높일 가능성이 높다.

소셜 미디어와 기존 매체의 상호작용

그렇다면, 소셜 미디어가 뉴스 유통과정에 주는 함의는 무엇인가?

첫째, 뉴스의 중요성은 신문의 글자 크기 또는 지면 (1면인지 사회면인지)이 아니라 이용자들의 선호에 따라 결정된다. 만약 한국일보 페이스북 페이지의 기사 한 건에 대해 사람들이 '좋아요(Like)' 버튼을 많이 눌렀다면, 그것은 그 기사에 대한 호감을 표시한 것이고 그 기사의 링크가 많은 이들의 '뉴스 피드' 섹션에 오르게 될 확률이

9 Choudhury M. D. and Sundaram H. and John A. and Seligmann D. D. and Kelliher A. "Birds of a Feather": Does Homophily Among Users Impact Information Diffusion in Social Media? arXiv:1006.1702v1, 2010.

10 B. Viswanath, A. Mislove, M. Cha, and K. P. Gummadi. On the evolution of user interaction in Facebook. In ACM SIGCOMM WOSN, 2009.

높아진다. 여기에 사람들의 댓글까지 많이 달려있다면 그 가능성은 더더욱 커지게 되어있다. 바로 페이스북의 엣지랭크 (연결기반 랭킹기법) 알고리즘 때문이다. 전통적 대중 매체인 신문은 글자 크기나 지면 (예를 들어 1면 혹은 사회면)이라는 비언어적 단서를 활용하여 신문사가 독자에게 각 기사의 상대적 중요성을 부각시키려 하지만, 페이스북이라는 공간은 뉴스의 그런 단서들을 제거함으로써 외양을 동질화시킨다. 그러나 페이스북의 '좋아요' 버튼이나 댓글을 달게 하는 인터페이스는 사람들의 자발적인 게이트키핑 과정을 통해 각 기사의 중요성을 집단적인 시각으로 재구성할 수 있는 기회가 된다.

보다 거시적으로 본다면 뉴스를 온라인으로 접하는 과정에서 절대적인 영향력을 행사해왔던 구글 등의 검색엔진의 역할이 줄어든 반면, 페이스북의 뉴스 매개체로서의 영향력은 급증하게 되었다.[11]

둘째, 소셜 미디어는 대개 어플리케이션 또는 '앱'의 형태로 다양한 플랫폼을 통해 전달되므로 뉴스 전달과 피드백의 채널이 이전보다 훨씬 더 다양해진다. 예를 들어, PC와 아이패드, 스마트폰, 그리고 다른 무선 인터넷 기기를 가진 사람이라면 페이스북의 업데이트를 이 기기, 저 기기 번갈아가며 언제 어디서나 읽어볼 수 있다. 다양한 기기에 기반한 이런 접근가능성은 곧, 어디서건 자신이 (또는 누구나) 원하는 때 원하는 정보를 찾아볼 수 있는 편재성 (ubiquity)을 의미한다. 예를 들어, 골프를 치다가도 문득 페이스북의 업데이트가 궁금해지면 바로 친구가 링크해놓은 신문 기사를 읽을 수 있고, 심지어 댓글을 달 수도 있는 것이다. 이런 즉시성과 편재성은 특히 재난 관련 정보 공유에서 두드러진다. 2011년 여름, 수도권에 쏟아진 폭우는 산사태, 교량 파괴, 인명 피해 등을 초래했다. 강남 도심의 거리가 물에 잠기고 산사태로 사람이 죽고 다치자, 인근을 지나던 사람들은 휴대전화를 이용해 사진이나 비디오를 찍어 트위터에 올리기 시작했다. 이로 인해, 많은 사람들이 사고지역에 접근하지 않음으로써 자신의 안전을 지킬 수 있었으며, 이 모든 정보전파의 과정은 단지 몇 분 내지 몇 시간이 소요되었을 뿐이다.[12]

[11] http://www.journalism.org/analysis_report/facebook_becoming_increasingly_important
[12] http://www.ytn.co.kr/_ln/0102_201107281601428231

더욱 재미있는 것은 이러한 트위터 이용을 소위 전통 매체라 불리우는 신문과 방송이 적극적으로 보도했다는 점이다. 방송사들은 서울, 춘천 등 폭우로 피해를 입은 지역을 다룬 네티즌들의 트윗이나 인터넷상의 비디오를 주요 뉴스시간에 방영하기도 했다.

소셜 미디어 활용에 관한 전통 매체의 기민한 대응은 여러가지를 시사한다. 전통 매체는 소셜 미디어 이용자들의 참여적 컨텐츠 생산자로서의 잠재력을 자신들의 보도 '꼭지' 제작에 활용하고 있다. 재난 정보뿐만 아니라 온라인상에서 일어나는 현상이 매스미디어의 보도를 통해 더욱 널리 알려지는 일은 더 이상 놀라운 현상이 아니다. 예를 들어, 최근 있었던 이집트, 알제리, 시리아 등 중동과 아프리카의 시위 현상에는 페이스북 등 소셜 미디어와 인터넷을 이용한 시위대 정보 공유가 중요한 계기가 되었다. 다른 한편으로, 이러한 정보 공유 사실은 매스미디어를 통해 알려짐으로써 시위에 직간접적으로 참여하지 않은 사람들에게까지 전파되었고, 더욱 최근에 뉴스 전면에 등장하고 있는 유럽 각국의 시위대에도 영감을 주었으리라 추측된다. 단적인 예로, 이집트의 한 시위 참가자는 자신의 목에 '고마워요 페이스북' 이라는 글자를 쓴 종이를 걸고 광장에 나와서 같은 경로로 시위에 참여하게된 다른 사람들과 쉽게 어울릴 수 있었다.[13]

셋째, 그렇다면 소셜 미디어가 전통 매체의 컨텐츠를 이용하는 정도와 전통 매체가 소셜 미디어의 의제를 받아 보도하는 정도는 어느 쪽이 더 많을까? 페이스북이나 트위터에서 처음 생성된 뉴스거리가 전통 매체에 의해 채택되는 확률보다는 전통 매체의 기사를 페이스북이나 트위터의 이용자들이 링크하면서 자신의 견해를 표출하는 사례가 훨씬 더 많다. 뉴스 공유는 페이스북 이용자들의 일상적 행위를 구성하는 중요한 부분이기 때문이다. 수치로된 자료가 부족한 상황에서 조심스럽게 추정해 본다면, 여전히 페이스북은 새로운 뉴스거리를 만들어내는 생산소로서의 역할 보다는 기존 매체의 링크를 포스팅하고 많은 이들이 공유하는 시스템으로서의 의미가 클 것이다.

13 http://www.huffingtonpost.com/2011/02/04/egypt-protesters-thank-you-facebook_n_818745.html. 필자가 공저한 Systemic Practice and Action Research (2010)의 논문도 2008년에 있었던 한국의 촛불시위와 콜롬비아 반군에 대한 항의 시위에서 소셜미디어가 미쳤던 영향을 잘 정리하고 있다.

넷째, 인터넷은 전통적 매체가 거의 독점적으로 가진다고 믿어져왔던 '의제 설정(agenda setting)' 기능을 분담하게 되었다. 그러나 기존 매체가 그러한 독점성을 상실했다고 해서 그것이 그들의 위상 추락을 직접적으로 의미하지는 않는다. 오히려 매스미디어와 인터넷, 그리고 소셜 미디어는 중요한 의제를 탐색하고 공유하는 데 서로를 활용한다. 소셜 미디어라는 시스템은 매스미디어의 기사들 중에서 비록 지면배치나 글자 크기로 부각되지는 않았지만 의미 있는 내용을 담은 기사를 발굴하고 공유하는 매커니즘으로 기능한다. 젊은 세대를 중심으로 신문 구독과 방송 뉴스의 시청이 급격히 줄어들고 있는 것은 기존 매체에게 커다란 도전을 의미하지만, 역설적으로 독자들이 기존의 대중매체가 주도적으로 행사해왔던 미디어 현실 (media reality) 구성에 있어서의 영향력을 자발적으로 분담하거나, 때로는 전통적 매체가 제시하는 매개된 현실을 거부하기도 한다.

요컨대, 기존매체이든 새로 부상하는 소셜 미디어든 '의제 설정자(agenda setter)'로서의 기능을 갖고 있지만, 오히려 두 미디어의 역할은 의제의 발원지에 상관없이 의제의 중요성에 관해 토론하고 서로의 컨텐트를 게이트키핑하는 '의제 뜨개질바늘(agenda weaver)'[14]로 전환되고 있다고 볼 수 있다.

결론 : '의제 뜨개질 바늘(agenda weaver)'로서의 미디어

기존의 신문과 잡지 같은 대중매체는 흔히 '올드 미디어'로 불리운다. 하지만, 이 단어는 그런 매체들이 결코 낡아서 없어져야 한다거나 사라져야함을 의미하지는 않는다. 실제로 인류 역사상 어느 매체도 완전히 사라진 적은 없다. 다만 경쟁 매체의 증가는 다매체 상황에서 전통적 매체에게 일정한(때로는 아주 전면적인) 적응을 요구한다. 예를 들어, 최근 텔레비전(하드웨어) 시장이 포화상태에 이르자 전자회사들은 인

[14] '의제 뜨개질 바늘 (agenda weaver)'은 필자가 2010년 하와이에서 있었던 다음 학회에서 처음 제안한 용어이다.International Conference on Agenda Setting in Flux: The Impact of New Communication Technology on the Changing Role of Traditional News Media in the Agenda Setting Process," December 13-14, 2010.

터넷 접속이 즉시 가능한 '스마트' 텔리비전을 생산하기 시작했다. 그러자, 한국의 일부 통신사들은 스마트 텔레비전이 고속 인터넷망 이용을 유발한다는 이유로 텔레비전 구입자가 아닌 제작사에게 비용분담을 요구하고 있다.

페이스북과 같은 소셜 미디어의 등장이 기존 매체에 시사하는 바는 무엇인가? 전술한 바와 같이 소셜 미디어는 전통적으로 의제 설정의 시작점을 거의 독점해오다시피 했던 신문, 방송, 잡지 등의 배타적 능력을 약화시켰다. 비록 많은 이들이 인터넷상에서 읽은 신문 기사나 방송 취재 내용을 공유하고 있지만, 사회적으로 중요한 이슈, 예컨대 최근 이집트 등지에서 일어났던 민주화 움직임 등은 트위터나 페이스북에서 자생적으로 조직된 (self-organizing) 측면이 컸다. 더욱 명확한 사례로는, 지난 2008년에 있었던 반(反) 콜롬비아 반군 시위 (Anti-FARC rallies)를 들 수 있다. 콜럼비아에 사는 한 엔지니어가 올린 글이 페이스북에 큰 반향을 일으키며 급기야 전세계 90여개 도시 (추정)에서 2백만명이 넘는 사람들이 콜럼비아 반군의 비인도적 처사를 비판하는 가두 시위를 벌이게 되었다. 백여 년 전, 미국의 극우 성향 신문들이 국가간 전쟁을 촉발한 사례[15]와 비교해본다면, 과거 신문 매체가 했던 사회동원적(mobilizing) 기능을 이제는 트위터와 페이스북이 대신하고 있는 것이다.[16]

그러나, 2008년의 사례에서도 BBC와 같은 글로벌 미디어가 페이스북에서의 움직임을 적극적으로 보도해주지 않았더라면 그 엔지니어의 페이스북 포스팅은 상당히 제한적인 영향력을 가졌을 수도 있다. 온라인에서 발원한 어젠다를 오프라인의 전통 매체가 받아서 적극적으로 취재, 보도함으로써 콜럼비아 반군의 비인도성에 대한 공분을 자아낸 것이 결국 대형 시위로 이어지게 된 것이다. 이런 측면에서 전통 매체와 소셜미디어는 상호 의존적이며, 시간의 흐름에 따라 서로의 역할을 대체 내지 지원, 보조할 수 있는 것이 현재의 미디어 지형이다.

[15] Campbell, W. Joseph (2005). The Spanish-American War: American Wars and the Media in Primary Documents, Greenwood Press.

[16] Rosen, D., Kim, J. H., & Nam, Y. (2010). Birds of a feather protest together: Theorizing self-organizing political protests with flock theory. Systemic Practice and Action Research, 23(5), 419-441.

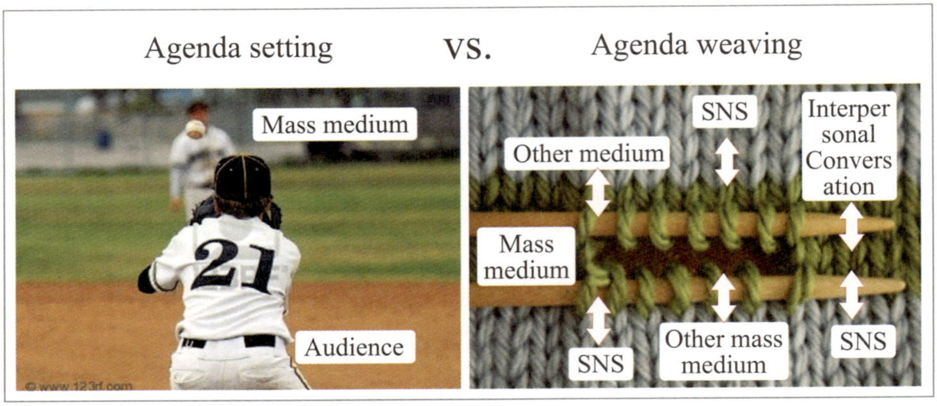

〈그림 1〉 의제설정 모델과 의제 뜨개질바늘 모델의 비교

요약하자면, 대중매체가 오랫동안 독점하다시피 해오던 의제 설정의 기능은 이제 전통 매체와 소셜미디어 사이의 협업 체제로 전환되었고, 다시 말하면 이 두 그룹의 매체들은 언제든 서로의 역할을 번갈아가면서 의제의 생성에서 소멸에 이르는 전 과정에 자유로이 개입할 수 있게 되었다. 이것이 필자가 주장하는 미디어의 '뜨개질바늘 (weaver)' 역할이며(〈그림 1〉 참조), 이는 소셜 미디어와 전통 매체가 공유하는 제3의 기능으로서 앞으로 많은 후속연구를 통해 집중적인 검증이 있어야 하겠다.

사회적인 나 :
SNS에서의 사회적 정체성

글 · 이성철 (서울대학교 지역정보전공 석사과정)
김남정 (서울대학교 지역정보전공 석사과정)
박재은 (서울대학교 지역정보전공 연구원)
문정훈 (서울대학교 지역정보학 교수)

1. 도입

정보 통신망의 초기 발달 이래로, 컴퓨터를 중개로 하는 형식의 커뮤니케이션이 발전해왔다. 게시판과 같은 초기의 BBS(Bulletin board systems)를 통해 사람들은 자신의 생각과 의견들을 공공의 장소에 게시할 수 있었다(Rafaeli 1984). 이러한 커뮤니케이션은 자신의 의견을 개인적인 장소에 표현하는 것과는 다른 형태였다. 시간이 지나면서 새롭게 등장한 블로그 서비스는 사람들이 인터넷 상에서 자신의 개인적인 영역에 의견이나 생각을 문서 형태로 게시하도록 했으며, 이를 다른 사람들과 공유할 수 있게 하였다(Bonnie A. Nardi 2004). 블로그 서비스는 2000년대 이후 급격히 성장하였다. 뿐만 아니라 컴퓨터가 중개하는 통신 미디어를 통하여 생각을 주고받는 것에 익숙해져 가면서 사람들은 짧은 생각을 교환하는 핸드폰 문자 서비스의 사용에도 친숙해져 갔다. 공공의 게시판이나 공개되어 있는 개인적 영역보다는 개인적이면서도 동시에 사회적인 문자 서비스가 활성화되면서, 커뮤니케이션의 중개자로서 컴퓨터의 역할은 더욱 공고해졌다.

커뮤니케이션의 양식의 급속한 변화는 다시 웹으로 이어져 마이크로블로깅 서비스(예컨대 트위터)가 등장하였다. 이미 사람들에게 익숙한 짧은 문장의 메시지 콘텐츠의 교환 형식을 개인적인 영역으로 확장한 콘텐츠 게시의 형태지만(Java, Song et al. 2007), 사회적 상호작용은 보다 강력해졌다. 이제 사람들은 실제 세상에서와 같이 개인적인 영역을 가지면서도 동시에 사회적인 상호작용을 하고 있다. 여러 미디어 혹은 논문에서는 이 같은 네트워크 형식을 '소셜 네트워크'라 지칭하며 사람들이 사회적인 소통을 중시하고 있음을 강조한다. 이로써 사람들은 온라인 활동에 있어서도 개인적인 자아와 사회적인 자아를 동시에 의식하게 되었다.

근래의 소셜 네트워크는 직접적인 댓글이나 간접적인 호감 평가(예컨대 페이스북의 '좋아요' 버튼)를 통해 자신의 게시물에 대한 반응을 실시간으로 피드백 할 수 있다. 피드백 속도가 느렸던 이전의 사회적 미디어에 비해 현재의 온라인 소셜 네트워크는 사회적 자아의 영향이 상대적으로 크다. 피드백이 오프라인에서의 사회적 상호작용과 점점 흡사해지고 있기 때문이다. 따라서 소셜 네트워크 사용자의 사회적 교류 행동을 사회적 정체성 이론(Social identity theory) 등 기존의 사회적인 자아와 관련된 이론들로 설명할 수 있는 가능성이 열렸다.

본래 사회적 정체성 이론은 직장, 학교, 치료 집단 등 오프라인 환경에서의 사회화 과정에서 형성되는 사회적 정체성을 설명하기 위해 제안된 이론이(Bergami and Bagozzi 2000). 하지만, 소셜 네트워크가 발전하면서, 사회적 정체성 이론을 온라인에 적용시켜 사용자의 온라인 사회적 상호작용을 세밀하게 이해하려는 움직임이 일어나고 있다. 온라인 커뮤니케이션 양식에 사회적 정체성 이론을 적용하는 것은 비교적 최근의 일이기 때문에 이와 관련된 연구 결과나 안내서가 부족하다. 이 장에서는 SNS 환경에서의 커뮤니케이션을 사회적 정체성 이론을 통해 규명하고자 한 현재의 연구를 살펴보고 이 연구가 시사하는 것이 무엇인지 살펴보고자 한다.

2. 사회적 정체성(Social Identity)의 이해

(1) 사회적 정체성의 정의

사회적 정체성은 사회화(Socialization)의 개념을 전제로 한다. 사회화는 개인이 어떤 집단 혹은 무리 안에 속하게 되는 과정이다. 사회화를 통하여 개인은 집단 안에서 기대되는 행동을 통해 미래 자신이 맡을 사회적 역할에 대비하게 된다(Ryder 1965). 사회적 정체성의 이론은 Tajfel과 Turner에 의해서 형성되었다. Tajfel은 사회적 정체성을 '개인이 소속에 대해 감정적이고 가치 평가적인 중요성을 가지고 어떤 특정 집단에 속하였음을 인지하는 지식'으로 정의하였다(Tajfel 2010). 간단히 말하면, 개인이 특정한 사회적 집단에 속한다는 자기 지각(Self-perception) 자체가 사회적 정체성이 형성됨을 의미한다. 또한 Tajfel은 사회적 정체성이 긍정적인 자기 이미지를 가지려는 욕구에 기반을 둔다고 하였다(Tajfel and Bruner 1981).

Turner도 비슷한 내용을 다루고 있다. 각 개인은 '내가 누구인가?'에 대해 안정적으로 인식하고자 하는 욕구가 있으며, 이 욕구가 집단 환경에서 자신이 속한 집단을 다른 집단과 비교하는 행위를 유발한다고 하였다. 이 비교 행위는 자아 존중감을 얻기 위한 것으로, 이 비교 과정을 통하여 자신이 속한 집단의 독특한 특수성을 찾을 것이다(Turner 1981). 그러므로 개인이 속한 집단은 사회적 정체성 형성 및 자아에 대한 인식에 큰 영향을 미친다(Adams D 1990; Slay 2003).

(2) 사회적 정체성의 형성

사회적 정체성의 형성은 형성에 기여하는 요인으로 설명되거나 형성 과정으로 설명될 수 있다. Mael과 Ashforth(1989)은 형성에 기여하게 되는 사건들을 중심으로 사회적 정체성의 형성에 대한 기존 연구를 조사했다(Ashforth and Mael 1989). 그 내용은 다음과 같다.

사회적 정체성은 집단의 성공과 실패를 개인적으로 경험하는 것이다(Foote 1951; Tolman 1943). 정체성은 실패와 고통이 따를 때나(Brown, Condor et al. 1986), 잠재적 이익을 놓쳤을 때(Tajfel 1982), 과업에 실패하였을 때(Turner 1981) 강화되며, 심지어는 실패가 예견될 때(Gammons 1986) 확립되기도 한다.

한편 Tajfel과 Turner (1979)는 다른 방향으로 사회적 정체성 형성 과정을 설명하였다. 그들은 집단 내 개인의 사회적 상호작용의 과정을 분류하였다. 〈표 1〉은 그 과정의 요소에 집단 분류(Self-categorization), 집단 비교(Social comparison), 집단과 자기 자신의 동일시(Social identification)의 세 가지가 있다고 제시하고 있다.

과 정	설 명
1. 자기분류 (Self-categorization)	자신이 다양한 사회 집단 중에서 특정한 집단에 소속된 일원임을 인식
2. 집단비교 (Social Comparison)	다른 집단과 비교해서 자신이 속한 집단에 가치를 부여하는 과정
3. 집단 동일시 (Social Identification)	자신의 사회적 정체성을 인지하고 자기 자신을 특정한 그룹의 일원으로서 내면적으로 받아들이는 단계

〈표 1〉 Tajfel(1978)과 Turner(1979)의 사회적 정체성 형성 과정 및 분류

첫 번째 항목에서 개인의 분류행동(Categorization)을 소개하고 있는데, 여기에서의 분류(Category)란 구성원들로부터 추출된 추상의 프로토타입 특성으로 정의된다(Turner 1985). 각 개인의 집단을 향한 분류행동은 Tolman (1943)이 정의한 집단 정체성(Group identification)에서 유래되었다. 개인은 자기 분류를 거치면서 스스로를 특정한 집단의 범주 안에 소속시킨다(Mael et al 1992).

사회적 정체성 이론의 관점에서는 상호작용을 갖는 개인들이 모인 집단은 사회적 집단으로 규정될 수 있다. 그러므로 사회에는 여러 사회적 집단이 존재할 수 있다. 만약 개인이 어떤 특정 집단을 상대로 같은 사회적 분류 혹은 공통의 사회적 정체성을 공유하고 있다고 생각하게 되는 경우, 그 집단을 자신이 속한 집단으로 인식하며 내집단(In-group)으로 분류한다. 그와 반대로 어떤 사회적 집단이 자신과는 다른 사회적 분류에 있거나 공통적으로 공유하는 사회적 정체성이 없다고 생각하는 경우, 그 집단을 외집단으로(Out-group)으로 분류 하게 된다.

자기 분류는 각 개인이 어떤 특정 집단을 지칭할 때 '우리' 혹은 '그들'로 구분하여 지칭하게 됨을 보여준다(Hogg and Abrams 1988). 사회적 정체감이 형성된 사람은 자신을 소개하거나 규정할 때 상황에 따라 독립적인 존재로서 표현하기보다 구성원으로서 자신을 표현한다(Tajfel 1974; Tajfel 1978). 예를 들면, 한 사람이 어떤 모임에서 자신을 '나는 명랑한 사람이고 테니스를 좋아한다.' 라고 소개할 수도 있지만 어떤 다른 집단에서는 '나는 OO대학교 학생이다.' 또는 '나는 OO 전자에서 근무한다.' 라고 소개할 수도 있다.

〈표 1〉에서 집단 비교(Social comparison)란 이러한 사회적 범주에 실질적인 의미를 부여하는 과정이다. 이 과정에서 다른 집단과의 비교를 통해 집단 내 특성과 행동적 규범을 익히게 되며, 일반적으로 그 특성과 행동적 규범은 해당 집단을 비교 집단과 명확히 구분시켜주는 역할을 한다.

한편 〈표 1〉에서 집단 동일시(Social identification)는 사회적 정체성을 가진 사람이 자신의 내집단의 핵심 가치, 의견 혹은 속성 등을 자신의 것으로 동일하게 가지려는 것이다. 하지만 집단 동일시의 정도는 각 개인마다 차이가 있을 수 있다. Mael과 Ashforth (1989)의 사회적 정체성의 원리를 참고하면, 사회적 정체성은 지각인지의 구조로서, 특정한 행동이나 애정을 필수적으로 동반하지는 않는다. 그러므로 한 개인에게 형성된 사회적 정체성만으로는 그 개인이 내집단의 목표를 위해 특별한 노력을 기울인다는 것을 보증할 수 없다. 사회적 정체성은 개인이 자신을 집단의 운명에 얽혀 있다고 느끼는 심리적 상태이므로 사회적 정체성과 집단 동일시는 서로 구별되어야 한다(Hogg and Turner 1987; Kelman 1961 ; O'Reilly and Chatman 1986).

〈표 1〉에서 설명된 사회적 정체성의 형성 과정은 순차적으로 일어난다. 사회적 정체성은 자기 분류를 통해 집단 비교가 일어나고 최종적으로 집단과 자기 자신의 동일시가 나타나는 과정을 통해 형성된다.

(3) 사회적 정체성 이론의 적용 연구 분야

서론에서 언급한 것과 같이 사회적 정체성 이론을 온라인 환경에 적용한 것은 근래의 일이다. 그러므로 사회적 정체성 이론은 온라인보다는 오프라인 환경에서 더욱 활발하게 적용되었다. 오프라인 환경에서 사회적 정체성 이론을 적용한 분야는 여러 분야에 걸쳐 폭넓게 분포되어 있다.

오프라인 환경에 적용한 대상 집단을 보면, 대개 인위적으로 조직되는 집단(Artificial group)에 적용했다(Bergami and Bagozzi 2000). 그런 집단은 구성원들이 상당한 유사성을 지닐 것으로 예상되는 공통점이 있다. 예를 들면 '심리학 치료를 위해 구성된 집단', '특정 학교', '기숙사 내 여학생 클럽' 등이다.

그에 반해, 집단 내 구성원이 다양하게 분류되는 집단에 대해서 사회적 정체성 이론을 적용하기도 한다. 이는 구성원 분류의 다양성으로 인해 발생하는 집단 내 문제를 해결하거나 개선하려는 시도라 할 수 있다. 이러한 적용은 조직 내 업무 효율성을 높이기 위한 경영학의 조직 행위론 분야와도 밀접하다. 조직 행위론에 사회적 정체성 이론을 적용한 한 예로 기업의 인수 합병이 발생할 경우 다른 회사에 속해 있었던 다른 조직 구성원이 하나의 조직이 됨으로써 발생하는 마찰을 예상하고 그 해결책을 사회적 정체성 이론을 바탕으로 모색하고자 한 연구를 들 수 있다.

3. 온라인 환경에서의 사회적 정체성

(1) Bagozzi의 사회적 정체성 모형

Bagozzi는 사회적 정체성을 온라인 환경에 적용한 주요 인물이다. 특히 Bagozzi는 사회적 정체성 이론을 온라인에 적용하기 위하여 온라인에서의 사회적 정체성 측정을 위한 이론적인 검토를 선행하였다. 이로 인해 Bagozzi의 사회적 정체성 모형은 사회적 정체성 이론을 온라인에 적용하려는 다른 연구자들에게 일종의 기준이 되고 있다.

Bagozzi는 〈표 2〉와 같이 3가지의 다측면적인 요소를 통해 사회적 정체성 모형을 정리했다. 이는 Bagozzi가 Tajfel (1978)의 고전적인 사회적 정체성 이론을 기반으로 Ellemer et al(1999)이 정리한 사회적 정체성 요소 분류를 발전시킨 것이다. Ellemer et al (1999)의 사회적 정체성의 요소도 3가지 요소를 담고 있었다. 첫 번째는 인지적

사회적 정체성의 구성요소	정 의
인지적인 사회적 정체성 - 자기 분류 (Self-categorization)	개인이 자신에 대해서 형성하고 있는 자아상과 조직/집단의 정체성이 일치하는 부분(Bergami and Bagozzi 2000). 자아상과 집단의 정체성의 교차점을 발견함으로써 개인은 스스로를 특정 범주로 분류할 수 있다.
정서적인 사회적 정체성 - 정서적 몰입 (Affective commitment)	조직/집단에 대한 감정적 애착을 수반하는 정체성(Allen and Meyer 1996). 감정적 애착을 통해 구성원은 집단에 대해 헌신적인(Committed) 관계를 지속한다.
평가적인 사회적 정체성 - 자아 존중감(Self-esteem)	조직/집단에 소속되는 것에서 유발되는 개인의 가치 평가(Bergami and Bagozzi 2000). 집단과 구성원들에 대한 긍정적 혹은 부정적 가치 평가를 통해 집단 자아 존중감이 형성된다.

〈표 2〉 Bagozzi의 사회적 정체성의 구성요소(Moon, 2005)

요소로써 사회적 집단에 개인이 소속된다는 것에 대한 자각이다. 이는 자신을 특정 범주로 분류하는 것으로 이어진다(자기 분류, Self-categorization). 두 번째는 감정적 요소이다. 소속된 집단에 대해 감정적으로 참여하고 있는 정도를 나타낸다. Bagozzi는 이 요소가 정서적 몰입(Affective commitment)에 기반을 두고 있다고 밝히고 정서적인 사회적 정체성으로 대체하였다. 세 번째는 평가적 요소로, 특정 집단에 대해 갖는 긍정 혹은 부정적인 평가를 의미하며, 집단에서의 자아 존중감으로 대표된다. 사회적 정체성의 3요소에 대한 자세한 내용은 다음과 같다.

사회적 정체성의 인지적 측면은 개인이 스스로를 집단의 일원으로 인식하는 의식이다. 사람은 분류를 하는 인지과정을 통해 스스로를 특정한 사회적 집단에 포함시킨다(Bergami and Bagozzi 2000). 집단 구성원과의 유사점을 발견하고, 집단 외부와의 차이점을 목격하는 비교 과정을 통해 개인은 스스로를 특정한 사회 범주로 분류하는데, 이를 자기 분류라 한다(Turner 1985; Turner, Hogg et al. 1987). Dutton et al (1994)은 인지적인 사회적 정체성에 대해 '집단에 대한 정의와 개인의 스스로에 대한 정의 사이의 인지적 연결'이라 하였다.

인지적인 사회적 정체성이 집단에 대한 기본적인 소속감보다 강하게 발현된다는 주장도 있다. 자기 분류로 개인이 집단의 전형에 동화되면 자아상의 개별적 면모가 감소된다는 주장이 그것이다(Bergami and Bagozzi 2000). 각 집단은 고유한 사회적 맥락을 가지고 있으며, 그에 적합한 이상적 속성들이 존재한다. 개인이 가진 개별적인 속성들이 집단의 이상적 속성들에 일치하게 되면 구성원들은 집단의 전형(Prototype)과 일맥상통하게 된다(Fielding and Hogg 1997). 정체성 확립 과정에 대해 Simon (1947)은 '집단의 목표들이 개인의 목표를 대체하여 의사결정을 좌우하는 가치기준이 되는 과정'이라 정의하였고, Dutton et al (1994)은 '스스로에 대한 정의에 연관된 개인의 속성들이, 집단을 정의하는 속성들이라고 믿는 것들과 일치하는 정도'로 규정하였다. 이 경우 사회적 정체성은 일반적인 사회적 정체성의 경계에서 벗어나, 집단의 가치를 받아들이거나 공통의 가치라고 여기는 단계까지 포함된다. 그러나 소속감을 느끼는 인지적 상태와 개인-집단의 속성을 비교하는 인지적 과정은 구분될 수 있으며, 특히 전자가 후자의 성립 여부와는 독립적으로 감정적인 사회적 정체성과 평가적인 사회적 정체성에 영향을 끼칠 가능성이 있으므로 인지적인 사회적 정체성은 자기 분류라는 인지적 상태를 의미한다고 보는 경우가 많다(Ashforth and Mael 1989; Bergami and Bagozzi 2000).

감정적인 사회적 정체성은 조직/집단에 대한 감정적 애착을 수반하는 정체성을 의미한다(Allen and Meyer 1996). 같은 집단에 속하는 사람들 간에도 그 집단에 대해 감정적으로 애착을 가진 정도에 따라 각기 다른 행동을 보이게 된다(Branscombe and Wann 1994; Doosje, Ellemers et al. 1995; Ellemers and Rijswijk 1997). 따라서 감정적 애착은 구성원이 집단 내에서 헌신적인 관계를 지속하려는 의지를 지닌다는 점을 설명할 수 있다(Dholakia, Bagozzi et al. 2004). 이러한 감정적 애착을 나타내는 감정적인 사회적 정체성은 인지적으로 집단에 대해 가지는 소속감인 인지적인 사회적 정체성과 구분할 수 있다. Ellemer et al (1999)는 집단의 상대적 규모와 지위, 집단 형성의 기반이 감정적인 사회적 정체성에 끼치는 영향을 입증하였다.

사회적 정체성 이론에서의 주요 관심사는 개인이 집단에 대해 형성한 정체성이 집단 내에서의 행동을 결정하는 데 영향을 끼치는 정도이다. 이러한 맥락에서, 단순히 구성원 간의 범주를 구분할 수 있는 인지적 측면보다는 집단에 대한 감정적인 헌신을 유발하는 감정적 측면이 사회적 정체성에서 더 유의미하다고 보는 관점도 있다(Ellemers, Kortekaas et al. 1999).

정서적인 사회적 정체성이 발현되는 긍정적 감정은 Shaver et al (1987)이 가장 기본적인 감정들의 기저로 명시한 즐거움과 사랑으로 대표된다. 즐거움은 집단에서 얻는 행복함이고, 사랑은 집단을 향해 감정적인 매력을 느끼거나 애착을 가지는 것이다. 즐거움과 사랑은 감정적 어휘에 대해 사람들이 유의미한 반응을 나타내는 데 대한 다양한 차원을 포착해낸다. 뿐만 아니라, 감정 평가 이론에 따르면 즐거움과 사랑은 개인의 상황에 대해 명확히 구분되는 평가에 의해 생성되고, 그 결과 명확히 구분되는 행동 경향을 유발한다(Frijda 1986; Lazarus 1991; Roseman 1991).

개인은 조직/집단에 소속되는 것에서 스스로에 대한 가치 평가를 내리고 자아 존중감을 형성한다(Bergami and Bagozzi 2000). 평가적인 사회적 정체성은 집단 구성원에 대해 가지게 되는 긍정적이거나 부정적인 가치 함의와, 집단의 구성원으로서의 자기 가치에서 비롯된다(Bagozzi and Dholakia 2002). Bagozzi과 Bergami (2000)는 Pierce et al (1989)과 Luhtanen 과 Crocker (1992)의 기존 연구를 분석하고, Heatherton과 Polivy(1991)의 개인적 자아 존중감에 대한 연구에 기반을 두어 평가적인 사회적 정체성을 정리하였다 (Bergami and Bagozzi 2000).

Pierce et al (1989)은 평가적인 사회적 정체성을 '집단의 구성원들이 집단 내의 역할들에 참여함으로써 자신들의 욕구(Needs)를 만족시킬 수 있는 정도' 라고 정의하고 이를 평가할 수 있는 10가지 지표를 제시하였다. 평가항목은 '타인이 나를 어떻게 생각하는가?' 에 대한 평가와 '내가 기여할 수 있는 정도', '자기 가치' 에 대한 평가로 나뉘는데, Bagozzi과 Bergami (2000)는 이 중 자기 가치에 대한 평가에만 중점을 두어야 한다고 제시하였다(예컨대 '나는 중요하다', '나는 가치 있다'). Luhtanen과 Crocker (1992)는 16가지 지표로 다음 네 가지 항목을 평가하였다. 1) 집단 내의 개인적 성과에 대한 스스로의 태도, 2) 외부에서의 집단에 대한 평가에 대한 개인적인 판단, 3) 집단에 대한 태도와 그 집단에 소속되는 것에 대한 태도, 4) 개인의 자아상에 집단이 기여하는 정도에 대한 개인적 평가. Bagozzi과 Bergami (2000)는 이 중 자아 존중감과 관련된 지표는 4개 밖에 없다고 평가하고, 앞서 다룬 인지적인 사회적 정체성과 감정적인 사회적 정체성, 평가적인 사회적 정체성을 엄격히 구분하도록 유도하였다.

Heatherton과 Polivy (1991)는 자아 존중감에 대한 6가지 평가지표를 제시하였다.

Bagozzi과 Bergami (2000) 는 개인적인 차원의 자아 존중감을 포착한 이들의 연구를 기반으로 집단에서 형성되는 자아 존중감에 대한 연구를 발전시켰다.

Tajfel (1978)과 Turner (1979)에 의해 일찍이 제시되었듯이, Ellemer et al (1999)은 평가적인 사회적 정체성과 감정적인 사회적 정체성이 동일한 방향으로 발현되는 경향이 있음을 밝혔다. 사람들은 긍정적으로 평가되는 집단에 대해서 더 강한 감정적 애착을 가지고 헌신하며, 덜 매력적인 집단에 대해서는 거리를 두려 하는 경향이 있다.

다음 〈표 3〉은 Bagozzi가 수행한 일련의 연구들에서 발췌한 인지적인 사회적 정체성, 정서적인 사회적 정체성, 평가적인 사회적 정체성을 측정 예시이다.

Bagozzi과 Bergami (2000)는 인지적인 사회적 정체성을 측정하기 위해 자아의 정체성과 집단의 정체성이 일맥상통하는 정도를 〈표 3〉에 제시된 바와 같이 두 원이 겹쳐지는 그림으로 나타내었다(Bagozzi and Dholakia 2002). 또한 자아상과 집단의 이미지가 일치하는 정도도 확인하였다. 이 질문들은 7간 척도로 측정되었다. Ellemer at el (1999)도 일찍이 구체적인 측정 문구를 제시하였다. 인지적인 사회적 정체성을 온라인 환경에서 더욱 깊게 관찰한 Bagozzi과 Dholakia (2002)의 가상 사회 내 의도적 사회행동 연구에서는 이에 추가하여 '자아상이 온라인 친구들이 가지는 집단으로서의 정체성과 얼마나 일치하는가' 를 묻는 7간 척도도 제시되었다(Bagozzi and Dholakia 2002).

정서적인 사회적 정체성에 대한 Bagozzi와 Bergami (2000)의 측정은 〈표 3〉에 나타나듯이 Allen과 Meyer (1990)가 제시한 평가지표를 따른다. '나는 OO에 대해 기쁘게 생각한다.', '나는 OO를 즐긴다.' 등의 즐거움에 대한 질문들과, 'OO은 나에게 개인적인 의미가 깊다.', '나는 OO를 가족과 같이 생각한다.' 등 사랑을 수반하는 애착에 대한 질문들에 대해 '강하게 동의한다.' 에서 '전혀 동의하지 않는다.' 의 7간 척도로 측정한다. 이후 Bagozzi는 보다 구체적으로 온라인에 중점을 둔 Dholakia와 Pearo와의 연구에서 가상사회에서의 측정에 해당하는 지표들을 강화하였다(Dholakia, Bagozzi et al. 2004).

평가적인 사회적 정체성을 측정하기 위해 Bagozzi와 Bergami (2000)는 '나는 나의 능력에 대해 확신한다.', '나는 존중 받고 존경 받음을 느낀다.', '나는 남들만큼

구분	측정 항목	출처
인지적인 사회적 정체성	내가 속한 집단의 친구들과 나는 서로 비슷한 부류의 사람들이다.	(Ellemers, Kortekaas et al. 1999)
	내가 속한 집단의 친구들이 가진 집단 개성과 내 자아 간에는 서로 공통점이 많다.	(Ellemers, Kortekaas et al. 1999) (Bergami andBagozzi 2000)
	아래 그림에서 왼쪽 원은 자신이라 생각하시고 오른쪽의 원은 귀하가 속한 집단의 친구들이라고 가정하십시오. 아래의 그림들 (A~H) 중 어떠한 것이 자신의 정체성(Identity)과 친구 집단의 집단 개성이 일치하는 정도를 가장 잘 표현하고 있습니까? 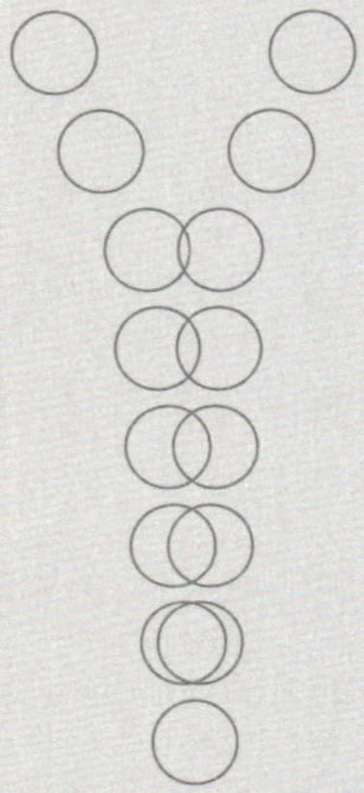 아주 멀다 가깝지만 떨어져 있다 아주 약간 일치한다 약간 일치한다 어느 정도 일치한다	(Bergami and Bagozzi 2000)
정서적인 사회적 정체성	나는 내가 속한 집단의 친구들에게 정서적으로 애착심을 느낀다.	(Allen and Meyer 1990) (Dholakia, Bagozzi et al. 2004)
	나는 내가 속한 친구 집단에 강한 소속감을 느낀다.	(Allen and Meyer 1990) (Dholakia, Bagozzi et al. 2004)
	나는 내가 속한 친구 집단과 시간을 보내는 것이 좋다.	(Allen and Meyer 1990)
	나는 다른 사람들에게 내가 속한 친구 집단에 대한 이야기를 하는 것을 즐긴다.	(Allen and Meyer 1990)
	내가 속한 친구 집단은 나에게 개인적으로 큰 의미를 지닌다.	(Allen and Meyer 1990)
평가적인 사회적 정체성	나는 내가 속한 친구 집단에서 소중한 멤버이다.	(Dholakia, Bagozzi et al. 2004)
	나는 내가 속한 친구 집단에서 중요한 멤버이다.	(Dholakia, Bagozzi et al. 2004)
	나는 내가 속한 친구 집단에서 존중 받고 있다고 느낀다.	(Bergami and Bagozzi 2000)

〈표 3〉 Bagozzi의 사회적 정체성의 3요소 측정의 예시

똑똑하다고 느낀다.', '나는 내 자신에게 만족을 느낀다.', '나는 내가 잘 이해하고 있다고 확신한다.' 등을 통해 긍정적인 자기 가치 향상에 대해 다루었다. 또한 '나는 나에 대한 자각이 높다.' 등의 질문을 통해 자의식를 측정하려는 데도 노력을 기울였다. 평가적인 사회적 정체성 역시 Bagozzi가 Dholakia, Pearo와 함께 진행한 후속 연구에서 온라인에서의 측정이 강화되었다(Dholakia, Bagozzi et al. 2004).

(2) 온라인 환경 내 사회적 정체성 관련 선험적 연구

Bagozzi의 사회적 정체성 모형을 시작으로 2006년 이후 온라인 환경에서의 사회적 정체성 연구가 급증하고 있다. 사회적 정체성의 온라인 적용은 SNS, MMORPG와 같은 다양한 소셜 네트워크의 서비스에 대한 연구 등 온라인 상의 다양한 분야에 접목되고 있다. 이러한 선험적 연구들로 인해 온라인 사회적 정체성의 영향요인(Antecedent factor)과 결정요인(Outcome factor)이 점차 밝혀지고 있다.

다음에서 제시한 영향요인과 결정요인은 문헌연구 결과를 종합한 것이다. 선택한 논문은 주요 저널 DB에서 2000년도에서 2009년 사이 사회적 정체성의 선험적 연구를 검색하여 나온 결과 중, 영향요인과 결과요인을 다룬 연구 20여개를 대상으로 하였다.

온라인 사회적 정체성에 대한 선험적 연구들은 온라인 상에서 사회적 교류가 발생하는 여러 분야에 걸쳐 폭넓게 적용되었다. 온라인 서비스가 가지는 주요한 공통분모는 사용자의 참여이다. 그러므로 해당 서비스 혹은 조직에 대한 유저 참여도를 결정하는 요인들과, 참여도가 서비스나 조직의 구성원으로서의 만족도에 미치는 영향을 밝히는 것이 많은 선험적 연구의 목표였다. 그러므로 선험적 연구들은 이용자의 해당 서비스 혹은 조직에 대한 참여도가 어떻게 결정지어지는지, 그리고 서비스나 조직 내의 구성원인 것에 대한 만족도에 영향을 주는 것은 무엇인지를 밝히고자 했다. 이들 연구를 종합해 볼 때 온라인 사회적 정체성의 영향요인은 다음 〈그림 1〉과 같다.

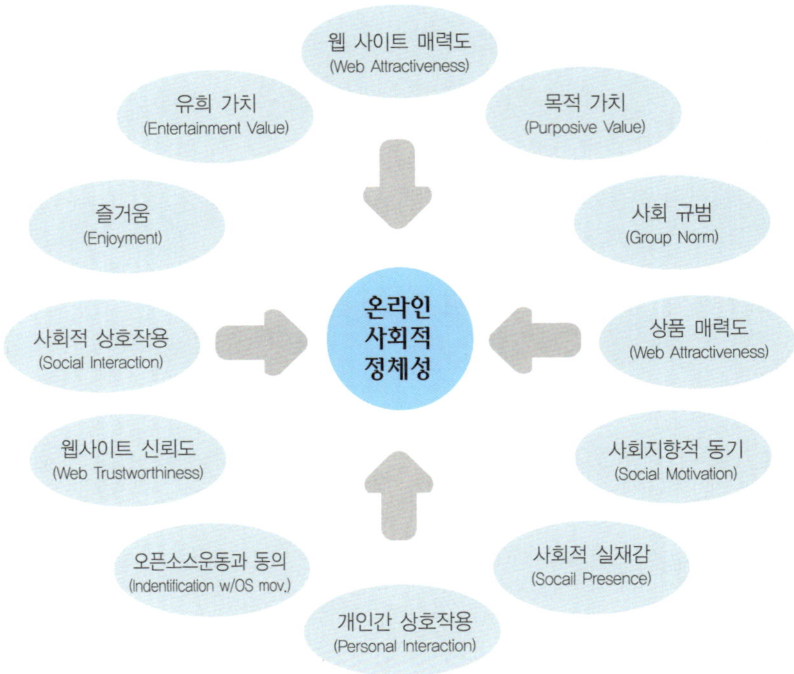

〈그림 1〉 온라인 사회적 정체성의 영향요인

선험 연구에서 도출한 바 온라인의 사회적 정체성에 영향을 주는 요인은 다양하게 구성되어 있으므로, 사용자가 느끼는 여러 요소의 민감한 반응을 통해 온라인 사회적 정체성이 형성됨을 알 수 있다. 영향요인을 유사한 것들로 묶어보면, 동질감을 갖고자 하는 욕구가 온라인의 사회적 정체성의 중요한 영향요인이 된다. 오프라인에서의 조직과 마찬가지로 온라인에서도 사용자는 온라인 조직에 참여함으로써 동질감을 찾고자 하는 것이다. 이와 유사한 요인으로는 온라인 상에서 유대감을 갖고자 하는 욕구도 영향요인 범주에 포함된다.

그 외 영향요인으로 온라인 조직 혹은 서비스에서 사용자가 즐거움을 추구하고자 하는 욕구 등이 있다. 이들 영향요인에 일조하는 것은 온라인 서비스 혹은 조직에 참여함으로써 유용성을 누리고자 하는 사용자의 욕구이다. 뿐만 아니라, 온라인 미디어의 질에 대한 사용자의 기대 역시 온라인 사회적 정체성을 형성하는 영향요인으로 작용하고 있음을 알 수 있다. 온라인 서비스에서 기대하는 사용자의 특징이라고 할 수 있는 온라인 미디어의 질에 대한 부분도 사용자의 온라인 사회적 정체성을 형성하는 영향요인으로 작용하고 있음을 알 수 있다.

한편 선험적 연구들은 온라인 사회적 정체성이 실제 사용자의 행동 변화(참여)에 끼치는 영향에도 주목하였다. 〈그림 2〉 온라인 사회적 정체성의 결정 요인은 선험적 연구결과를 통해 종합한 것이다.

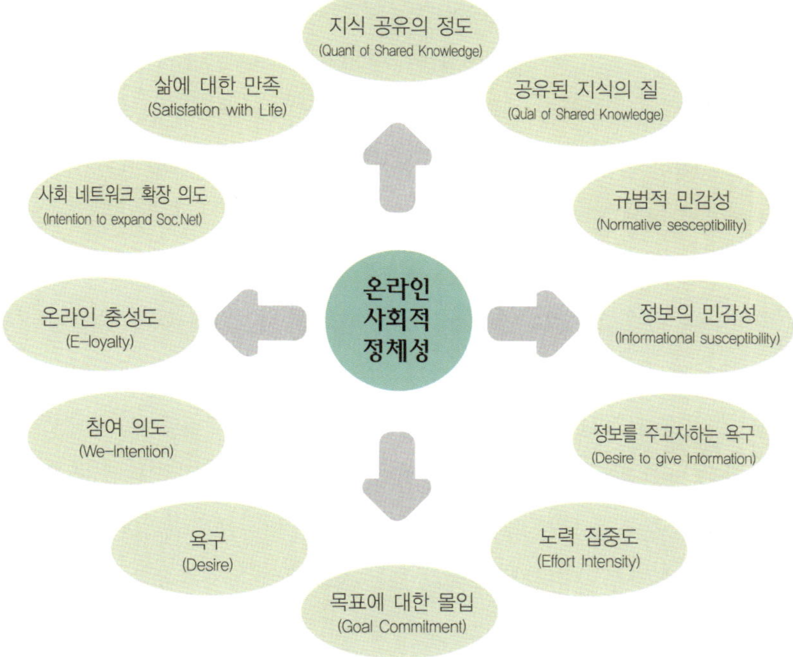

〈그림 2〉 온라인 사회적 정체성의 결정 요인

참여도와 관련된 인과관계를 연구하는 많은 선험적 연구와 일맥상통하게, 온라인에서의 사회적 정체성이 참여도를 결정하는 데 크게 기여한다는 결과가 도출되었다. 온라인의 사회적 정체성이 강화됨에 따라 온라인 조직 공동체에 대한 생각이 깊어지고, 사회적 정체성이 실제 온라인 상에서의 활동을 촉진시켜 더 많은 역할을 맡게 하는 초역할 행동을 초래하기도 한다. 더불어, 해당 조직 혹은 서비스 내에서 사용자의 만족도도 달라지는 것으로 나타났다.

온라인 사회적 정체성에 대한 연구 사례를 요약적으로 제시하면 다음과 같다.

① 온라인 커뮤니티에서 의도적인 사회적 행동에 관한 연구

(Bagozzi and Dholakia, 2002)

인터넷이 발달하면서 사람들은 관심 있는 활동을 함께 할 사람을 만나기 쉬워졌다. 우리는 자신의 흥미와 관심에 맞는 인터넷 카페 또는 동호회에 가입함으로써, 다른 멤버들과 함께 활동하며 지속적인 관계를 이어나간다. 이렇게 인터넷 카페를 통하면 시간과 거리의 제약을 받지 않고 관심사를 공유할 수 있고, 구성원들 사이에 보다 친밀한 관계를 유지할 수 있다는 장점이 있다. 여기서 주목하고 싶은 점은 회원들 중 어떤 사람들은 카페 활동에 활발히 참여하여 잘 융화되는 반면, 어떤 사람들은 잘 적응하지 못하고 겉돌다 유령 회원으로 남는 일이 흔히 목격된다는 점이다. 회원들의 인터넷 카페 활동 참여에 영향을 미치는 요소가 무엇일까?

이 연구의 목적은 바로 가상 커뮤니티에서의 개인이 집단 생활에 참여하고자 하는 의지를 의미하는 참여 의도(We-intention)에 영향을 주는 요인들을 밝히는 데에 있다. 가상 커뮤니티에서 유저들의 참여 의도는 감정, 또는 욕구 등의 내적인 요소와 사회적 정체성이라는 외적인 요소에 의해 결정된다는 가정을 세웠다. 이 연구에서 외적 요소 중 하나인 사회적 정체성은 인지적, 정서적, 평가적 요소로 이루어져 있는데, 인지적 요소란 자기 분류를 통해 유저가 소속되어 있는 커뮤니티의 일원임을 지각하고 다른 멤버들과의 유사성을 인식하는 데서 오는 사회적 정체성을 뜻하며, 정서적 요소는 유저가 소속 커뮤니티에게 가지고 있는 감정적인 요소, 즉 유대감, 헌신, 충성심 등을, 평가적 요소는 자신이 소속되어 있음으로 인해 자아 존중감을 느낄 수 있음을 의미한다.

분석 결과, 요인들 중 욕구가 개인의 참여 의도을 결정짓는 가장 큰 요소이고, 다른 요인들은 욕구를 통해 참여 의도에 긍정적인 영향을 끼치는 것으로 밝혀졌다. 그리고 이러한 가상 커뮤니티에 대한 유저의 사회적 정체성은 개인의 욕구에 긍정적인 영향을 끼치며, 곧 유저의 참여 의도에 또한 영향을 끼친다는 결론을 얻었다. 결국 이 연구를 통해 사회적 정체성은 가상 커뮤니티에서의 활동을 결정짓는 요소임을 알 수 있다.

② 온라인 소규모 커뮤니티 내 소비자 참여에 관한 사회적 영향 연구 모형

(Dholakia, Bagozzi, and Pearo, 2004)

위와 유사한 주제로 가상 커뮤니티에서의 유저의 참여도를 결정짓는 요인들을 밝히려는 또 다른 연구를 소개한다. 이 연구는 가상 커뮤니티에서 유저들의 참여도는 크게 집단 규범과 사회적 정체성, 두 가지의 요인에 의해 결정된다고 가정하였다. 인지적, 정서적, 평가적 요소에 대한 설명은 위에 소개한 연구와 동일하며, 사회적 정체성에 영향을 끼치는 요인으로는 목적 가치, 유희 가치, 사회 규범이 있다. 여기서 목적 가치는 가상 커뮤니티로부터 정보를 얻을 때 느끼는 정보적 가치와 가상 커뮤니티에서 어떤 직무를 수행했을 때 얻는 도구적 가치를 포괄한 개념이고, 유희 가치는 가상 커뮤니티에서의 타인과의 상호 작용 또는 놀이로부터 오는 즐거움의 가치를 의미하며, 사회 규범이라 함은 집단에서 공동적으로 생활해 나가기 위해 일반적으로 받아들여지고 있는 규칙, 가치관 또는 목적을 나타낸다.

설정한 여러 변수 중 욕구는 개인의 참여 의도를 결정짓는 가장 큰 요소로, 다른 요소들은 욕구에 영향을 줌으로써 결과적으로 참여 의도에 영향을 준다. 그러므로 가상 커뮤니티에 대한 유저의 사회적 정체성은 개인의 욕구에 긍정적인 영향을 끼치며, 곧 유저의 참여의도에, 그리고 결국 참여 행동에 영향을 주었다. 이 연구 역시 사회적 정체성이 가상 커뮤니티에서의 활동을 결정짓는 요소임을 밝혀주었다.

③ 사회적 영향이 사용자의 실시간 메시지를 이용하고자 하는 참여 의도에 미치는 영향과, 이 영향에 대한 실시간 메시지 사용 경험의 조절 효과에 관한 연구

(Shen, Cheung, and Lee, 2010)

이 연구의 목적은 여러 종류의 사회적 영향들이 온라인 커뮤니티 상에서 실시간 메시지를 이용하고자 하는 참여 의도에 어떤 영향을 주는지 확인하는 데 있다. 여기서 사회적 영향은 사람들이 실시간 메시지를 사용하거나 하지 말아야 한다고 인지하는 보편적인 생각을 뜻하며, 그 사회적 영향 중 하나인 사회적 정체성은 개인이 속해 있는 집단의 일원임을 지각하고 다른 멤버들과의 공통점을 인식함으로써 가지는 소속감, 유대감 등을 뜻한다.

연구 결과 사회적 정체성은 실시간 메시지를 이용하고자 하는 사용자들의 참여 의도와 욕구에 긍정적인 영향을 끼쳤고, 실시간 메시지 사용 경험이 많은 사용자들일수록 사회적 정체성이 참여 의도와 욕구에 더 큰 영향을 주었다. 그러므로 우리는 사회적 정체성을 포함한 사회적 영향들이 커뮤니티 상 사용자의 활동 의지를 결정짓는 요소임을 확인할 수 있다.

④ 사회 자본 이론과 사회 인지 이론의 관점에서 온라인 커뮤니티 내 지식 공유 현상의 이해

(Chin C. M., Hsu M. H., and Wang E., 2006)

이 연구는 지식 공유와 공유된 지식의 질에 영향을 미치는 요소와 그 인과성을 밝히고자 하였고, 사회적 인지 이론과 사회 자본 이론을 결합하여 각각의 변수를 구조적, 관계적, 인지적 차원으로 구분하였다.

분석 결과, 관계적 변수에 해당하는 집단과 자기 자신의 동일시는 구성원의 공동체에 대한 소속감과 공동체에 대한 긍정적인 감정을 의미하며, 지식 공유에 인과적인 영향을 미친다. 이 연구의 의의는 지식 공유와 공유된 지식의 질에 인과적 영향을 주는 요소들을 밝혀냄으로써 가상 공동체 내 공유되는 지식의 양적, 질적인 부분을 향상시키기 위한 시사점을 제시한 데 있다.

⑤ 사회적 정체성을 매개로 한 사회적 실재감에 인한 온라인 커뮤니티 상의 지식 기여에 관한 연구

(Shen K. N., Yu A. Y, and Khalifa M., 2009)

역시 유사한 주제로 이 연구의 목적은 가상 공동체에서 활동하는 개인의 지식 기여도에 영향을 주는 사회적 요소가 무엇인지 밝히는 데 있다. 변수 중 정서적 사회적 실재감이란 소속 온라인 커뮤니티에 대한 사용자의 정서적, 감정적 유대감을 의미하며, 인지적 사회적 실재감은 커뮤니티 구성원들 사이에 존재하는 서로에 대한 이해도를 의미한다.

분석 결과, 사회적 존재감이 사회적 정체성 형성 과정에 영향을 준다는 두 변수의 사이의 인과관계를 밝혔으며, 나아가 구성원이 느끼는 그가 속한 커뮤니티에 대한 사회적 정체성은 그 커뮤니티를 위한 개인의 지식 기여도에 영향을 미친다는 사실을 확인할 수 있었다. 이 연구는 구성원의 활동에 영향을 주는 동원으로써, 심리적 요소를 강조한 점에서 그 시사점을 찾을 수 있다.

⑥ 온라인 커뮤니티 내 지식 공유 의도에 대한 이해

(Liao, Liu, To, and Lin, 2009)

앞서 소개한 연구와 유사한 주제로 이 연구를 통해 밝히고자 하는 것은 가상 공동체에서 정보를 공유하는 개인의 의도에 영향을 미치는 요소이다. 이 연구에서 사회적 정체성은 나머지 6가지 요소, 예상되는 긍정적 감정, 다른 구성원들의 역량, 다른 구성원들의 호의성 및 진실성, 유형적 보상, 무형적 보상, 인지된 자기 효능감과 함께 정보를 주고자 하는 욕구에 영향을 주는 결과를 주는 것으로 나타났다. 다시 이 정보를 주고자 하는 욕구는 최종적으로 정보를 주고자 하는 의도에 영향을 준다. 이로써 연구 결과는 개인이 가상 공동체에서 활동하게 하는 동기 부여적, 개인적, 환경적 요인을 분석하여 정보 공유의 주요한 동인을 확인했다는 점에서 의의를 가진다.

⑦ 오픈 소스 소프트웨어 사용자 커뮤니티 : 리눅스 사용자 집단의 참여에 대한 연구

(Bagozzi and Dholakia, 2006)

리눅스는 마이크로소프트사(社)의 윈도우와 같은 컴퓨터 운영 체제의 한 종류이며, 윈도우와는 달리 세계 여러 프로그래머들과 사용자의 참여로 만들어지고 있다. 이 연구는 리눅스와 같은 오픈 소스 소프트웨어를 연구, 개발하는 리눅스 유저 그룹(Linux User Group; LUG)을 대상으로 어떤 요인이 그들로 하여금 자발적으로 프로그램 개발에 참여하게 하는지 밝혀내고자 실시되었다.

먼저, 중심 변수인 참여 의도는 개인이 집단 생활에 참여하고자 하는 의지와 헌신을 의미하며, 이 LUG 커뮤니티 참여 의도는 인지적, 정서적, 사회적 요인들에 의해 결정된다는 가정을 세웠다. 그 중 사회적 요소에 해당하는 사회적 정체성은 인지적, 정서적, 평가적 요소들로 이루어져 있으며, 인지적 요소는 자기 분류를 통해 유저가 LUG의 일원임을 지각하고 다른 LUG 멤버들과의 유사성을 인식하고 있음으로써 가지는 사회적 정체성을, 정서적 요소는 유저가 LUG에게 가지고 있는 유대감, 소속감, 신뢰를, 평가적 요소는 자신이 LUG에 소속되어 있음이 자아 가치를 느낄 수 있음을 의미한다.

분석 결과, LUG에 대한 유저의 사회적 정체성은 LUG에 대한 참여 의도에 긍정적인 영향을 미친다는 결과를 얻을 수 있었다. 이는 오픈 소스 운동을 뒷받침하고 있는 가치와 목적을 공유함으로써 사용자의 사회적 정체성에 긍정적인 영향을 미칠 수 있으며, 결과적으로 사용자의 헌신과 지속적인 참여에 영향을 끼친다는 점을 시사한다.

⑧ MMORPG(대규모 다중 사용자 온라인 롤 플레잉 게임)와 몰입 행동 : 통합 연구 모형

(Jo, Moon, Garrity, and Sanders, 2007)

우리나라는 세계적인 게임 강국으로 여러 사용자들이 '월드오브워크레프트(World of warcraft)', 바람의 나라, 리니지 등의 MMORPG(Massively Multiplayer Role-Playing Game)을 즐겨 왔다. MMORGP로 통칭되는 '대규모 다중 사용자 온라인 롤 플레잉 게임'에서는 온라인으로 연결된 다수의 사용자가 동시에 각자의 역할을 수행하며 게임 속 과제를 해결해 간다. MMORPG 사용자를 대상으로 한 이 연구의 목적은 어떠한 요인들이 MMORPG 사용자들의 참여도에 영향을 주는지 알아보는 것이다.

먼저, MMORPG 커뮤니티에서 사용자들의 참여도는 게임 속 가상 캐릭터에 대한 소유 심리와 사회적 정체성에 의해 결정된다는 가정을 세우고 이 사회적 정체성은 인지적, 정서적, 평가적 요소로 이루어져 있다고 보았다. 인지적, 정서적, 평가적 요소에 대한 정의는 지금까지 설명과 대동소이하다.

분석 결과, 길드 구성원 간의 상호작용이 사용자의 사회적 정체성에 영향을 끼치는 요인으로 밝혀졌고, 구성원 간 상호작용이 강할수록 강한 사회적 정체성을 갖게 된다는 결론을 얻을 수 있었다. 이를 통해 게임 커뮤니티에서 유저의 사회적 정체성은 커뮤니티에서 유저의 활동을 결정짓는 요소임을 확인할 수 있다.

⑨ 블로그를 통한 삶의 질 향상과 온라인 사회적 정체성의 계발에 관한 연구

(Moon, Li, Jo, and Sanders, 2007)

웹2.0은 개방, 참여, 공유를 표방한다. 이와 함께 등장한 블로그는 인터넷 상에서 개인이 주체가 되어 자신의 이야기를 표현할 수 있는 매체이다. 국내에서도 여러 포털 사이트가 각자의 개인 블로깅 서비스를 제공하고 있으며, 그 중 1만 명이 넘는 방문자가 찾는 블로그는 '파워블로그' 라고 불리며 그 나름의 영향력을 행사하고 있다.

이 연구의 목적은 블로깅 활동이 온라인 사회적 정체성에 끼치는 영향과 이 온라인 사회적 정체성이 삶에 대한 만족도에 끼치는 영향을 조사하는 것이다. 앞의 여러 연구에서와 같이 온라인 사회적 정체성은 역시 인지적, 정서적, 평가적인 요소로 이루어져 있고 이에 대한 설명도 앞의 내용과 대동소이하다.

분석 결과, 블로그 활동을 통해 느끼는 사회적 소통과 즐거움이 클수록 온라인 사회적 정체성이 강할 것이라는 결론을 얻었다. 또한, 온라인 사회적 정체성을 강하게 느낄수록 온라인 환경에서 사회적 네트워크를 확장시키고자 하는 의지가 강하게 나타났고, 그러할수록 삶에 대한 만족도가 높다는 결론을 내릴 수 있었다. 다시 말해, 온라인 사회적 네트워크 커뮤니티에서 사용자의 사회적 정체성이 유저의 활동 의지와 삶에 대한 만족도를 결정짓는 요소임을 확인 할 수 있다.

⑩ 구매 참고 집단으로서 온라인 커뮤니티의 역할에 관한 연구

(Pentina, Prybutok, and Zhang, 2008)

이 연구는 온라인 커뮤니티가 참고 집단의 역할을 하여 구성원의 사회 지향적인 동기(Socially-oriented motivation)가 최종적으로 구매 행동으로 이어지는 과정을 밝히고자 하였다. 결과적으로 가상 공동체에서 구성원들이 느끼는 사회 지향적인 동기가 인지적, 정서적, 평가적 사회적 정체성과 강한 인과 관계가 있음을 확인하였고, 이 인지적 정서적, 평가적 사회적 정체성이 각각 구성원의 온라인 집단에 대한 규범적 민감성과 온라인 집단에 대한 정보적 민감성에 영향을 주었다.

결론적으로, 구성원의 규범적 민감성과 정보적 민감성은 구성원의 구매 행동에 직접적인 영향을 주는 요소임을 밝혔고, 이를 통해 구성원의 사회적 욕구를 만족시키는 가상 공동체가 개인의 선호에 강한 영향을 주어 구매 행동에 변화를 일으킬 수 있다는 잠재성을 확인할 수 있다.

⑪ 웹사이트 사회적 정체성 : 재방문한 온라인 소비자들의 구매 의도 조사 (King, Cowa, and Chin, 2009)

이 연구는 웹사이트 상의 사회적 정체성이 고객의 구매의사에 미치는 영향을 조사하였다. 웹사이트의 매력도와 상품의 매력도, 웹사이트에 대한 신뢰도가 모두 웹사이트 사회적 정체성에 영향을 준다고 가정했으며, 여기서 웹사이트 사회적 정체성이란 사회적 정체성 이론에서 Bergami와 Bagozzi (2000)가 주장한 정서적 사회적 정체성을 의미한다. 또한, 웹사이트의 매력도는 웹사이트의 디자인과 상호작용성에 영향을 미치는 기술적 요소들을, 상품의 매력도는 상품의 가격, 질, 주문 제작 가능 여부 등 상품 자체가 고객 의사 결정에 영향을 주는 요소들을, 웹사이트에 대한 신뢰도는 웹사이트에 대해 사용자가 느끼는 믿을 수 있는 정도를 가리킨다.

이 연구의 의의는 웹사이트 상에서 사용자들이 느끼는 사회적 정체성으로 정의하고, 이 웹사이트 사회적 정체성이 구매의사에 미치는 요소뿐 아니라 이 웹사이트 사회적 정체성에 영향을 주는 요소 역시 밝힌 것에 있다.

4. 시사점 도출 및 결론

성공적인 온라인 서비스가 각계각층의 다양한 사용자들의 참여로 이루어진다는 점을 생각해보면 온라인에서의 소셜 네트워크 서비스는 사용자의 사회적인 정체성을 향한 욕구를 고려하여 그들이 더 활발하게 참여할 수 있도록 유도해야 함을 알 수 있다. 이와 더불어 소셜 네트워크의 서비스의 진보로 인해 커뮤니케이션의 즉각적인 쌍방향화가 강화됨으로써 소셜 네트워크 사용자들의 온라인에서의 사회적인 상호작용이 더 활발해지고 있다. 이러한 추세로 인해 온라인에서의 사회적 정체성과 관련된 현상이 심화될 것이며, 이러한 현상에 대한 연구의 필요성도 더욱 높아질 것이다.

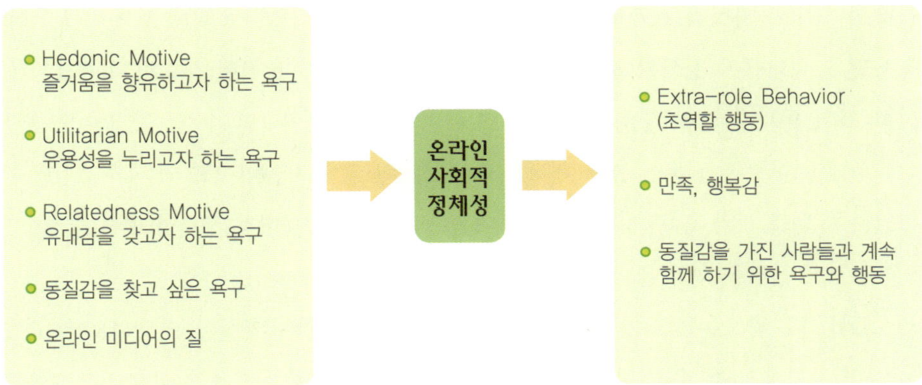

〈그림 3〉 온라인 사회적 정체성의 영향요인과 결과요인

〈그림 3〉은 앞에서 열거한 온라인 사회적 정체성의 영향요인과 결과요인을 요인의 특성에 따라 분류하여 요약 정리한 결과이다. 크게 즐거움, 유용성, 유대감, 동질감, 정보의 질 등이 온라인 사회적 정체성에 영향을 주는 요소이며, 초역할 행동, 만족, 행복감, 동질감을 지속하고자 하는 욕구 등이 온라인 사회적 정체성에 영향을 받는 요소이다. 그러나 위에 제시된 변수 외에도 아직 많은 현상들이 온라인 사회적 정체성과 관련하여 논의될 수 있을 것이다. 이 점은 사회적 정체성과 관련하여 앞으로의 연구가 더 많이 진행될 수 있음을 시사한다. 향후 연구 방향에 대해 다음 몇 가지를 제안하고자 한다.

먼저 향후 연구 방향과 관련하여, 온라인에서 형성되는 사회적 정체성과 오프라인 사회적 정체성간의 관계에 대한 사회 심리학적 연구도 좋은 연구 방향이 될 것이다. 온라인과 오프라인의 사회적 정체성의 차이에 따른 사회적 고립, 사회 발달, 에고의 발달 등을 연구해 볼 수 있을 것이다.

온라인 소셜 네트워크 서비스의 발달에 따른 더 나은 온라인 소셜 네트워크 서비스를 제공하기 위한 연구도 진행할 수 있을 것이다. 예를 들면, 어떠한 기능을 소셜 네트워크 서비스에 제공하면 온라인에서의 사회적 정체성 형성에 긍정적인 영향을 미칠 수 있을지에 대한 연구 결과는 미래의 소셜 네트워크 사용자의 온라인 사회적 정체성 형성에 있어 사용자 경험이 증대될 것이다.

또한 소셜 네트워크 미디어의 사용 환경이 사용자의 사회적 정체성에게 주는 영향이 무엇인지도 연구해볼 수 있을 것이다. 이와 관련된 주제로는 소셜 네트워크 미디어의 차이가 사회적 정체성에 어떠한 영향을 미치는지 살펴볼 수 있을 것이다. 예를 들면 트위터에서 형성된 사회적 정체성과 페이스북에서 형성된 사회적 정체성이 다른 점이 있는지 만일 다른 점이 있다면 어떻게 다른지 연구할 수 있을 것이다. 뿐만 아니라 스마트폰을 통한 소셜 네트워크 미디어의 접속이 많아지고 있는 추세임을 감안하여 특정 기기 혹은 기술을 사용하여 접근하는 것이 사회적 정체성 형성에 영향을 주는지도 살펴볼 수 있을 것이다.

소셜 네트워크 서비스의 발달로 인해 발생한 사회적인 문제들을 연구하는 것도 좋은 연구 주제가 될 수 있다. 모든 것에는 양면성이 존재하듯이 소셜 네트워크 서비스의 발달 역시 어떤 사회적 문제를 야기할 수 있다. 이에 대해 온라인 사회적 정체성 이론을 적용하여 어떤 부정적인 행동이 어떤 요소가 결핍 혹은 과잉되어 나타나는지 또는 그 부정적인 행동의 결과는 어떻게 나타나는지에 대한 연구도 의미 있는 시도가 될 것이다.

또 최근의 소셜 네트워크 서비스의 이슈 중의 하나인 소셜 커머스와 관련하여 사용자의 구매와 온라인 사회적 정체성 사이의 관련 등 다양한 연구가 가능할 것이다. 소셜 커머스를 이용할 때 사용자는 제품의 품질을 다른 사용자의 상품평을 참고하는 경우가 많다. 이와 관련하여 소셜 커머스에서 고품질의 제품 리뷰를 끌어내기 위해서는 어떤 사회적 정체성 확립 전략이 도움되는가와 같은 여러 가지 주제를 생각해 볼 수 있을 것이다.

이와 같이 사회적 정체성 이론은 점점 다수와 상호작용이 중요해 지고 있는 온라인 소셜 네트워크에 적용하여 사용자의 이용 양상을 이해하기 위한 주요 이론 중 하나로 볼 수 있다. 소셜 즉 사회적이란 단어가 보여주듯이 사회적 상호작용이 온라인 상에서도 일어나고 있고 이런 상호작용은 오프라인에서의 사회적 집단과의 교류와 비슷하기 때문이다. 지금까지의 온라인에 사회적 정체성 이론을 접목시킨 연구들도 사회적 정체성이 온라인 상에서의 사용자의 참여에 영향을 주는 것을 밝히고 있으므로 참여가 중요한 온라인 환경에서의 사회적 정체성의 함의는 크다고 할 수 있다. 또 사회적 정체성 이론을 통한 연구가 앞으로도 다양한 방향에서 심화될 수 있음을 살펴보았다. 온라인 소셜 네트워크에 대한 사용자의 태도를 연구하고자 하는 사람에게는 사회적 정체성 이론이 온라인 소셜 네트워크 현상을 관찰할 수 있는 이론적 시각을 제공할 것이다.

참고문헌

- Adams D, H. M. A. (1990). "An introductory to the social identity approach."
- Allen, N. J. and J. P. Meyer (1990). "The measurement and antecedents of affective, continuance and normative commitment to the organization." Journal of Occupational Psychology 63: 1-18.
- Allen, N. J. and J. P. Meyer (1996). "Affective, Continuance, and Normative Commitment to the Organization: An Examination of Construct Vaildity." Journal of Vocational Behavior 49: 252-276.
- Ashforth, B. E. and F. Mael (1989). "Social identity theory and the organization." Academy of management review: 20-39.
- Bagozzi, R. P. and U. M. Dholakia (2002). "Intentional Social Action in Virtual Communities." Journal of Interactive Marketing vol.16 no.2.
- Bagozzi, R. P. and U. M. Dholakia (2002). "Intentional social action in virtual communities." Journal of Interactive Marketing 16(2): 2-21.
- Bagozzi, R. P. and U. M. Dholakia (2006). "Open source software user communities: A study of participation in Linux user groups." Management Science 52(7): 1099.
- Bergami, M. and R. P. Bagozzi (2000). "Self-categorization, affective commitment and group self-esteem as distinct aspects of social identity in the organization." British Journal of Social Psychology 39: 555-577.
- Bergami, M. and R. P. Bagozzi (2000). "Self categorization, affective commitment and group self esteem as distinct aspects of social identity in the organization." British Journal of Social Psychology 39(4): 555-577.
- Bonnie A. Nardi, D. J. S., Michelle Gumbrecht, Luke Swartz (2004). "Why we blog." Communication of ACM 47.

- Branscombe, N. R. and D. L. Wann (1994). "Collective self-esteem consequences of outgroup derogation when a valued social identity is on trial." European Journal of Social Psychology 24: 641-658.
- Brown, R., S. Condor, et al. (1986). "Explaining intergroup differentiation in an industrial organization." Journal of Occupational Psychology.
- Chiu, C. M., M. H. Hsu, et al. (2006). "Understanding knowledge sharing in virtual communities: an integration of social capital and social cognitive theories." Decision Support Systems 42(3): 1872-1888.
- Dholakia, U. M., R. P. Bagozzi, et al. (2004). "A social influence model of consumer participation in network- and small-group-based virtual communities." International Journal of Research in Marketing 21: 241-263.
- Dholakia, U. M., R. P. Bagozzi, et al. (2004). "A social influence model of consumer participation in network-and small-group-based virtual communities." International Journal of Research in Marketing 21(3): 241-263.
- Doosje, B., N. Ellemers, et al. (1995). "Perceived intragroup variability as a function of group status and identification." Journal of Experimental Social Psychology 31: 410-436.
- Dutton, J. E., J. M. Dukerich, et al. (1994). "Organizational images and member identification." Administrative Science Quarterly 39: 239-263.
- Ellemers, N., P. Kortekaas, et al. (1999). "Self-categorization, commitment to the group and group self-esteem as related but distinct aspects of social identity." European Journal of Social Psychology 29: 371-389.
- Ellemers, N., P. Kortekaas, et al. (1999). "Self categorisation, commitment to the group and group self esteem as related but distinct aspects of social identity." European Journal of Social Psychology 29(2 3): 371-389.

• Ellemers, N. and W. V. Rijswijk (1997). "Identity needs versus social opportunities: The use of group level and individual level identity management strategies as a function of relative group size, status, and ingroup identification." Social Psychology Quarterly 60: 52-65.

• Fielding, K. S. and M. A. Hogg (1997). "Social Identity, Self-Categorization, and Leadership: A Field Study of Small Interactive Groups." Group Dynamics: Theory, Research, and Practice 1: 39-51.

• Foote, N. N. (1951). "Identification as the basis for a theory of motivation." American sociological review 16(1): 14-21.

• Frijda, N. H. (1986). The emotions. Cambridge, Cambridge University Press.

• Gammons, P. (1986). "Living and dying with the Woe Sox." Sports Illustrated: 22-23.

• Heatherton, T. F. and J. Polivy (1991). "Development and validation of a scale for measuring state self-esteem." Journal of Personality and Social Psychology 60: 895-910.

• Hogg, M. A. and D. Abrams (1988). Social identifications: A social psychology of intergroup relations and group processes, Psychology Press.

• Hogg, M. A. and J. C. Turner (1987). "Social identity and conformity: A theory of referent informational influence." Current issues in European social psychology 2: 139-182.

• Java, A., X. Song, et al. (2007). Why we twitter: understanding microblogging usage and communities, ACM.

• Jo, S., J. Moon, et al. (2007). "Massively Multiplayer Online Role-Playing Games (MMORPGs) and Commitment Behavior: An Integrated Model."

• Kelman, H. C. (1961). "Process of opinion change." Public Opinion Quarterly 25(1): 57-78.

- King, R. C., C. K. Cowa, et al. (2009). "Website Identification: Revisiting the Online Consumer Purchasing Intent Research." AMCIS 2009 Proceedings: 156.

- Lazarus, R. S. (1991). Emotion and adaptation. New York, Oxford University Press.

- Luhtanen, R. and J. Crocker (1992). "A collective self-esteem scale: Self-evaluation of one's social identity." Personality and Social Psychology Bulletin 18: 302-318.

- Moon, J., J. Li, et al. (2006). "Improving quality of life via blogs and development of a virtual social identity." Journal of Information Technology Management 17(3): 26-37.

- O'Reilly, C. A. and J. Chatman (1986). "Organizational commitment and psychological attachment: The effects of compliance, identification, and internalization on prosocial behavior." Journal of applied psychology 71(3): 492.

- Pentina, I., V. R. Prybutok, et al. (2008). "The role of virtual communities as shopping reference groups." Journal of Electronic Commerce Research 9(2): 114-136.

- Pierce, J. L., D. G. Garner, et al. (1989). "Organization-based self-esteem: Construct definition, measurement, and validation." Academy of Management Journal 32: 622-648.

- Rafaeli, S. (1984). "The Electronic Bulletin Board_A Computer Driven Mass Medium." Social Science Computer Review.

- Roseman, I. J. (1991). "Appraisal determinant of discrete emotions." Cognition and Emotion 5: 161-200.

- Ryder, N. B. (1965). "The cohort as a concept in the study of social change." American sociological review: 843-861.

- Shaver, P., J. Schwartz, et al. (1987). "Emotional knowledge: Further exploration of a prototype approach." Journal of Personality and Social Psychology 52: 1061-1086.

- Shen, A. X. L., C. M. K. Cheung, et al. (2010). "How social influence affects we-intention to use instant messaging: The moderating effect of usage experience." Information Systems Frontier.
- Simon, H. A. (1947). Administrative Behavior. New York, Free Press.
- Slay, H. S. (2003). "Spanning two worlds: Social identity and emergent African-American leaders." Journal of Leadership & Organizational Studies 9(4): 56.
- Tajfel, H. (1974). "Social identity and intergroup behaviour." Social Science Information/sur les sciences sociales.
- Tajfel, H. (1978). "The achievement of group differentiation." Differentiation between social groups: Studies in the social psychology of intergroup relations 77: 98.
- Tajfel, H. (1978). Social categorization, social identity and social comparison. Differentiation between social groups: Studies in the social psychology of intergroup relations. H. Tajfel. London, Academic Press: 61-76.
- Tajfel, H. (1982). "Instrumentality, identity and social comparisons." Social identity and intergroup relations: 483-507.
- Tajfel, H. (2010). Social identity and intergroup relations, Cambridge Univ Pr.
- Tajfel, H. and J. Bruner (1981). Human groups and social categories, Cambridge University Press Cambridge.
- Tajfel, H. and J. C. Turner (1979). "An integrative theory of intergroup conflict." The social psychology of intergroup relations 33: 47.
- Tolman, E. C. (1943). "Identification and the postwar world." The Journal of Abnormal and Social Psychology 38(2): 141.
- Turner, J. C. (1981). "The experimental social psychology of intergroup behavior." Intergroup behavior 66: 101.

- Turner, J. C. (1981). "Towards a cognitive redefinition of the social group." Cahiers de Psychologie Cognitive/Current Psychology of Cognition.

- Turner, J. C. (1985). "Social categorization and the self-concept: A social cognitive theory of group behavior." Advances in group processes: Theory and research 2: 77-122.

- Turner, J. C., M. A. Hogg, et al. (1987). Rediscovering the social group: A self-categorization theory. Oxford, Basil Blackwell.

04 part 1

소셜 미디어 연구에 있어 맥락(context)이 갖는 중요성

글 • 이연옥 (런던대학교 강사)

어떤 사회 현상에 대해 그 안에 내재되어 있는 법칙을 찾고자 하는 사회과학은, 자연 현상 연구와 비교했을 때 '과학'으로 대접받은 역사가 길지 못하다. 그리고 그 주된 원인은 인간사(人間事)는 변수가 지나치게 많고 통제 또한 어렵기 때문에 연구 결과를 일반화시키기 어렵다는 데서 찾을 수 있다. 우선 사회의 구성단위인 개개인이 십인십색인데다가, 어찌어찌 집단으로 뭉뚱그린다 해도 한 집단이 함께 만들어내고 학습하고 공유하게 된 가치관, 제도, 관습 등 – 즉 우리가 총괄적으로 문화라 칭하는 것이 얼마나 복잡다양한 모습을 하고 있는가를 생각한다면 어떤 사회에나 적용되는 딱 떨어지는 이론의 정립은 요원하게 들릴 뿐이다. 따라서 어떤 사회 현상을 연구 대상으로 하든, 연구자는 그 현상을 둘러싼 큰 그림을 보려는 노력을 아껴서는 안 될 것이다.

사회과학의 다양한 분야를 가로질러 최근 가장 뜨거운 관심의 대상은 소셜 미디어라 할 만하다. 본 장(章)에서는 소셜 미디어를 연구하는 데 있어 연구자가 빠지기 쉬운

함정들에는 어떤 것들이 있는지, 그리고 그 미디어가 위치한 역사적, 사회적, 문화적 맥락을 살피는 것이 왜 각별히 중요한가를 짚어보기로 한다.

고무찰흙 같은 인터넷?

소셜 미디어란 사용자들간의 사회적 관계 형성과 소통을 목적으로 하는 온라인 어플리케이션들을 전반적으로 지칭하는 말이지만, 이 용어가 갑작스러운 인기를 얻으며 주류담론에 들어서게 된 데에는 인맥관리 사이트 페이스북과 마이크로 블로깅 사이트 트위터의 세계적 성공이 결정적이었다.

용어의 인기에도 부침(浮沈)이 있는지라 불과 5-6 년 전만 해도 언론과 학계에서 각광받던 신조어는 '웹2.0' 이었다. 오라일리 미디어(O' Reilly Media)사(社)가 2004년 본인들이 주최한 컨퍼런스에 등장시켜 큰 반향을 일으킨 개념인 웹2.0은 웹환경 진화(進化) 방향의 핵심을 짚어냈다는 점에서 그 의의가 큰데, 이용자들간의 정보 공유 및 협력의 강화, 이용자들의 적극적 콘텐츠 생산 등으로 요약할 수 있다 (O' Reilly, 2005; Bruns, 2008).

웹2.0이 포괄적이고 추상적인 어떤 아이디어를 나타내는 말이라면 소셜 미디어는 그 전형(典型, embodiment)이다. 사실 한국의 경우 웹2.0이라든가 소셜 미디어라는 말이 세계적으로 유행하기 이전부터 싸이월드와 같은 토종 소셜 네트워킹 서비스들이 큰 붐을 이루었다. 싸이월드의 경우 전성기 때는 20대 인구의 무려 90%가 이 사이트에 가입되어 있었다 (Yamamoto, 2006). 아울러 이런 소셜 네트워킹 전문 사이트가 아니더라도, 네이버 지식검색란에서 이용자들 간의 왕성한 질의 응답을 통해 이루어지는 정보 공유 문화라든가(Lee, 2007), 팀플레이를 유달리 선호하는 온라인 게임문화(Kim, 2003) 등은 사회 관계를 중요하게 생각하는 한국 문화가 인터넷을 비롯한 뉴미디어에 어떻게 투영되는가를 보여준다. 한 예로 대학교원과 학생들을 대상으로 한 설문을 바탕으로 영국과 한국의 뉴스검색 이용패턴을 비교한 연구 결과에 따르면 영국의 설문 답변자들은 어떤 뉴스를 소비할 것인가를 결정할 때 보도 매체의 신뢰도가 가장 중요한 판단기준이라고 한 반면 한국의 답변자들은 '실시간 검색어 순위' 등의 영향을 많이 받는 것으로 나타났다 (Lee & Park, 2008). 물론 전문가를 신뢰하느냐 동류집단의 의견을 신뢰하느냐의 문제는 어느 쪽이 더 낫고 못하고의 문제가 될 수 없다. 이는 똑같은 온라인 서비스라 할지라도 그것이 미디어 생태계에서 어떻게 자리매김하고 어떤 모습으로 성장 또는 퇴화하는가는 그 미디어가 속해 있는 문화에 의해 좌우됨을 시사한다.

그리고 우리는 온라인 서비스가 주변 환경에 더욱 민감하다는 사실에 주목할 필요가 있다. '네트워크 사회' 의 도래에 대한 선견지명으로 유명한 마뉴엘 카스텔(Castells, 2001, p.50)은 한 사회의 인터넷이 어떤 모습으로 발전하는가는 그 사회가 이미 가지고 있던 구조나 관습의 영향을 많이 받는다 하여 "인터넷은 유달리 말랑말랑한 테크놀로지(the Internet is a particularly malleable technology)"라고 묘사한 바 있다.

소셜 미디어가 잘 자라는 환경?

그렇다면 소셜 미디어가 잘 자라는 환경이 따로 있을까? 우선 초고속 인터넷이라든가 스마트폰 보급률과 같이 인프라(infrastructure)의 수준이 높을수록 그렇지 않겠는가 하고 짐작해 볼 수 있다. 아주 무관하다고 할 수는 없겠으나 학계의 연구결과는 그러한 장비의 측면보다 더 중요한 것이 있음을 보여 준다. 가령 미국의 경우 1998년 미네소타 주지사로 당선되었던 제시 벤추라(Jesse Ventura)를 비롯, 2004년 민주당 대통령 후보 경선에서 (결과적으로 승리하진 못했으나) 파란을 일으켰던 하워드 딘(Howard Dean), 그리고 무엇보다 전세계의 이목을 집중시키며 2008년 당선된 버락 오바마(Barack Obama) 대통령에 이르기까지, 선거 운동에 온라인 미디어를 적극 활용하였고, 실제로 선거 결과에도 적지 않은 파급 효과를 보아왔다. 이에 비하면 영국은 인터넷이 선거문화에 뿌리 내리지 못했는데, 이 넓은 간극(間隙)을 분석한 앤스테드와 채드윅(Anstead & Chadwick, 2008)은 그 원인을 두 나라의 현격하게 다른 정치환경에서 찾았다. 미국은 연방주의(federalism)에 기반을 둔 나라이다 보니 다원적 정치문화를 가지고 있고 정당의 당원 구조가 느슨하다. 또한 선거를 치르는 데 들어가는 비용이 워낙 크다 보니 선거자금을 조성하는 루트도 다양하고 기부금이 차지하는 비율이나 중요도도 크다. 즉, 이러한 정치환경이 인터넷을 이용한 정치 커뮤니케이션 활성화의 촉매역할을 했다는 것이다. 이에 반(反)해 영국은 대대로 상당히 전통적이고 중앙집권적인 정당 구조와 선거 문화를 가지고 있기 때문에 상대적으로 인터넷이 끼어들 여지가 작다는 분석이다.

물론 비교란 상대적인 것일 뿐, 위의 예가 영국이 온라인 정치의 불모지임을 뜻하는 것은 아니다. 특히 지난 1-2년 사이, 변화를 보여주는 굵직한 에피소드들이 여럿 있었다. 2009년 10월 극우성향의 영국국민당(BNP) 대표인 닉 그리핀(Nick Griffin)이 티브이 정치 토론프로그램에 출연했을 당시 트위터상에서 시청자들이 실시간으로 벌인 뜨거운 토론은 시청자라는 단어 '뷰어(viewer)' 뒤에 특정 사회계급이나 직업군 등을 나타내는 접미사로 쓰여온 '~tariat'을 붙인 '뷰어태리어트(viewertariat)'라는 신조어를 탄생시켰다 (Anstead & O' Loughlin, 2011). 또한 이듬해의 의회선거는 영국 역사상 최초로 3대 정당 당수들 간 티브이 토론이 성사되어 이목이 집중되었는데 이 토론이 중계되던 당시에도 비슷한 현상이 관찰되었다 (Ampofo, Anstead & O' Loughlin, forthcoming).

앞서 언급한 영미(英美) 비교가 흥미로운 이유는 두 나라의 민주주의 성숙도라든가 기술 보급 수준 등이 비슷함에도 불구하고 이러한 차이가 나타났다는 사실이다. 아울러 아시아권 국가들을 대상으로 한 비교 연구에서도 이와 매우 유사한 결론이 도출되었다. 가령 한국과 일본을 비교한 연구들이 공통적으로 지목하는 점이 바로 두 나라 모두 인터넷 속도나 보급률 등에서 세계적 우위를 다투는 것은 비슷하지만 한국은 정치활동에 인터넷을 적극적으로 활용하는 반면 일본은 앞선 예에서 영국의 경우처럼 미미한 상태를 보이고 있다는 것이다. 그리고 그 원인으로 꼽히는 것 중 하나가 일본 사회의 경우 인터넷 상에서든 오프라인에서든 국민 정서가 정치적으로 '시끄러운' 것을 극도로 꺼린다는 점이다 (Ducke, ed., 2004).

관계지향의 동양인?

동서양 문화를 비교하는 문헌을 보면 개인이 그를 둘러싼 사회적 관계를 어떻게 대하는가하는 태도의 차이는 보다 선명하게 드러난다. 동양인은 이렇고 서양인은 저렇다는 식의 정형화된(stereotypical) 결론을 섣불리 내리는 것은 경계해야 하겠으나, 다양한 심리학 또는 인지학 실험들을 통해 상당히 일관적으로 관찰되는 차이점들이 존재하는 것 또한 사실이다. 대표적인 것이 바로 동양인들의 관계지향성이다. 한 예로 미시간대의 심리학교수 니스벳(Nisbett, 2004)에 따르면 '소', '닭', '풀'이라는 세 개의 단어를 주고 보다 밀접한 관계의 둘을 묶으라고 했을 때 서양인 피실험자들은 소와 닭을 묶는 반면 동양인 피실험자들은 소와 풀을 묶었다고 한다. 서양인 피실험자들은 소와 닭 모두 동물라는 사실을 중요하게 여긴 반면, 동양인 피실험자들에게는 소는 풀을 먹는다, 즉 두 대상의 '관계'가 더 중요했던 것이다.

그리고 이 차이는 인터넷, 그리고 보다 구체적으로 소셜 미디어를 이용한 정치운동이 어떻게 전개되는가에 직접적이고 중요하게 작용한다. 거슬러 올라가 1998년 5월, 인도네시아를 30년 넘도록 독재한 수하르토(Suharto) 정권이 국민들의 저항으로 마침내 퇴진하게 되었을 때 미디어들은 마치 최근 튀니지와 이집트의 민주화 시위를 바라볼 때 그러하듯이 인터넷의 영향력에 초점을 맞추었다. 그러나 림(Lim, 2003)은 당시 널리 보급되지도 않은 인터넷이 항쟁을 위한 대안 미디어가 될 수 있었던 배경에는 와넷(warnet)이라 불리는 인터넷 카페가 전통사회의 촘촘한 오프라인 네트워크의 새로운 교점(node) 역할을 한 것이 결정적이었음을 강조한다.

정치운동에서 기존 사회의 네트워크가 갖는 중요성은 브로드벤트(Broadbent, 2003)의 연구에도 잘 드러난다. 일본 농촌의 환경 운동 네트워크를 수년간 가까이에서 관찰한 후 브로드벤트가 내린 결론은 일본 사회에서 대인 네트워크(interpersonal networks)는 매우 조직적, 규범적이며 그 안에 속한 개인의 입지(立地)를 결정하는 존재이기 때문에 성공적인 정치운동을 위해서는 무엇보다 이러한 네트워크의 결에 대한 이해와 적극적 활용이 선행되어야 한다는 것이다. 그리고 이는 레이저와 빈즈샤프(Lazer & Binz-Scharf, 2007)의 주장과도 궤를 같이 한다. 이 두 학자는 "네트워크를 위해서는 네트워크가 필요하다(It Takes a Network to Build a Network)"라는 글을 통해 정보통신기술(ICT) 네트워크를 "하드 네트워크", 그 사회가 이미 보유하고 있는 휴먼 네트워크를 "소프트 네트워크"라고 명명하고, 전자의 발전 모양새는 후자와 밀접한 관계에 있음을 역설했다.

혁명은 소셜 미디어로부터?

소셜 미디어 연구로 유명한 클레이 셔키(Clay Shirky)는 수단(Sudan) 정부가 페이스북 페이지로 '덫' 을 만든 후 그걸 보고 오프라인 집회에 나온 사람들을 모두 구속한 예를 들며 소셜 미디어만 있다고 해서 혁명이 이루어지는 것은 아님을 강조했다(Burkeman, 2011). 즉, 소셜 미디어란 성정(性情) 자체가 혁명적인 어떤 것이 아니라, 같은 칼이라도 의사가 잡으면 메스가 되고 강도가 잡으면 흉기가 되듯 누가 어떤 맥락에서 어떤 목적을 가지고 어떻게 이용하는가에 따라 완전히 다른 결과물을 내놓을 수 있다는 것이다. 실제로 독재 정권들이 국민들을 보다 '효과적' 으로 통제하기 위해 온라인 기술을 이용하는 사례가 급격히 늘고 있으며 (Kalathil & Boas, 2003; Howard, 2010; Morozov, 2011; Farivar, 2011), 말콤 글래드웰(Gladwell, 2010)은 소셜 미디어로 낯선 이들과의 자잘한 정보 공유는 가능할지 몰라도 그보다 훨씬 강한 연대를 요구하는 사회 변혁은 불가능하다고 단언하는 글을 뉴요커(The New Yorker)에 기고하여 뜨거운 논쟁을 불러일으키기도 했다.

소셜 미디어의 정치적 잠재력에 대한 관심은 2010년 12월 튀니지를 시작으로 중동 지역과 북아프리카 지역에서 들불처럼 번진 민주화 항쟁과 함께 더욱 커졌다. 미디어들은 앞다투어 페이스북과 트위터가 만들어낸 혁명이라고 보도했지만 동시에 학자들은 이러한 기술결정론적 낙관주의는 현실을 지나치게 단순화한다며 보다 신중하게 접근할 것을 주장했다. 물론 튀니지와 이집트의 경우 거리 시위를 시작한 지 몇 주 만에 장기집권하던 대통령의 하야를 이끌어낼 수 있었던 데에 소셜 미디어를 이용한 신속한 소통 등이 큰 몫을 한 것을 부인할 순 없을 것이다. 그러나 소셜 네트워크 연구계의 원로인 배리 웰먼은 그의 최근 공저물(Zhuo, Wellman & Yu, 2011)에서 이집트 민주화 항쟁의 공(功)은 소셜 미디어가 아닌 이집트 시민에게 가야 한다고 지적했다.

소셜 미디어가 항쟁 참가자들의 근대 의식이나 공동체 의식을 강화하고 해외 지지 여론을 모을 수 있게 했다는 점은 의의가 크지만, 단지 20퍼센트의 국민들만이 소셜 미디어를 통해 정보를 취한다는 점을 고려할 때 진정 힘을 발휘한 것은 그 20퍼센트가 다시 전화로, 문자로, 아니면 직접 만나서 대화하면서 구축한 정보 전달 네트워크라는 것이다. 림(2011) 역시 비슷한 입장의 논조를 보인다. 즉, 갑작스럽게 일어난, 심지어 튀니지 혁명의 기운을 이어받은 도미노 현상이라도 되는 양 묘사되는 2011년 1월의 이집트 민주화 항쟁이 사실은 개혁파가 10년에 가까운 시간 동안 구축한 사회 네트워크, 반정부 공감대, 온라인과 오프라인을 넘나드는 강력한 정치운동의 전통 등이 발현된 것임을 강조한다.

이와 같은 연유로 아이옌거(Iyengar, 2011)는 소셜 미디어의 영향력에 치중한 뉴스 틀짓기(framing)는 서구적 관점의 산물일 뿐이라고 지적한 후, 그것이 중동지방의 최근 일련의 사건들을 이해하는 데 있어서 최선책인지에 대해서는 의문을 제기한다. 그리고 이해를 돕기 위해 앞서 인용되었던 니스벳 교수의 다른 실험 중 하나를 언급한다. 바닷속을 그린 간단한 그림을 5초간 보여 주고 무엇을 보았는가 묘사하라는 주문을 했을 때, 미국인 피실험자들은 그림 중앙에 위치한 큰 물고기들에 초점을 맞추는 반면 일본인 피실험자들은 바위나 해초와 같은 환경적 요소에 초점을 맞추더라는 것이다. 아이옌거는 이집트 민주화 시위 보도에서도 같은 현상을 관찰할 수 있었다. 미국의 뉴욕 타임즈는 시위의 리더 등 '주인공'을 묘사하는 데 지면을 할애하는 반면 인도나 터키의 신문들은 '무대'와 '배경'에 해당하는 사회적 맥락에 치중하는 모습을 보인 것이다. 즉, 그녀의 요점은 이러한 차이가 뉴스 매체들의 내러티브에 고스란히 드러나며, 독자들 또한 각자가 익숙한 사고체계에 따라 사안에 대한 일종의 예상답안을 가지고 출발한다는 것이다.

한국적 소셜 네트워킹?

글을 마무리하며, 이제 위에 소개한 연구 동향과 사례들이 한국의 소셜 미디어를 연구하고자 하는 이들에게 어떤 함의를 갖는지 살펴 보기로 하자. 한국은 다른 사회에서 비슷한 예를 찾기 어려운 독특한 온라인 문화 현상을 많이 보여 왔는데, 이에 대한 설명을 찾는 과정에서 국내외 연구자들의 눈길이 가장 먼저 간 곳은 인터넷 인프라였다. 인터넷 속도와 보급률 등에서 워낙 뚜렷이 앞서왔기 때문에, 아호넨과 오라일리 (Ahonen & O' Reilly, 2007)는 한국의 온라인 문화는 동시대에서 비교 대상을 찾기보다 미래에 다른 사회에 등장하게 될 문화에 대한 '예고편' 으로 보아야 한다고까지 주장하였다.

그러나 인터넷 실명제라든가 마이크로소프트사(社) 운영체제의 99%에 이르는 시장 점유, 그리고 그러한 독점적 구조를 오히려 부추기는 액티브엑스(ActiveX) 기반 전자서명 정책 등, 한국의 이례적 IT환경은 점점 더 독자적으로 진화하였고, 이제는 모바일 강국이라는 자아도취에 빠져 고립상황을 인식하지 못하고 있는 것은 아닌가 하는 우려가 제기되어 있는 실정이다 (구본권, 2009). 더욱이 국제 언론감시단체인 프리덤하우스는 2011년판 인터넷 자유 보고서(Kelly & Cook, eds., 2011)에서 북한 관련 콘텐츠의 일괄적 차단, 인터넷 실명제, 공직선거법 93조 등 기존 법률을 소셜 미디어에 광범위하게 적용함으로써 이용자들의 의견 개진을 압박한 사례, 방송통신심의위원회의 자의적 판단에 따른 게시물 검열, 사이버 모욕죄와 저작권 삼진 아웃제 도입 등을 근거로 한국을 인터넷상에서 표현의 자유가 제한적인 국가("partially free country")로 분류하기도 하였다.

옷감을 짤 때 씨줄과 날줄이 모두 필요하듯 한 사회를 지탱하고 굴러가게 하는 데는 수평적 네트워크와 수직적 위계구조가 동시에 요구된다(Maffesoli, 1996). 소셜 미디어 연구의 관점에서 한국사회는 독특하게 흥미로운 케이스인데, 그 가장 큰 원인은 바로 위와 같이 인터넷이라는 수평적 테크놀로지의 발달 정도와 전통적으로 고수해 온 수직적 가치체계간의 부조화가 다른 사회에 비해서 유달리 두드러진다는 데서 찾을 수 있다 (Lee, 2009). 블로그를 통해 '계급장 뗀' 평등한 커뮤니케이션을 추구하면서 동시에 파워 블로거라는 권위 계급을 등장시킨다든가 (박준구, 2011), 사회 격식으로부터 완전히 자유로운 수다의 공간을 모토로 하는 트위터상에서 '맞팔' 을 예절의 척도로 삼는다든가(이정환, 2010) 하는 모순은 이러한 부조화의 단면을 보여준다.

즉, 소셜 미디어는 사회 관계의 형성과 소통을 좀 더 편하고 재미있게 해주는 도구를 넘어서 마찰, 긴장, 타협과 같은 사회적 역학관계의 장(場)이다. 그리고 소셜 미디어 연구는 이러한 역학관계란 어느날 하늘에서 뚝 떨어지는 것이 아니라 역사적, 사회적, 문화적 맥락의 산물임을 이해함으로부터 출발한다.

참고문헌

- 구본권 (2009). "독자진화 한국IT '갈라파고스' 될라." 한겨레, 7월 27자.
  http://www.hani.co.kr/arti/economy/economy_general/368046.html

- 박준구 (2011). "불거진 파워블로거 사태, 앞으로의 행방은?" IT 동아, 7월 28일자.
  http://it.donga.com/newsbookmark/6337/

- 이정환 (2010). "왜 김주하에게 '맞팔' 을 강요하나." 미디어 오늘, 6월 22일자.
  http://www.mediatoday.co.kr/news/articleView.html?idxno=89118

- Ahonen, T. T. & O' Reilly, J. (2007). Digital Korea. London: Futuretext.

- Ampofo, L., Anstead, N. & O' Loughlin, B. (forthcoming). "Trust, Confidence, Credibility: Citizen Responses on Twitter to Opinion Polls during the 2010 UK General Election." Information, Communication & Society.

- Anstead, N. & Chadwick, A. (2008). "Parties, Election Campaigning and the Internet: Toward A Comparative Institutional Approach." In A. Chadwick & P. N. Howard (Eds.), The Handbook of Internet Politics (pp. 56-71). London: Routledge.

- Anstead, N. & O' Loughlin, B. (2011). "The Emerging Viewertariat and BBC Question Time: Television Debate and Real-Time Commenting Online." The International Journal of Press/Politics (early online edition).

- Broadbent, J. (2003). "Movement in Context: Thick Networks and Japanese Environmental Protest." In M. Diani & D. McAdam (Eds.), Social Movements and Networks (pp. 204-229). Oxford: Oxford University Press.

- Bruns, A. (2008). Blogs, Wikipedia, Second Life, and Beyond: From Production to Produsage. New York: Peter Lang Publishing.

- Burkeman, O. (2011). "SXSW 2011: The internet is over." The Guardian, 15 Mar.
  http://www.guardian.co.uk/technology/2011/mar/15/sxsw-2011-internet-online

- Castells, M. (2001). The Internet Galaxy: Reflections on the Internet, Business, and Society. Oxford: Oxford University Press.

- Ducke, I. (Ed.) (2004). E-Democracy in East Asia? How the Internet Affects Politics and Civil Society in Japan, South Korea, and Taiwan. Berlin: German Institute for Japanese Studies.

- Farivar, C. (2011). The Internet of Elsewhere: The Emergent Effects of a Wired World. New Brunswick: Rutgers University Press.

- Gladwell, M. (2010). "Small Change: Why the revolution will not be tweeted." The New Yorker, 4 Oct. http://www.newyorker.com/reporting/2010/10/04/101004fa_fact_gladwell

- Howard, P. N. (2010). The Digital Origins of Dictatorship and Democracy: Information Technology and Political Islam. Oxford: Oxford University Press.

- yengar, S. (2011). "The 'Michigan fish test' and the Middle East." CNN, 11 Mar. http://edition.cnn.com/2011/OPINION/03/06/iyengar.fish.freedom/index.html?iref=allsearch

- Kalathil, S. & Boas, T. C. (2003). Open Networks Closed Regimes: The Impact of the Internet on Authoritarian Rule. Washington, DC: Carnegie Endowment for International Peace.

- Kelly, S. & Cook, S. (Eds.) (2011). Freedom on the Net 2011: A Global Assessment of Internet and Digital Media. Washington DC: Freedom House. www.freedomhouse.org/uploads/fotn/2011/FOTN2011.pdf

- Kim, J. D. (2003). "Lucrative lessons from a land of serious online-game players." The New York Times, 12 Mar. http://www.nytimes.com/2003/03/12/business/worldbusiness/12iht-tgame_ed3_.html

- Lazer, D. & Binz-Scharf, M. C. (2007). "It Takes a Network to Build a Network." In V. Mayer-Schonberger & D. Lazer (Eds.), Governance and Information

Technology: From Electronic Government to Information Government (pp. 261-278). Cambridge, MA: The MIT Press.

- Lee, Y. (2007). "National Context and the Use of Online Knowledge Databases." The Annual Conference of the Association of Internet Researchers 8.0, 17-20 Oct, Vancouver, Canada.

- Lee, Y. (2009). "The 2007 Korean Presidential Election: Internet Election 2.0?" Journal of Information Technology & Politics (Web 2.0 Special Issue), 6(3), pp.312-325.

- Lee, Y. & Park, H. W. (2008). "The Importance of Search Engines in Digital News Consumption: A Comparative Study Between South Korea and the UK." Workshop Gatekeepers in a Digital Asian-European Media Landscape: The Rising Structural Power of Internet Search Engines, 28 Feb-1 Mar, Nanyang Technological University, Singapore.

- Lim, M. (2003). "The Internet, Social Networks, and Reform in Indonesia." In N. Couldry & J. Curran (Eds.), Contesting Media Power: Alternative Media in a Networked World (pp. 273-288). Oxford: Rowman & Littlefield Publishers.

- Lim, M. (2011). "Tahrir Square Was a Foreseeable Surprise: Tracing the history of Egyptian online activism." Slate, 11 July. http://www.slate.com/id/2298948/

- Maffesoli, M. (1996). The Time of the Tribes: The Decline of Individualism in Mass Society. London: Sage.

- Morozov, E. (2011). The Net Delusion: How Not to Liberate the World. London: Allen Lane.

- Nisbett, R. E. (2004). The Geography of Thought: How Asians and Westerners Think Differently - And Why. London: Nicholas Brealey Publishing Ltd.

- O' Reilly, T. (2005, 30 September). "What Is Web 2.0?" O' Reilly Media. http://oreilly.com/web2/archive/what-is-web-20.html

- Yamamoto, M. (2006). "How Cyworld could trump MySpace." CNET News, 11 Aug. http://news.cnet.com/8301-10784_3-6104900-7.html

- Zhuo, X., Wellman, B. & Yu, J. (2011). "Egypt: The First Internet Revolt?" Peace Magazine, Jul/Sep, pp.6-10.

사례 연구 논문

part 2

Internet

Chapter 5. 인터넷 시대의 정치와 정치담론 : 분석과 전망
Chapter 6. 정치 선거운동 기간 동안 온라인 플랫폼에 따른 웹가시성 계량분석 : 2010년 6월 지방선거를 중심으로
Chapter 7. 트위터를 통해 본 대권주자들의 소통 유형
Chapter 8. 웹2.0 시대 소셜 미디어를 이용한 정책 홍보 전략 : 농림수산식품부의 트위터 활동을 중심으로
Chapter 9. 일본의 지역기반 소셜 미디어 이용 동향에 관한 연구 : 트위터를 중심으로
Chapter 10. SNS를 활용한 지방자치단체 커뮤니케이션 방안에 관한 연구 : 대구시의 SNS활용을 중심으로

Social Media

05 part 2

인터넷 시대의 정치와 정치담론 : 분석과 전망

글 · 윤호영 (영남대학교 WCU 웹보메트릭스 사업단 연구원)
조성은 (영남대학교 사이버감성연구소 박사후 연구원)
임연수 (홍익대학교 광고홍보학부 전임강사)
박세정 (영남대학교 언론정보학과 박사과정)
최수진 (텍사스 오스틴 커뮤니케이션학과 박사과정)
박한우 (영남대학교 언론정보학과 부교수)

1. 서론

네트워크 사회(Castell, 1996)로 통칭되는 최근의 사회의 변화는 정치 · 경제 · 사회 문화 전반에 걸쳐 다양하게 나타나고 있다. 특히 인터넷미디어와 정치 분야간의 접합은 기존의 제도화된 정치를 변화시키는 하나의 동력으로 작용하고 있다. 실제로 인터넷 미디어가 가져온 정치인들의 선거 전략 변화 및 일반 국민들의 정치 관련 소통 방식의 혁신은 국민들의 정치 참여 및 정치인들과 국민간의 상호작용을 촉진시키면서 이전과는 구분되는 새로운 미디어 정치의 시대를 만들어 나가고 있다고 해도 과언이 아니다. 이처럼 전례 없는 온라인 미디어 정치의 시대를 맞아, 웹을 매개로 이루어지는 정치 커뮤니케이션 양상을 살펴보고, 앞으로의 전망을 조심스럽게 예상해 보는 일은 현재의 시점에서 매우 필요한 작업이라 하겠다.

이 글은 다양한 미디어 플랫폼에서 행해진 정치 커뮤니케이션의 양상과 효과, 그리고 그것의 사회적 함의 등을 고찰하고자 한다. 이를 위해 지금까지 개별적으로 진행된 기존 연구 성과들을 종합, 재해석함으로써, 소셜 미디어가 정치인(단체)들의 의사소통 방식에 미친 영향과 그 사회적 파급력을 살펴보고, 소셜 미디어의 정치적 이용 및 역할에 대한 전망을 제시하고자 한다. 다시 말해, 이 연구는 디지털 테크놀로지를 활용한 정치 커뮤니케이션과 정보의 사회적 순환 메커니즘을 분석한 논문들의 연구성과를 분석, 종합함으로써 소셜 미디어가 커뮤니케이션 방식에 미친 영향력을 이해하는 데 기여하는 것을 그 목적으로 한다.이 과정에서 온라인 상에 존재하는 무수히 많은 정보와 사회적 담론들을 실질적인 데이터로 활용, 분석하는 방식에 대한 실례를 보여주게 될 것이다.

이 글은 다음과 같은 순서로 구성되어 있다. 우선, 정치인들의 온라인 미디어 활용에 대해 살펴본다. 2000대 초 정치인(단체)들이 홈페이지를 개설해 활용하던 시기의 웹 미디어 활용 양상을 살핀 기존 연구를 시작으로 하여, 웹1.0시대의 홈페이지 운영에서 웹2.0시대 소셜 미디어 운영으로 진화해가는 과정에서 드러난 정치인(단체)들의 디지털 미디어 활용 방식의 변화를 살핀 연구들을 재검토할 것이다. 이 과정에서, 최근 몇 년간 스마트폰이 빠른 속도로 보급, 확산됨에 따라 소셜 미디어를 통한 실시간 커뮤니케이션이 두드러지고 있다는 점에 주목하여, 트위터 상에 나타난 사회 관계망의 정치적 활용성, 정보 확산 및 공유의 매커니즘 등을 정치인들의 입장에서 확인하고자 하였다. 두 번째로, 소셜 미디어에서 보여지는 국민들의 자발적인 정치 참여 과정을 통해, 정치적 소통이 미디어 상에서 이루어질 때 중심이 되는 내용이 무엇인가를 밝히고자 한다. 따라서, 이 부분은 인터넷 상의 정보를 수집하여 분석한 논문의 성과를 통해 현실의 현상을 보여주는 생태학적인 관점이 주된 내용이 될 것이다. 마지막으로 결론에서 이러한 기존 연구 성과를 종합하여 소셜 미디어가 정치 커뮤니케이션 양태에 어떠한 변화를 야기할 수 있는지에 대한 전망을 논의하고자 한다.

2. 온라인 미디어와 정치 커뮤니케이션

(1) 정치인들의 온라인 연결망 분석

정치인들의 온라인 연결망 분석은 오프라인의 친분 관계에 의존한 직접적 관계에 대한 분석이 아닌, 웹에서 주어진 정보를 통해 간접적으로 정치인들간의 관계를 살펴보는 방식이다. 온라인에서 나타나는 정치인들간의 연결관계는 매우 다차원적으로 이루어지기 때문에, 오프라인에서의 실제 연결망과 다를 수 있다. 그럼에도 불구하고, 웹에서 나타나는 관계를 통해 정치인들의 관계를 정의하고, 이러한 관계의 의미를 확인하는 작업은, 온라인 공간에서의 정치인들간의 관계가 일반 국민들에게도 열려있는 공적인 공간에서 연결된 관계라는 점에서 의미있는 작업이다.

① 정치인 홈페이지의 하이퍼링크 연결망 (2000년-2001년)

소위 웹1.0 시대로 일컬어지는 초기 인터넷 서비스는 하이퍼링크(hyperlink)의 기술적 특성에 기반한다. 하이퍼링크는 개별적으로 구축된 웹 문서들을 상호연결시키며, 특정 웹문서나 웹사이트로 손쉽게 이동할 수 있게 해주는 인터넷의 기본적인 기술 형태이다. 일반적으로 개별 웹사이트들 간의 하이퍼링크는 웹사이트를 운영하는 주체들(개인, 조직, 국가 등)을 상호 연결시켜주며, 사회적 관계와 정보 교환이 가능하도록 해주는 기제로 활용될 수 있기 때문에 커뮤니케이션 채널로 간주될 수 있다(Park, 2003).

박한우(2004)는 2000년에서 2001년까지, 한국 정치인 및 정당의 홈페이지에 포함된 하이퍼링크 네트워크를 분석하였다(그림1). 네트워크 분석은 사회 시스템을 이루고 있는 개별 구성원들의 특성에 초점을 맞추기보다는 특정 시스템 내의 관계 구조를 파악하는 연구 방법이다(Monge& Contractor, 2003). 박한우의 연구 결과에 따르면, 2000년 당시 웹사이트를 개설해 운영하고 있는 정치인들은 많지 않았으며 결과적으로 하이퍼링크 네트워크 구조는 산발적으로 흩어진 형태를 보이고 있었다. 하지만 불과 1년 뒤인 2001년에 다시 살펴보니, 정보화가 급속히 진전되면서 대부분의 정치인들이 홈페이지를 운영하고 있었고, 전년도에 비해 정치인의 홈페이지간의 연

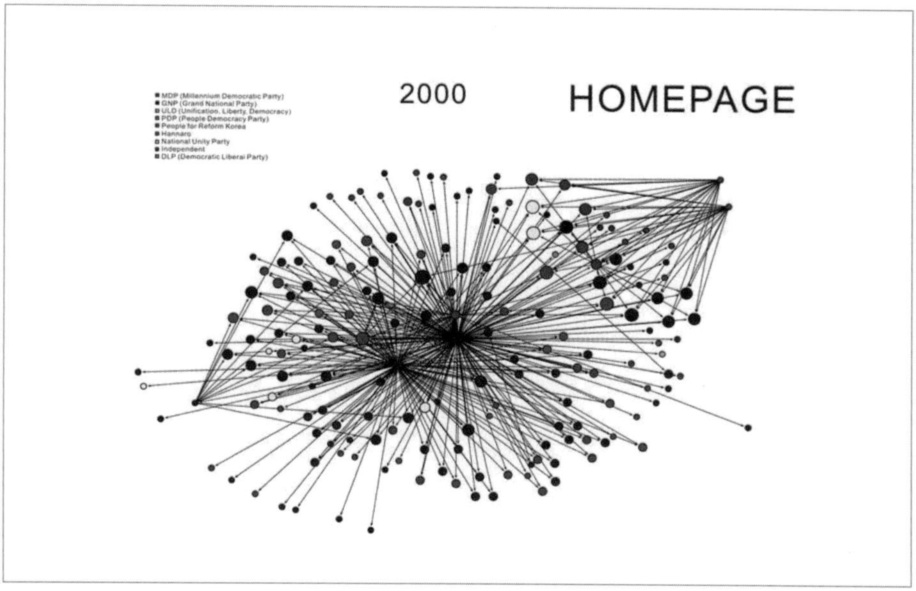

2000년

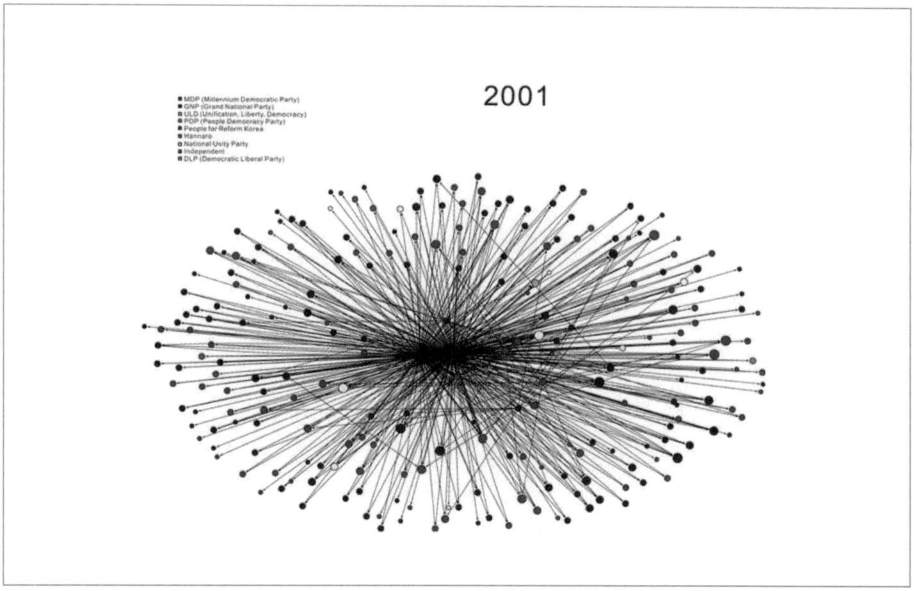

2001년

〈그림 1〉 정치인들 홈페이지의 하이퍼 링크 네트워크(2000년, 2001년)

결관계 밀도가 높아졌다. 연결관계에 있어서는 동일한 정당의 정치인들간 하이퍼링크 연결이 다른 정당의 정치인들과의 연결보다 더 많은 형태를 보였다. 단, 유력 정치인들의 경우에는 다른 정당 정치인들로부터 링크를 받는 경향이 있었다. 인터넷 연결이 공적인 공간에서 이루어진다는 점을 감안하면, 이러한 연결관계는 정당을 떠나 유력 정치인과 연결하여 자신의 정치적 영향력을 전시하려는 경향을 보여주는 것이라 할 수 있다.

각 정당 홈페이지는 미약하게나마 정치인들을 연결시키는 구심점이자 디지털 정보 네트워크의 허브로서의 위치를 차지하고 있었다. 정당 홈페이지가 정치인들의 전반적 활동 상황을 확인할 수 있는 정치인 포탈(portal) 사이트 역할을 수행한 셈이다. 네트워크 분석 결과, 대부분 정치인들의 연결이 정당 홈페이지와의 연결로 수렴되면서, 정치인들 상호간 관계는 연결관계의 밀도가 매우 떨어지는 구조를 보였는데, 이는 정치인들의 상호 교류의 통로로서 웹 1.0 시대 하이퍼링크의 역할이 미약하였음을 의미한다. 이는 홈페이지의 매체적 특성이 채팅이나 소셜 미디어와 같은 쌍방향 소통보다는 게시판의 글을 통한 일방적인 정보 전달에 더 치중한 데에서 기인하는 것이라 할 수 있다.

② 정치인들의 블로그 연결망

인터넷 기술의 발전과 함께 등장한 블로그(blog) 서비스는 개방된 온라인 공간에서 개인이 다양한 관심사에 따라 자유롭게 글을 올리고 기록하는 1인 미디어 혹은 온라인 일기장으로 일컬어진다 (윤명희, 2007; Blood, 2005; Karen, 2004). 또한, 블로그는 공통된 관심사를 지닌 다른 이용자들과의 관계 맺기를 통해 공동체를 형성하고, 상호 적극적인 정보 교류활동을 통해 공동의 정보물(communal contents)을 재창출하기도 한다 (Bruns, 2007).

박한우(2007)는 17대 국회의원의 블로그를 대상으로 정치인들 사이의 네트워크 구조를 살피고, 블로그 공간에서 정치 행위자들간의 관계맺기 형태가 어떠한 특성을 지니는지를 파악하였다. 정치인 블로그의 연결망 구조는 정치 행위자들의 소속 정당, 성별, 지역 등과 유의미한 관련성을 나타냈으며, 그 중 정당이 가장 관련성이 높은 요인으로 나타났다 (그림 2). 즉, 블로그 공간에서 형성되는 정치 커뮤니케이션 형태는 정치인들의 전통적 배경과 깊은 관련을 맺고 있으며, 유유상종의 정치 커뮤니티를 형성하고 있었다. 정치 블로그 공간에서 상호 이질적 정치 행위자들간의 연결고리가 약하게나마 발견되기도 했지

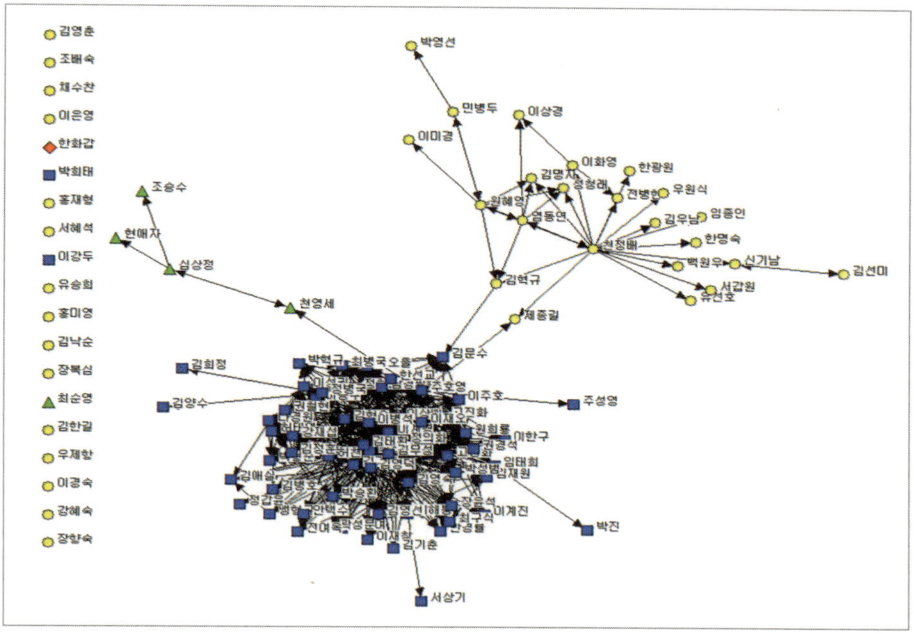

네모-파란색 : 한나라당, 원-노란색 : 열린우리당, 삼각형-연두색 : 민주노동당, 마름모-빨간색 : 민주당

〈그림 2〉 17대 국회의원의 블로그 네트워크 지도(박한우, 2007, p.399)

만, 이를 온라인 매체를 통한 이질적 사회 관계의 확장으로 해석하기에는 무리가 있다. 결과적으로 이러한 블로그 네트워크의 구조는 홈페이지 하이퍼링크 구조와 크게 다르지 않았다.

③ 정치인들의 트위터 연결망

2009년부터 급속한 속도로 이용 인구가 늘어나고 있는 트위터는 지난 2010년 6월 지방 선거 이후 온라인 공론장의 역할을 하게 되면서 주목받고 있다. 지금까지 트위터와 관련한 정치 커뮤니케이션 연구 성과들을 보면, 트위터가 정치인들과 대중 혹은 서로 상이한 정치적 견해를 갖고 있는 대중들간의 커뮤니케이션 수단이 되고 있으며, 선거 혹은 정치적 이슈에 대한 커뮤니케이션 채널로 활용되어 왔음을 밝힌 연구가 많았다(Web Ecology Project, 2009; Plotkowiak, Ebermann and Stanoevska-Slabeva, 2010). 또한 새로운 매체에 대한 탐구적 연구로, 정치인들이 트위터를 사용하게 된 계기에 관한 연구(Chi & Yang, 2011), 미 상원의원들의 트위터에서의 소통 양태 (Glassman,

Strauss, &Shoga, 2010)에 관한 연구 등이 있었다.

하지만 기존의 온라인 미디어와 비교했을 때 주목할만한 트위터의 매체적 특성인 정치 선전과 국민들의 정치 참여가 단일한 플랫폼에 동시적으로 존재하고 있다는 점을 연구한 사례는 없었다. 정치인들은 자신들의 정치 선전과 지지를 확보하기 위한 정보 제공자인 동시에, 지지자들뿐만 아니라 다른 정치적 견해를 가진 일반 대중들의 목소리까지 접하고 대응해야 하는 대중 소통의 장에 참여한 참여자 중 한 명으로 존재한다. 그리고 바로 이 점이 트위터 연결망이 앞선 연결망들과 다른 점이다. 앞서 살펴본 홈페이지나 블로그에서의 하이퍼링크 연결망 분석은 '사회성 (socializing)' 이 드러나는 정치인들간의 실제적 관계를 드러내기보다는 '바람직하다' 고 평가되는 사람들간의 전시적 연결망의 특성을 보여주었다(Shumate and Lipp, 2008). 하지만 트위터의 경우 쉽게 접근할 수 있는 매체의 특성으로 인해 동료 정치인들뿐만 아니라 불특정 대중들과의 사회적 연결망이 형성될 수밖에 없으며, 따라서 트위터에 드러난 정치인들의 트위터 연결망은 기존 온라인 미디어에서와는 다른 특성을 보이게 된다.

윤호영과 박한우(2011)는 우리나라 정치인 189명의 팔로잉 및 멘션 트위터 연결망을 분석해 정치인들이 어떤 네트워크를 형성하고 있는지 확인하는 작업을 수행하였다(그림3). 우선 트위터 연결망이 정당에 따른 유유상종의 효과가 있는지 살펴보았다. 네트워크 블락모델링의 한 방법인 CONCOR를 통해 네트워크상의 연결관계에 따른 집단과 실제 여야 소속에 따른 집단을 비교하였는데, 이 둘이 일치하는 경우가 90%이상으로 나타났다. 즉, 트위터에서 정치인들의 팔로잉 및 멘션 연결은 기본적으로 실제 정치적 집단과 일치하는 군집을 형성하고 있었다.

자세하게 살펴보면, 정치인들간 팔로잉 연결망은 사회적 의례에 기반하여 상대방이 맺어오는 연결에 대한 상호호혜적인 관계로 나타났다. 따라서, 연결망의 밀도가 멘션 연결망에 비해 더 높았다. 이는 앞서 홈페이지나 블로그에서처럼 각각의 정치인들이 개설한 온라인 미디어가 독자적인 개개의 플랫폼에 존재하고 있던 것과 달리, 모두가 동일한 플랫폼에 동시에 존재하고 있다는 특성이 드러난 것이다. 모두가 동일한 공간에 존재하다 보니, 이 공간에 들어서는 순간 서로 연결을 맺어야 하는 사회적 압력이 생겨나게 되고 이로 인해 트위터에서의 팔로잉 연결망은 호혜성에 기반한 의례적 관계로 나타난다는 점이다.

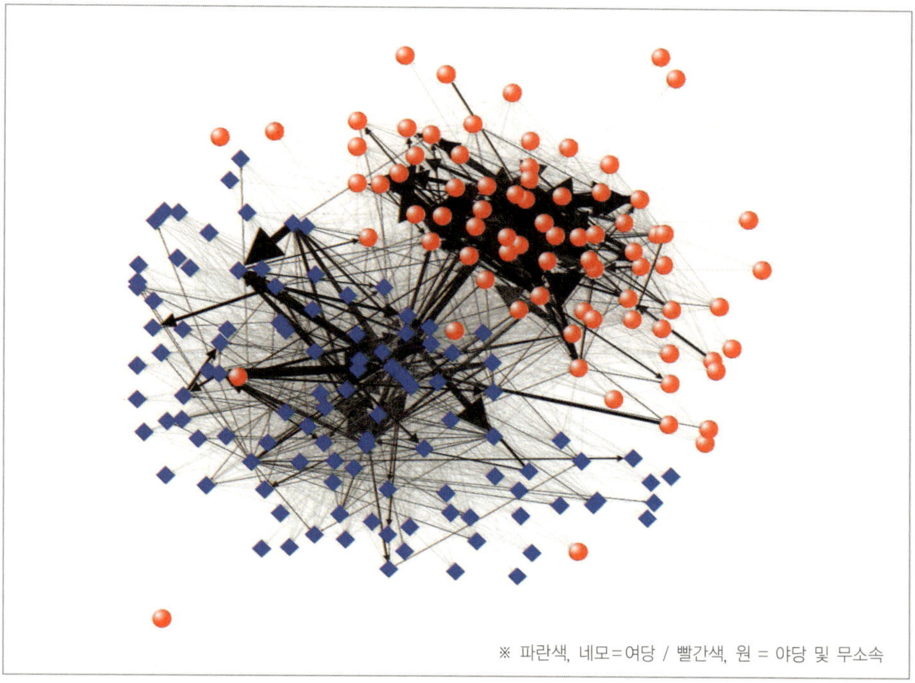

〈그림 3〉 2010년 정치인 189명의 트위터 네트워크 지도

반면, 멘션 연결망에 대한 분석 결과는 트위터 내 유명한 정치인들에 대한 멘션이 정치인들 사이의 멘션이 많다는 사실을 보여준다. 트위터에서 특정한 정치인이 가시성이 높거나 인기가 많을수록, 다른 정치인들로부터 멘션을 받는 경우가 많아졌다. 자신들의 트위터 활동 하나하나가 일반 대중들에게 공개되고 또 일반 대중들이 언제든지 트위터 소통에 개입할 수 있다는 점 때문에 유력 정치인들에 대한 멘션은 자신의 정치적 입지를 중심에서 벗어나지 않게 하려는 전시적 효과를 지니는 동시에 유명한 동료 정치인들에 대한 정치적 지원의 의미를 지니게 된다. 통계 분석결과는, 정치인의 팔로어 수가 많을수록, 트윗 메시지를 많이 올릴수록, 즉 트윗 활동이 두드러질수록 동료 정치인들로부터 멘션을 받는 확률이 높아짐을 보여주고 있었다.

(2) 정치인들의 웹 가시성과 현실 정치의 연관성

웹 2.0시대 들어오면서 온라인 사회 관계 형성이 기술적으로 더 수월해졌다는 점에서 인터넷은 정치 커뮤니케이션의 측면에서 활용될 수 있는 가능성을 제공해 주지만, 온라인 상에서의 정치인들에 관한 정보가 실제 현실정치와 연결되는 지점에 대한 연구를 찾기는 어렵다. 본 연구는 인터넷상에서의 정치 커뮤니케이션이 현실정치를 밀접하게 반영하고 있다는 점을 보여준다.

인터넷 매체가 발달함에 따라 정치인들이 국민들과 효율적으로 의사소통하기 위한 광범위한 온라인 네트워크를 구축할 수 있게 되었으며, 이를 통해 자신들의 정치적인 신념을 표명하고 그에 대한 지지를 호소함으로써, 시민들의 자발적인 정치참여(civic political engagement)를 효과적으로 유도할 수 있게 된 점은 기존의 연구에서 확인된 바 있다 (박한우, 2007; Lawson-Borders & Kirk, 2005). 실제로 2002년 대선에서 노무현을 지지하는 모임인 '노사모' 의 인터넷 선거 캠페인 활동과 2004년 미국 민주당 대선후보들인 하워드딘(Howard Dean)과 존 케리(John Kerry)의 활발한 블로그 홍보활동은 대중의 광범위한 지지를 이끌어 내면서 상당한 양의 기부금을 확보하는 선례를 남기기도 했다(윤성이, 2003; Anstead& Chadwick, 2008). 그러나, 이러한 활동에 대한 연구는 질적분석이나 혹은 내러티브 중심의 서사에 근거를 두고 있다.

한편 임연수와 박한우(2010)는 양적 분석을 통해, 2009년 10월 28일 실시된 국회의원 재보궐 선거기간 동안 국내의 블로그 공간의 변화 추세를 살펴보고, 정치인들의 웹가시성(web visibility) 수준과 실제 선거 결과간의 관계를 고찰하였다. 웹가시성은 인터넷 이용자들(공중)이 온라인 공간에서 주목하고 있는 행위자, 사건, 또는 이슈들의 관련성을 시각화한 것으로 (Ackland, Gibson, Lusoli, &Ward, 2010; Gauvin, 2010), 정치인 또는 정치적 이슈들과 관련하여 인터넷 상에서 나타나는 관찰 가능한 공중의 반응을 시각적으로 확인할 수 있게 해 준다. 임연수와 박한우의 연구에서는 각 정치인의 블로그에서 나타나는 웹가시성 수준을 해당 정치인이 언급된 블로그 자료의 총 수로 측정했다. 연구 결과, 블로그 공간에서 후보자들의 웹가시성 수준과 득표 수간에 밀접한 상관성이 있었으며, 따라서 블로그에서 공유되는 정치인들에 대한 정보 교류 수준이 실제 선거 결과를 예측하는 근거로 활용될 수 있음을 밝혔다. 이는 인터넷 선거 운동의 긍정적 효과에 대한 경험적 근거를 제시한 성과라 할 수 있다.

최근에는 보다 심화된 형태의 웹가시성 연구를 통해 이 점을 다시 보여주었다. 다양한 인터넷 정보(블로그, 뉴스, 이미지, 웹사이트들을 포함)에 나타난 18대 국회의원의 웹가시성 분석을 통해 연임, 선거형태(직접선거 vs. 비례대표), 소속 정당 등의 정치적 속성들이 웹가시성 수준과 유의미한 상관 관계가 있음을 보여준 것이다(Lim & Park, 2011, forthcoming). 결과적으로 오프라인에서 화려한 정치 경력과 대중성을 확보한 국회의원이 높은 웹가시성 수준을 나타낸 반면, 비례대표로 선출되거나, 초선 의원 또는 인구밀도가 낮은 지역에서 선출된 의원은 낮은 수준의 웹가시성을 나타냈다. 이러한 결과는 오프라인 상에서 이미 구축된 정치적 권력구조의 양상이 온라인 상에서도 그대로 반영되고 있다는 사실을 시사한다.

18대 국회의원에 대한 또다른 연구는 두 국회의원의 이름이 동시에 거론되는 인터

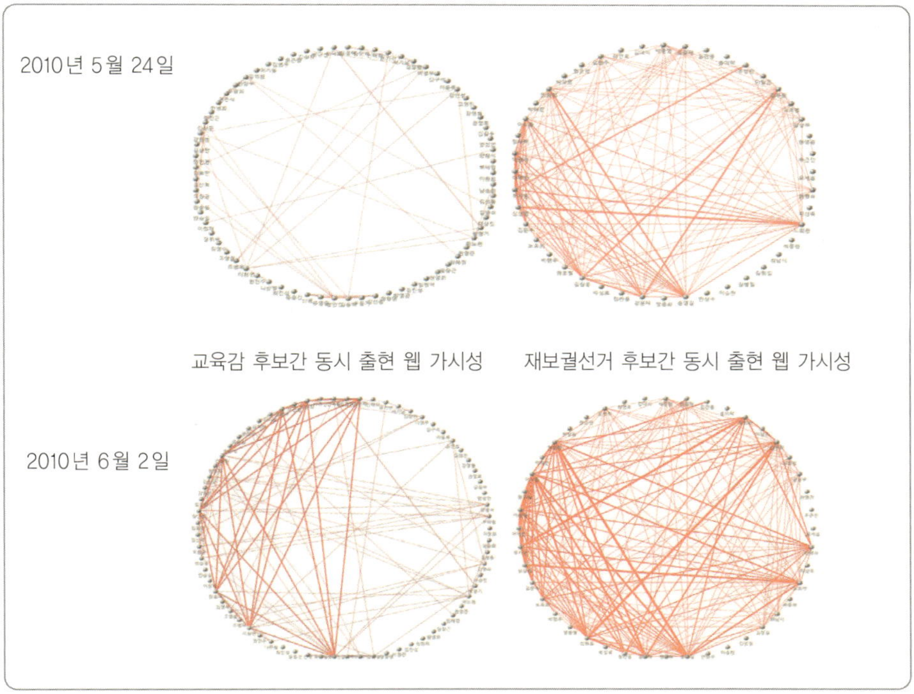

〈그림 4〉 웹가시성과 선거결과 관련 분석의 예(교육감 및 재보궐선거, 2010)

넷 정보들에 대한 웹가시성 분석을 통해 인터넷 공간에서 인식되는 국회의원간의 관계 구조를 파악했는데, 국회의원들이 소속된 정당에 따라 유유상종 네트워크 형태를 나타내고 있었다(Lim & Park, 2011). 이는 앞서 살펴 본 정치인들의 블로그 네트워크 형태와 유사한 모습으로, 동질적인 성향의 국회의원들이 상호간 긴밀히 연결되어 있는 반면, 다른 정당에 소속된 의원들과는 배타적인 관계를 형성하고 있음을 보여주는 것이다. 이러한 결과는 인터넷 공간에서의 정치인들간의 관계 구조가 전통적 연고정치에 기반한 유대 관계를 드러내고 있음을 시사한다.

(3) 온라인 상의 정치 담론과 시민참여

① 정치인들 싸이월드미니홈피 방명록의 정치 담론

지금까지 살펴본 연구가 정치인들의 온라인 연결망에서 드러나는 정치 커뮤니케이션 양태를 고찰한 것이었다면, 다음에서는 일반 국민들의 입장에서 온라인 소통 참여 양상에 대해 고찰한 연구를 살펴보기로 하겠다. 앞서 언급했듯이, 온라인 미디어의 발전으로 일반 국민들의 정치 참여 기회가 확대되고 있는데, 이는 온라인 미디어가 가져온 변화의 한 가지라는 점에서 주목할 만하다.

우리나라는 한때 초고속 인터넷 보급률에서 세계1위를 차지할 정도의 강력한 인프라를 갖추었고, 이를 바탕으로 한 국민들의 인터넷의 활용률 또한 매우 높다. 하나의 사회 · 정치적 이슈가 발생하면 사람들은 온라인을 통해 자신의 견해를 피력하고 공유하고 퍼뜨리면서 해당 이슈를 확대 · 재생산하는 데 적극적으로 참여한다. 특히, 사회정치적으로 논란이 된 사건들, 예컨대 2008년 미국산 쇠고기 수입 협상으로 일어난 촛불집회 기간 동안 온라인 상에서 많은 의견이 오고 가면서, 이러한 논의들이 오프라인 활동으로 이어져 주목할만한 사회운동(mobilization)을 일으킨 것은 온라인을 통한 정치 참여의 좋은 예라 할 수 있다. 소셜 미디어는 온라인 상에 개개인간 사회 연결망을 창출하여 사회 이슈의 전파 및 담론 형성에 보다 효과적인 미디어 역할을 수행하는데, 박한우와 공동 연구자들(Park et al.,2010)은 특히 국내 최다 이용자를 보유하고 있었던 인기 SNS(Social Network Service/Site)인 싸이월드의 미니홈피에 주목하였다. 이는 블로그나 유투브, 트위터 등이 정보 유포 및 확산의 역할을 주로 담당하면서 인터넷 규제에 걸릴 가능성이 높은 반면, 싸이월드의 미니홈피는 보다 사적 통신 매체로 인식되어 비교적 자유로운 소통 공간을 제공할 수 있는 플랫폼이라는 점을 고려한 것이다.

이 연구는 정치인들의 미니홈피 방명록에서 보여지는 일반 국민들의 정치 담론을 분석했다. 2009년 4월 1일부터 2009년 6월 14일까지 미니홈피 방명록에 가장 많은 수의 메시지를 받은 국회의원 10명의 방명록 글을 200개씩 랜덤으로 추출했는데 이 메시지들은 자체적으로 개발한 프로그램 싸이월드 스크레퍼 싸이넷메트리카(CynetMetrica)로 수집하였다. 자료 분석은 의미 연결망 분석을 위해 내용을 추출하는 것으로 시작했다. 먼저, 내용분석 소프트웨어 KrKwic(Korean Key Word in Context)를 이용해 자주 사용된 단어들을 추출했다. 자주 사용된 단어들을 살펴보면, '사람들', '인간', '우리', '나라', '대한민국' 등 집단적 의식을 보여줄 수 있는 단어들이 가장 많은 빈도를 보였으며, 또한 조소나 가벼운 농담을 의미하는 'ㅋ'와 미소를 의미하는 '^^' 등 이모티콘이 다수 포함되어 있었다.

그 다음으로, 추출된 단어들이 동시적으로 언급된 횟수를 통해, 단어들간의 의미 연결망 행렬을 구성하였다. 이렇게 구성된 행렬을 CONCOR(CONvergence of iterated CORrelations) 방법을 통해 몇 개의 블럭 즉, 군집으로 분류하였다. 분류된 군집은 '국회의원과 한나라당', '정치와 나라에 관한 글', '응원 및 지지 메시지', '쇠고기수입 금지를 호소하는 글', '대중, 국민에 관한 글', '정치인에 대한 부탁', '격려 메시지', '기타' 등 총 8개로 나타났는데, 이 중에서도 특히, '쇠고기수입 금지를 호소하는 글'과 '격려 메시지'와 관련된 단어들이 담론의 중심에 있었으며, 서로간 연결관계도 많았다. 즉, 일반 국민들이 정치인들을 격려하는 동시에 사회적으로 민감한 이슈에 대해 자신들의 입장을 피력하려는 의도를 보여주었다.

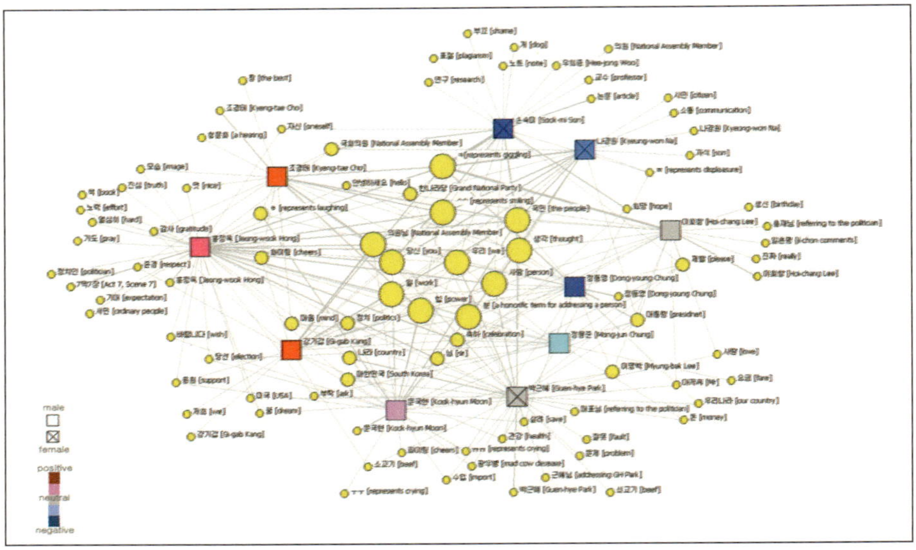

〈그림 5〉 싸이월드 정치인 방명록 글의 의미 연결망

또한, 국회의원 미니홈피 정치담론에 포함된 일반 국민들의 감성을 파악하기 위해 감정분석(Sentiment Analysis) 역시 실시했다. '긍정'과 '부정', 감정이 드러나지 않은 '알 수 없음' 등 3가지 범주로 나누어 살펴본 결과, 긍정이 51.3%(1008개), 부정이 20.8%(408개), 알 수 없음이 27.9%(548개)로 나타났다. 각각의 범주를 여야 정치집단에 따라 구분하여 보니, 여당 의원들(297개, 20.2%)이 야당 의원들(11개, 0.6%)에 비해 부정적인 메시지를 훨씬 더 많이 받았으며, 야당 의원들(676개, 34.4%)이 여당 의원들(322개, 16.9%)에 비해 긍정적인 코멘트를 더욱 많이 받은 것으로 나타났다. 친정부 정당에 부정적 코멘트가 많고 야당에 상대적으로 긍정적 코멘트가 많은 점은 오프라인의 현상이 온라인에 그대로 투영된 것으로, 당시 촛불 집회와 미국 소고기 수입 반대 등 반정부적 정치 이슈가 많이 부각되어 있었다는 현실을 반영한다.

마지막으로, 정치담론에 참여하는 이용자들의 특성을 살펴보기 위해 방명록을 남긴 이용자들의 미니홈피 프로필을 추적해 이들의 미니홈피 활용 지수(active, friendly, famous)와 성별, 그리고 이들이 남긴 글들의 감성 경향에 대해 조사했다. 결과는 여성(75.5%)이 남성(67.3%)보다 상대적으로 더욱 긍정적인 메시지를 남긴 것으로 확인되었으며, 남성(32.7%)이 여성(24.5%)보다 더 부정적인 메시지를 많이 남긴 것으로 나타났다. Mann-Whitney U 분석 결과, 여자이면서 긍정적인 메시지를 많이 남기는 집단의 미니홈피 활동지수(active)가 가장 높은 것으로 밝혀졌다. 이는 여성들이 소셜 미디어를 활발히 이용한다는 기존의 연구결과(Schrock, 2009)를 뒷받침하며, 나아가 여성이면서 SNS이용에 적극적인 이들이 정치 담론에 긍정적으로 참여한다는 것을 보여 준다

② 소셜 미디어에서의 시민주도 사회 논쟁

트위터의 정치담론을 분석하여 소셜 미디어에서의 사회 논쟁이 어떻게 이루어지는지 살펴본 연구도 있다. Hsu, Park, and Park (2010)은 현재 가장 보편적인 마이크로 블로깅 사이트 트위터(Twitter)에서 사회적 이슈를 둘러싼 이용자들의 커뮤니케이션 네트워크를 분석했다. 사회적으로 논쟁이 끊이지 않는 이슈인 '세종시 수정안' 에 대한 이야기를 적극적으로 생산하는 핵심 유저(key user) 20명의 트위터 메시지를 분석해 어떤 용어들이 자주 등장했는지를 확인해 보고, 또 이들의 커뮤니케이션 양태와 네트워크 구조는 어떠한지를 조사했다. 또 보다 거시적인 관점에서 세종시 수정안 담론에 참여하는 전체 이용자들의 특성을 파악하기 위해 이들의 지역별 분포를 조사했다.

연구는 핵심 유저를 두 부류로 나누었는데, 이 두 가지는 검색사이트나 미디어 채널과 같은 '미디어 아울렛집단(7)' 과 '개인 이용자집단(13)' 이다. 연구 결과를 보면, 미디어 아울렛 집단에 비해 개인 이용자 집단의 트윗메시지들이 다른 이용자들로부터 자주 인용되거나 언급 혹은 댓글을 받은 것으로 나타났고, 반면에 미디어 아울렛 집단은 소통보다는 일방향적인 메시지 생산에 주력하고 있는 것으로 나타났다.

KrKwic(Korean Key Word in Context) 분석 프로그램을 통해 단어를 추출하고 CONCOR(CONvergence of iterated CORrelations) 분석으로 핵심 유저들이 주로 생산하는 담론들을 구체적으로 살펴보았다. 이 담론들 역시 크게 8가지 주제로 집단을 형성하고 있는데, '세종시 수정안 법안과 이에 관련된 정치인들' , '세종시 법안에 대한 비판' , '논쟁과 해결책' , '수정 및 사회 복지' , '국가 정책' , '정치적 이데올로기와 국채에 관한 걱정' , '여야간의 갈등' , '기타 사회 정치적 이슈들' 등으로 분류할 수

있었다. 세종시 법안과 관련된 이슈가 핵심적 담론이었으며, 이에 대해 비판과 염려의 목소리가 주류를 이루었다. 또한 4대강과 천안함 사건 등과 같은 중요한 사회정치적 이슈들이 함께 언급되고 있었는데, 이는 핵심 유저들이 세종시 법안 문제뿐만이 아니라, 다른 사회정치 이슈 전반에 대한 관여도가 높다는 것을 보여준다. 이 연구가 시사하는 바는 기존의 온라인 미디어가 트위터를 통해 일방향적인 정보 유포에 중점을 두고 있는 반면, 일반 이용자들은 스스로 이슈를 만들고 토론에 참가하고 유포시키면서 소셜미디어의 공론장에서 주체적 역할을 수행하고 있다는 점이다.

③ 트윗애드온즈를 통한 시민 참여

온라인 미디어의 공론장 기능은 인터넷이 대중화되던 1990년대 초기부터 전자민주주의에 대한 긍정적 전망과 함께 끊임없이 논의되어온 주제이다(박한우, 이연옥, 류영달, 2009). 최근 소셜 미디어의 확산과 더불어 세계 각국의 정부 부처는 다양한 소셜 미디어에 계정을 만들고 일반 대중들과의 직접 소통 채널 활용 전략에 많은 관심을 보이고 있으며, 일반 이용자들도 자신들의 사회 관계의 관리뿐만 아니라 정치적 이슈에 대해 소통하는 정보 채널로서 소셜 미디어를 적극 활용하고 있다.

우리나라 소셜 미디어 이용자들 역시 인터넷의 각종 미디어를 적극 활용함으로써 정치적 이슈의 주체를 정치인에서 일반 대중들로 전환시키고 있다. 특히 2010년 6월 지방 선거를 기점으로 트위터 내에서의 정치 커뮤니케이션의 비중이 크게 커지고 있는 상황이다. 이와 관련하여 트위터의 개별 네트워크에 '집단'이라는 개념을 부여하는 트위터 부가 서비스 트윗애드온즈 (Twitaddons.com)의 인기는 눈여겨볼 만하다. 트윗애드온즈는 한국 트위터 사용자들의 커뮤니티 공간으로 인기를 끌고 있는데, 온라인 커뮤니티가 특정 주제를 중심으로 형성되었듯이, 트윗애드온즈에서도 특정 주제에 공동 관심이 있는 이용자들이 커뮤니티를 형성하고 있었고 이 커뮤니티를 정치정당에 비유하여 '**당'이라고 칭하고 있다. 트윗애드온즈의 인기는 개별 활동보다 집단 활동을 선호해 온 한국의 문화 특성을 반영하는 것으로 볼 수 있다.

Choi et al. (2011) 은 트위터애드온즈에 개설된 트윗당들이 사회 이슈와 관련해 어떤 활동을 하고 있으며 사회 참여 영향력은 어떠한지를 조사했다. 우선 검색어 '사회운동' 으로 검색된 트윗당 중 당원이 100명 이상이고 최근까지 활동 중인 12개 당을 대상으로 네트워크 분석을 수행했다. 분석 대상이 된 트윗당들은 정치적, 사회적, 그리고 상업적 특성을 가지는 당들로 고르게 선택되었다. 상업적 특성의 트윗당은 기업체의 입장이 아니라 소비자의 입장을 대변하기 위해 결성된 모임이다. 연구 결과, 트윗당을 만든 이용자는 정보 수요자 (information seeker)이기보다 정보 유포자(broadcaster)의 역할을 더 수행하는 것으로 나타났다. 또 사회적 이유나 소비자적 입장을 대변하는 트윗당의 당주(당을 처음 만든 이용자)는 답변(replies)과 멘션(mention)의 횟수가 일반 참여자들보다 많은 것으로 보아 트위터 상의 대화(상호적 커뮤니케이션)에 주도적으로 참여하고 있음을 알 수 있었다. 이들의 대화 상대는 자신들의 팔로어가 아니라 주로 트윗애드온즈 당원들이었는데 그 비중이 70% 이상이었다. 반면에 정치 관련 당주와 당원들의 답변, 멘션 횟수에는 유의미한 차이가 없었다. 즉, 역할에 상관없이 모두 활발히 의견 교환에 참여하고 있었다. 반면에 정치 관련 트윗당 당주들은 다른 당 당주들보다 정보 유포자의 역할이 두드러졌다. 즉, 정치 관련 트윗당에서는 모든 당원들의 상호 커뮤니케이션 과정에서 당주의 중계 역할이 두드러졌으며, 당주 이외에 9명의 임원들, 41명의 감독들 등 조직적 위계체계까지 갖추고 있어, 의견 교환이 수평적으로만 교환되는 것이 아니라 조직적으로 유포되고 있었다. 따라서 정치적 행동을 유발할 수 있는 영향력을 기대할 수 있는 패턴을 보여줬다.

Gladwell (2010)은 소셜 미디어가 시민 참여 기회를 늘리는 데 기여하기는 하지만 사회 운동을 촉발시키기보다는 기존 사회 질서를 유지하는 역할을 수행한다고 주장했다. 공통 관심사 이외에는 사회적, 물리적으로 뚜렷한 연결 관계를 찾을 수 없는 사람들 간에 발생하는, 수평적이지만 비조직적이기도 한 소통만으로는 영향력 있는 사회 운동을 촉발시킬 수 없다는 지적이다. 하지만 트윗애드온즈의 경우는 조금 다른 양상을 보여준다. 당주를 포함, 당원들 간 답변과 멘션이 활발히 교환될 뿐만 아니라 수평적으로 떠돌고 있는 메시지들을 조직화하고 다시 유포함으로써 가치 있는 정보로 재생산하는 당주 및 특정 당원들의 역할이 두드러진 것이다.

Choi et al. (2011)가 트윗애드온즈에 주목한 이유는 Gladwell (2010)이 주장했던 소셜 미디어를 통한 시민의 사회 활동 참여의 한계를 재검토 해보고자 한 것이다. 트윗애드온즈에 생성된 '당' 들을 봤을 때, 누구나 쉽게 참여할 수 있다는 점과 당원들이 개인적 친분에 의해 연결되는 경향이 적다는 점, 그리고 일상의 공통된 관심사나 흥미 위주의 그룹 형성에서 벗어나 당장의 이슈나 이벤트 중심으로 '당'이 결성되는 경향이 있다는 점에서, Gladwell이 지적한 것과 마찬가지로 사회 활동의 한계점을 가지고 있다고 볼 수 있었다. 하지만 정치적 목적의 트윗당에서 나타났듯이 수평적이면서 비조직적인 메시지들의 교환도 충분히 조직적인 메시지로 재구성되어 유포될 수 있고 이는 소셜 미디어를 통한 사회 활동의 영향력이 충분히 발휘될 수 있음을 예측하게 한다.

3. 결론 및 토론

이 글은 박한우와 공동 연구자들이 2000년대 초반부터 현재까지 수행해 온 연구들을 살펴봄으로써 과연 SNS가 정치 커뮤니케이션의 혁명적 도구가 될 수 있는가에 대한 나름의 답을 찾고자 하였다.

그동안 연구 결과를 새로운 온라인 미디어의 등장에 따라 연대기적으로 살펴본 결과, 새로운 미디어의 도입이 그 자체는 커뮤니케이션 혁명을 이끌 만큼의 절대적 영향력을 발휘하지는 않는다는 것을 확인할 수 있었다. 정치인들의 사회 연결망은 기존의 정당에 기반해 있었고, 드물게 보인 이질적 정치인과의 연결의 경우도 심도 있는 사회적 연결망을 구축하기보다는 정치적 입지를 과시하기 위한 '전시적' 특성을 보여주었다.

하지만 매체의 변화와 함께 사람들이 커뮤니케이션에 참여하는 방식이 변하고, 이러한 변화들이 정치 커뮤니케이션에도 점진적 변화를 가져온다는 점도 확인할 수 있었다. 홈페이지의 도입으로 정치인들은 자신들의 정치적 입장과 수행 업무에 대한 정보를 알려야 할 의무감이 커졌고, 블로그의 등장으로 동료 의원들 간 상호 연결에 대한 심리적 의무감을 증가되어 사회적 연결이 강화되었다. 또한 트위터의 등장으로 정치인과 일반 국민들의 직접적 소통이 가능하게 됨으로써, 정치인들은 '끼리끼리'의 연결을 넘어서 이질적인 일반 국민들과의 소통을 전략적으로 추구해야 할 입장에 놓이게 되었다.

실제로 소셜 미디어에서 보여지는 일반 국민들의 정치 담론 참여를 연구한 결과물들은 일반 국민들이 정치 커뮤니케이션의 주체로서 점점 더 큰 영향력을 발휘할 것임을 시사한다. 특히 세종시 수정안에 대한 트위터 연구에서 보듯, 개인 이용자 집단간의 상호적 커뮤니케이션의 정도가 온라인 미디어 채널이 주도하는 정보 유포보다 더 활발하였다. 다시 말해서, 일반 국민들이 정치 커뮤니케이션을 주도하는 주체로 부각되고 있었다. 트윗당 활동에 대한 연구 역시 소셜 미디어의 메시지들이 비조직적인 개별 메시지로 그치는 것이 아니라 조직적으로 유포되어 오프라인 사회 활동으로까지 확산될 수 있음을 확인할 수 있었다.

마지막으로 이 글에서 밝히고자 했던 두 가지 사항을 간단하게 요약함으로써 이 글을 마무리하기로 한다. 우선, 소셜 미디어의 등장은 정치인(단체)들의 의사소통 방식에도 다음과 같은 변화를 가져왔다. 첫째, 정치인(단체)들의 온라인 연결망의 경우, 전시적인 측면에서 점차 정치인들간 사회적 의례 및 특정한 정치인에 대한 정치적 지원 등 정치인들의 개개인의 활동을 더 반영하는 방향으로 진행되어 왔다고 볼 수 있다. 둘째, 온라인상의 정치인(단체)들의 미디어 활용은 정당을 중심으로 하는 정치에서 개인화된 활동을 중심으로 하는 정치로 변화되어 왔다고 볼 수 있다. 이러한 개인화된 정치 활동은 온라인 미디어가 정치인과 시민들이 직접 대면하는 환경을 만들어 온 데 기인하는 것으로, 정치인들이 이러한 환경에 부응한 결과라 할 수 있다. 마지막으로, 단순한 정보를 펼치는 것에 불과했던 정치인들의 온라인 활동이 이제 점차적인 소통을 통해 자신의 견해와 정보를 전달하는 적극적인 행위자로써 변화해왔다는 사실이다. 따라서, 소셜 미디어를 정치에 활용하기 위해서 정치인들은 정치활동의 내용을 만들어야 할 것이 더욱 요구된다고 할 수 있다. 실제, 시민들의 온라인 정치 활동은 더욱 일상적이 되어, 일상에서 정치적 발언 및 견해들이 도출되고 있으며, 이러한 활동들이 유통되는 경우가 더욱 더 증가하고 있다는 점에서, 스마트 미디어 및 SNS와 같은 미디어들은 그 자체로서 정치 커뮤니케이션의 혁명적 도구라기보다 커뮤니케이션의 내실화를 더욱 더 요구한다고 보아야 할 것이다.

다음으로, SNS 등 온라인에 존재하는 정보와 사회적 담론들에 대한 실질적 연구 방안과 관련하여, 이 글은 몇 가지 방법을 제시하고 있다. 가장 중심이 된 방법은 소셜 네트워크 분석 기법을 중심으로 네트워크 분석방법을 활용하면서 자료를 보여주는 방식이다. 정치인(단체)들의 연결관계 분석에서 보여준 바와 같이 네트워크 분석을 하기 위한 네트워크 자료의 형태는 온라인 상의 관계를 이용하는 방법과 컨텐츠의 내용을 분석하여 의미연결망 분석(시맨틱 분석)을 통해 연결망 관계로 자료를 변환하는 방식을 활용하였다. 온라인상의 자료가 범람하면서, 이 자료를 활용하기 위한 여러 방안들이 도출되었지만, 이 글에서 밝힌 여러 방법들은 스마트 미디어 시대에 들어오면서 더욱 각광받고 있는 방법이라고 평가할 수 있을 것이다.

참고문헌

- 박한우 (2004). 정치 웹사이트의 하이퍼링크 네트워크에 대한 종단연구. Journal of the Korean Data Analysis Society, 6(3), 901-915.

- 박한우(2007). 블로그에 나타난 정치인 네트워크: 17대 국회의원을 대상으로. 한국언론학보, 51(3), 385-444.

- 윤명희(2007). 블로그의 사회적 유형분석: 1인 커뮤니티의 다층화. 한국사회학, 41(1), 156-193.

- 윤성이(2003). 16대 대통령선거와 인터넷의 영향력. 한국정치학회보, 37(3), 71-87.

- 임연수, 박한우(2010). 10.28 재보궐 선거의 블로그 캠페인에 대한 웹계량화 분석. Journal of the Korean Data Analysis Society, 12(1), 539-551.

- Ackland, R., Gibson, R., Lusoli, W., & Ward, S. (2010). Engaging with the public? Assessing the online presence and communication practices of the nanotechnology industry.Social Science Computer Review, 28, 443-465.

- Anstead, N., & Chadwick, A. (2008). Parties, election campaigning, and the Internet: Toward a comparative institutional approach, In A. Chadwick & P. N. Howard (Eds.), The Routledge Handbook of Internet Politics (pp. 56-71). London: Routledge.

- Blood, R. (2005). Weblogs: A history and perspective, In E. P. Bucy (Ed.), Living in the information age (pp. 129-133). Belmont, California: Wadsworth.

- Bruns, A. (2007). Produsage: Towards a broader framework for user-led content creation. Creativity & Cognition conference, Washington, DC. Retrieved from http://snurb.info/files/Produsage%20(Creativity%20and%20Cognition%202007).pdf

- Bruns, A. (2008). Blogs, Wikipedia, Second Life, and Beyond: From Production to Produsage. New York: Peter Lang.

- Choi, S. J., Park, J. Y., & Park, H. W. (2011). Is Twitter a medium of social mobilization? An exploratory study of the use of Twitaddons.cominSouth Korea. A paper presented at the SunBelt Social Network Conference.

- Gauvin, S. (2010). When visibility means power: Tracking the U.S. presidential race from the Internet. Management &Avenir, 34, 128-144.

- Gladwell, M. (Oct. 4, 2010). Small change: Why the revolution will not be tweeted. Retrieved Nov. 26, 2010, from the New Yorker: http://www.newyorker.com/reporting/2010/10/04/101004fa_fact_gladwell.

- Glassman, M. E., J. R. Straus and C.J. Shogan (2010). "Social Networking and Constituent Communications: Member Use of Twitter During a Two-Month Period in the 111th Congress." Congressional Research Reservice.RetrivedFeburary15, 2011, from http://assets.opencrs.com/rpts/R41066_20100203.pdf

- Hsu, C. L., Park, S. J., & Park, H. W (2010.November). Political discourse by key Twitter users: The case of Sejong City in South Korea. Complexity Research And Education Network, Seoul.

- Karen, M. (2004).Blogging and the politics of melancholy.Canadian Journal of Communication, 29, 5-23.

- Lawson-Borders, G. & Kirk, R. (2005).Blogs in campaign communication.American Behavioral Scientist, 49(4), 548-559.

- Lim, Y. S. & Park, H. W. (2011, forthcoming). How do congressional members appear on the web?: Tracking the web visibility of South Korean politicians. Government Information Quarterly.

- Lim, Y. S., & Park, H. W. (2011).The structural relationship between politicians' web visibility and political finance networks: A case study of South Korea's National Assembly members.Work-in-progress.

- Monge, P. R., & Contractor, N. S. (2003).Theories of communication networks. New York: Oxford University Press.

- Newsweek. (2009). "Who' s Winning the Twitter Wars?" Retrieved March 2, 2011, fromhttp://www.newsweek.com/2009/09/08/who-s-winning-the-twitter-wars.html

- Park, H. W. (2003). Hyperlink network analysis: A new method for the study of social structure on the web. Connections, 25(1), 49-61.

- Park, H. W., C. S. Kim, and G. A. Barnett.(2004). "Socio-communication structural among Political Actors on the web in South Korea." New Media & Society, 6(3), 403-423.

- Park, S. J., Lim, Y. S., Sams, S., Nam, S. M., & Park, H. W. (2010).Networked Politics on Cyworld: Text and Sentiment of Korean political profiles.Social Science Computer Review.

- Plotkowiak, T., J. Ebermann and K. Stanoevska-Slabeva.(2010). "A Longitudinal Social Network Analysis of German Politicians' Twitter Accounts." Proceedings of Sunbelt Conference.

- Schrock, A. (2009). Examining social media usage: Technology clusters and social network site membership. First Monday, 14(1), Retrieved February 3, 2009, fromhttp://firstmonday.org/htbin/cgiwrap/bin/ojs/index.php/fm/article/viewarticle/2242/2066

- Shumate, M. and J. Lipp (2008). "Connective collective action online: Anexamination of the hyperlink network structure of an NGO issue network." Journal of Computer Mediated Communication,14(1).178-201.

- Yoon, H. Y. & Park, H. W. (2011). Why do politicians 'follow' and 'mention' each other: Network analysis of South Korean politicians in Twitter.com. WCU Webometrics Institute. Work-in-progress.

- Talbot, D. (2008). How Obama really did it: The social-networking strategy that took an obscure senator to the doors of the White House.Technology Review. Retrieved March 17, 2011, fromhttp://www.techreview.com/web/21222/

- Tumasjan, A., Sprenger, T. O., Sandner, P. G.,&Welpe, I. M. (2010). Predicting elections with Twitter: What 140 characters reveal about political sentiment.Proceedings of the FourthInternational AAAI Conference on Weblogs and Social Media.

- Wasserman, S. & Faust, K. (1995).Social Network Analysis: Methods and Applications. New York: Cambridge University Press.

- Web Ecology Project. (2009). The Iranian Election on Twitter: The First Eighteen Days. Retrieved February, 28, from http://www.webecologyproject.org/제-content/uploads/2009/08/WEP-twitterFINAL.pdf

06 part 2

정치 선거운동 기간 동안 온라인 플랫폼에 따른 웹가시성 계량 분석 : 2010년 6월 지방선거를 중심으로

글 · 남윤재 (뉴욕주립대학교(버팔로) 커뮤니케이션학과 박사과정)
임연수 (홍익대학교 광고홍보학부 전임강사)
박한우 (영남대학교 언론정보학과 부교수)

1. 서론

인터넷은 개방적이고 상호적인 의사소통 공간이자 사회적 네트워크를 확산시키는 사회적 매체(social media)로서, 최근 정치 커뮤니케이션 분야에서 강력한 영향력을 가진 매체로 주목받고 있다. 선거라는 정치적 이벤트는 단시간 내에 다양하고 집중적인 정보의 생산, 유통, 확산을 야기하는데, 이러한 선거 이슈와 관련된 정보는 사람들 간의 개인 커뮤니케이션, 기존의 신문 방송 등의 미디어를 통한 매스커뮤니케이션, 그리고 최근 인터넷 등 뉴미디어를 통하여 다양한 방식으로 생산, 유통된다. 인터넷은 최근 선거 캠페인 활동에 있어서 중요한 부분을 차지하고 있으며 거의 모든 후보자들이 자신의 웹사이트를 선거 홍보 수단으로 이용하며, 유권자들과 미디어 종사자, 그리고 각종 시민단체들도 후보자들의 웹사이트를 이용하여 그들의 경력이나 선거공약과 같은 정보를 얻고 있다. 또한 선거와 관련된 각종 이슈들은 언론사의 뉴스 사이트와 개인의 블로그, 그리고 최근 영향력이 급증하고 있는 트위터를 비롯한 소셜 네트워크 사이트를 통하여 급속히 확산, 재생산 되고 있다. 이들 사이버 공간은 시민들로 하여금 후보자와 관련된 정보와 각종 공약들을 확인할 뿐만 아니라 주요 쟁점 사항에 관하여 의견을 표출하고 상호 토론할 수 있는 공간을 제공함으로써, 선거 자체에 대한 관심을 높이는 등 참여형 민주주의의 밑거름이 되고 있다.

인터넷이 정치, 경제, 사회 전 분야에 새로운 변화를 가져오게 되자, 온라인상에서 일어나는 각종 현상을 분석하고 그 변화를 예측하려는 시도가 사회과학 분야에서 계속 이루어지고 있다. 특히, 최근 웹가시성(web visibility)개념이 도입되면서 온라인 영역에서 일어나는 현상을 계량화하고 이를 오프라인 상에서의 현실 상황과 연계할 수 있는 방안이 다각적으로 모색되고 있다. 웹가시성은 일반적으로 두 가지 방법으로 측정될 수 있다. 첫째, 웹가시성은 특정 사이트로부터 연결된 외부사이트의 빈도수로 나타낼 수 있는데 이는 웹페이지들 간의 하이퍼링크 관계를 통하여 측정할 수 있다(Thomas & Willett, 2000; Park & Thelwall, 2008; Park 2010). 둘째, 어떤 특정한 인물, 사건, 주제가 온라인상의 텍스트에서 현저성(salience)을 보이는지를 통해 측정된다. 이는 어느 특정 온라인 영역(뉴스, 블로그, 소셜 미디어 등)을 대상으로 특정 기간 동안의 키워드 또는 태그를 검색함으로써 측정할 수 있다(Ackland 등, 2010; Kretschmer & Aguillo, 2004; Dreze & Zufryden, 2004; Vaughan & Shaw, 2003, 2005).

최근 웹가시성은 정치 커뮤니케이션 영역에서 정치인 또는 정치 집단의 활동과 영향력을 측정하고 대중들의 온라인 사회참여 현상을 파악하게 하여, 실제 여론의 흐름이 어떻게 변화하고 있는지, 또 현재 사회의 의제가 어떤 방식으로 설정되는지를 파악하는 도구로 사용되고 있다. Hindman(2008)은 웹가시성을 정치인들의 정치적 영향력을 측정하기 위하여 도입했으며, Gryc 등(2008, June)과 Gauvin(2010)은 2008년 미국 대선 상황을 분석하여, 웹가시성이 후보자들의 정치적 영향력과 대중들로부터의 인지도를 측정할 수 있음을 보여주였다. 임연수와 박한우의 연구(2010)에서는 2009년 재보궐 선거를 분석하여 한국에서도 후보자들의 웹가시성이 실제 선거 결과와 높은 상관관계가 있음을 밝혔다.

현재 온라인상의 각종 정보는 다양한 플랫폼을 기반으로 생산, 확산되고 있다. 신문, TV 등 전통 매체들도 인터넷 매체의 중요성을 인식하고 각자의 온라인 사이트를 운영하며 자신들이 생산하는 뉴스를 공급하고 있다. 이러한 뉴스들은 개별 웹사이트를 통해서 공급될 뿐만 아니라, 네이버, 야후, 다음, 구글 같은 다양한 포털사이트를 통하여 통합적인 형태로 공급되고 있다.

또한, 블로그(blog) 서비스는 기존의 전통적인 매체들과 확연히 차별되는 특성을 지닌 인터넷 매체로서, 이용자들은 자신의 다양한 관심사에 따라 자유롭게 글을 올리고(김기현, 오승환, 2006; 윤명희, 2007; 이경선, 이욱, 2005), 더 나아가서 공통된 관심사를 지닌 다른 블로거들(bloggers)과의 링크걸기 또는 댓글 올리기 등 관계 맺기를 통해 블로그스피어(Blogspear)라는 사이버 공동체를 형성할 수 있다. 이렇게 개별적으로 창출된 정보들은 상호적이고 적극적인 정보 교류활동을 통해 공동의 정보물(communal contents)로 재창출된다(윤명희 2007; Bruns, 2008).

그리고, 최근 1-2년간 스마트폰의 보급과 소셜 미디어의 확산은 기존의 정보 생산 및 유통 방식과 시민들의 사회 참여 방법을 획기적으로 변화시키고 있다. 트위터와 페이스북과 같은 소셜 미디어는 정치 영역에서도 커다란 변화를 야기하고 있는데, 실제로 2008년 미국 대선, 2009년 9월 독일 총선, 2010년 6월 영국 총선 등에서 선거 캠페인 전략, 여론 형성, 그리고 선거 결과에까지 영향력을 발휘한 것으로 보고되었다.

한편 소셜 미디어는 웹2.0을 기반으로 기존의 다양한 형태의 플랫폼들을 융합한 형태로서 서비스를 제공하고 있다. 이중 트위터는 마이크로블로그 (microblog) 라는 형식의 대표적 소셜 미디어로서 2006년부터 서비스를 시작하여 2010년 9월 현재 1억 5천만 명의 이용자를 확보하고 있으며, 한국도 약 160만 명 가량이 트위터를 이용하고 있다고 알려져 있다(이원태 2010; Tumasjan 등, 2010). 트위터를 통하여 이용자들이 소위 '트윗 (twit)' 이라는 140자로 한정된 메시지를 통해 자신의 생각을 올리면, 실시간으로 각 이용자들의 팔로어(follower)들의 타임라인으로 메시지가 전달되며, 이 메시지들은 '리트윗 (retwitt)' 이라는 기능을 통해 정보나 개인의 의견이 무한 확산 및 재생산 될 수 있다. 하지만, 소셜 미디어의 확산이 시작된 지 얼마 되지 않았고 이로 인해 트위터를 비롯한 소셜 미디어들이 정치 영역에 미치는 영향에 관련한 연구도 미흡한 상황이다. 따라서 본 연구는 2010년 6월 2일 실시되었던 지방선거 운동 기간 동안 기존의 언론 매체들의 뉴스 제공 서비스와 블로그, 그리고 가장 최근의 트위터라는 소셜 미디어를 대상으로 웹가시성을 수량적으로 자료화하고, 그 자료를 바탕으로 변화와 추세를 계량화하여 비교 분석하려고 한다. 이 세 가지 플랫폼에 따라, 특히 선거운동 기간 중 주요 이슈의 웹가시성과 각 후보자들의 웹가시성을 분석하여 플랫폼간의 차이

점을 밝히고, 실제 선거 결과와의 연관성도 분석함으로써 인터넷이 정치 선거에 미치는 영향에 대한 실증적인 결과를 제시하려고 한다.

2. 연구방법

이 연구는 정치 선거 캠페인 기간 동안 정보량의 변화를 관찰하고, 플랫폼에 따른 차이를 알아보기 위하여, 인터넷 뉴스, 블로그, 그리고 트위터 상의 후보자와 선거에 관련된 각종 이슈를 검색하여 계량적으로 분석하였다. 이를 위하여 2010년 6월 2일 실시된 지방선거의 선거일을 포함 총 7일간(5월 26일-6월 2일)의 선거운동 기간 동안 자료 수집을 실시했다. 분석의 초점을 둘로 나누어, 하나는 선거 이슈에 관련한 플랫폼 간의 웹가시성 차이를 살펴보았으며, 다른 하나는 후보자들에 대한 플랫폼 간의 웹가시성 차이를 살펴보았다.

(1) 자료수집 방법

본 연구는 언론사 사이트에서 제공하는 뉴스와 한글을 기반으로 하는 국내 블로그스피어, 그리고 마이크로 소셜 네트워크 사이트인 트위터를 대상으로 조사하였다. 언론사 뉴스와 블로그는 국내 최대 포털인 '네이버' 에서 제공하는 검색 서비스를 이용하여 자료를 수집하였으며, 트위터에서의 웹가시성은 트위터 전문 검색엔진인 dabot.com를 통해 자료를 수집하였다.

연구 주제에 따라 두 가지 단계로 자료 수집을 진행하였다. 첫 번째 단계에서는 천안함 사건, 4대강 사업, 세종시, 무상급식, 노무현 전대통령, 김제동 사퇴, 문수스님 소신공양 등 선거운동 기간 동안 부각되었던 주요 이슈와 관련된 키워드 검색을 실시하였는데, '선거+천안함' 내지 '투표+천안함' 과 같이 검색 질의어를 입력하여 그 빈도수를 산출하였다. 두 번째 단계에서는 광역시와 도지사 52명의 후보자의 이름을 세 가지 플랫폼에서 검색어로 질의함으로써 각 후보자의 웹가시성 빈도를 산출하였다.

검색 시점은 선거 일주일 전인 2010년 5월 26일부터 선거 당일인 6월 2일까지 하루에 두 차례(0시와 12시)씩 조사하였다.

(2) 분석방법

6.2 지방선거 기간 동안(2010년 5월 26일-2010년 6월 2일)에 주기적인 실시간 모니터링을 통해 계량적으로 수집된 자료들은 시계열적인 추세 분석이 가능하였고, 이를 통해 각 이슈들의 웹가시성 정도가 플랫폼에 따라 어떤 차이가 있는지 알 수 있었다. 또한 자료를 바탕으로 플렛폼에 따른 웹가시성의 추세 변화에 차이가 있는지를 알아보기 위하여, 각 이슈별로 웹가시성 빈도에 대하여 Pearson 상관관계를 분석하였다.

또 플랫폼별 후보자의 웹가시성을 계량화하여 조사기간 동안의 평균치를 산출하여 각 플랫폼간의 차이를 탐색해 보았으며, 실제 후보자들이 선거에서 얻은 득표수와 각 플랫폼에서 산출된 웹가시성 정도 간의 Pearson 상관관계를 분석함으로써 계량화한 웹가시성 정도가 실제 현실에 반영될 수 있음을 확인하였다.

3. 분석결과

(1) 플랫폼별 선거 이슈의 웹가시성 추세 분석 결과

공식 선거기간 중 발생된 주요 정치적 이슈들에 대한 웹가시성 분석 결과, 전반적으로 천안함 사건에 대한 논의가 모든 온라인 플랫폼에서 가장 중요한 선거 이슈로 확인되었다. 그러나 하루 단위로 분석한 이슈 분석 결과, 트위터에서 논의된 주요 이슈들은 블로그와 언론사 사이트에서 나타난 양상과 다르게 나타났다. (〈표 1〉 참조)

① 언론사 사이트

언론사 사이트에서 나타난 선거 운동기간 동안의 선거 이슈의 웹가시성 추세는 일일 평균 기준으로 천안함 사건 (M=578.1, SD=191.6), 4대강 사업(M=239.9, SD=131.3), 무상급식(M=216.6, SD=91.5) 등 조사 기간 이전부터 주요 선거 쟁점으로 부각되었던 사항들이 웹가시성 정도가 높게 나타났다. 반면 김제동 사퇴나 문수스님 소신공양과 같은 조사 기간 중에 일어난 사항에 관해서는 웹가시성 정도가 기존의 주요 선거 이슈에 비하여 크게 높지 않음을 보여주고 있다.

		Sum	Mean	Std. Deviation
언론사 사이트	천안함	4625.0	578.1	191.6
	세종시	1468.0	183.5	108.5
	4대강	1919.0	239.9	131.3
	노무현 전대통령	1396.0	174.5	84.9
	무상급식	1733.0	216.6	91.5
	김제동 사퇴	224.0	28.0	44.4
	문수스님 소신공양	323.0	40.4	54.6
블로그	천안함	4799.0	599.9	125.0
	세종시	861.0	107.6	36.5
	4대강	2785.0	348.1	183.7
	노무현 전대통령	2788.0	348.5	124.2
	무상급식	1751.0	219.6	65.3
	김제동 사퇴	565.0	70.6	82.7
	문수스님 소신공양	907.0	133.4	131.2
트위터	천안함	30041.0	3755.1	988.3
	세종시	1672.0	209.0	217.9
	4대강	15013.0	1876.6	1450.8
	노무현 전대통령	9132.0	1141.5	615.9
	무상급식	2619.0	327.4	164.2
	김제동 사퇴	9130.0	1141.3	1849.2
	문수스님 소신공양	11394.0	1424.3	1635.6

〈표 1〉 주요 이슈의 웹가시성

② 블로그

블로그에서의 선거 이슈별 웹가시성 분석을 보면, 언론사 웹사이트와 마찬가지로 천안함 사건 (*M*=599.9, *SD*=125.0)이 하루 평균 가장 높은 웹가시성을 나타냈으며, 그 다음으로 노무현 전대통령 (*M*=348.5, *SD*=124.2), 4대강 사업 (*M*=348.1, *SD*=183.7), 무상급식 (*M*=219.6, *SD*=65.3) 순으로 나타났다. 역시 김제동 사퇴나 문수스님 소신공양과 관련된 웹가시성 정도는 언론사 웹사이트와 같이 기존의 주요 선거 이슈에 비하여 크게 높지 않음을 보여주고 있다.

③ 트위터

트위터에서의 웹가시성은 언론사 웹사이트나 블로그와는 다른 경향을 나타냈다. 천안함 사건(*M*=3755.1, *SD*=988.3)이나 4대강 이슈(*M*=1876.6, *SD*=1450.8)에 관한 웹가시성이 높게 나타나긴 했지만, 문수스님(*M*=1424.3, *SD*=1635.6)과 김제동 사퇴

(*M*=1141.3, *SD*=1849.2)에 관한 웹가시성이 무상급식이나 세종시 관련 이슈들보다 일일 평균 지수가 높게 나타나고 있다. 특히 문수스님과 김제동 관련 이슈는 총 8일간의 조사기간 중 6월 1일과 2일 이틀간 집중되었으며, 6월 1일, 하루 동안에는 김제동 사퇴가 가장 높은 웹가시성을 보였고, 그 다음이 문수스님 소신공양으로 나타났다.

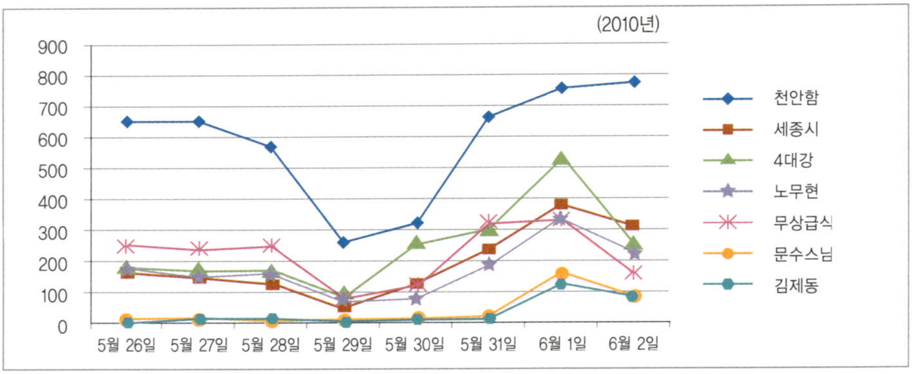

〈그림 1〉 언론사 사이트에서의 웹가시성

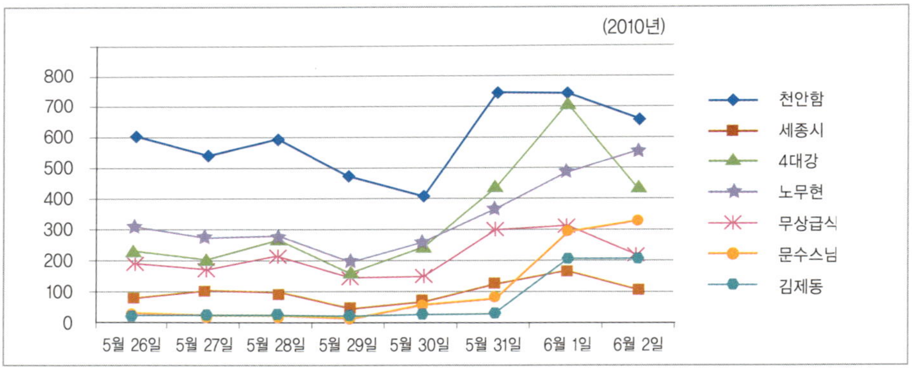

〈그림 2〉 블로그에서의 웹가시성

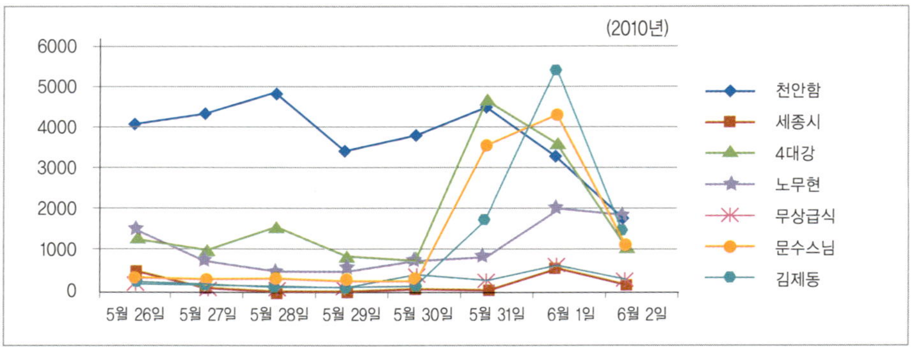

〈그림 3〉 트위터에서의 웹가시성

④ 상관관계 분석

플랫폼에 따른 웹가시성의 추세 변화에 차이가 있는지를 알아보기 위하여, 각 이슈별로 웹가시성 빈도에 대하여 Pearson 상관관계를 분석하였다.

총 일곱 가지 이슈 중 모든 경우에서 언론사 웹사이트와 블로그간의 웹가시성 추세에 관한 상관관계는 유의미하게 나왔다. 이에 반하여 언론사와 트위터 간의 상관관계는 노무현 전대통령과 김제동 사퇴 등 두 부문에서만 통계적 유의미를 보였으며, 블로그와 트위터 간의 상관관계 분석에서는 일곱 가지 이슈 중 4대강 사업, 노무현 전대통령, 그리고 김제동 사퇴 등 세 부문에서 통계적 유의미를 나타냈다 (〈표 2〉 참조).

		News	Blog	Twitter
천안함	News	–	0.84**	–0.20
	Blog		–	–0.12
세종시	News	–	0.91**	0.58
	Blog		–	0.52
4대강	News	–	0.95**	0.67
	Blog		–	0.71*
노무현 전대통령	News	–	0.84**	0.83*
	Blog		–	0.86**
무상급식	News	–	0.84**	0.30
	Blog		–	0.42
문수스님 소신공양	News	–	0.89**	0.71
	Blog		–	0.59
김제동 사퇴	News	–	0.97**	0.84**
	Blog		–	0.73*

〈표 2〉 상관관계 분석

(2) 플랫폼별 후보자 웹가시성 분석 결과

플랫폼에 따른 후보별 차이를 분석하기 위하여, 광역시장과 도지사 후보 52명을 대상으로 블로그, 뉴스, 트위터에서 나타난 웹가시성을 분석하였다. 5월 26일부터 6월 2일까지 총 8일 간의 분석 결과, 서울시장 후보인 한명숙, 오세훈과 경기도지사 후보인 유시민, 김문수 등이 모든 온라인 플랫폼에서 높은 주목을 받고 있었으며, 그 외 후보들의 웹가시성 수준은 상대적으로 미미한 수준을 나타냈다.

언론사 웹사이트의 웹가시성 전국 평균치는 54.9 (SD=68.5)를 나타냈으며, 52명의 후보중 18명의 후보들이 평균치 이상의 웹가시성을 나타냈다. 블로그에서의 웹가시성 평균치는 26.2 (SD=42.2)이었으며 14명의 후보들이 평균치 이상의 웹가시성을 보여주었다. 반면 트위터에서는 전국 평균치가 187.4 (SD=480.5)였으며, 10명의 후보들이 전국평균치 이상의 웹가시성을 나타내어 다른 플랫폼에 비하여 편중되는 경향이 있었다. (〈표 3〉 참조)

또한 각 후보들의 웹가시성 수준과 득표수에 대한 상관관계 분석 결과, 언론사 사이트(r=.86, p<.01), 블로그(r=.87, p<.01), 트위터(r=.82, p<.01) 모두 유의미한 관계를 나타냈으며, 이는 인터넷 상에서 주목받는 수준이 높을수록 득표수가 많다는 것을 의미한다. 이러한 결과는 지난해 실시된 10.28 재보궐 선거 후보 29명의 블로그에 나타난 웹가시성과 득표수 간의 상관관계 분석 결과(r=.586, p<.01)와도 동일하다(임연수, 박한우, 2010).

세부적으로 살펴보면, 유시민 참여당 경기도지사 후보는 블로그와 트위터에서 가장 높은 웹가시성을 보여주었다. 두 플랫폼에서 한명숙 민주당 서울시장 후보와 오세훈 한나라당 서울시장 후보가 유시민 후보를 뒤따랐다. 언론사 사이트에서는 서울시장 후보인 한명숙 후보가 가장 높은 평균치를 나타냈으며 그뒤로 오세훈, 유시민, 김문수 후보가 뒤따랐다. 특기할 만한 것으로, 노회찬 진보신당 서울시장 후보에 대한 웹가시성 수준은 트위터에서 김문수 후보보다도 높게 나타났으나(52명중 4위), 블로그(6위)와 언론사 사이트(14위)에서는 낮은 수준을 보였다.

① 플랫폼별 지역에 따른 웹가시성 차이

플랫폼별 지역에 따른 웹가시성 차이를 살펴보면, 세 플랫폼 모두에서 경기도지사 후보들에 대한 웹가시성이 가장 높게 나타났으며, 그 뒤로 서울시 후보들이 높게 나타났다. 서울시와 경기도를 제외하면, 강원도, 경남, 인천, 충남지역들의 후보들이 상대적으로 타 지역보다 모든 플랫폼에서 상위의 웹가시성 정도를 나타냈다. 따라서 선거 종반까지 결과를 예측하기 힘들었던 혼전 지역들이 모든 플랫폼에서 높은 웹가시성을 보여주었다. 또한 세 플랫폼에 관한 상관관계를 분석한 결과, 이들 사이에는 모두 높은 상관관계가 나타났다. (〈표 3〉 참조)

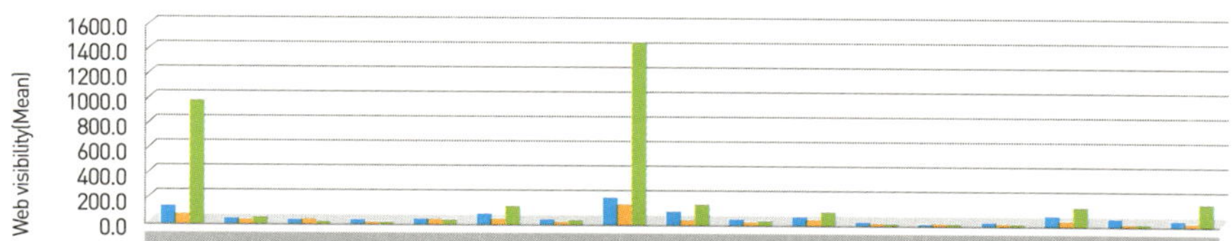

	Seo	Bus	Dag	Kwa	Dae	Inc	Uls	Gg	Kan	CB	CN	JB	JN	GB	GN	JJ	Total
News	155.7	32.0	15.9	10.5	31.7	74.4	16.8	208.1	98.2	41.0	66.7	13.4	11.3	13.7	90.0	59.2	54.9
Blog	87.1	15.8	12.6	5.0	11.4	37.3	7.4	152.9	23.7	9.9	25.9	4.3	4.1	5.3	36.8	10.7	26.2
Twitter	980.2	45.8	8.9	4.0	14.4	150.4	11.0	1456.	146.2	19.3	107.3	9.5	2.9	2.5	151.3	23.4	187.4

〈그림 4〉 지역별 후보자들의 웹가시성

	News	Blog	Twitter
News	-	.941**	.917**
Blog		-	.983**
Twitter			-

**p<.01

〈표 3〉 상관관계 분석 : 지역별 후보자들의 웹가시성

② 플랫폼별 정당에 따른 웹가시성 차이

플랫폼별 정당에 따른 웹가시성의 차이를 분석해 보면, 세 플랫폼에서 모두 참여당의 웹가시성이 가장 높은 것으로 나타났다. 언론사 웹사이트와 블로그에서는 한나라당, 민주당, 선진당, 무소속 후보들의 웹가시성이 고르게 나타났으며, 민노당, 진보신당, 그리고 평민당 후보들에 대한 웹가시성은 상대적으로 낮게 나타났다. 반면, 트위터의 경우 두 플렛폼과는 차이를 보였는데, 참여당 후보에 관한 웹가시성 정도가 다른 정당 후보들보다 압도적으로 높았으며, 진보신당 후보에 관한 주목도도 비교적 높게 나왔다. 이는 두 정당의 후보들 전체에 대한 관심도가 높았다기보다는, 참여당의 유시민 후보와 진보신당의 노회찬 후보 등 특정 후보들이 트위터에서 언론사 사이트나 블로그에 비하여 상대적으로 높은 관심을 받았기 때문으로 분석된다. 또한, 정당에 따른 플랫폼 간의 상관관계를 분석하였을 때, 언론사 사이트와 블로그, 블로그와 트위터 간에는 유의미한 상관관계를 보였으나, 언론사 사이트와 트위터간에는 통계적 유의미한 상관관계를 나타내지 않았다. (〈표 4〉 참조)

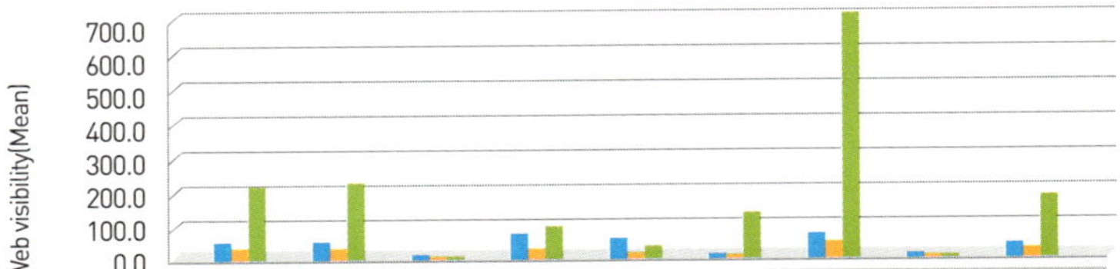

	GNP	DP	DLP	IND	LFP	NPP	PP	PDP	Total
News	74.6	68.8	8.2	80.4	78.5	15.8	82.4	7.5	54.9
Blog	33.6	30.3	3.6	24.1	30.4	12.9	68.0	4.0	26.2
Twitter	215.5	229.9	3.5	108.1	47.0	143.4	699.4	3.6	187.4

〈그림 5〉 정당별 후보자들의 웹가시성

	News	Blog	Twitter
News	-	.796**	.522
Blog		-	.915**
Twitter			-

**p<.05, **p<.01

〈표 4〉 상관관계 분석 : 정당별 후보자들의 웹가시성

4. 결론

본 연구는 2010년 6월 2일 실시된 지방선거 기간 동안 쟁점이 되었던 각종 이슈들과 후보자들의 웹가시성을 계량화하였다. 웹가시성은 각각 언론사 웹사이트, 블로그, 그리고 최근에 커다란 주목을 받는 소셜 미디어인 트위터를 통하여 측정되었으며, 각 플랫폼에 따라 어떤 차이가 있는지를 주목하였다.

선거 이슈에 따른 웹가시성 추세 변화에 관한 플랫폼별의 차이를 보았을 때 언론사 사이트와 블로그는 선거운동 기간 이전부터 진행되었던 천안함, 4대강 사업, 세종시와 같은 쟁점사항과 관련하여 웹가시성이 집중되었음을 보여주고 있다. 반면 트위터는 조사 운동기간에 발생한 문수스님 소신봉양이나 김제동 사퇴와 같은 사건에도 민감히 반응함을 나타냈다. 특히 사건이 발생된 시점일에는 기존의 주요 쟁점 사항보다도 웹가시성 정도가 높아지는 현상을 보였다. 각 이슈별 세 플랫폼 간의 상관관계 분석 또한 언론사 웹사이트와 블로그는 모든 이슈에 관하여 비슷한 패턴을 보이는 것으로 나타났으나 트위터는 이 두 플랫폼과는 차별화 된 양상을 나타내고 있음을 보여주었다.

지역	정당	후보자	득표수	News(Mean)	Blog(Mean)	Twitter(Mean)
Total				54.9	26.2	187.4
서울	GNP	오세훈	2086127	281.8	130.3	1709.6
서울	DP	한명숙	2059715	301.3	182.3	2014.4
서울	LFP	지상욱	90032	113.0	52.4	94.3
서울	NPP	노회찬	143459	74.9	65.8	1079.7
서울	FP	석종현	18339	7.6	4.4	2.9
부산	GNP	허남식	770507	35.8	15.0	30.3
부산	DP	김정길	619565	28.2	16.6	61.3
대구	GNP	김범일	633118	26.3	28.7	13.9
대구	DP	이승천	146458	14.6	4.3	1.1
대구	NPP	조명래	88599	6.7	4.7	11.7
광주	DP	강운태	297003	27.1	12.3	7.0
광주	PP	정찬용	75830	9.7	4.6	2.7
광주	NPP	윤난실	30834	6.0	4.4	8.7
광주	DLP	장원섭	39455	5.9	2.6	1.1
광주	PDP	조홍규	5871	3.9	1.3	0.3
대전	GNP	박성효	168616	46.4	14.0	12.0
대전	DP	김원웅	137751	19.6	12.3	14.6
대전	LFP	염홍철	276122	53.6	15.0	23.8
대전	NPP	김윤기	9074	7.4	4.1	7.3
인천	GNP	안상수	469040	125.9	72.6	267.0
인천	DP	송영길	556902	145.7	57.3	306.7
인천	PDP	백석두	11258	13.9	8.1	8.8
인천	NPP	김상하	19580	12.2	11.1	19.2
울산	GNP	박맹우	279421	23.8	7.0	9.1
울산	DLP	김창현	133437	18.3	7.9	13.4
울산	NPP	노옥희	43256	8.3	7.4	10.4
경기	GNP	김문수	2271492	185.2	108.8	817.9
경기	PP	유시민	2079892	231.0	197.0	2094.4
강원	GNP	이계진	326111	83.8	16.0	61.1
강원	DP	이광재	388443	112.7	31.4	231.2
충북	GNP	정우택	313646	56.3	12.1	16.0
충북	DP	이시종	349913	60.0	14.7	37.2
충북	NPP	김백규	19551	6.6	3.0	4.7
충북	GNP	박해춘	154723	38.8	14.6	12.2
충남	DP	안희정	367288	92.4	39.3	286.9
충남	LFP	박상돈	347265	69.0	23.9	22.8
전북	GNP	정운천	151064	20.9	5.2	20.6
전북	DP	김완주	569980	24.1	7.4	11.3
전북	NPP	염경석	35565	4.6	2.4	5.2
전북	DLP	하연호	52331	4.1	2.2	0.9
전남	DP	박준영	629984	23.0	6.9	5.8
전남	DLP	박웅두	100581	6.2	3.0	1.4
전남	PDP	김경재	68220	4.7	2.6	1.6
경북	GNP	김관용	913812	28.0	13.0	6.2
경북	DP	홍의락	143347	13.8	3.4	1.7
경북	PP	유성찬	87346	6.7	2.3	1.2
경북	DLP	윤병태	68015	6.2	2.6	0.8
경남	GNP	이달곤	705986	84.2	28.3	38.7
경남	IND	김두관	812336	95.8	45.2	263.9
제주	DP	고희범	48186	32.1	5.0	9.8
제주	IND	현명관	108344	75.1	14.2	44.1
제주	IND	우근민	110603	70.3	12.9	16.2
상관관계				r=.86 (p<.01)	r=.87 (p<.01)	r=.82 (p<.01)

〈표 5〉 후보별 웹 가시성 수준과 상관관계 분석

후보자들에 관한 웹가시성 분석을 보면, 첫째로 경기도나 서울시와 같이 선거결과에 대한 정치적 가중치가 높은 지역의 후보자들에게 웹가시성이 편중됨을 보여주었다. 그리고 강원도, 경상남도, 충청남도, 인천시 등 실제 투표 결과가 박빙인 지역의 경우 선거기간 중 웹가시성 정도가 높음을 보여주었다. 플랫폼별 차이를 살펴보면, 언론사 사이트나 블로그가 비교적 정당별로 고른 웹가시성을 보여준 반면 트위터에서는 참여당과 진보신당에 대한 웹가시성이 상대적으로 매우 높았는데, 이것은 이 두 당의 후보이었던 유시민 후보와 노회찬 후보가 트위터를 이용하는 젊은층에게 많은 주목을 받고 있기 때문인 것으로 추측되며, 이 두 후보들은 모두 실제 선거 기간 동안 트위터를 적극적으로 이용하였다.

본 연구는 웹가시성을 계량화하여 실제 여론의 흐름을 추적함으로써, 웹가시성을 현실의 정치 상황과 선거 결과 등을 예측할 수 있는 도구로 활용할 가능성이 있음을 보여주었다는 데 의의가 있다. 그리고 플랫폼 간 웹가시성의 차이를 살펴봄으로써, 소셜 미디어가 기존의 인터넷 플랫폼과는 차별화되고 있음을 알 수 있었다. 기존의 매체 환경에서 여론의 흐름은 미디어가 일방향으로 제시하는 정보를 통해서만 파악되었으나 이것은 실제와는 괴리를 보일 수 있다. 반면 참여형 플랫폼인 소셜 미디어를 통해 쏟아지는 정보와 의견을 웹가시성이라는 틀로 계량화함으로써 좀 더 다양한 여론의 형성 및 확산 과정을 추적할 수 있다.

또한 각종 플랫폼에서 나타난 후보자들의 웹가시성이 실제 선거 결과와 높은 상관관계를 나타낸 것으로 보아, 많은 오차를 보여 문제가 되고 있는 전화 여론조사를 보완할 수 있는 가능성도 모색할 수 있을 것이다.

이를 위해서는 온라인상의 방대한 정보를 계량화하는 한편, 인터넷 이용자 정보의 통계적 활용 및 한글 텍스트의 의견 마이닝(opinion mining)을 위한 알고리즘 개발이 필요하며, 내용 분석 등 질적인 분석을 보충할 수 있는 방법도 개발되어야 할 것이다.

참고문헌

- 김기현, 오승환 (2006). 블로그마케팅에 관한 연구, 한국디자인포럼, 제14권, pp. 51-60.

- 윤명희 (2007). 블로그의 사회적 유형분석: 1인 커뮤니티의 다층화, 한국사회학, 제41집 1호, pp. 156-193.

- 이경선, 이욱 (2005). 블로그를 활용한 마케팅 전략과 효과에 관한 연구, 2005년 한국경영정보학회 춘계학술대회 발표논문집, pp. 1137-1144.

- 임연수, 박한우 (2010) 10.28 재보궐 선거의 블로그 캠페인에 대한 웹계량화 분석, Journal of the Korean Data Analysis Society, Vol. 12, No. 1, pp. 539 - 552

- Ackland, R., Gibson, R., Lusoli, W., & Ward, S. (2010). Engaging with the public? Assessing the online presence and communication practices of the nanotechnology industry. Social Science Computer Review, 28, pp. 443-465.

- Bruns, A. (2008). Blogs, Wikipedia, Second Life, and Beyond: From Production to Produsage, Peter Lang, New York.

- Dreze, X.,& Zufryden, F. (2004). The measurement of online visibility and its impact on Internet traffic.Journal of Interactive Marketing, 18, pp. 20-37.

- Gauvin, S. (2010). When visibility means power: Tracking the U.S. presidential race from the Internet. Management & Avenir, 34, 128-144.

- Gryc, W., Liu, Y., Melville, P., Perlich, C., & Lawrence, R. D. (2008, June).Mining political blog networks.Paper presented at the Conference of the Harvard Networks in Political Science, Cambridge, Massachusetts.

- Hindman, M. (2008).The myth of digital democracy. New Jersey: Princeton UniversityPress.

- Kretschmer, H.,& Aguillo, I. F. (2004). Visibility of collaboration on the web.Scientometrics, 61, pp. 405-426.

- Park, H. W.,& Thelwall, M. (2008).Link analysis: Hyperlink patterns and social structureon politicians web sites in South Korea.Quality & Quantity, 42, pp. 687-697.
- Thomas, O.,& Willett, P. (2000). Webometric analysis of departments of librarianship and information science.Journal of Information Science, 26, 421-428.
- Tumasjan, A., Sprenger, T.O., Sandner, P.G. Welpe, I.M. (2010). Predicting Elections with Twitter: What 140 Characters Reveal about Political Sentiment. Proceedings of the Fourth International AAAI Conference on Weblogs and Social, Media, pp. 178-185
- Vaughan, L.,& Shaw, D. (2003).Bibliographic and web citations: What Is the difference?Journal ofthe American Society for Information Science and Technology, 54, pp. 1313-1322.
- Vaughan, L.,& Shaw, D. (2005).Web citation data for impact assessment: A comparison of four science disciplines.Journal of the American Society for Information Science and Technology, 56, pp. 1075-1087.

07 part 2

트위터를 통해 본 대권주자들의 소통 유형

글 · 조성은 (영남대학교 사이버감성연구소 박사후 연구원)
박한우 (영남대학교 언론정보학과 부교수)

1. 들어가며

최근 인터넷 서비스에서의 킬러 애플리케이션[1]은 단연 소셜 미디어라고 할 수 있다. 소셜 미디어는 이용자와 이용자 사이를 링크를 통해 연결시킴으로써 수 년 동안 무수한 정보의 연결망이었던 웹을 인간 연결망으로 확장시켰다. 이와 함께 각 개인 이용자들은 행위 주체로서 스스로의 위치를 확인하고 평가하는 데 관심을 보이기 시작했고 웹 서비스들은 이용자들의 행동 패턴에 대한 통계 정보를 제공해 줌으로써 이용자의 새로운 욕구를 충족시키고 있다. 이제 이용자들은 자신의 커뮤니케이션 행위에 대해 어떤 정보를 올리고 어떤 반응을 얻어내느냐를 주관적으로 인지하는 데 머무르지 않고, 자신이 행위 주체로서 어떤 성향을 보이는지에 대한 객관적 평가 자료를 갖게

[1] 매체 영향력이 커서 서비스 전반의 흐름을 바꿀 정도의 강력한 영향력을 발휘하는 서비스를 말함

되었다. 이 이용자 통계 정보는 소셜 미디어 서비스 제공자가 자체적으로 제공하기도 하지만 (예, 블로그 사이트), 제 3자 서비스가 제공하기도 한다 (예, 트위터). 이러한 서비스들은 기본적으로 자신이 언제 주로 글을 올리고, 어느 경로를 통해 자신의 글이 알려지며 (독자들의 방문 경로), 어떤 유형의 사람들에게 인기가 많은지 (방문자 정보)에 대한 정보 등을 제공한다. 소셜 미디어를 운영하고 있는 이용자는 필요하다면 이 통계 데이터를 가지고 커뮤니케이션 전략을 짤 수 있다.

트위터의 경우, 트위터 자체적으로 통계 정보를 제공하지는 않지만 다양한 제 3자가 통계 서비스를 제공하고 있으며, 정보 개방성이 높은 매체 특성 덕분에 이용자 본인이 아니더라도 제 3자가 그 이용자의 이용 행태 정보를 얻을 수 있다는 장점이 있다. 이러한 정보 개방성 덕분에 다양한 트위터 통계 서비스를 이용해 의미 있는 분석을 시도해 볼 수 있다. 한국의 트위터 이용자 별 활동 현황을 살펴볼 수 있는 서비스로는 twiaddons.com, twittercounter.com, discovertext.com, trendseek.co.kr, tweetstats.com 등이 있다.

이 글은 트위터 통계 서비스들을 이용하여 최근 부각되고 있는 2012년 대선 예비 후보자들의 트위터 이용 현황에 대한 정보를 수집, 분석함으로써 이들의 트위터 이용 유형과 전략을 논의하고자 한다. 이 글은 소셜 미디어를 대상으로 한 탐색적 연구의 한 방법을 제시하는 한편 사회적으로 관심이 높은 주제를 다뤄 현실 예측이라는 실용적 목적에도 부합한다. 아직 본격적으로 대선에 대한 논의가 시작되지는 않았지만 2011년 7월 현재 다양한 경로로 가능성 있는 대권주자들의 이름이 대중 매체를 통해 오르내리고 있는 시기인 만큼, 이 글의 논의 결과가 향후 대선 논쟁이 본격화되었을 때 의미 있는 시사점을 던져줄 수 있을 것이다.

또한 학문적 측면에서 볼 때 이 글은 홈페이지를 중심으로 연구되어 온 온라인 선거 캠페인 연구 범위를 넓히는 데 기여할 것으로 본다. 우리나라의 많은 정치인들은 2000년 개인 홈페이지 개설 붐을 기점으로 2003년 이후 싸이월드의 미니홈피 개설, 블로그 운영 등 꾸준히 온라인 정치 캠페인에 참여하고 있다. 이러한 경향은 최근 소셜 미디어의 인기와 함께 다시 재현되고 있다. 연구진이 국회의원들의 트위터 이용 현황을 직접 확인한 결과, 2011년 5월 현재 299명 국회의원 중 194명이 트위터 계정 (약 65%)을 가지고 있었다. 하지만 우리나라에서 소셜 미디어, 특히 트위터에서의 선거 캠페인의 유형을 다루고 있는 논문은 학술 대회에서 발표된 정도일 뿐 아직 출판된 논문이 없다. 외국의 경우도 정치 연구소에서 보고서 형식의 연구서가 발행되었거나(Williamson, Miller, & Fallon, 2010) 학술 대회에 발표된 정도이다(Goldbeck, Grimes, & Rogers, 2010).

여기서 선거 캠페인 연구 논문이라고 할 때 행위 주체자가 정치인이나 정당을 다루고 있는 논문들을 말하는 것이며, 시민들이 주도하는 시민 운동까지를 포함한 것은 아니다 (시민 운동까지 고려했을 때는 이미 논문들이 발표되어 있다). 이 글에서 다루는 소셜 미디어 운영 주체가 시민이 아니라 정치인 (혹은 정당)임을 확실히 하기 위해 이 글에서는 정치 캠페인이라는 포괄적 용어 대신에 선거 캠페인이라는 용어를 사용한다. 정치 캠페인이 정치인이나 정당의 캠페인뿐만 아니라 시민 주도의 정치, 사회 운동까지 포괄한다면, 선거 캠페인은 궁극적으로 선거에 유리한 결과를 가져오기 위한 정치 캠페인에 한정한다.

2. 이론적 고찰

(1) 온라인 선거 캠페인

온라인 정치 캠페인은 대략 2000년 이후 활성화한 것으로 보고 있다 (구교태, 2002; 조희정, 2009). 우리나라의 경우도 2000년에서 2001년 사이 국회의원들의 홈페이지의 수가 많이 증가한 것으로 보아 이 시기를 기점으로 온라인 선거 캠페인이 활성화되었다고 볼 수 있다 (Park, 2003, 2004). 인터넷이 대중화한 1990년대부터 온라인 선거 캠페인을 통해 전자민주주의의 이상이 실현될 것으로 기대했지만, 실제로는 유권자와의 쌍방향 커뮤니케이션이 원활해지기 보다는 여전히 하향식 커뮤니케이션 형태가 지속되었다. 즉, 홈페이지를 통해 일방적으로 정보를 전달하고 정책 홍보를 하는 수단으로써 많이 활용되었을 뿐이었다 (구교태, 2002). 이러한 온라인 캠페인 경향은 디지털 테크놀로지와 인터넷 미디어의 발달과 함께 변화한다. 쌍방향 소통을 용이하게 하는 기술과 미디어가 등장하고, 일반 이용자들이 콘텐츠 수용자에서 콘텐츠 제작자로의 면모를 갖추게 되면서 (예, 블로그, UCC), 온라인 선거 캠페인의 양상도 정치인이나 정당 중심에서 유권자 중심의 참여를 강화시키는 쪽으로 변모해 간 것이다.

이와 관련해 조희정 (2009)은 온라인 선거캠페인이 2000년대 초반 형식 위주의 선거 캠페인에서 내용 중심, 네트워크 중심으로 진전되었다고 평가한다. 형식 위주라는 평가는 홈페이지 개설 후 형식적 정보 제공 수준에 머물렀을 뿐 유권자와의 소통 시도에는 소홀했던 초창기 온라인 선거 캠페인의 한계를 지적하고 있다. 반면 네트워크 선거 운동은 내용 중심의 온라인 선거 캠페인과 맥을 같이 하는데, 유권자와 정치인 간, 유권자와 유권자 간에 소통하는 내용의 중요성과 그 내용이 전파되는 연결망의 중요성을 강조한다. 특히, UCC 제작으로 해당 후보자의 지지 혹은 비판 영상을 만들어 유포하고 블로그를 통해 의견을 제시하며, 간단한 프로그램으로 지역 내 지지 모임을 자발적으로 구축하는 사례 등이 보다 진전된 온라인 선거 캠페인의 유형이라 할 수 있다. 이러한 네트워크 선거 운동은 정치인이나 정당 중심이 아니라 지지자들이 자발적으로 조직하고, 스스로 콘텐츠를 만들어 유포한다는 점에서 상향식 민주주의의 이상적 소통 구조로 이해할 수 있다.

우리나라에서는 이런 네트워크 선거 운동 유형을 2002년 노무현 전대통령의 선거 운동에서 찾아볼 수 있다 (조희정, 2009). 당시 네티즌들이 자발적으로 노사모 (노무현을 사랑하는 모임)를 결성하고 인터넷을 통해 활발히 소통하면서 노무현의 지지를 표명하였고, 그 결과 상대적으로 인지도가 낮았던 정치인 노무현을 대통령으로 당선시켰다. 당시 네티즌들은 단순히 블로그나 UCC 등을 통해 콘텐츠를 생산, 유포하는 것을 넘어서 인터넷 라디오 방송국까지 개설해 자발적 선거 캠페인에 적극 참여했다. 조희정(2009)은 이러한 네트워크 선거 캠페인을 진보적 캠페인 형태로 평가했지만, 2002년 막강한 영향력을 발휘했던 네트워크 선거 캠페인의 양상이 2007년에는 전혀 나타나지 않았다는 점에서 디지털 기술의 발전이 곧 온라인 선거 캠페인의 진보적 양태로 나타나는 것은 아닐 수도 있다 (박한우, 이연옥, 2008; 윤성이, 2008).

윤성이(2008)는 2007년 온라인 선거 캠페인의 부진과 관련하여 유권자들의 관심을 끌만한 선거 이슈의 부족이 네트워크 선거 운동 위축의 주요 원인이라고 본다. 게다가 선거관리위원회에 의한 과도한 온라인 규제도 온라인 선거 캠페인 부진의 원인으로 꼽았다. 노무현이라는 선거 이슈와 이렇다 할 온라인 규제가 없던 2002년과 같은 선거 환경이 사라졌을 뿐만 아니라, 정치인들도 구시대적 선거 전략만으로 온라인 선거 캠페인을 전개해 결과적으로 후퇴한 양상을 보였다는 것이다. 이러한 진단은 디지털 환경의 변화만으로 온라인 선거 캠페인의 진전을 이끌어낼 수 없다는 것을 보여주고 있다.

이원태(2007) 역시 미국의 2006년 중간선거와 2007년 대선 캠페인을 비교 사례로 들면서 한국의 온라인 선거 캠페인의 후퇴를 예측하고 있다. 미국의 경우 오바마를 민주당 대선 후보로 부각시키는 데에는 유투브를 통한 UCC 콘텐츠의 효과적 전달, 마이스페이스(MySpace)[2]와 같은 소셜 미디어의 활용 등으로 유권자들의 참여 영역을 넓힌 반면, 한국은 2002년 온라인 선거 캠페인의 성공 이후 오히려 이 부분에 대한 온라인 규제를 강화함으로 해서 유권자들의 자발적 선거 캠페인 참여를 위축시켰음을 지적한다. 규제로 인한 유권자의 선거 캠페인 참여 위축은 다시 온라인 선거 캠페인 양상을 공급자(정치인) 위주로 전환시키고, 온라인 미디어를 쌍방향이 아닌 일방향적 정보 제공 수단으로 후퇴시키게 된다. 이러한 관점은 앞서 윤성이(2008)가 지적한 정치인들의 구시대적 선거 전략에 대한 지적과 맥을 같이 한다.

2000년대 초 홈페이지 개설, 2005년부터 본격화된 블로그 개설 붐 등에서 볼 수 있듯이 정치인들의 뉴미디어 활용은 결코 소극적이지 않다. 하지만 이는 외양적인 측면에서일 뿐, 정작 뉴미디어 참여 이후의 활용성 측면에서는 커뮤니케이션 전략 부재가 종종 지적되곤 한다. 윤성이(2008)나 이원태(2007)의 지적은 이를 잘 보여준다. 우리나라의 경우 현역 국회의원의 약 65%가 트위터 개정을 가지고 있으며[3] 주요 정부 부처 40개 중 38개가 트위터 개정을 운영하고 있다(주정환, 2010). 비율로만 보면 우리나라 정치인들의 뉴미디어 활용은 활발하고 적극적인 것으로 보이지만, 내용적인 면에 대해서는 아직 충분히 논의되지 못하였으며, 개별 사례에 대한 연구를 통해 논점을 조심스럽게 제시할 수 있을 뿐이다. 예를 들어, 이 책의 다음 챕터(제 8장)에

[2] 2003년 서비스를 시작하여 2008년까지 미국 소셜미디어 점유율 1위를 차지했던 소셜 네트워크 사이트. 2006년 페이스북(Facebook)이 회원자격을 대학생에서 고등학생으로 넓히면서 마이스페이스의 시장 점유율이 낮아지기 시작, 2009년 페이스북이 회원자격 제한을 없애면서 마이스페이스 시장 점유율이 급속히 떨어졌다.

[3] 2011년 5월 초 본 연구진이 직접 확인한 결과임.

서 다루고 있는 농림수산식품부의 트위터 이용 현황을 분석한 글(조성은 외, 2011)은 농림수산식품부 트위터가 긍정적 효과뿐만 아니라 그것의 한계점도 가지고 있음을 지적하고 있다. 이 글 역시 국회의원 전부를 다루기보다 유력 정치인으로 꼽히는 9명의 정치인들을 대상으로 했다는 점에서 개별 사례를 다루고 있을 뿐, 정치인의 일반적 트위터 이용을 평가하는 지표가 될 수는 없을 것이다. 하지만 이들이 인지력 높은 유력 정치인들이라는 점에서 일반적인 경우보다 더 명확한 선거 캠페인 전략을 찾아내는 데 유리할 수도 있다. 이 글에서는 그러한 개별 사례 연구의 한계를 염두에 두면서 논의를 전개해 가고자 한다.

(2) 온라인 선거 캠페인 유형

박한우와 이연옥 (2008)은 Kluver et al. (2007)가 제시한 온라인 캠페인 유형을 정리해 소개하고 있다. 이 연구는 북미, 유럽, 아시아 지역 등 19개 국가의 온라인 선거 캠페인을 비교 분석하여 최종적으로 4가지 유형으로 분류했다. 이 유형들은 해당 사이트가 어떤 기능을 강화시켰느냐에 따른 분류이다. 전송형 (informing)은 정보 제공 중심으로 운영되는 사이트이고, 관여형 (involving)은 유권자가 의사소통에 참여할 수 있도록 유도하는 사이트, 즉 소통 채널 기능이 잘 되어 있는 사이트이다. 또 연결형 (connecting)은 자체 콘텐츠를 갖추고 있기보다는 하이퍼링크를 통해 사이트에 들어온 유권자들을 제 3자 사이트로 안내하는 역할을 주로 한다. 한 정치인의 홈페이지가 소속 정당 홈페이지나 정당 정책을 설명해 놓은 페이지 링크 제공에 중점을 두고 있다면 연결형으로 분류할 수 있다. 마지막으로 동원형 (mobilizing)은 사이트 내에 유권자들이 자발적으로 정치 캠페인을 펼칠 수 있는 사이버 공간을 제공하는 경우이다. 홈페이지를 통한 자발적 선거 자금 모금 운동 등이 한 예가 될 것이다 (안병진, n.d.).

하향식 보다는 상향식 의사 전달 및 정치 참여를 전자민주주의의 이상을 반영하는 양태로 본다면, 특히 관여형이나 동원형이 유권자의 능동적 참여를 유도한다는 점에서 전자민주주의 실현에 가까운 유형이 될 수 있을 것이다. 반면에 전송형과 연결형은 정치인 혹은 정당이 커뮤니케이션을 일방향적으로 주도한다는 점에서 하향식 커뮤니케이션에 가까운 유형이라고 볼 수 있다. 물론 모든 유권자들이 능동적 정치 참여를 원한다고 볼 수 없고 오히려 많은 이들이 정치인/정당 홈페이지를 통해 정보를 얻는 데 만족한다면 전송형과 연결형이 결코 바람직하지 않은 유형이라고 할 수는 없다. 다시 말해 4가지 선거 캠페인 유형 모두 나름의 특징을 갖는 소통 유형일 뿐, 옳고 그름의 문제는 아니라는 것이다.

민주주의 제도가 잘 정비되어 있다고 평가 받아 온 미국의 경우를 보더라도 정치인들은 온라인 미디어를 쌍방향 소통이나 참여 유도의 채널 (관여형, 동원형)보다는 주로 정보 전달 채널 (전송형, 연결형)로 활용하고 있다. 미국 국회의원들의 트위터 이용 양태를 분석한 Goldbeck, Grimes, and Rogers (2009)의 연구는 미국 국회의원들이 일반 유권자들에게 자신들의 정책 관련 정보를 제공하거나 관련 뉴스 보도를 링크하는 데 트위터를 주로 활용하고 있음을 보여주고 있다. 박성호 (2010) 역시 소셜 미디어를 통한 정치적 효과의 성공적 사례를 제시하며 일반 이용자들과의 상호적 소통보다는 정보 제공을 통한 홍보 효과 (PR 효과)를 더욱 강조하고 있다. 그리고 이렇게 전달된 공공 부문의 정보가 결과적으로 소비자에게 커뮤니케이션 영향력을 부여한다고 본다. 정치인이나 정부 부처는 정치적 이슈나 정부 정책의 중요한 정보 소스로서 가치 있는 정보를 유통시킬 수 있으며, 이들의 소셜 미디어를 구독하는 이용자들은 정보의 신속성을 보장받게 되고, 결과적으로 이 이용자들이 다른 일반 사람들의 오피니언 리더가 되어 영향력을 발휘할 수 있게 되는 것이다. 이러한 점에서 일방향적 정보 제공 유형인 전송형과 연결형은 사람들 간 정보 공유에 기여할 뿐만 아니라 특정 이용자에게 정보 제공의 영향력을 부여하기도 한다.

전송형과 연결형이 유권자의 능동적 참여를 크게 요구하지 않는 캠페인 유형인 데 반해, 전자민주주의 이상 실현에 보다 근접한 관여형과 동원형은 유권자들의 능동성을 이끌어내고자 하는 캠페인 유형이다. 먼저 일반적으로 정치인 사이트에는 유권자들의 의견을 받는 게시판이 개설되어 있는데, 이는 대개 자유 게시판 혹은 신문고 등의 이름으로 제공된다. 유권자들은 전자 메일을 통해서도 의견을 제시할 수 있지만, 최근에는 페이스북이나 트위터 등 소셜 미디어를 통해 의견을 제시함으로써 해당 정치인으로부터의 즉각적인 피드백을 기대할 수 있게 되었다. 온라인에서 유권자들과 직접적으로 대화할 기회가 더 많아진 정치인(혹은 정당) 입장에서는 유권자와의 소통에 대해 보다 전략적으로 접근할 필요성이 더 커진 셈이다. 일단 인터넷 상에 글이 올라오면 그 내용이 확산되는 속도가 상당히 빠르며, 내용이 전달되는 곳마다 그 기록을 남기기 때문에 정보 유통에 보다 신중해야 한다.

동원형 선거 캠페인의 경우 일반 이용자들의 소셜 미디어 이용 능력이나 영향력이 정치인들보다 더 뛰어날 수도 있다는 점에서 낙관적 효과를 기대하게 한다. 최근 우리나라에서 있었던 정치 사회적 사건들을 통해 인터넷을 통한 일반인들의 동원화 효과가 얼마나 크게 나타날 수 있는지를 예측해 볼 수 있다. 예를 들어, 2010년 6월 지방 선거나 2011년 4월 재보궐 선거에서 젊은층의 투표율 상승과 관련하여 트위터에서의 선거 참여 운동이 어느 정도 기여했다고 보는 시각이 많았다 (김수진, 2010; 송현섭, 2011). 2008년 미국 쇠고기 수입 반대 촛불 집회도 고등학생들의 첫 번째 자발적 집회 이후에는 한 인터넷 카페가 주도해서 집회를 지속시켰고, 이후 일반 이용자들이 인터넷을 통해 집회 소식을 듣고 개별적으로 참가하는 인원도 계속 늘어갔다 (위키백과, 2008년 대한민국의 촛불 시위). 가장 최근에는 2011년 7월 폭우로 인한 피해 마을 돕기 자원봉사활동이 트위터를 통해 제안되어 수해 복구가 활발하게 이루어졌다. (조현진, 2011; 조은별, 2011). 이렇게 동원화 효과는 정치적 사건에만 국한되는 것이 아니라. 다양한 사회 운동에서 나타날 수 있는 것이다. 하지만, 정치 캠페인 연구에서 동원형은 유권자들의 자발적 참여만을 그 범주에 포함시켜 논의하는 경우가 많다.

영국의 정치 정보를 전문적으로 다루는 트윗민스터(tweetminster) 는 2010년 있었던 영국 총선 기간 동안 후보자 이름과 선거구가 언급된 트윗 메시지 약 200만 건을 분석하여 선거 결과를 예측했다 (Tweetminster, 2010). 최종 분석 대상은 트위터를 사용하는 433명의 후보자들이었으며, 트위터에서의 후보자 이름과 언급 횟수를 기반으로, 각 당의 당선 비율을 각각 보수당 35%, 노동당 30%, 자유민주당 27%, 기타 8%로 예측했다. 실제 선거 결과는 보수당 37%, 노동당 30%, 자유민주당 24%, 기타 10% 로서 선거 예측 결과와 실제 선거 결과에 큰 차이가 없었다. 영국 주요 일간지 중 하나인 가디언지 역시 논평을 통해 트윗민스터의 선거 예측 분석이 전통적 방법과 비교해 결코 뒤떨어지지 않았음을 인정하고 있다(the Guardian, May 13, 2010). 트윗민스터의 비교적 정확한 예측 결과는 트위터 이용자들이 비교적 정직한 응답을 했기 때문일 것이다. 이 트윗민스터의 선거 예측 시도에서 주목할만한 점은 트위터 이용자들의 소통 영향력이 트위터 내에 국한된 것이 아니라는 점이다. 현실 선거 결과와 크게 다르지 않은 트위터 예측 결과는 결과적으로 트위터 내 소통이 영국 현실 정치를 대표할 수도 있음을 보여주고 있다.

이와 대조적으로 영국의 대표적 정치 연구소 한사드소사이어티 (Hansard society) 보고서는 영국 정치인들이 트위터를 전략적으로 활용하지 못하고 있다고 지적한다 (Hansard society, 2010). 트윗민스터와 한사드소사이어티의 주장을 종합해보면, 영국의 일반 트위터 이용자의 트위터 활용성은 현실 정치를 예측할 수 있을 정도로 영향력이 큰 반면, 정작 정치인들은 일반 이용자들을 따라가지 못하고 있다는 결론에 도달한다.

(3) 온라인 선거 캠페인에 대한 기존 연구 고찰

인터넷을 통해 전자민주주의를 실현할 수 있을 것이라는 기대는 온라인 선거 캠페인에 대한 관심을 지속시킨 동력이 되었다. 많은 이들이 인터넷의 평등화 효과에 대해 역설했고 또 어느 정도의 가능성을 제시했지만 (Rheingold, 1993; Grossman, 1995; Rash, 1997; Pruijt, 2002; Bennett, 2003), 현실적으로는 아직 뚜렷이 검증되었다고 볼 수 없다. 평등화 효과는 주류 정치인들이 독점해왔던 전통적 매체의 의존도를 줄이고 인터넷이라는 대안 매체를 통해 비주류의 발언 기회를 확대시킨 현상을 말한다 (박한우 & 이연옥, 2008). 동원화 효과는 인터넷 매체를 통해 지지자들을 결집시키고, 궁극적으로 선거 결과에 영향을 미쳤을 때 나타나는 것이다. 이 두 효과는 전자민주주의 실현 가능성을 지지하는 관점이라고 할 수 있다.

동원화 효과와 관련해서, 과거 전통적 매체의 일방적 정보 전달 및 캠페인 전개와 비교한다면, 인터넷의 확산과 함께 일반 유권자들이 피드백 할 수 있는 채널이 많아진 것은 사실이다. 또 최근 뉴스 기사를 통해 소개되었듯이 트위터 등 소셜 미디어를 통해 정치인들과 직접 소통하는 등, 일반인들이 정치적 의사를 보다 직접적으로 피력할 수 있는 채널을 확보하게 되었고 또한 그만큼의 영향력을 행사할 수 있게 되었다. 학문적으로도 인터넷 상의 다양한 온라인 채널들이 참여 민주주의의 중요한 동력이 될 가능성에 주목한 바 있다 (조희정, 2010; 김선미, 2007). 실제 사례로는 2002년 노무현 전대통령의 당선에 크게 기여한 인터넷 지지 모임 노사모(노무현을 사랑하는 사람들의 모임)의 활약, 그리고 2008년 미국 대선에서 오바마의 지지가 트위터 등을 통해 더 결집되었던 사례 등을 꼽을 수 있다. 상대적으로 비주류 혹은 야권에 속했던 정치인이 대통령으로 당선되는 과정에서 온라인 선거 캠페인의 성공적 이용이 두드러졌고, 이는 온라인 선거 캠페인의 평등화와 동원화 효과의 결과물이라고 평가할 수 있다.

하지만 또 다른 한편에서는 디지털 기술의 발달과 인터넷 미디어를 통한 채널의 확장이 전자민주주의의 이상을 현실화시키는 절대적 요인이 아니라고 주장한다 (조정관, 2005; 박한우 · 배애진, 2007; Best & Krueger, 2005; Sunstein, 2001, 2007; 박한우, 2007; Krebe, 2008). 디지털 기술의 발달이 기존 주류 정치인과 비주류 정치인 간의 간극을 좁힐 수 있는 잠재성을 가지고 있지만 전반적인 사회 지형을 바꾸는 데는 역부족이라는 것이다. 이러한 관점은 정상화 (normalization) 효과로 분류할 수 있는데, 이는 온라인 매체 활용이 기존 정치 지형에 의미 있는 변화를 가져오지 않는다고 보는 관점이다. 또 다른 관점으로는 온라인 공간이 다양한 계층의 사람들 간의 대화를 가능케 해 평등한 사회를 이끌기는커녕 오프라인 공간에 존재하는 이념간의 간극을 더욱 강화시키고 동질적 사회 집단 사이의 소통만을 취해 결과적으로 민주주의 제도 자체를 위협할 수 있다고 보는 '재강화 (reinforcement)' 효과가 있다.

박한우와 이연옥 (2008)은 17대 대통령 선거 기간 동안의 온라인 정치 캠페인을 소셜 네트워크 분석 방법을 통해 분석했는데, 그 결과를 보면 주류 정치 세력이 네트워크의 중심 위치를 차지한 반면 신생 정당 및 비주류 후보들은 네트워크의 주변적 위치를 차지하고 있는 정치 네트워크 지형을 드러냈다. 비주류 정치 세력이 온라인 매체를 통해 주류 정치 세력과 대등한 위치에서 대결하지 못한 것은 온라인 매체에서조차 주류 정치 세력의 영향력이 크다는 것을 재확인하고 있는 셈이다. 이 연구는2002년 상대적으로 비주류 후보였던 노무현 전대통령이 온라인 선거 캠페인의 성공으로 대통령에 당선된 사례에 대해, 당시 한시적으로 자리잡았던 인터넷 문화에 기인한 결과로 보았다. 즉, 지금보다 인터넷 이용이 덜 보편적이었고 자유주의적 성향이 높은 2030세대의 전유물이었던 2000년대 초반에 있었던 일시적인 평등화 효과였다는 것이다. 그리고 2007년 대통령 선거에서 두드러진 정상화 효과는 점차 인터넷이 전 세대를 아우르는 보편적 매체가 되면서 다시 오프라인의 사회 정치적 지형이 그대로 답습된 결과라는 것이다.

반면에 임연수와 박한우 (2010)의 연구는 온라인 정치 캠페인에서 평등화 효과를 기대할만한 여지가 있음을 보여준다. 이 연구는 2009년 10월 28일 재보궐 선거 운동 기간 동안 5개 선거구 후보들과 연관된 블로그스피어 정보를 계량적으로 분석해 실제 선거 결과와 비교하고 있다. 연구 결과는 5개 지역 선거구 모두에서 블로그 포스팅이 가장 많았던 후보가 당선되었음을 보여줬고, 통계적으로도 후보별 평균 블로그 포스팅 수와 실제 득표간의 유의미한 연관성을 증명하고 있다. 이는 각 당선 후보들이 어느 정당에 속해있고 기존의 명성이 어떠했는지가 통제된 상태에서 나온 결과로서 순수한 온라인 정치 캠페인의 효과를 드러내는 연구 결과이다.

기존 연구는 온라인 정치 캠페인에 대한 회의적 관점인 재강화 (reinforcement) 효과 역시 증명하고 있다. 예를 들어, 박한우 (2007)는 17대 국회의원들의 블로그 네트워크를 분석해서 기존 소속 정당 정치인들끼리의 배타적 정치 커뮤니티를 형성하고 있음을 보여줬다. 이러한 배타적 정치 네트워크는 비단 정치인들간에만 나타나는 것이 아니다. 정치인들을 지지하고 있는 일반 유권자들 사이에서도 뚜렷한 배타적 네트워크 형성 양상이 보여졌다. Kim & Park (2011, forthcoming)은 먼저 각 정당을 대표하는 다섯 명의 정치인들 (강기갑, 나경원, 노회찬, 정동영, 원희룡)을 팔로잉하고 있는 일반 이용자들간의 연결망을 분석했다. 그 결과 정치적 성향이 비슷한 사람들끼리만 교류하는 극단적 관계망이 드러났다. 예를 들어, 진보신당의 노회찬 전의원을 팔로잉하고 있는 이들 중 많은 수가 민주노동당의 강기갑 의원을 팔로잉하고 있는 반면, 한나라당의 나경원 의원을 팔로잉하면서 노회찬 전의원이나 강기갑 의원을 같이 팔로잉하는 이용자는 극히 소수였다. 이러한 관계의 극단성은 트위터 내에서 정보를 얻는 채널이 갈리는 정보 구독 경향의 극단성(장덕진 · 김기훈, 2011; Yardi & Boyd, 2010)과 맥을 같이 하며, 같은 유형의 사람들끼리 네트워크를 형성해 소통하는 동질성의 원칙(principle of homopily) (설진아, 2009)을 반영한다.

이 점에서 트위터 관계망의 사회적 영향력을 다시 고려해볼 필요가 있을 것이다. 최근 들어 트위터 연구 논문들이 많은 팔로어들을 가지고 있고 동시에 높은 맞팔율을 보이는 트위터 계정의 영향력에 대해 의문을 제기하고 있다 (장덕진 · 김기훈, 2011; Cha et al., 2010). 트위터 관련 제 3자 서비스에는 자동 팔로잉 기능과 팔로잉한 사람들을 관리하는 (자동 맞팔 설정과 인사 메시지 남기기 등) 서비스가 있다. 이러한 서비스를 이용해 기계적으로 늘린 팔로잉 수라면 그 팔로잉 수가 결코 해당 트위터 이용자의 영향력을 반영한다고 할 수 없을 것이다. 또, 누군가 팔로잉한 것에 대한 예의 차원에서 그 사람을 팔로잉했다면 이 경우도 팔로잉 수가 트위터 이용자의 정보 영향력을 설명해주지 못한다. 예의상 팔로잉한 사람들이 그 이용자의 메시지에 얼마나 관심을 기울일지 장담할 수 없기 때문이다. 트위터 내에서 정보 생산자나 유포자로서의 영향력은 팔로잉하고 있는 사람들 중 얼마나 많은 사람들이 '자기편'이 될 수 있는 사람들인가에 좌우될 것이다. 따라서 트위터 연결에서 동질성은 트위터 내에서의 영향력을 짐작하는 데 좋은 지표가 된다.

기업체나 정부부처, 그리고 정치인 등이 트위터를 통해 얻고자 하는 것은 팔로잉 수로 나타나는 표면적 관계망이 아닐 것이다. 일단 팔로어들을 확보하고 나면 그들이 가장 얻고 싶은 것은 위기 상황에서도 자신들의 편이 되어줄 충성도 높은 '트친 (트위터 친구)' 들일 것이다. 팔로어의 확보는 이벤트를 통해 쉽게 확보될 수도 있으나 이들을 지속적으로 트위터 관계망에 두려고 한다면 관심을 끌만한 유용한 정보를 계속 생산해야 한다. 이는 뚜렷한 커뮤니케이션 목적과 전략이 없다면 달성하기 어려운 목표이다. 대부분의 기업체와 정부부처가 트위터 계정을 가지고 있지만 트위터를 제대로 활용하지 못하는 것은 팔로어 확보에 실패해서라기보다 충성도 높은 팔로어를 양산하는 후속 과정을 제대로 하지 못해서일 것이다.

다음에서 이 글은 트위터가 가지고 있는 장점과 한계를 염두에 두면서 이용자들이 자신들의 트위터 계정을 어떻게 전략적으로 활용하고 있는지, 혹은 전략적 활용에 대한 잠재성이 있는지를 논해보고자 한다. 이를 위해 우선 유력 정치인들의 트위터 활용 현황과 커뮤니케이션 전략을 분석하며, 이들의 활용 양상을 통해 어떤 온라인 선거 캠페인 효과를 기대할 수 있는지를 예측해 보고자 한다. 이 연구는 정치인들의 트위터를 이용한 선거 캠페인에 주목하는데, 우리나라 정치인들이 단순히 팔로어를 확보한 후 방치하는지, 아니면 매체의 장점을 파악하고 적절한 커뮤니케이션 전략을 가지고 접근하고 있는지를 살펴볼 수 있는 기회가 될 수 있을 것이다.

3. 연구 대상 및 방법

(1) 연구 대상

연구 대상으로 2012년 후반에 있을 대선의 예비 대권주자 9명을 선정했다. 2011년 7월 현재부터 1년 반 정도 남은 대통령 선거이지만 벌써부터 여론조사가 시행되고 그 결과가 언론에 의해 발표되었으며, 후보 대상자들이 대권 참여 의사를 밝히는 등 대통령 선거와 관련한 정치적 움직임과 긴장감은 이미 시작했다고 볼 수 있다. 막 대권에 대한 도전이 고개를 드는 초기 시점에서 유력 대권 주자들의 행보를 살펴 보는 것은 향후 중간 단계, 대선 직전 최종 단계 및 선거 이후의 연구와 결합할 때 정치 커뮤니케이션의 장기적 흐름을 찾아내는 단초가 될 수 있을 것이다. 연구 대상으로 선정한 9명의 정치인들은 이미 언론이나 동료 정치인들에 의해 자격이 논의되었거나 본인 스스로 대권에 대한 관심을 표명한 정치인들로서, 대권주자에 대한 언론 논평 중 가장 최근에 발표한 월간중앙(2011년 7월호)[4]을 참고했다. 이들의 트위터 이용 현황과 소통 유형을 파악하기 위해서 이미 공개적으로 활용되고 있는 이용자 이용 정보 서비스들의 데이터를 분석했으며, WCU 웹보메트릭스 연구단[5]이 자체 개발한 트위터 스크래퍼[6]를 이용해 수집단 데이터를 부수적으로 활용했다.

(2) 데이터 수집

분석에 필요한 데이터들은 2011년 6월 9일 하루 동안 수집한 것으로 트윗 활동 현황을 보여주는 공개 통계 서비스들을 활용했다. 공개 서비스는 twiaddons.com, twittercounter.com, discoverText.com, trendseek.co.kr, tweetstats.com로 총 5개 인터넷 서비스이다. 또 통계적으로 드러난 결과가 실제와 얼마나 일치하는가를

[4] 박성현(2011). 대선, 사이버전쟁 막 올랐다 : 최대 격전지는 트위터 등 SNS... 온라인 여론 장악에 올인. 월간중앙 7월호.
[5] 영남대 WCU 웹보메트릭스 ttp://webometrics.yu.ac.kr/index.jsp
[6] 트위터 스크래퍼를 이용하여 각 트위 계정의 트윗 수, 팔로잉 수, 팔로워 수, 계정 개설일, 맞팔율, 관심글 수, 리스트수, 지금까지 포스팅한 메시지 등을 수집했다.

확인하기 위해 직접 각 대권주자의 트위터 타임라인을 분석했으며 해석상의 일치성이 높음을 확인했다. 또 WCU 웹보메트릭스 연구단이 자체 개발한 스크래퍼를 이용해 각 대권주자의 팔로어 수, 팔로잉 수, 맞팔율, 리스트 수, 관심글 수 등도 수집해 분석에 활용했다.

팔로어/팔로잉 수가 트위터의 관계망을 보여준다면, 리스트된 수는 팔로잉하고 있는 이용자들이 해당 트위터 계정에 대해 얼마나 관심을 두고 있는지, 즉 해당 인물에 대한 관심도를 엿볼 수 있는 지표이다. 관심글 수는 타임라인에 올라온 메시지들을 개별적으로 저장하는 기능이다. 이용자들은 나중에 다시 살펴보고 싶은 메시지가 있을 때 '관심글'로 표시해두면 나중에 따로 볼 수 있다. 어떤 메시지를 '관심글'로 분류했다는 것은 해당 메시지가 어느 정도 정보 가치가 있다는 것을 나타낸다고 보며, 따라서 관심글은 해당 메시지의 정보 가치를 평가할 수 있는 지표이고 관심글 수로 등록된 메시지가 많을수록 해당 이용자의 정보 영향력이 크다고 평가할 수 있다.

트위터에 대한 연구가 막 시작되었을 때는 트윗 수, 팔로잉/팔로어 수를 트위터 이용 현황을 파악하는 기본 지표로 삼았으나 이 기본 정보에 허수가 많다는 연구들이 나타나면서 그 외 다른 지표들에 주목하기 시작, 멘션 수, 리트윗 수를 주요 지표로 보는 연구 논문들이 나왔다. 리트윗은 이미 누군가 올린 트윗 메시지에 공감을 표하거나 그 메시지의 확산을 위해 다시 다른 사람들에게 전달하는 트위터 기능이자 이용자 행위를 말하며, 멘션은 특정 이용자의 트윗 계정을 포함한 메시지를 가리킨다. 리트윗은 정보 확산 행위와 관련되기 때문에 해당 메시지가 얼마나 정보로서 가치가 있는지 혹은 다른 이용자들에게 얼마나 공감을 얻은 메시지인지를 보여주는 지표라고 할 수 있으며, 멘션은 멘션된 이용자의 영향력을 가늠해 볼 수 있는 지표이다. 멘션과 비슷한 형태로 리플라이가 있는데, 리플라이는 이미 포스팅된 메시지에 대한 응답이라면 멘션은 응답일 수도 있고 아닐 수도 있다. 어떤 이용자를 언급하는(어떤 이용자의 트위터 계정이 표시되는) 메시지 중 직접적 응답(리플라이)이 아닌 메시지들은 대체로 멘션으로 분류한다.

이 연구는 해당 이용자의 트위터 영향력 지표로 리트윗이나 멘션, 리플라이 대신, 리스트된 수와 관심글 수를 주로 활용하였다. 연구 대상자가 잘 알려진 유력 정치인들이기 때문에 불특정 다수에게서 많은 멘션을 받거나 리플라이를 요구받을 것이라는 점에서, 즉 상호적 소통의 의무감이 일반 이용자들보다 클 수밖에 없다는 점을 고려했다. 좋은 이미지를 유지하기 위해 혹은 예의상 리플라이와 멘션을 했을 경우가 많기 때문에 소통의 질을 평가하는 데 오히려 왜곡된 정보가 될 수 있음을 염두에 둔 것이다. 또 해당 이용자에게 멘션을 보내거나 리플라이를 요구하는 다른 이용자들도 그 사람의 트위터 영향력 때문이 아니라 유명 인사에 대한 호기심으로 해보는 경우도 있기 때문에 왜곡된 정보가 될 수 있다고 판단했다. 리스트된 수와 관심글 수는 멘션이나 리플라이에서 발생할 수 있는 왜곡의 가능성을 덜 가지면서 해당 이용자의 트위터 영향력을 엿볼 수 있는 지표로 보고 분석 대상에 포함시켰다. 리트윗 역시 상호 소통의 지표로서 분석에 활용하였다.

4. 결과

(1) 트위터 기본 정보를 통해 본 각 대권주자들의 트위터 이용 행태

〈표 1〉은 트위터 스크래퍼를 활용해 얻은 에고 데이터 결과를 정리한 표이다. 트윗을 하지 않은 오세훈을 제외하면, 대권주자들이 트윗한 메시지 수가 99에서 12815까지 폭넓게 분포되어 있다. 이와 관련하여 각 대권주자들의 트위터 개설 시점과 일반 이용자들의 이용 수준을 고려할 때 대권주자들의 트위팅 활동이 소극적이지 않다. 사실 기존 연구는 적극적 이용자에 대한 명확한 정의를 내리지 않고 있다. 다만 Naaman et al. (2010)은 한 이용자당 최대 3000개의 트윗 메시지를 수집한 후 리플라이와 멘션 관련 메시지를 제외한 순수 메시지가 100개 당 최소 10개를 포함하고 있으면 소극적이지 않은 이용자로 간주하고 연구 대상에 포함시켰다. 이 연구 역시 나름의 기준으로 판단했을 때, 트윗 총 수와 함께 9명의 후보들이 최근까지도 꾸준히 트윗 메시지를 올린다는 점에서 소극적 이용자가 아니라고 봤다.

오세훈을 제외한 모든 대권주자들의 팔로잉, 팔로어 수는 이들이 소극적 이용자 이상의 활동을 하고 있음을 재확인시켜준다. 팔로잉 수를 보면, 오세훈이 4명, 유시민이 230명으로 상대적으로 적은 편이며, 박근혜, 정몽준, 정세균이 각각 2951명,

	이름	Followers	Following	Favorites	Listed	Tweets	맞팔율	등록일
1	박근혜 한나라	102089	2951	0	6120	99	2.8	2010.4.19
2	정몽준 한나라	15147	3038	4	1020	179	19.2	2009.8.24
3	오세훈 한나라	7267	4	1	524	0	0.0	2009.9.8
4	김문수 한나라	28123	21591	30	2096	2821	70.9	2010.2.17
5	이재오 한나라	18253	14984	0	1650	762	76.4	2009.6.19
6	손학규 민주당	23252	20132	10	1535	125	84.2	2010.8.16
7	정동영 민주당	40296	43521	34	3360	8389	99.9	2009.6.17
8	정세균 민주당	9759	7160	38	965	691	46.3	2009.8.25
9	유시민 국민참여	217742	230	10	12815	547	0.1	2010.1.5

〈표 1〉 대권주자 9명의 트위터 기본 정보

3038명, 7160명으로 만 명 이하이다. 그밖에 이재오 (14984명), 손학규 (20132명), 김문수 (21591명), 정동영 (43521명)은 모두 만 명 이상의 이용자들을 팔로어하고 있다. 팔로어 수를 보면, 일반 이용자들의 유력 정치인에 대해 관심이 크다는 것을 확인할 수 있다. 가장 작은 수의 팔로어를 가지고 있는 대권주자가 트위터 활동을 전혀 하지 않고 있는 오세훈 (7267명)이었으며, 박근혜 (102089명)와 유시민(217742명)은 십만 명이 넘는 팔로어들을 가지고 있었다.

〈표 1〉에서 각 주자별 리스트된 수를 보면 대권주자들의 트위터 메시지가 대체로 높은 관심을 받고 있음을 짐작할 수 있다. 오세훈 (524)을 제외하고는 8명 모두 1000명에 좀 못 미치거나 1000명 이상의 트위터 이용자들에게 관심 대상자로 등록되어 있음을 알 수 있다. 오세훈의 경우, 트위터 활동이 전혀 없는데도 524명이 관심 대상자로 등록하고 있다. 이는 표면적 수치와 상관없이 그의 정치적 영향력이나 트위터 활동에 대한 기대감이 높다는 것을 나타낸다. 7267명의 팔로잉 수 역시 그의 활동 정도와 상관없이 대선주자로서 존재감이 높음을 보여준다. 관심글 수 결과를 보면, 30개 이상의 메시지가 관심글로 지정된 대권주자들은 김문수, 정동영, 정세균 세 명뿐이다. 다른 지표들에 비해 수가 많지 않은데, 이를 대권주자들의 트위터 영향력이 작

다는 증거로 볼 수는 없을 것이다. 트위터가 실시간 정보 전달 매체임을 감안할 때, 관심글을 통해 정보를 저장해두는 행위가 트위터 이용자들의 보편적 행위 패턴이 아닐 수 있다. 트위터에서 실시간으로 유포되는 정보의 영향력은 보통 한정된 시간 안에 얼마나 많은 사람들이 해당 글을 리트윗했느냐로 판단하곤 한다.

(2) 동시출현빈도에서 보여진 트위터 특성

〈표 2-1〉과 〈 표2-2〉는 DiscoverText에서 얻은 동시출현빈도 매트릭스이다. 데이터를 수집한 날까지 1주일 동안 두 단어가 동시에 나타난 트위터 메시지가 얼마나 되는가를 보여주고 있다. 두 명의 대권주자 이름을 동시에 넣어 결과를 추출한 후, 해당 메시지 내용을 주제별로 분류해 보았다. 매트릭스에 나타난 수치를 보면 '일주일 동안 아홉 명 중 두 정치인의 이름이 동시에 들어간 메시지' 라는 한정된 조건 때문에 해당 메시지 숫자가 많지 않지만 주제별 분석까지 더했을 때 주목할만한 점이 있었다. 첫째, 특정 시기의 특정 이슈가 트위터 정보 소통의 주요 주제라는 점이다. 데이터를 수집한 기간에 대선후보에 대한 여론조사 발표가 있었고 (손봉석, 2011), 큰 사회적 이슈였던 '반값등록금' 에 대해 김문수와 오세훈이 각각 다른 이유를 들어 반대 의사를 표명한 것이 기사화되었다 (위키트리, 2011). 메시지 분석에서는 오프라인에 기사화된 사회 이슈들이 바로 트위터 주요 이슈였다는 것을 확인시켜 주었다. 다음으로, 〈표 3〉와 〈표4〉가 확연히 보여주듯이, 동시출현빈도수에 비해 메시지 주제는 많

	김문수	박근혜	손학규	오세훈	유시민	이재오	정동영	정몽준
김문수								
박근혜	21							
손학규	1	143						
오세훈	173	7	2					
유시민	5	15	16	1				
이재오	43	28	0	1	1			
정동영	0	2	36	0	3	0		
정몽준	1	22	1	1	1	0	0	
정세균	0	3	7	0	0	0	12	0

〈표 2-1〉 두 대권주자 이름이 동시에 나타난 메시지 수 (동시출현 빈도)

박근혜-김문수	21	• 여론조사 결과 언급 및 리트윗
박근혜-손학규	143	• 차기대선후보 라이벌언급 여론조사(1,2위) 결과에 대한 의견과 함께 리트윗
오세훈-김문수	173	• 반값등록금에 대한 같은 태도로 같이 언급됨. (데이터 수집당시 김문수가 '노인층 소외', 오세훈이 '고졸' 소외론을 주장하며 반대 입장을 표명했고 이에 대한 반응들.) • 서울, 경기도 뉴타운 전수조사 요청 트윗 및 리트윗 • 주민소환, 리트윗 • 대선주자여론조사결과, 리트윗 • 시사인 김문수, 오세훈 VS 김두관, 안희정 기사, 리트윗
이재오-김문수	43	• 김문수, 이재오 과거 민중당 출신, 리트윗 • 이재오에 대한 김문수의 비판, 이에 대한 의견, 리트윗
이재오-박근혜	28	• 박근혜, 친박과 이재오, 친이계의 대립구도, 리트윗
정동영-손학규	36	• 민주당 내 등록금 정책 관련 두 정치인에 대한 비판적 시각 - 눈치싸움(정치적 목적)으로만 등록금 정책 관여한다는 - 서로 다른 입장에 대한 비판, 지지 등. • 정동영, 손학규 등을 포함 야당들의 사회 이슈 참여 소식 (등록금, 서울대비상총회 등) • 민주당 내 대권주자로서의 두 정치인의 대립구도
정몽준-박근혜	22	• 권력, 재벌상속자라는 비판 메시지와 리트윗. • 박근혜 비판, 정몽준 지지 메시지와 리트윗 • 박근혜, 정몽준 한나라당내 대립구도에 대한 메시지들

〈표 2-2〉 두 대권주자 동시출현 메시지 내용

지 않았다는 것이다. 즉, 각 메시지가 각기 다른 정보와 이슈를 담고 있는 것이 아니라 특정 이슈에 대한 동일한 메시지들이 리트윗을 통해 확산되고 있다는 것이다. 이는 어떤 사회 이슈가 부각되었을 때 트위터를 통해 확산되는 정보 유통의 효과를 짐작하게 하는 동시에, 트위터의 경우 메시지 유통의 목적이 이슈의 확산이라는 점을 재확인시킨다. 게다가 그냥 리트윗 하는 것이 아니라 본인의 의견과 논평을 추가하는 메시지도 종종 보였다는 점에서 정보를 중계하는 일반 이용자들이 수동적으로만 정보를 전달하는 데 그치지 않고 있음을 알 수 있었다.

(3) 트위터 이용자 공개 통계 정보를 통해 본 대권주자들의 트위터 소통 양상

Twittercounter에서 수집한 데이터는 각 대권주자들의 팔로잉, 팔로어 증가 추이를 보여주고 있다. 일반 트위터 이용자들과 비교했을 때 박근혜, 유시민을 제외한 대권주자들의 팔로잉, 팔로어 증가 추이는 일반 이용자들의 추이와 비슷했다. 즉, 팔로어 증가수와 팔로잉 증가수가 크게 다르지 않았다. 반면에 박근혜, 유시민의 경우 팔로어 수가 평균 100명을 넘어 계속 늘어나고 있는 반면(박근혜 평균 176명, 유시민 평균 370명), 팔로잉 증가율은 거의 없었다 (박근혜 평균 1명, 유시민 평균 0명). 이러한 유형은 인기 연예인들의 트위터 관계망에서 쉽게 보여지는 것이다. 보통 연예인들의 경우 수 만 명의 팬들이 그들을 팔로우 하는 반면, 본인들은 자신들이 아는 지인들만 팔로우 하고 있기 때문에 팔로잉과 팔로어 간 차이가 크다. 반면에 정치인들은 팔로잉을 하는 일반 이용자들이 곧 유력한 지지층일 수 있기 때문에 유대를 위해 무조건 맞팔을 하는 경우가 많다. 이런 점을 감안했을 때 일반적인 상황에서 벗어나 있는 박근혜, 유시민의 팔로잉, 팔로우 관계는 눈여겨볼 만하다. 이 두 정치인의 경우 일반 이용자들의 지지 성향이 단순한 정치적 지지를 넘어 개인에 대한 인기가 반영되어 있음을 보여주고 있기 때문이다. 소위 '팬'이라고 할만한 사람들이 이 두 정치인을 팔로잉하고 있으며, 이는 상황에 따라 '팬덤'과 같은 강력한 동원화 (mobilization) 효과를 일으킬 잠재성을 가지고 있다는 것을 보여주고 있다.

Trendseek의 결과는 특정 주제어가 등장하는 트윗 메시지들이 얼마만큼의 긍정적 혹은 부정적 단어를 포함하고 있는지를 보여주고 있다 (〈표 3〉 참조). 각 대권주자의 이름을 주제어로 넣었을 때 여당 대권주자들과 범야권 주자들간을 구분시키는 차이가 나타났다. 한나라당 대권주자들의 메시지에는 부정적인 단어가 긍정적인 단어보다 많이 등장한 반면, 야권 대권주자들의 경우는 부정적 단어보다 긍정적 단어가 더 많이 등장한 것이다. 여당 주자들 중에서는 정몽준, 김문수의 경우 긍정적 단어와 부정적 단어 비율 사이에 큰 차이가 없지만 박근혜, 오세훈, 이재오의 경우는 부정적 단어의 비중이 현저히 높았다. 이는 트위터 이용자들이 전반적으로 반정부적인 성향으

	박근혜	정몽준	오세훈	김문수	이재오	손학규	정동영	정세균	유시민
전체	10,620건	1,107건	6,518건	2,304건	2,220건	2,758건	1,318건	297건	2,062건
긍정	3,358건	353건	1,450건	864건	529건	1,701건	592건	106건	832건
부정	4,494건	397건	3,945건	907건	1,307건	697건	388건	64건	524건
중립	2,105건	322건	867건	391건	312건	862건	292건	106건	578건

〈표 3〉 메시지의 긍정성 · 부정성

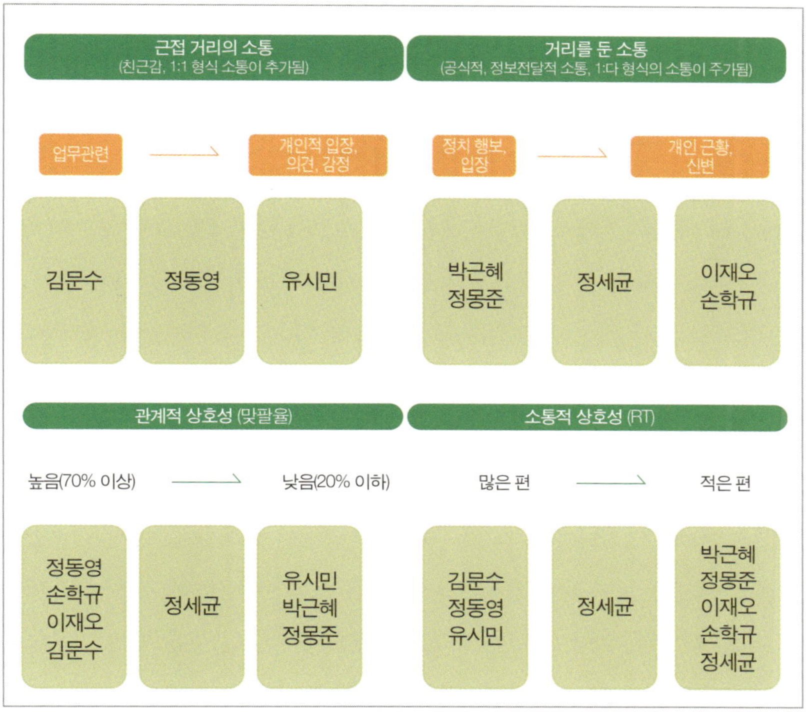

〈표 4〉 대권주자들의 트위터 소통 양상

로 기울어진 경향이 있다는 통설과 일치하는 결과이다. 또한 여당에 비해 주류 매체의 장악력이 떨어지는 야권 주자들이 트위터와 같은 인터넷 대안 매체를 활용해 긍정적 이미지를 확산시킬 수도 있음을 암시하는 결과이기도 하다.

위의 결과를 두고 볼 때, 비주류 정치인들에게 있어서 트위터는 대안 미디어로 기대할만하지만, 미디어 전략을 세울 때 트위터 고유의 매체적 특성 또한 간과해서는 안 된다는 점을 알 수 있다. 예를 들어 트위터 연결망의 극단성을 고려한다면 트위터 소통에서 보여지는 긍정성은 이미 확보된 지지자들의 반응 때문이었을 수도 있다. 정부 및 여당 주요 지지자들이 신문, 방송 등 주류 매체에 보다 더 의존하는 경향이 있는 만큼, 정부에 비판적인 입장의 범야권 지지자들이 대안 매체를 통해 집중적으로 정치적 입장을 표출하고 있다는 것이다. 따라서 대안 매체에서 유독 두드러지는 야권 지지 분위기가 결국 기존 지지 세력의 의견 표출이 대부분이고, 새로운 지지 세력 확산에는 큰 영향이 없을 수도 있다고 볼 수 있다. 동질성의 원리를 고려했을 때 이 범야권 지지 세력이 트위터 네크워크를 중심으로 영향력을 발휘할 수 있겠으나 그 영향력이 트위터 혹은 온라인 공간을 넘어 오프라인에서도 여전히 발휘되는가 하는 점은 좀 더 지켜 봐야 할 점이다.

Tweetstats의 결과는 정보 검색 시점에서 1년 전부터 현재까지 얼마나 많은 양의 메시지를 포스팅했는지에 대한 그래프를 보여주고 있다(〈그림 1〉 참조). 이 글에서는 각 대권주자의 이름을 주제어로 넣어 얻은 9개 그래프를 통해 2011년 4월 27일에 있었던 재보궐 선거 직전 각 대권주자들의 트윗 양상을 살펴보았다. 결과 그래프는 각 주자별로 재보궐 선거에 임하는 태도와 향후 트위터 전략을 엿볼 수 있는 몇 가지 정보를 보여주고 있다. 먼저 정몽준, 손학규, 정세균, 유시민은 평소 트윗 포스팅 경향과 비교했을 때 4월 재보궐 선거 직전까지 급격한 활동량 증가를 보이고 있다. 이러한 활동 경향은 트위터를 통한 적극적 선거 캠페인 양태를 드러낸다. 반면에 박근혜, 이재오, 정동영은 재보궐 선거라는 정치적 이슈와 상관없이 기존 이용 패턴을 그대로 나타내고 있다. 이들이 4월 재보궐 선거에 대한 본인의 관여 정도를 어떤 이유에서든 조절했다는 것을 짐작할 수 있다. 김문수는 오히려 4월 한달 동안의 트윗 수가 평소의 트윗 수에 비해 감소했음을 알 수 있다. 아마도 과도한 관심이 집중된 분당 보궐 선거에 경기도 도지사가 개입했다는 인상을 가급적 주지 않으려는 신중한 태도의 결과일 것이다.

(4) 자주 등장한 단어들이 보여주는 트위터 소통 유형

이외에 tweetstats는 특정 트윗 이용자의 타임라임에 자주 등장한 단어들을 시각화해 제공한다. 이 자료를 보면, 김문수의 경우 '경기도'라는 단어가 특히 부각되어 있음을 볼 수 있다. 이어서 '지사님', '도지사' 등 김문수를 지칭하는 단어들의 잦은 등장은 김문수가 경기도지사로서 경기도와 관련된한 메시지를 트위터에서 자주 주고받고 있음을 보여주는 결과라 할 수 있다. 또 '너무', '더', '더욱', '잘', '많은', '좋은', '즐거운', '가장' 등 긍정적 의미를 부여하는 부사어들이 자주 등장하고 있어 경기도 관련 의견을 좋은 분위기에서 주고 받고 있음을 짐작하게 한다. 사실 트위터 타임라인에서 긍정적, 부정적 단어의 등장 정도를 보여준 결과 〈표 3〉을 보면 대부분의

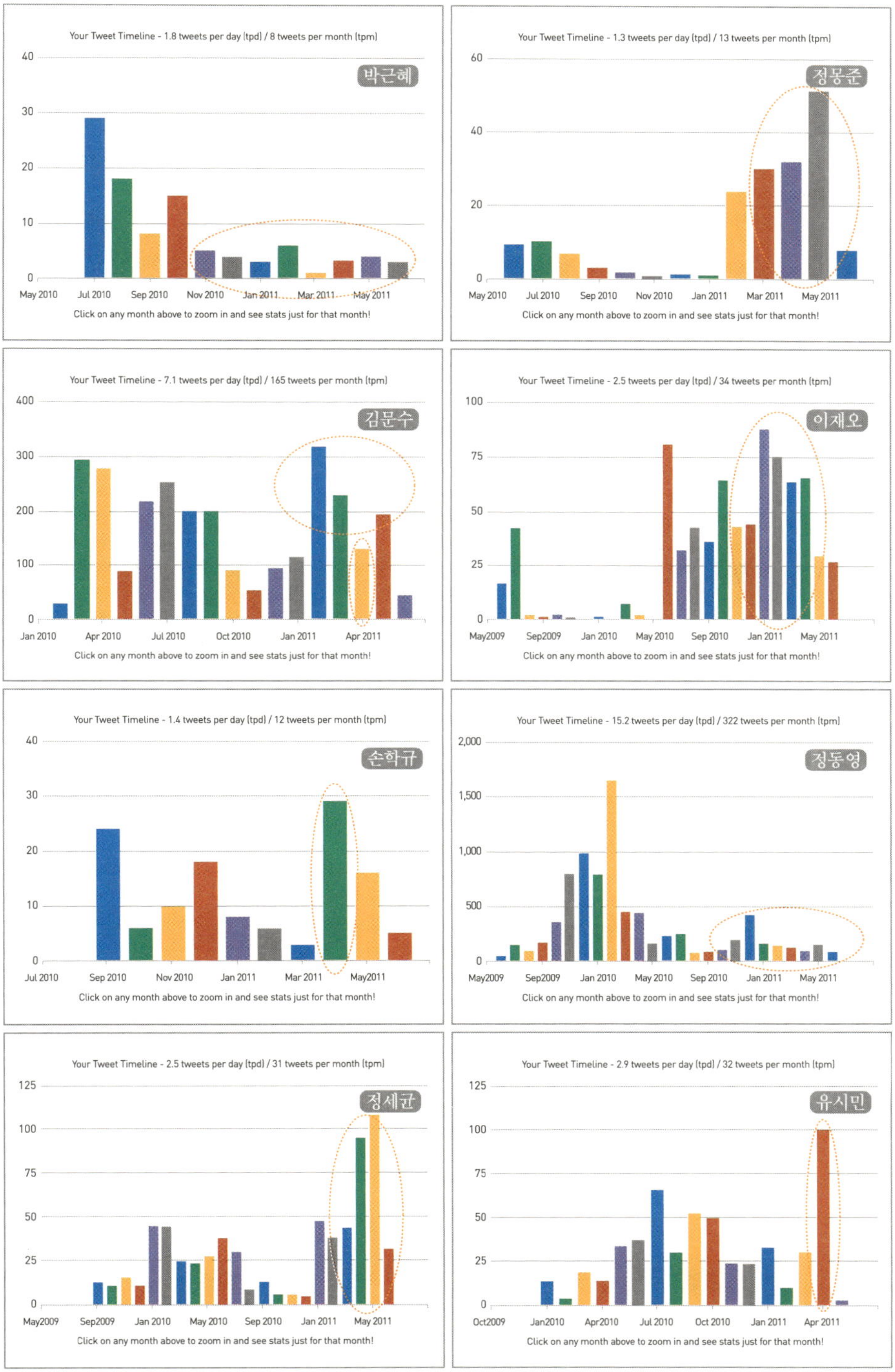
Your Tweet Timeline - 1.8 tweets per day (tpd) / 8 tweets per month (tpm)
박근혜
Click on any month above to zoom in and see stats just for that month!
Your Tweet Timeline - 1.3 tweets per day (tpd) / 13 tweets per month (tpm)
정몽준
Click on any month above to zoom in and see stats just for that month!
Your Tweet Timeline - 7.1 tweets per day (tpd) / 165 tweets per month (tpm)
김문수
Click on any month above to zoom in and see stats just for that month!
Your Tweet Timeline - 2.5 tweets per day (tpd) / 34 tweets per month (tpm)
이재오
Click on any month above to zoom in and see stats just for that month!
Your Tweet Timeline - 1.4 tweets per day (tpd) / 12 tweets per month (tpm)
손학규
Click on any month above to zoom in and see stats just for that month!
Your Tweet Timeline - 15.2 tweets per day (tpd) / 322 tweets per month (tpm)
정동영
Click on any month above to zoom in and see stats just for that month!
Your Tweet Timeline - 2.5 tweets per day (tpd) / 31 tweets per month (tpm)
정세균
Click on any month above to zoom in and see stats just for that month!
Your Tweet Timeline - 2.9 tweets per day (tpd) / 32 tweets per month (tpm)
유시민
Click on any month above to zoom in and see stats just for that month!

〈그림 1〉 시기별 트윗 수

한나라당 후보들이 부정적 단어가 더 많은 비율을 보인 것과는 달리 김문수의 경우는 정몽준과 함께 긍정과 부정의 단어 비율이 거의 차이가 나지 않고 있다. 이 긍정/부정 표현에 대한 결과 이미 김문수의 트위터 타임라인에 긍정적 단어가 부정적 단어 못지 않게 등장한다는 것을 보여줬다.

박근혜와 정몽준은 정제된 표현으로 근황을 전달하거나 감사 표시를 하는 정도의 트윗 유형을 보여주고 있다, 특정 이슈나 의견 방향이 드러나는 것보다는 절제되고 공손하며 보편적인 단어들을 주로 씀으로 해서 트위터 메시지를 통해 이슈화되지 않으려는 절제력을 엿볼 수 있었다. 이재오의 경우는 '단상' 이라는 단어가 특히 자주 등장하고 있다. '단상' 은 자신의 생각, 의견을 표출할 때 언급될 수 있는 단어로 이재오가 트위터를 통해 주로 자신의 정치적 근황을 알리거나 혼잣말 하듯 트위터 메시지를 작성해 올리고 있음을 짐작하게 한다. 다른 대권주자의 타임라인에서는 거의 나타나지 않았던 반말 (예, '않는다' , '올랐다' , '있다' , '한다' , '했다') 이 종종 보인다는 것도 '혼잣말 트윗' 에 대한 증거를 더해준다.

손학규의 경우 '다녀왔습니다' , '되었습니다' , '있었습니다' , '왔습니다' 등의 단어가 자주 등장하는 것으로 볼 때 본인의 근황을 보고하는 메시지를 자주 올리고 있음을 알 수 있었다. '같이' , '오랜만에' 등 친밀감이 보이는 부사어도 보이고 있어 근황 보고가 공손하면서도 메시지를 읽는 사람들로 하여금 어느 정도의 친밀감을 보여주는 메시지였을 것이라 짐작하게 한다. 또, 한나라당 대권주자들의 트위터 타임라인에서는 볼 수 없었던 단어들도 등장하는데, '4대강' , '구제역' , '반값등록금' , '분당' , '제주도' , '천주교주교회' 등 정치적, 사회적으로 이슈가 되고 있는 주제들이 이에 해당된다. 사회 이슈를 대표하는 단어들이 자주 등장하는 손학규의 타임라인은 사회적 논란과는 거의 상관없는 보편적 단어들로 주로 구성되어 있던 한나라당 대권주자들의 타임라인과 확연한 차이를 보여줬다.

정세균 역시 손학규의 경우와 마찬가지로 타임라인에서 정치적, 사회적 이슈들이 직접적으로 언급되고 있으며, 트위터를 통해 본인의 근황을 보고하고 있음을 알 수 있다. (예, '가졌습니다' , '게시했습니다' , '노력하겠습니다' , '다녀왔습니다' , '하겠습니다' , '중입니다' , '왔습니다' 등). 정동영은 가장 먼저 트위터를 개설한 이용자답게 여느 대권주자들보다 편안한 태도로 트위터를 활용하고 있음을 보여준다. 예를 들어 'ㅎㅎ', '같네요', '공감입니다', '되세요', '막걸리', '아닐까요' 등과 같은 가벼운 대화체의 단어들이 자주 등장하고 있다.

유시민의 경우 @u_simin이 가장 많이 등장한 것으로 나타났는데 이는 유시민 본인이 많은 멘션을 받고 있고 이 멘션들에 적극적으로 응답한 결과이다. 또 개인적 선호나 관심사, 감성과 관련한 단어들 (예, 김대중 자서전, 노무현, 정의로운, 한겨레, 친구들, 토론회)이 자주 등장하는 것으로 보아 트위터 내에서 이용자들과 친밀한 소통을 하고 있음을 보여줬다. '여론조사', '민주노동당', '민주당', '이정희', '이명박', '후보' 등의 단어는 일반 유권자들이 유시민에 대해 가지고 있는 기대감을 보여주거나 관련 이슈들을 대표하는 단어들로서, 이러한 유시민의 타임라인은 그가 자신과 관계된 정치적 이슈들을 통해 이용자들과 적극적으로 소통하고 있음을 알 수 있었다.

각 대권주자들의 타임라인에 자주 등장하는 단어들은 이들이 트위터를 통해 어떤 방식으로 소통하고 있는지 보여준다. 박근혜와 정몽준의 타임라인은 공손하고 정제된 표현과 보편적 단어들이 자주 등장하는 데서 적극적 소통 대신 무난한 정보들을 일방향적으로 유포하는 전송형 (informing)으로 분류할 수 있고, 김문수, 손학규, 정동영의 타임라인은 대화체가 자주 등장하고 특정 정치, 사회 이슈를 대표하는 단어들이 주로 보이는 데서 알 수 있듯, 이들이 이슈의 중심에서 대화에 참여하고 있다는 점에서 관여형 (involving)으로 분류할 수 있다. 자신의 생각을 혼잣말 형식으로 트윗하는 이재오는 'meformer'라고 할 수 있다. 이 용어는 Naaman 외(2010)가 트위터 이용자를 크게 두 가지 부류로 구분했을 때 사용한 것으로, 'meformer'는 'informer'와 대비되는 이용자 부류이다. 'meformer'는 정보를 생산, 유포하는 대신 블로그에 일기를 쓰듯 생각을 정리하기 위한 목적으로 자신의 행동이나 생각 등을 주로 올리는 사람들을 가리킨다. 이 meformer들은 소통을 주목적으로 하지 않는다. 누군가 자신들의 메시지를 읽고 응답할 수 있다고 짐작하거나 기대하기도 하지만, 이것이 메시지 포스팅의 궁극적 목적이 되지는 못한다. 이렇게 굳이 상대방의 구체적인 응답을 요구하지는 않지만 남들이 볼 수 있는 곳에 자신을 내보이고 그 행위에 만족하는 것은 나르시즘의 표현으로 볼 수 있다. 나르시즘은 블로그나 소셜 네트워크 사이트에 일기 형식의 글을 올리는 행위를 설명하는 데 종종 인용되었던 심리학 용어로서, 자기애가 강한 사람에게서 나타나는 경향을 말한다. 공개적으로 자신의 일상 내용을 포스팅하는 것을 즐기고 다른 사람들의 반응을 기대하는 심리가 나르시즘의 발로라고 보는 이들이 있다.

물론 이재오의 트윗 경향을 일반 이용자의 이용 유형을 설명하는 나르시즘으로만 간주할 수는 없다. 그는 다른 일반 이용자들과 달리 누구보다 전략적으로 커뮤니케이션을 할 필요가 있고 또 그렇게 할 능력이 있는 유력 정치인이다. 이를 감안하여 그의 트윗 유형을 재고해 보면, 이는 영민한 커뮤니케이션 전략에서 나온 결과로 볼 수도 있다. 이재오의 경우 트위터 이용자들 대부분이 자신의 정치적 지지 세력이 아니라고 판단하였을 수 있을 것이다. 자기 편이 아닌 이들을 근접 소통의 상대자로 삼게 되면 그만큼 커뮤니케이션에서 위기를 맞을 수 있게 된다. 또 다른 한편으로는 자신의 정치적 지지 세력이 거의 이용하지 않는다고 해서 트위터를 활용하지 않기에는 트위터가 정치 커뮤니케이션 영역에서 차지하는 잠재성이 크다고 판단했을 수도 있다. 또 트위터에 적극적으로 참여하는 것만으로도 디지털 테크놀로지를 잘 활용하는 앞선 정치인이라는 이미지를 얻을 수 있다는 점에서도 쉽게 무시할 수 없는 것이 트위터 활동이다. 트위터 방문자들에게는 무심한 듯 자신의 '단상'을 주로 올리는 이재오의 트윗 경향은 자신의 정치적 지지세력이 어느 정도 트위터에 참여했다고 판단되었을 때 보다 적극적인 것으로 변모할지도 모른다.

(5) 대권주자들이 적극적으로 이용하지 못한 트위터 당

트윗애드온즈 (twitaddons)는 트위터 이용자들이 트위터 모임을 갖거나 홍보를 할 수 있는 인터페이스 제공을 중점으로 하면서 바이오 검색, 맞팔율 계산 등도 제공하는 트위터 부가 서비스 사이트이다. 앞서 언급한 통계 정보 제공 사이트들은 이미 웹상에 공개된 정보를 프로그램화된 통계 기법을 이용해 가공한 후 체계화된 정보를 자동적으로 산출해 이용자들에게 제공하고 있다면, 트윗애드온즈는 이용자들의 참여를 좀 더 요구하고 있다. 주요 서비스인 트위터 모임만 놓고 본다면 이용자들은 스스로 모임을 개설하거나 회원으로 가입해 활동해야 한다.

연구진은 9명의 대권주자들의 이름과 관련하여 이러한 부수적 노력이 있었는지를 직접 살펴보았다. 정동영과 정세균을 제외한 7명이 최소 한 개 이상의 모임을 가지고 있었다. 그 중 박근혜 이름으로 12개의 모임이 검색되었으며 유시민의 이름으로는 3개의 모임이 검색되었다. 나머지 5명의 경우 각 1개의 모임이 개설되어 있었다. 이들 모임은 활동이 거의 없어 내용분석을 하기에는 그 내용이 빈약하였다. 100명 이상의 회원을 가지고 있는 모임은 박근혜 관련 모임 1개와 유시민 관련 모임 1개뿐이었다. 나머지는 100명 이하의 소규모였고, 활동도 개설 당시 약간 진행되었을 뿐 지금은 소강상태인 것이 대부분이었다. 이러한 양상은 인터넷에 새로운 서비스가 소개되고 막 관심을 끌 때 시험 삼아 해보다가 곧 흥미를 잃는 이용 형태를 그대로 반영하고 있다. 눈여겨볼 것은 역시 박근혜와 유시민의 100명 이상의 트윗 모임이다. 물론 박근혜의 트윗 모임은 유시민의 경우에 비해 활동이 거의 없고 일방적으로 박근혜 관련 정보만 업데이트 하고 있는 일방향 소통이지만, 어쨌든 100여 명이 함께 한다는 것은 그 의미가 작지 않다. 유시민 관련 모임 중 가장 활발한 모임에서는 굳이 유시민과 직접 연관이 없는 이슈라고 해도 회원들 간 다양한 정치, 사회 이슈에 대한 의견이 꾸준히 포스팅되고 있다. 이는 유시민 지지자들이 단지 지지 정치인에게만 관심을 갖는 것이 아니라 정치 사회적 이슈 전반에 대한 관심도가 큰 적극 참여자임을 증명하는 것이라 볼 수 있다. 이러한 활발한 활동은 유시민이 대권주자로서 가지고 있는 온라인 역량을 엿보게 한다. 즉 다른 대권주자와 비교할 때 동원형 효과를 강력하게 발휘할 수 있는 온라인 관계망을 가지고 있다고 볼 수 있다.

(6) 트위터 타임라인에 드러난 소통 유형

마지막으로 연구진이 직접 각 주자의 트위터 타임라인을 관찰하고 유형 분류를 시도했다. 최근 포스팅한 메시지부터 최고 10 페이지 (10번 more버튼 누르기)까지를 살펴보았다. 각 타임라인에 올라온 메시지를 근거로 소통 유형의 특징을 확인할 수 있었으며, 내용분석의 결과는 앞서 공개된 통계 서비스 결과와 대체로 일치는 것으로 나타났다.

먼저, 소통 유형을 크게 근접 거리 소통과 거리를 둔 소통으로 나눠볼 수 있었다. 근접 거리 소통은 친근한 표현과 1대1 형식의 소통이 주로 나타나는 유형이며 거리를 둔 소통은 공식적 표현과 정보 전달을 목적으로 한 일대다(多) 형식의 소통이 주로 나타나는 유형으로 정의했다. 근접거리 소통 유형을 보이는 대권주자로는 김문수, 정동영, 유시민이 있었다. 김문수는 경기도 도지사로서의 업무에 대해 일반 이용자들의 의견을 듣고 응답을 하는 내용이 특히 많았으며, 유시민은 정치, 사회 이슈에 대한 개인적 입장이나 의견, 혹은 개인적 감정까지도 포스팅하고 있었다. 유시민의 개인적 소통 태도는 일반 이용자들의 멘션에 일일이 응답하는 데서 두드러지는데 이 일대일 응답들을 리트윗 함으로 해서 대화 당사자뿐만 아니라 유시민 트위터를 구독하는 모든 이들과 대화내용을 공유한다. 대화당사자 뿐만 아니라 팔로어 모두가 대화에 참여하게 됨으로써 유시민에 대한 개인적 친근함이나, 충성도가 더 높아지는 효과를 얻을 수 있다. 김문수 역시 이런 방식으로 리트윗을 활용하고 있었다. 경기도지사 업무 관련 질문에 응답할 때 리트윗 함으로 해서 경기도지사로서 업무를 충실히 수행하고 있다는 인상을 팔로어 모두에게 전달할 수 있었다. 정동영 타임라인에서도 역시 친근한 근접 거리의 소통 유형이 드러났는데, 정치인으로서의 전문적 내용과 트위터 이용자로서의 개인적 내용이 뒤섞인 형태였다.

어느 정도 거리를 둔 소통 유형을 보인 대권주자는 박근혜, 정몽준, 정세균, 이재오, 손학규이다. 박근혜와 정몽준은 자신들의 정치 행보를 알리는 통로로 트위터를 활용하고 있었으며 이재오와 손학규는 자신들의 정치 행보뿐만 아니라 트위터가 근접 소통도 가능하게 한다는 점을 고려해 개인 근황이나 신변에 대한 메시지를 종종 올리는 편이었다. 정세균은 박근혜와 정몽준, 그리고 이재오와 손학규의 소통 유형의 중간 정도로 볼 수 있었다. 즉, 정치 행보 및 입장에 대한 정보 전달과 개인 근황이나 신변에 대한 이야기가 고르게 섞여 있는 편이었다. 오세훈은 앞서도 언급했듯이 트위터 계정을 개설만 해 놓고 단 한 번도 트윗 메시지를 올린 적이 없다. 다만 프로필에 공식 블로그 주소를 링크해 두어 트위터 방문자들을 블로그로 안내하고 있다. 트위터에서는 140자의 짧은 메시지가 거의 실시간으로 올라오고 타임라인에서 곧 사라지곤 하기 때문에, 정돈된 글이나 긴 이야기를 논리적으로 공유하는 데 무리가 생기곤 한다. 자칫 트위터에서의 커뮤니케이션 내용 때문에 논란의 중심이 될 수도 있는 것이다. 보수적 성향을 지닌 대권주자들이 보다 신중한 소통 태도를 지니고 있고 (공손한 표현, 보편적 단어 사용), 대화보다는 정보 전달에 치중하는 경향이 있는 것도 실시간으로 전달되는 단문 메시지가 발생시킬 수 있는 커뮤니케이션의 위험 요소 때문이다.

이런 점을 고려할 때 오세훈의 전략은 보수 진영의 대권주자로서 영민한 트위터 소통 전략을 발휘한 셈이다. 트위터 소통에서의 잠재적 위험을 피하면서 트위터를 징검다리로 이용해 블로그 유입 경로를 확대시켰기 때문이다.

(7) 관계적 상호성과 소통적 상호성

트위터에서 상호성을 판단하는 현재의 기준은 트위터 초기와 비교할 때 다소 차이가 있다. 트위터가 2006년 베타 버전을 거쳐 2007년 미국 시장에 먼저 진출했기 때문에 북미지역 학자들은 2007년부터 트위터를 학문적 대상으로 이미 주목하고 있었다. 초기의 논문들은 팔로잉, 팔로어 수가 트위터 소통의 상호성을 알 수 있는 기본적 지표 중의 하나로 생각했었다. 이에 맞팔율을 계산해 보여주는 지표들이 많이 소개되었다. 하지만 글로벌 소셜 미디어로서 그 위상이 커지고 나서 최근 쏟아진 논문들 중은 단순히 맞팔율만으로 트위터 계정의 상호성을 평가하는 데는 한계가 있다고 지적한다(장덕진 · 김기훈, 2011; Cha et al., 2010). 앞으로는, 맞팔율뿐만 아니라 리플라이 수, 멘션 수, 관심글 수 등 확보할 수 있는 모든 정보를 통해 그 계정의 상호성을 판단하려는 노력이 더 많아질 것이다.

상호성을 판단하는 데 맞팔율이 가지는 한계를 염두에 두면서, 이 글에서는 트위터의 커뮤니케이션 상호성 지표를 두 가지로 나눠보았다. 첫째는 맞팔율을 기반으로 판단하는 관계적 상호성, 둘째는 리트윗의 사용 횟수를 통해 판단하는 소통적 상호성이다. 물론 소통적 상호성의 지표로 멘션과 리플라이도 중요하지만, 이 글에서 리트윗만을 보는 이유는 멘션과 리플라이가 이용자 본인뿐 아니라 상대자의 능동적 행위도 큰 변수로 작용할 수 있는데 가급적 상대자의 능동성이 아니라 대권 주자 9명의 능동성을 보고자 했기 때문이다. 여기서 리트윗은 이용자 본인의 글이 얼마나 리트윗 되었느냐가 아니라 본인이 얼마나 많은 메시지를 리트윗 했느냐, 즉 이용자 본인의 능동적 행위에 한해서만 다룬다.

우선 맞팔율을 기반으로 한 관계적 상호성을 보면, 정동영, 손학규, 이재오, 김문수가 70% 이상의 높은 맞팔율을, 정세균은 46.3%의 맞팔율로 중간 정도를 차지하고 있다(〈표 1〉 참조). 수치상으로만 보면 정동영, 손학규, 이재오, 김문수가 높은 관계적 상호성을 보여주고 있다. 하지만 최근 트위터 관련 연구에서 맞팔율로 관계적 상호성을 판단하는 데는 무리가 있다는 지적이 나오고 있다 (Cha et al., 2010). 상대방을 맞팔해 주는 행위가 관계적 상호성이 높은 성향 때문만이 아니라 그냥 예의상 행하는 의례적 행위인 경우도 많기 때문이다.

흥미로운 것은 상당히 낮은 맞팔율을 보인 유시민과 박근혜의 소통 형태이다. 유시민의 경우, 맞팔율은 0.1%로 낮았지만 일반 이용자들의 모든 멘션과 질문에 일대일로 응답하고 있음을 확인할 수 있다. 이러한 소통 유형은 낮은 관계적 상호성에도 불구하고 상당한 정도의 친근한 소통 이미지를 낳았다. 또 유시민과 박근혜는 낮은 관계적 상호성에도 불구하고 많은 이들이 꾸준히 팔로잉하고 있으며 (앞에서 나왔듯이 팔로잉 증가가 하루 평균 100명 이상임), 전체 팔로잉 수도 각각 20만명, 10만명 이상으로 9명의 대권주자 중 팔로잉 수에서 1, 2위를 차지하고 있다.

대권주자 본인이 얼마나 많은 메시지를 리트윗해서 다른 사람과의 공감을 표현하고 정보 유통에 기여했는가를 보는 소통적 상호성에서는 김문수, 정동영, 유시민이 높은 편으로, 박근혜, 정몽준, 이재오, 손학규, 정세균이 낮은 편으로 나타났다. 김문수와 유시민의 경우는 다른 사람들의 메시지를 리트윗 해서 소통에 동참하기 보다는 본인의 글을 리트윗 함으로써 보다 효과적으로 자신들의 메시지를 전달하고 홍보하는 데 더 치중하는 경향을 보여주기도 했다. 예를 들어, 김문수의 경우 경기도 업무와 관련한 질문을 받아 응답할 때, 일대일 대화 형식의 리플라이 (replies)를 사용하는 대신에, 리트윗 (retweets)을 사용함으로써, 일대일 대화를 다른 팔로어들과 공유한다. 이러한 방식은 본인이 일반 이용자들과 활발히 소통하고 있음을 홍보하는 동시에 경기도지사로서 의견 하나하나에 귀 기울인다는 긍정적 이미지까지 형성시킬 수 있는 전략이 될 수 있을 것이다. 이러한 소통 전략은 유시민의 타임라인에서도 보여졌다. 유시민 역시 이용자로부터의 질문에 응답하면서 리플라이 대신 리트윗을 사용하곤 했다. 이 역시 관계적 상호성 정도에 상관없이 소통적 상호성이 활발하다는 것을 트위터 방문자에게 모두 드러내는 효과적인 소통 전략인 것이다.

정동영의 경우는 일반 트위터 이용자들이 리트윗을 활용하는 방식과 비슷한 유형으로 나타났다. 즉, 다른 이용자들의 메시지를 다른 사람들에게 전달하기 위해 종종 리트윗을 사용했다. 이러한 이용 패턴은 원본 메시지에 대해 공감하고 팔로어들과 공유하고 싶을 때 리트윗을 한다는 리트윗의 본래적 기능에 충실한 것이라고 볼 수 있다.

그밖에 박근혜, 정몽준, 이재오, 손학규, 정세균의 경우 리트윗을 거의 하지 않아 소통적 상호성이 작은 것으로 이해할 수 있었다. 이들은 다른 이용자들로부터 나온 정보를 공유하고 유통시키는 데 동참하기보다는 본인의 메시지만 전달하는 데 치중하는 이용자로서 그들의 타임라인은 전송형 유형이 두드러져 있다고 볼 수 있을 것이다.

5. 결론

데이터 분석 결과를 종합해 보면, 박근혜와 정몽준의 트위터는 전송형에 속한다. 팔로잉 수에 비해 팔로어 수가 훨씬 많으며, 타임라인에 리플라이나 리트윗 보다는 본인들이 생성한 트윗 메시지가 주를 이루었다. 소통 유형도 거리를 둔 소통으로서 공식적인 표현과 보편적 단어를 주로 사용하고 있었다. 반면 김문수, 손학규, 정동영은 관여형에 가깝다. 이들은 트위터 소통에서 대화 주제를 주도하는 위치에 있는 편이었고, 리플라이와 리트윗을 자주 활용하여 소통의 중심에 있었으며, 관계적 상호성도 높았다. 소통 유형도 1:1 형식의 친근한 소통이 주가 되는 근접 거리의 소통을 하거나(김문수, 정동영), 공식적이고 보편적 표현을 많이 쓴다고 하더라도 개인 근황이나 신변을 전달하는 경우(손학규)로서 상호적 소통을 이끌 수 있는 특성을 보여주고 있었다.

유시민 트위터 역시 관여형이 강조된 유형이다. 일반 이용자들의 멘션과 질문 등 일대일 응답 요청에 적극적으로 응함으로해서 친근한 근접 거리의 소통 유형을 보였다. 특히 일대일 질문 중에 개인적 입장이나 의견을 묻는 질문이 많았는데 이들 질문들을 피하지 않고 응답했을 뿐만 아니라 자신의 응답 내용을 리트윗 함으로 해서 다른 팔로어들도 동참시키는 등 주도적인 관여형 유형을 보여주고 있다. 유시민 경우가 다른 관여형인 김문수, 정동영, 손학규의 경우와 차별되는 점은 관계적 상호성이 현저히 낮다는 점이다. 낮은 관계적 상호성에도 효과적인 관여형 유형을 보여주고 있다는 점에서 유시민 사례는 맞팔율로 트위터 상호성을 판단하는 데 한계가 있음을 보여주는 좋은 증거가 될 것이다.

한편 이재오의 경우는 높은 관계적 상호성에도 불구하고 관여형으로 분류하기는 어려웠다. 그의 트위터 활용 양상에서 드러난 거리를 둔 소통 유형이나 낮은 소통적 상호성 때문이다. 거리를 둔 소통이면서도 정치 행보나 입장보다는 개인 근황 및 신변을 이야기하는 편이라는 점에서 손학규와 비슷하기는 하나, 트위터 타임라인의 부정적 단어의 빈도수나 혼잣말 같은 메시지들을 고려했을 때 이재오가 트위터를 통해 일반 이용자들과 원활한 소통을 하고 있지 못함을 짐작할 수 있다. 오세훈의 경우는 트윗 활동이 전혀 없음에도 많은 수의 팔로어들과 리스트된 수가 많았음을 고려할 때, 트위터를 거쳐 블로그로 이동하는 사람들이 많을 것이라 짐작해 볼 수 있다. 따라서 오세훈의 경우는 전송형으로 분류해볼 수 있을 것이다. 정세균의 경우는 4가지 캠페인 유형 중 어느 한 가지로 나누기에는 뚜렷한 특성을 드러내고 있지 않았다.

각 대권주자들의 트위터 이용에 대한 분석은 각 트위터가 어떤 선거 캠페인 유형에 속했느냐를 분류해볼 수 있었을 뿐만 아니라 앞으로 선거 캠페인이 본격적으로 전개되었을 때 어떤 효과를 가져올 수 있느냐도 부분적으로나마 짐작해 볼 수 있다. 특히, 박근혜와 유시민의 트위터에 대한 일반 이용자들의 반응은 주목할 만하다. 하루에 100명 이상의 이용자들이 지속적으로 팔로잉 하고 있고, 다른 대권주자들에 비해 트윗애드온즈에 개설된 지지모임에서도 자발성이 두드러졌다. 대권주자들의 반응과는 별도로 일반 이용자들이 적극적으로 관계를 맺고 캠페인 활동에 관여하려 했다는 점에서, 박근혜, 유시민을 지지하는 일반 이용자들의 충성도가 꽤 높음을 짐작할 수 있다. 이러한 높은 충성도는 향후 본격적인 선거 캠페인을 시작했을 때 높은 동원형 효과를 가져올 수 있을 것이라 짐작해 볼 수 있다. 그밖에 관여형 유형을 보여준 김문수, 정동영, 손학규도 동원형 효과를 기대할 수 있는 정도의 소통 유형을 보여줬다고 할 수 있다. 전송형으로 분류했던 박근혜, 정몽준은 기존 지지 세력을 유지하는 선에서의 소극적 소통 유형이었지만 트위터의 잠재적 기능을 고려했을 때 향후 효과적으로 활용할 가능성을 간과할 수는 없다. 트위터 활동을 하지 않은 오세훈에 대한 관심도는 그가 유력한 대권주자라는 것을 다시 한 번 확인할 수 있었지만, 유권자들과의 직접적 소통에 적극적이지 않은 면은 그가 소셜 미디어를 통한 지지 세력 확대에 관심이 적음을 엿보게 했다. 이재오와 정세균의 트위터 효과는 이렇다 할 판단을 하기에는 불명확한 부분이 많았다.

트위터 이용이 현실 정치에서의 위치와는 상관없이 동등한 소통 기회를 준다는 점에서 비주류 혹은 소수 정당 정치인들에게 평등화 효과를 높이는 계기가 될 수 있을 것이다. 특히 소수 정당인 국민참여당의 유시민은 트위터를 통한 유권자와의 소통의 의미가 더 클 것이다. 여당 유력 후보들이 야당 후보들보다 소극적인 소통 유형을 보이는 데에는 어쩌면 주류 매체를 이용하는 데 유리하다는 점과도 연관이 있을 수 있다. 이미 당 대표를 역임한 박근혜, 정몽준과는 달리 여당 내에서도 세력을 키워야 하는 김문수의 경우, 이러한 자신의 위치로 인해 다른 여당 주자들보다 더 활발히 트위터 소통에 참여하게 되었을 수도 있다. 하지만 트위터 소통 효과에 대한 판단은 아직 이르다. 선거 캠페인이 본격적으로 시작되어야만 보다 정확한 예측이 가능할 것이고 선거 이후에 그 효과에 대한 평가가 가능할 것이다. 정상화 효과나 재강화 효과는 그 시점에서 논의해 볼 수 있을 것이다.

이 글에서는 연구진이 자체적으로 관찰, 분석한 정보뿐만 아니라 누구나 접근할 수 있는 제 3자 이용자 통계 정보를 통해 9명의 대권주자들의 트위터를 통한 선거 캠페인 유형을 분석해 보았다. 일반 이용자들이 인터넷을 통해 구할 수 있는 정보가 점점 더 많아지고 있다. 인터넷에서 우리의 행동 유형이 어떠한지를 보여주는 데이터들이 여러 사이트에서 제공되고 있고 앞으로 점점 더 많은 사이트들이 더 나은 데이터들을 제공할 것이다. 언젠가 네티즌들의 영향력은 이러한 데이터들을 어떻게 잘 활용하느냐에 좌우될지도 모른다. 이 글은 2012년 대권주자들의 트위터 이용 유형에 대한 통찰을 담고 있을 뿐만 아니라, 앞으로 일반 이용자들이 인터넷의 데이터를 어떻게 잘 활용할 수 있느냐에 대한 하나의 사례를 제공하였다는 점에서도 의의가 있을 것으로 본다.

참고문헌

- 구교태 (2002). 웹사이트 캠페인이 기존 뉴스 미디어 의제와 공중 의제에 미치는 영향: 의제설정기능을 중심으로. 『한국언론학보』 46권 4호, 46-75.
- 김선미 (2007). 온라인 정치지형의 분화와 재편성: 북한 이슈를 중심으로. 『정보화정책』, 14권 1호, 102-124.
- 김수진 (2010). [6.2지방선거] '트위터' 가 선거를 바꿨다. 아시아경제, 2010년 6월 2일자. http://www.asiae.co.kr/news/view.htm?idxno=2010060222132482440
- 박성호 (2010). 인터넷 소셜미디어의 PR 패러다임과 공공부분에서 활용방안 고찰. 한국방송학회 가을철 정기학술대회, 133-137.
- 박한우 (2004). 정치 웹사이트의 하이퍼링크 네트워크에 대한 종단연구. Journal of the Korean Data Analysis Society, 6(3), 901-915.
- 박한우 (2007). 블로그에 나타난 정치인 네트워크: 17대 국회의원을 대상으로. 『한국언론학보』, 51(3), 385-444.
- 박한우, 배애진 (2007). 17대 국회의원의 웹사이트 활용과 특징: 디지털 정치의 낙관론과 비판론의 교차점에서. 『디지털 커뮤니케이션 리뷰』. 3권 1호, 57-93.
- 박한우, 이연옥 (2008). 17대 대통령 선거에 나타난 인터넷의 역할과 이용: 웹계량 분석과 네트워크 분석을 중심으로. 『정보화정책』, 15권 3호. 42-64.
- 설진아 (2009). 소셜 미디어의 진화양상과 사회적 영향. 한국언론정보학회 학술대회 발표 논문. 35-72.
- 손봉석 (2011). 대선 여론조사, 박근혜 49.2%-손학규 37.6%. 『경향신문』, 2011년 6월 7일자 http://news.khan.co.kr/kh_news/khan_art_view.html?artid=201106071840371&code=910402#see_life http://bit.ly/cyTO0g
- 송현섭 (2011). 한, 4.27 재보선 참패 "SNS에 당했다" 인력-조직동원 총력전 안 먹혀 '모바일 세대' 투표 적극참여 주목. 『뉴스파인더』, 2011년 4월 28일자. http://inde1.mynews3.kr/news/article.html?no=3736

• 안병진 (n.d.). 캐나다 정당의 온라인 활동과 인터넷 선거운동.
http://dj.election.go.kr/_prog/gboard/common/download.php?code=research&no=45032

• 위키백과, 2008년 대한민국의 촛불 시위. http://ko.wikipedia.org
위키트리 (2011). '소외론' 주장 김문수오세훈, 반값등록금 반대. 『위키트리』, 2011년 8월 3일자.
http://wikitree.co.kr/main/news_view.php?id=36929

• 윤성이 (2008). 17대 대선에 나타난 온라인 선거운동의 특성과 한계. 『한국정치학회보』, 42집 2호, 5-492.

• 이원태 (2007). 동영상 UCC 와 대통령선거: 미국과 한국의 인터넷 캠페인 사례와 쟁점
사이버커뮤니케이션 학보, 22호, 5-281.

• 임연수, 박한우 (2010). 10.28 재보궐 선거의 블로그 캠페인에 대한 웹계량화 분석.
Journal of the Korean Data Analysis Society, 12(1), 539-551.

• 장덕진, 김기훈 (2011). 한국인 트위터 네트워크의 구조와 동학. 『언론정보연구』, 48권 1호. 59-86.

• 조은별 (2011). '수해' 구룡마을 주민 김제동은 약속 지키는 거인 『노컷뉴스』, 2011년 7월 31일자.
http://www.nocutnews.co.kr/show.asp?idx=1874643

• 조성은, 박지영, 박한우 (2011). 7장. Web2.0시대 소셜 미디어를 이용한 정책 홍보 전략:
농림수산식품부의 트위터 활동을 중심으로. 박한우 (편). 인터넷 소셜미디어 개론:
이론과 사례. 경산: 영남대 출판부.

• 조정관 (2005). 디지털 정치개혁: 인터넷 선거, 디지털 정당, 인터넷 정치헌금의 실태와
발전방향. 정보정책연구원 (편). 『21세기 한국정치의 비전과 과제』. 267-299. 서울: 민음사.

• 조현진 (2011). 김제동 구룡마을 판자촌 수해복구에 '웃통 벗고' 자원봉사자 모집.
『뉴스엔』, 2011년 7월 29일자.
http://www.newsen.com/news_view.php?uid=201107291825341001

• 조희정 (2009). 네트워크 사회의 선거운동 전략에 관한 연구 : 2008년 미국 대통령선거를 중심으로.
『국가전략』, 15권 2호.

- 조희정(2010). 트위터(Twitter)와 전자민주주의: 트위터의 국내외 정치적 활용사례와 규제. 『한국지역정보화학회 학술대회 발표논문집』

- 주정환 (2010). 2010년 최고 '스마트' 정부 기관은? 40개 부처, 청, 위원회 소셜 네트워크 & 온라인 정책홍보 평가. 『The PR』. 2010년 12월 22일자. http://www.the-pr.co.kr/news/article.html?no=1525

- Bennett, W. L. (2003). Communicating global activism: Strengths and vulnerabilities of networked politics. Information, Communication & Society, 6(2), 143-168.

- Best, S. J. & Krueger, B. S. (2005). Analyzing the representative ness of Internet political participation. Political Behvior, 27(2). 183-216.

- Cha, M., Haddadi, H., Benevenuto, F., & Gummadi, K. P. (2010). Measuring user influence in Twitter: The million follower fallacy. Paper presented in the Fourth International AAAI Conference on Weblogs and Social Media.

- Goldbeck, J., Grimes, J., & Rogers, A. (2009). Twitter Use by the U.S. Congress. Retrieved from http://hcil.cs.umd.edu/trs/2009-32/2009-32.pdf.

- Grossman, L. K. (1995). The electronic republic: Reshaping democracy in the information age. New York: Penguin Books.

- Kim, M. J., & Park, H. W. (2011, forthcoming). Measuring twitter-based political participation and deliberation using social network and triple helix indicators: A South Korean context, Scientometrics.

- Kluver, R. Jankowski, N. W., Foot, K. A., & Schneider, S. M. (eds.) The Internet and national elections: A comparative study of web campaigning. London: Routledge.

- Krebe, V. (2008). Still polarized, after all these years. Retrieved from http://www.orgnet.com/divided.html.

- Naanam, M., Boase, J., & Lai, C-H. (2010). Is it really about me? Message content in social awareness streams. CSCW'10 Proceedings of the 2010 ACM conference on Computer supported cooperative work.

- Park, H. W. (2003). Hyperlink network analysis: A new method for the study of social structure on the web. Connections, 25(1), 49-61.

- Pruijt, H. (2002). Social capital and the equalizing potential of the Internet. Social science Computer Review, 20(2), 109-115.

- Rash, W. (1997). Politics on the nets: Wiring the political process. New York: W. H. Freeman.

- Rheingold, H. (1993). Virtual community: Homesteading on the virtual frontier. Reading, MA: Addison Wesley.

- Sunstein, C. R. (2007). Republic.com. 2.0. Princeton. NJ: Princeton University Press The Guardian (May 13, 2010). Twitter election predictions are more ccurate than YouGov. Retrieved from http://www.guardian.co.uk/media/pda/2010/may/13/twitter-tweetminster-election?INTCMP=SRCH

- Tweetminster (2010). Can word-of-mouth predict the general election results?: A Tweetminster esperiment in predictive modelling. Retrieved from http://www.scribd.com/doc/29154537/Tweetminster-Predicts.

- Williamson, A., Miller, L. & Fallon, F. (2010). Behind the digital campaign: An exploration of the use, impact and regulation of digital campaigning. Hansard Society, London, UK.

- Yardi, S., & Boyd, D. (2010). Dynamic debates: An analysis of group polarization over time onTwitter. Bulletin of Science, Technology & Society,3,316-327.

사례 01

한국에서 나타난 마이크로 블로깅과 정치현상 사이의 상호 작용

-서울시장 예비후보 토론회를 중심으로-

글 · 조인호, 박지영, 박한우

이 연구는 마이크로 블로깅과 정치현상 사이의 상호 작용을 분석하였다. 보다 구체적으로는, 동일한 현안에 대해 각기 다른 마이크로 블로깅 플랫폼을 통해 형성되는 의미론적 구조의 차별성 혹은 유사성에 대한 분석과 함께 시간에 따라 각 플랫폼에서 커뮤니케이션이 어떻게 전개되는가에 대해서도 확인하였다. 이를 위해, 특정 정치 이벤트와 관련하여 TV 및 스크린을 보며 실시간으로 의견을 표출하는 그룹인 뷰어태리어트(Viewertariat)들이 마이크로 블로깅 플랫폼을 통해서 작성한 텍스트를 분석의 대상으로 삼았다. 분석 결과, 트위터에서는 감정, 이성적인 글이 혼재되어 나타났으나, 미투데이에서는 포스트보다 댓글 속에서 비방, 감정적인 글이 많이 사용하는 경향성을 보여주었다. 이는 마이크로 블로깅 플랫폼의 구조적 차이가 커뮤니케이션 방식의 차별성으로 이어질 수 있음을 보여주는 것으로서 향후 마이크로 블로깅을 통한 뷰어태리어트들의 상호작용과 관련된 연구에 중요한 출발점을 제공해 줄 수 있을 것으로 판단된다.

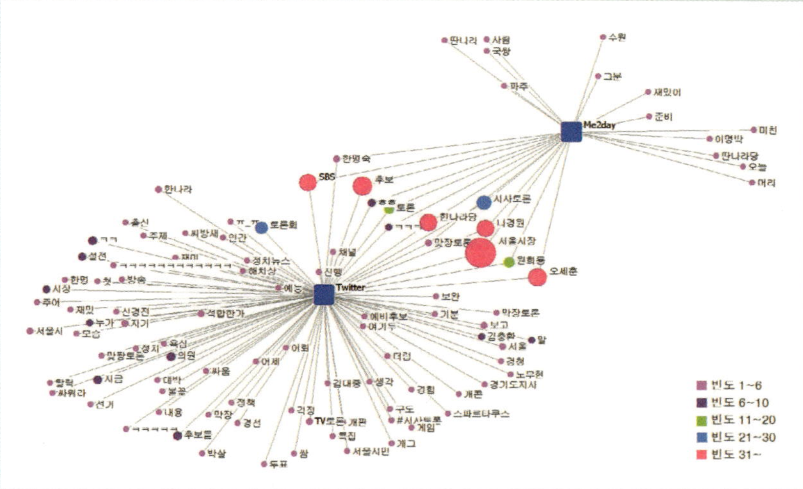

〈그림 1〉 트위터와 미투데이상에 등장한 단어의 빈도분석 네트워크

이 연구는 새로운 형태의 커뮤니케이션 플랫폼을 통해 실시간으로 우리 사회의 주요한 사건에 대해 분석하고, 의견을 제출하고, 토론에 참여하고 있는 뷰어태리어트에 대한 이해를 목적으로 실시되었다. 트위터를 비롯한 실시간 커뮤니케이션 툴의 수용은 전통적인 방송과 뉴미디어와의 경계를 희석시킴과 동시에, 사용자들의 동시적인 피드백을 통해서 방송되는 사안에 대해 의미를 부여하고 전파할 수 있도록 하고 있음을 확인하였다. 또한, 이 연구는 뷰어태리어트들이 방송된 정치적 이벤트에 대한 실시간 반응을 통해 여론을 형성하는 과정에 참여할 것이라는 가정을 내포하고 있으며, 이는 민주주의가 어떻게 작동하는지와 관련된 중요한 질문과도 연관되어 있다. 연구의 결과는 미투데이뿐만 아니라 트위터상에서 일어난 뷰어태리어트들의 행위가 합의나 토론을 위한 정보를 제공하기보다는 본인들의 판단을 직접적으로 유포함으로써 오프라인에 비해 여론이 더욱 분절화되는 현상을 가속화시키고 있음을 보여주고 있다. 이러한 해석은 적어도 우리에게 새로운 플랫폼들이 어떠한 방향으로 여론을 형성할 가능성이 많은지를 이해할 수 있는 기초적인 토대를 제시하고 있다.

※ 조인호, 박지영, 박한우(2011). 한국에서 나타난 마이크로 블로깅과 정치현상 사이의 상호작용. 동아인문학. 19집.

사례 02

한국과 대만 대선후보자들의 페이스북 사용에 관한 탐색적 연구

글 · 치엔 수, 박한우, 최명균

스마트폰의 등장으로 인터넷 사용이 증가하면서 온라인을 매개로 한 사람들 사이의 커뮤니케이션이 더욱 활발해지고 있다. 스마트폰의 사용 증가와 더불어 SNS(Social Network Service) 사용이 전 세계적으로 급증하고 있을 뿐만 아니라, 이를 잘 활용하여 자신의 목적을 이루는 사례 역시 증가하고 있다. 특히, SNS는 효과적으로 사회적 네트워크를 관리하고 확장할 수 있다는 장점을 지니고 있어 정부, 기업, 시민단체 등 다양한 집단 혹은 개인들에 의해 활용되고 있다. 최근 정치권 역시 이를 활용하려는 움직임이 늘어나면서 새로운 정치적 국면을 맞이하고 있다. 대표적인 사례로 현재 미국 대통령인 버락 오바마의 2008년 대선 캠페인을 들 수 있다. 그는 대선 캠페인에서 각종 SNS를 사용하면서 사람들의 주목을 이끌어내어, 결국 대통령에 당선되었다. 당선이 된 후에도 계속해서 SNS 사용하여 사람들과 소통을 이어가고 있다.

본 연구는 이러한 배경을 통해 한국 정치인들의 SNS 사용에 주목하게 되었고, 이를 대만의 것과 비교해 보았다. SNS에는 여러 종류의 서비스가 있지만, 그 중에서 2011년 현재 사람들이 가장 많이 사용하고 있는 페이스북을 연구 대상으로 선정하였다. 한편 대만을 주목하게 된 이유로는, 1) 대만이 한국과 정치적 유사성을 지니고 있고, 2) 한국과 마찬가지로 2012년에 대선이 있으며, 3)대만의 인터넷 사용률은 한국의 것과 마찬가지고 높게 나타나고 있다는 공통점과 함께, 페이스북 사용률의 경우 한국과 달리 그 수치가 매우 높게 나타나고 있다는 점 등을 들 수 있다(〈표 1〉 참조). 연구의 목적은 2012년에 출마할 대선 후보자들의 Facebook 팬 페이지에서 회자되는 메시지들을 이해함으로써 해당 후보자가 대선을 앞두고 어떤 주제에 관심을 갖고 사람들과 소통을 해나가는지 파악하는 데 있다.

(단위: 명)

	대한민국	대만
총 인구	48,754,657 (2011년)	23,071,779 (2011년)
인터넷 이용자	39,440,000 (81.1%) (2010년 06월)	16,147,000 (70%) (2011년 03월)
Facebook 이용자	3,920,160 (8.0%) (2011년 03월)	8,970,880 (38.9%) (2011년 03월)

[출처] Internet World Stats(http://www.internetworldstats.com)

〈표 1〉 대한민국과 대만의 인구 대비 인터넷 & 페이스북 사용자

2012년 한국과 대만 대선에 출마할 예정이며, 페이스북 팬 페이지를 직접 운영하는 정치인들 중 한국에선 4명(김문수, 유시민, 손학규, 정동영), 대만에선 3명(馬英九 Ying-jeou Ma, 蔡英文 Ing-wen Tsai, 黃越綏 Yueh-sui Huang)의 후보자들의 팬 페이지에 올려진 포스트들을 분석 대상으로 삼았다. 후보자들의 계정에 올려진 포스트를 수집하기 위해 웹 기반의 텍스트 분석 어플리케이션인 DiscoverText(www.discovertext.com)를, 수집된 텍스트 데이터들을 분석하기 위해 텍스트 분석 소프트웨어 FullText의 한글 버전인 KrKwic Korean

이름	국가	정당	Like	첫 번째 포스트 생성일*
김문수	대한민국	한나라당	352	2010년 7월 16일
유시민	대한민국	국민참여당	1,545	2011년 1월 2일
손학규	대한민국	민주당	1,421	2010년 11월 16일
정동영	대한민국	민주당	76	2011년 4월 13일
馬英九 Ying-jeou Ma	대만	KMT	639,051	2011년 1월 27일
蔡英文 Ing-wen Tsai	대만	DPP	205,019	2011년 4월 27일
黃越綏 Yueh-sui Huang	대만	Independent	495	2011년 3월 20일

** Facebook에선 계정 생성일에 관한 자료를 제공해주고 있지 않기 때문에, 첫 번째 포스트를 추적하여 그 생성일을 통해 계정이 만들어진 날짜를 추측해 보았다.*

〈표 2〉 대선주자들의 Facebook 페이지 기본정보 (수집일 : 2011년 5월 18일)

(http://www.leydesdorff.net/krkwic/)을 사용하였다. 분석 방법으론 CONCOR를 이용하였는데, 이는 유사한 위치를 가진 대상을 그룹으로 묶어 각 그룹들간의 관계를 파악하는 데 용이하다. KrKwic으로 파악된 주요 단어들을 네트워크로 도식화 했을 경우, CONCOR를 통해 각 단어들을 상관관계에 기반하여 그룹화시키고 그 그룹이 나타내는 의미를 파악하여 주요 이슈들을 찾아낼 수 있다.

페이스북에 나타난 한국 대선주자들의 메시지들을 보면(〈그림 1〉 참조), 상단 가운데에 위치한 클러스터의 '정부', '이명박', '4대강', '정책', '민주주의' 등 단어들이 '반대'와 연결이 되면서 현 정부에 대한 비판적인 목소리를 내고 있다. 그리고 우측에 위치한 2개의 클러스터를 통해 4.27 보궐선거와 앞으로 있을 대선 선거에 관심이 집중되어 있다. 그리고 각 후보자들로 어떤 메시지들이 등장하는지를 보게 되면(〈그림 2〉 참조), 후보자들 간 특별한 대면이 드러나지 않고 있다. 우측 상단에는 야권 세력인 유시민과 정동영, 손학규 후보들의 페이지에서 공통으로 나타난 단어들인데 '대선', '승리', '당선', '투표', '연대' 등을 통해 야권 후보들의 선거에 대한 긍정적 반응이 드러나고 있다. 2011년 현재 경기도 도지사 자리를 맡고 있는 김문수 후보는 (경기)지역

문제에 추가적인 관심을 가지고 있는 것으로 나타났다.

대만 대선 후보주자들의 페이스북 페이지에서 나타난 주요 용어간 네트워크를 그리게 되면, 한국과 달리 단어들이 전체적으로 고루 퍼져 있지 않고, 중요한 담론을 나타내는 몇 개의 클러스터들만이 관계를 가지고 있다. 대선주자 별 등장하는 단어들을 보면 蔡英文는 다른 두 후보자들(馬英九와 黃越綏)에 비해 다른 사람과 중첩된 이슈를 공유하며 상호적인 성격을 중시하고 있었다. 여당인 KMT 출신인 馬英九는 야당인 DPP 출신의 蔡英文와 공통된 단어가 많이 등장하였는데, 이는 KMT와 DPP의 대결 구도를 의미하고 있다. 이 위치에

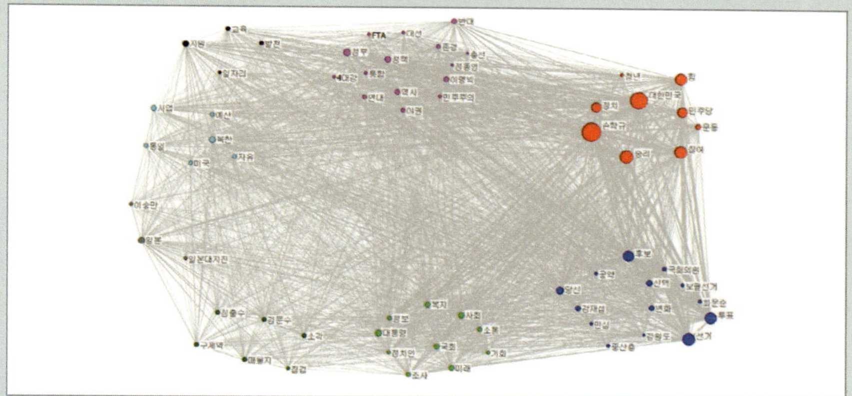

〈그림 1〉 CONCOR에 의해 그룹을 형성하고 있는 주요 용어 간 네트워크 다이어그램 (한국)

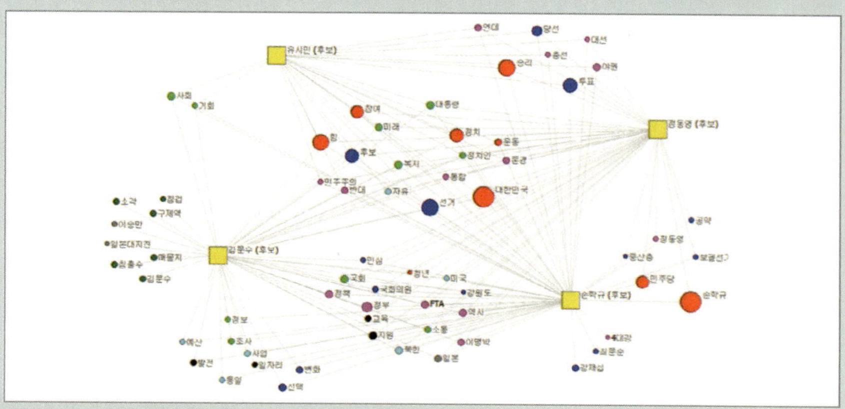

〈그림 2〉 한국 대선주자 4명의 페이스북 팬 페이지에서 회자되는 텍스트 네트워크 다이어그램

나타난 단어들을 살펴보면, 馬英九는 경쟁자인 蔡英文를 언급하진 않고 논란이 되고 있는 이슈나 정책에만 주의를 기울이고 있다. 黃越綏은 蔡英文와 함께 대만의 독립에 관해 관심사를 공유하고 있지만, 馬英九와는 아무런 공통된 주제를 갖지 못하고 있다. 세 후보 모두 언급하고 있는 단어는 선거에 관한 부분이다.

이 연구의 목적은 한국과 대만의 정치인들의 페이스북 사용과 두 나라간의 행위적 차이를 네트워크 구조 속에서 파악하는 것이었다. 연구 결과에 따르면, 한국과 대만의 페이스북 사용에 있어서, 한국의 대선주자들은 페이스북을 통해 일반적인 사회 · 정치적 이슈를 사람들과 공유하는 도구로 이용하는 데 반해, 대만 후보자들은 특정한 이슈를 공유하기보다 사람들로부터 지지를 얻기 위한 선거 운동의 수단으로 사용하고 있는 것으로 나타났다.

이 연구는 새로운 SNS의 사용과 유사 문화권에 속한 국가와의 행위 비교에 관한 국내 연구가 부족한 상황에서 한국과 대만 대선 후보자들의 페이스북을 통한 정치 커뮤니케이션의 모습을 조망했다는 점에서 학술적, 사회적 가치가 있다. 그리고 후속 연구에서는 다음과 같은 한계점을 극복하여 더 나은 연구가 되기를 제언한다. 첫째, 내용 분석을 제외한 단순한 계량 분석으로 인해 전체 문맥을 고려하지 못했다. 둘째, 페이스북 계정이 없는 일부 주요 정치인들을 배제함으로써 외적 타당도를 확보하지 못하였다. 셋째, 일반 사용자를 제외한 정치인들 사이의 네트워크 및 정치인들의 에고 네트워크 비교에 대한 더욱 풍부한 분석을 진행할 필요가 있다.

※ 치엔 수&박한우(2011). 한국과 대만 대선후보자들의 페이스북 사용에 관한 탐색적 연구. WCU 웹보메트릭스사업단-사이버감성연구소 공동세미나 발표 논문. 영어 발표문을 최명군 연구보조원이 연구하였음.

갈릴레오 모델을 통한 유력 대선 후보들에 대한 인지도 조사

글 · 임연수, 박한우

갈릴레오 모델(Galileo model)은 인간의 인지 영역을 탐색하는 이론적 모델이자 방법론으로, 커뮤니케이션학 분야와 인지과학 분야에서 다차원적인 인간 인지 구조 파악 및 처리 과정을 분석하는 데 활용되고 있다. 이 모델은 Joseph Woelfel 교수와 Edward Fink 교수에 의해서 개발되었다. 그들은 근대 과학관이 아리스토텔레스의 절대성 모델을 폐기하고 갈릴레오의 상대성 모델을 채택하는 변화가 있었지만, 사회과학 분야에서는 전근대적인 절대적 과학관이 지속적으로 고려되는 점을 비판하며 상대성에 기반한 연구모델의 필요성을 제기하였다. 갈릴레오 모델은 기존의 선형적 모델이 중요하게 고려한 태도내 구조(intra-attitude structure) 대신 태도 간 구조(inter-attitude structure)를 더 중요하게 다룬다. 선형적 모델이 신념, 동기, 욕구 등과 같은 선행적인 심리적 요인들이 태도 형성이나 행위로 이어진다고 본 반면, 갈릴레오 모델은 결과적 요인인 태도 또는 행위들 간의 상대적인 관계에 기반하여 인간 인지구조를 다차원적인 공간상에 가시적으로 표현해 낸다.

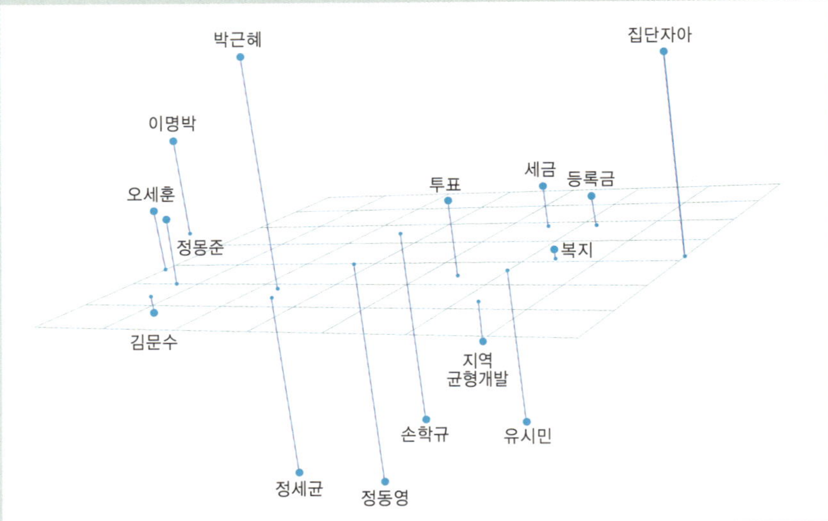

〈그림 1〉 유력 대선 후보들에 대한 인지 지도(Cognitive Map)

갈릴레오 모델 활용에 대한 하나의 예시로, 유력 대선 후보들에 대한 인지도를 파악해 보았다. 2011년 6월 22일부터 27일까지 영남대학교 인터넷윤리 교양수업 수강생 105명을 대상으로 예비조사(preliminary survey)를 실시하였다. 조사 결과는 〈그림 1〉과 같다. 설문 참여자들의 집단 자아(collective self)를 기준으로 상대적으로 가장 가깝게 인지된 정치적 이슈는 "등록금"으로 살펴졌으며, "세금문제", "복지" 등이 중요한 현안으로 받아들여지고 있음을 알 수 있다. 반면, 유력 대선 후보들에 대한 인지도를 살펴보면, 모든 후보들과 집단 자아간의 거리는 상대적으로 멀리 위치하고 있음을 알 수 있다. 이는 아직까지 설문 참여자들이 선호하는 후보가 명확하게 나타나지 않음을 보여준다. 그러나, 후보들간의 정치적 입장에 대한 관계는 명확히 인지하고 있는 것으로 보인다. 즉, 유시민, 손학규, 정동영, 정세영 등 진보적 성향의 후보들이 하나의 집단군을 형성하고 있으며, 박근혜, 이재오, 김문수, 오세훈, 정몽준 등 보수적 성향의 후보들이 다른 집단군을 형성하고 있다. 이는 정치적 이데올로기에 따른 후보들에 대한 인지는 명확한 반면, 특정 후보에 대한 선호도는 아직까지 명확하게 형성되어 있지 않음을 알 수 있다. 또한 선거 이슈들과 후보들간 관계를 살펴보면, 설문 참여자들이 중요하게 생각하는 현안들에 대해 어떤 후보도 긴밀한 연결고리를 형성하고 있지 못하다. 이러한 결과는 본격적인 선거가 시작하기 전인 상황에서 정치캠페인이나 홍보활동이 제대로 이루어지지 않았기 때문에, 후보들이 제시한 정치적 입장이 명확하게 설문 참여자들에게 전달되고 있지 않음을 보여준다.

〉〉 설문 안내

아래 예문과 지시문을 "반드시" 참고하신 후, 설문문항으로 제시된 두 단어가 얼마나 떨어져 있는지 그 정도를 적어주시면 됩니다.

"민주주의"와"다수결의 원칙"은 100정도 떨어져 있다.

- 두 단어가 위에 제시된 **"예"만큼만** 떨어져 있으면, 100으로, 그보다 **더 많이 떨어져 있으면 100 이상**으로, 그보다 더 **적게 떨어져 있으면 100 이하**로 표기하세요.
- 두 단어간 **차이가 없다고 생각하면,** 0으로 표기하세요.
- 단어들간의 거리에 대한 **최대치는 없습니다.** 자신이 생각하는 차이 정도에 따라 어떠한 숫자도 기입이 가능합니다.
- 두 단어간의 차이에 대해 판단할 수 없을 경우에는 빈 칸으로 남겨 두시기 바랍니다.

➲ 다음 짝지어진 유력 대선후보들 간에 어느 정도 차이가 있다고 생각하는지 표시해 주십시오.

1. "김문수"와 "박근혜"는 ________ 정도 떨어져 있다.
2. "김문수"와 "손학규"는 ________ 정도 떨어져 있다.
3. "김문수"와 "오세훈"은 ________ 정도 떨어져 있다.
4. "김문수"와 "유시민"은 ________ 정도 떨어져 있다.
5. "김문수"와 "이재오"는 ________ 정도 떨어져 있다.
6. "김문수"와 "정동영"은 ________ 정도 떨어져 있다.
7. "김문수"와 "정몽준"은 ________ 정도 떨어져 있다.

8. "김문수"와 "정세균"은 __________ 정도 떨어져 있다.
9. "박근혜"와 "손학규"는 __________ 정도 떨어져 있다.
10. "박근혜"와 "오세훈"은 __________ 정도 떨어져 있다.
11. "박근혜"와 "유시민"은 __________ 정도 떨어져 있다.
12. "박근혜"와 "이재오"는 __________ 정도 떨어져 있다.
13. "박근혜"와 "정동영"은 __________ 정도 떨어져 있다.
14. "박근혜"와 "정몽준"은 __________ 정도 떨어져 있다.
15. "박근혜"와 "정세균"은 __________ 정도 떨어져 있다.
16. "손학규"와 "오세훈"은 __________ 정도 떨어져 있다.
17. "손학규"와 "유시민"은 __________ 정도 떨어져 있다.
18. "손학규"와 "이재오"는 __________ 정도 떨어져 있다.
19. "손학규"와 "정동영"은 __________ 정도 떨어져 있다.
20. "손학규"와 "정몽준"은 __________ 정도 떨어져 있다.
21. "손학규"와 "정세균"은 __________ 정도 떨어져 있다.
22. "오세훈"과 "유시민"은 __________ 정도 떨어져 있다.
23. "오세훈"과 "이재오"는 __________ 정도 떨어져 있다.
24. "오세훈"과 "정동영"은 __________ 정도 떨어져 있다.
25. "오세훈"과 "정몽준"은 __________ 정도 떨어져 있다.
26. "오세훈"과 "정세균"은 __________ 정도 떨어져 있다.
27. "유시민"과 "이재오"는 __________ 정도 떨어져 있다.
28. "유시민"과 "정동영"은 __________ 정도 떨어져 있다.
29. "유시민"과 "정몽준"은 __________ 정도 떨어져 있다.
30. "유시민"과 "정세균"은 __________ 정도 떨어져 있다.
31. "이재오"와 "정동영"은 __________ 정도 떨어져 있다.
32. "이재오"와 "정몽준"은 __________ 정도 떨어져 있다.
33. "이재오"와 "정세균"은 __________ 정도 떨어져 있다.
34. "정동영"과 "정몽준"은 __________ 정도 떨어져 있다.
35. "정동영"과 "정세균"은 __________ 정도 떨어져 있다.
36. "정몽준"과 "정세균"은 __________ 정도 떨어져 있다.

➲ 다음 짝지어진 유력 대선후보와 단어 간에 어느 정도 차이가 있다고 생각하는지 표시해 주십시오.

37. "김문수"와 "이명박"은 __________ 정도 떨어져 있다.
38. "김문수"와 "등록금"은 __________ 정도 떨어져 있다.

39. "김문수"와 "복지"는 __________ 정도 떨어져 있다.
40. "김문수"와 "지역균형"은 __________ 정도 떨어져 있다.
41. "김문수"와 "세금"은 __________ 정도 떨어져 있다.
42. "김문수"와 "투표"는 __________ 정도 떨어져 있다.
43. "박근혜"와 "이명박"은 __________ 정도 떨어져 있다.
44. "박근혜"와 "등록금"은 __________ 정도 떨어져 있다.
45. "박근혜"와 "복지"는 __________ 정도 떨어져 있다.
46. "박근혜"와 "지역균형"은 __________ 정도 떨어져 있다.
47. "박근혜"와 "세금"은 __________ 정도 떨어져 있다.
48. "박근혜"와 "투표"는 __________ 정도 떨어져 있다.
49. "손학규"와 "이명박"은 __________ 정도 떨어져 있다.
50. "손학규"와 "등록금"은 __________ 정도 떨어져 있다.
51. "손학규"와 "복지"는 __________ 정도 떨어져 있다.
52. "손학규"와 "지역균형"은 __________ 정도 떨어져 있다.
53. "손학규"와 "세금"은 __________ 정도 떨어져 있다.
54. "손학규"와 "투표"는 __________ 정도 떨어져 있다.
55. "오세훈"과 "이명박"은 __________ 정도 떨어져 있다.
56. "오세훈"과 "등록금"은 __________ 정도 떨어져 있다.
57. "오세훈"과 "복지"는 __________ 정도 떨어져 있다.
58. "오세훈"과 "지역균형"은 __________ 정도 떨어져 있다.
59. "오세훈"과 "세금"은 __________ 정도 떨어져 있다.
60. "오세훈"과 "투표"는 __________ 정도 떨어져 있다.
61. "유시민"과 "이명박"은 __________ 정도 떨어져 있다.
62. "유시민"과 "등록금"은 __________ 정도 떨어져 있다.
63. "유시민"과 "복지"는 __________ 정도 떨어져 있다.
64. "유시민"과 "지역균형"은 __________ 정도 떨어져 있다.
65. "유시민"과 "세금"은 __________ 정도 떨어져 있다.
66. "유시민"과 "투표"는 __________ 정도 떨어져 있다.
67. "이재오"와 "이명박"은 __________ 정도 떨어져 있다.
68. "이재오"와 "등록금"은 __________ 정도 떨어져 있다.
69. "이재오"와 "복지"는 __________ 정도 떨어져 있다.
70. "이재오"와 "지역균형"은 __________ 정도 떨어져 있다.
71. "이재오"와 "세금"은 __________ 정도 떨어져 있다.
72. "이재오"와 "투표"는 __________ 정도 떨어져 있다.
73. "정동영"과 "이명박"은 __________ 정도 떨어져 있다.

74. "정동영"과 "등록금"은 __________ 정도 떨어져 있다.
75. "정동영"과 "복지"는 __________ 정도 떨어져 있다.
76. "정동영"과 "지역균형"은 __________ 정도 떨어져 있다.
77. "정동영"과 "세금"은 __________ 정도 떨어져 있다.
78. "정동영"과 "투표"는 __________ 정도 떨어져 있다.
79. "정몽준"과 "이명박"은 __________ 정도 떨어져 있다.
80. "정몽준"과 "등록금"은 __________ 정도 떨어져 있다.
81. "정몽준"과 "복지"는 __________ 정도 떨어져 있다.
82. "정몽준"과 "지역균형"은 __________ 정도 떨어져 있다.
83. "정몽준"과 "세금"은 __________ 정도 떨어져 있다.
84. "정몽준"과 "투표"는 __________ 정도 떨어져 있다.
85. "정세균"과 "이명박"은 __________ 정도 떨어져 있다.
86. "정세균"과 "등록금"은 __________ 정도 떨어져 있다.
87. "정세균"과 "복지"는 __________ 정도 떨어져 있다.
88. "정세균"과 "지역균형"은 __________ 정도 떨어져 있다.
89. "정세균"과 "세금"은 __________ 정도 떨어져 있다.
90. "정세균"과 "투표"는 __________ 정도 떨어져 있다.

◆ 다음 짝지어진 단어들 간에 어느 정도 차이가 있다고 생각하는지 표시해 주십시오.

91. "이명박"과 "등록금"은 __________ 정도 떨어져 있다.
92. "이명박"과 "복지"는 __________ 정도 떨어져 있다.
93. "이명박"과 "지역균형"은 __________ 정도 떨어져 있다.
94. "이명박"과 "세금"은 __________ 정도 떨어져 있다.
95. "이명박"과 "투표"는 __________ 정도 떨어져 있다.
96. "등록금"과 "복지"는 __________ 정도 떨어져 있다.
97. "등록금"과 "지역균형"은 __________ 정도 떨어져 있다.
98. "등록금"과 "세금"은 __________ 정도 떨어져 있다.
99. "등록금"과 "투표"는 __________ 정도 떨어져 있다.
100. "복지"와 "지역균형"은 __________ 정도 떨어져 있다.
101. "복지"와 "세금"은 __________ 정도 떨어져 있다.
102. "복지"와 "투표"는 __________ 정도 떨어져 있다.
103. "지역균형"과 "세금"은 __________ 정도 떨어져 있다.
104. "지역균형"과 "투표"는 __________ 정도 떨어져 있다.
105. "세금"과 "투표"는 __________ 정도 떨어져 있다.

- 본인과 대선후보 또는 각 단어 간에 어느 정도 차이가 있다고 생각하는지 표시해 주십시오.

106. "내 자신"과 김문수 __________ 정도 떨어져 있다.
107. "내 자신"과 "박근혜"는 __________ 정도 떨어져 있다.
108. "내 자신"과 "손학규"는 __________ 정도 떨어져 있다.
109. "내 자신"과 "오세훈"은 __________ 정도 떨어져 있다.
110. "내 자신"과 "유시민"은 __________ 정도 떨어져 있다.
111. "내 자신"과 "이재오"는 __________ 정도 떨어져 있다.
112. "내 자신"과 "정동영"은 __________ 정도 떨어져 있다.
113. "내 자신"과 "정몽준"은 __________ 정도 떨어져 있다.
114. "내 자신"과 "정세균"은 __________ 정도 떨어져 있다.
115."내 자신"과 "이명박"은 __________ 정도 떨어져 있다.
116. "내 자신"과 "등록금"은 __________ 정도 떨어져 있다.
117. "내 자신"과 "복지"는 __________ 정도 떨어져 있다.
118. "내 자신"과 "지역균형"은 __________ 정도 떨어져 있다.
119. "내 자신"과 "세금"은 __________ 정도 떨어져 있다.
120. "내 자신"과 "투표"는 __________ 정도 떨어져 있다.

- 다음으로 간단한 인적 사항을 알려주시기 바랍니다.

1. 출생연도 ______________
2. 성별 1) 여성 2) 남성
3. 현재 거주하고 있는 곳
   1) 서울시 2) 경기지역 3) 강원지역 4) 충청지역 5) 경상지역 6) 전라지역 7) 제주도
4. 국적이 대한민국이 아닌 경우 구체적으로 적어주세요. ____________________

감사합니다.

[참고자료]

※ 홍희연, 문정훈, 최영찬 (2005) 갈릴레오 기법을 이용한 농산물 전자상거래 사이트에 대한 사용자 인지 영역 비교 분석, e-비즈니스연구, Vol. 6, No. 2, pp. 1-34.
※ 남인용, 박한우 (2003) 인터넷 이용자의 인터넷 공신력 인식이 전자상거래 행위에 미치는 영향, 한국방송학보, Vol. 17, No. 2, pp. 143-176.
※ Joseph Woelfel 교수의 갈릴레오 사이트 http://www.acsu.buffalo.edu/~woelfel/index.htm
※ 영문 참고 문헌 검색 http://galileoco.com/CEtestlit/literature.asp
※ 갈릴레오 소프트웨어 정보 및 구매 사이트 http://galileoco.com

08 part 2

웹2.0 시대 소셜 미디어를 이용한 정책 홍보 전략

: 농림수산식품부의 트위터 활동을 중심으로

글 · 조성은(영남대학교 사이버감성연구소 박사후 연구원)
박지영(영남대학교 언론정보학과 석사과정)
박한우(영남대학교 언론정보학과 부교수)

1. 문제제기 및 연구목적

2009년 유명 인사들의 트위터 활동이 미디어를 통해 소개되면서 일반 이용자들이 트위터 이용이 증가하기 시작했으며, 2011년 현재 정보 교환, 사회적 발언 등 다양한 동기와 목적으로 트위터를 이용하고 있다(심홍진 & 황유선, 2010). 트위터는 마이크로블로깅으로 불리는 소셜 미디어[1]의 한 유형으로, 서로 연결된 다수의 개인들이 쌍

※ 이 논문의 최종 원고 작성 과정에서 한국연구재단의 부분적 지원이 있었음을 밝힙니다(NRF-2011-327-H000005). 또한 트위터 수집 프로그램을 활용할 수 있도록 해 준 WCU웹보메트릭스 연구단에도 감사를 표합니다.

[1] 소셜 미디어는 이용자들 사이의 사회적 상호작용을 지원하는 일련의 온라인 도구로 정의된다(Hansen, Shneiderman, & Smith, 2010, p. 16). 소셜 미디어로는 커뮤니케이션 목적에 따라 사회관계에 방점을 두는 싸이월드, 페이스북 등의 소셜 네트워크 사이트와 정보 유통에 강조점을 두는 트위터, 미투데이 등의 마이크로 블로그, 정보 공유 사이트로 분류되는 소셜 북마크 (딜리셔스, 디그닷컴 등), 유투브, 플리커 등이 있다.

방향 커뮤니케이션을 하는 소통 공간이다(Barash & Golder, 2010). 여타 소셜 미디어에서와 마찬가지로 이용자들은 트위터를 통해 효율적 정보 교환뿐만 아니라 새로운 사회 관계를 형성하기도 하고 기존의 사회 관계를 오프라인에서 온라인으로 연장해 유지하기도 한다.

트위터는 정보의 생산과 공유 및 유통 방식에 큰 변화를 가져와 기업 및 정부 기관의 홍보 전략에까지 변화를 주고 있다. 많은 기업체들이 트위터와 같은 소셜 미디어에 계정을 개설하고 고객들과의 직접 소통을 꾀하는 홍보 전략을 시작했을 뿐만 아니라 소셜 미디어 마케팅을 사업 아이템으로 하는 소셜 커머셜 기업들도 등장했다(이장혁, 2010; 염지은, 2010). 대기업 CEO들이 직접 개인 계정을 개설하고 소비자에게 친근하게 다가감으로써 긍정적 기업 이미지 창출에 기여하는가 하면, 2010년 6.2 지방선거 이후 많은 정치인들이 트위터 계정을 만들어 유권자들과의 직접 만남의 창구를 마련하고 있다. 청와대를 비롯한 각 정부 부처 역시 트위터 계정을 개설하고 관련 정책 홍보와 위기관리 통로로 활용하고 있다(조희정, 2010).

트위터를 정책 홍보 및 일반 국민들과의 소통에 활용하려는 정부 부처의 움직임은 인터넷 시대 초기부터 논의되어 온 '전자 정부' 혹은 '전자민주주의'의 구현과 일맥상통한다 (박한우 & 배애진, 2007; 김용철 & 윤성이, 2005; Toffler, 1995). '전자 정부'는 정부 관련 업무를 온라인으로 처리할 수 있다는 실용적 측면뿐만 아니라 온라인상에서 구현할 수 있는 다양한 소통 채널을 활용해 직접민주주의의 온라인 버전을 만들겠다는 정치적 이상을 담고 있는 용어이다. 커뮤니케이션 기술의 발전은 이러한 구상을 구체적으로 실현할 수 있는 발판을 마련해주고 있으며, 각 분야에서 적극적으로 새로운 미디어를 활용하고 있는 상황은 이미 실천적인 단계에 있음을 보여주는 것이다. 미국의 경우 연방정부가 주도적으로 나서서 각 주 정치인들과 정부 부처들이 운영하는 소셜 미디어 서비스들을 통합해 국민들과의 소통을 보다 체계화 및 일원화하려는 노력을 기울이고 있다. 2010년 4월에는 소셜 미디어 관련 지침서도 발표했는데 "투명성과 공공 참여 유도, 협력 체제 구축"을 캐치프레이즈(catch phrase)로 내걸고 있다[2].

[2] 전문을 http://www.whitehouse.gov/sites/default/files/omb/assets/inforeg/SocialMediaGuidance_04072010.pdf에서 볼 수 있다.

미국 정부가 개별적으로 생성된 각 정부 기관 및 관련 단체, 개인들의 소셜 미디어를 통합적으로 이용할 수 있도록 채널 통합화를 추진하고 있는 데 반해[3], 한국의 정부 관련 기관들은 개별적으로 운영되는 경향이 강하기 때문에 복수의 정부 기관이 관련된 이슈라 하더라도 각 사이트들을 따로따로 방문해서 확인해야 하는 경우가 많다. 채널의 분리는 정보를 통합적으로 파악하는 데도 장애 요인이 된다. 뿐만 아니라 각 정부 부처가 미디어에 대한 정확한 이해나 커뮤니케이션 전략 없이 우선 개설해 운영을 시작하는 경우도 적지 않다는 점도 문제이다. 미디어와 그 미디어를 활용하고 있는 커뮤니케이션 주체에 대한 객관적 분석, 그리고 정확한 커뮤니케이션 전략이 병행되지 않는다면, 향후 결과에 대한 전망이 불투명해질 수 있다. 또, 새로운 미디어 속성에 대한 정확한 이해 없이는 효과적인 커뮤니케이션 전략을 끌어내는 데 어려움을 겪을 것이며, 새로운 미디어가 가져올 수 있는 부정적 효과에 적절히 대처하기 어렵다.

미디어 기술의 급속한 발전과 활용에 비해 트위터 등 새롭게 부각되고 있는 소셜 미디어에 대한 학문적 성과는 크게 부족한 형편이다 (박한우, 2010). 최근 트위터 관련 논문들이 발표되고 있지만 (Marwick & boyd, 2010; Naaman, Boase, & Lai, 2010 Pujazon-Zazik, & Park, 2010; Wigand, 2010; Yardi & boyd, 2010) 대부분 이용 현황 파악에 머물고 있으며, 이론 개발 및 분석틀 정립을 위해서는 보다 다양한 방식의 기술적(descriptive) 접근이 필요하다.

이 연구 역시 이용 현황에 대한 조사 및 분석에 중점을 두고 있지만, 학문적 의의와 실용적 함의를 동시에 포함하고 있다. 이 연구는 우선 우리나라를 비롯한 세계 정부 부처들이 전자민주주의의 구현을 목표로 트위터를 비롯한 소셜 미디어 활용에 관심을 기울이고 있는 상황에 주목했다. 또 정부 부처의 트위터 활용 현황을 실증적으로 분석하고, 트위터의 미디어 속성을 효과적으로 활용할 수 있는 방안을 제시하고자 하였다. 다시 말해, 이 연구는 정부부처와 같은 공공 기관의 트위터 활동을 분석하고 디지털 소통 정부 구현의 가능성을 모색하고자 한 탐색적 연구이다. 연구 대상으로 정부 부처 중 트위터 활용성이 높은 농림수산식품부를 선정했다[4].

[3] 다음 사이트는 각 주정부 부처 및 정치인, 관련 단체 및 개인들의 소셜 미디어를 쉽게 찾아볼 수 있는 디렉토리 서비스를 제공하고 있다: http://gov2social.cloudapp.net/

[4] 정부기관 트위터 운영 주간순위, 2010년 12월 13일. http://moneytree.tistory.com/827

사실 정부부처들은 새로운 미디어가 등장할 때마다 이를 적극적으로 채택해 온라인 소통 및 정책 홍보에 활용하려는 노력을 보여 왔다. 2000년대 초 개인 홈페이지가 인터넷 소통 공간으로 각광 받을 때 각 부처마다 홈페이지 개설 및 운영에 참여했으며 블로그가 등장했을 때도 정책 홍보 수단으로 적극 활용해왔다. 현재는 트위터 등 마이크로 블로그의 등장으로 일반 국민들과 더욱 가까이, 그리고 보다 실시간에 가깝게 소통하려는 노력을 보이고 있다. 40개 정부 부처 중 대검찰청과 방위사업청을 제외한 38개 부처가 트위터 계정을 갖는 등 정부 부처의 뉴미디어 활용 의지는 어느 국가보다 높다고 할 수 있다(주정한, 2010). 이 연구는 트위터 계정을 만들어 활용하고 있는 정부 부처들 중 활용성에서 높은 평가를 받고 있는 농림수산식품부의 트위터 활동을 분석함으로써 트위터의 미디어 영향력을 탐색해보고자 한다.

주요 분석 방법으로 소셜 네크워크 분석 방법과 내용 분석을 채택했다. 소셜 네트워크 분석 방법을 통해 이벤트 그래프(Hansen, Smith, & Shneiderman, 2011)를 도출했으며, 이 시각화 자료에서 나타난 트위터 연결망과 메시지 구성망을 분석했다. 또 농림수산식품부 트위터 타임라인의 메시지와 커뮤니케이션에 참여한 일반 이용자들의 ID등을 수집, 계량화하여 내용을 분석했다. 이 내용 분석 결과는 소셜 네트워크 분석만으로 놓칠 수 있는 부분을 보강해 준다. 본 탐색적 연구는 새로운 스트리밍 정보 유통 채널에 대한 학문적 탐색으로서의 의의를 가질 뿐만 아니라 공공기관의 뉴미디어 활용 방안을 구체적으로 제안하고자 한다는 점에서 실용적 목적을 가지고 있기도 하다.

2. 이론적 논의

(1) 직접 민주주의 구현으로서의 전자 정부

1993년 미국정부가 최초로 전자정부 비전을 제시한 이래, 인터넷은 정부의 개혁 및 정부-시민사회의 관계 변화를 가능케 하는 중요한 매개체로 널리 인식되기 시작하였다. 산업혁명을 계기로 기존의 농업사회가 산업사회로 전환되었듯이 정보혁명은 정보사회라는 새로운 전환점을 가져왔으며(Toffler, 1995), 전자정부(e-government)가 21세기 정보사회의 새로운 정부 형태로 인식되면서 전자 정부 체계 구축이 세계 각국의 주요 정책 이슈로 부각되었다(김용철 & 윤성이, 2005). 전자 정부는 또한 과거 이상적 정치체제였음에도 사회 규모가 커지고 복잡해지면서 시간과 공간의 한계로 실현하지 못했던 직접민주주의를 새롭게 실현할 것이라는 기대를 받고 있기도 하다(박한우, 이연옥, 류영달, 2009).

한편, 정보통신기술을 이용한 직접민주주의 실현에 대해서는 많은 반론이 제기되고 있다. 이들은 전자정부체제가 기존의 간접 민주주의 제도를 개선할 수는 있으나 근본적으로는 변혁시킬 수 없으며 따라서 직접 민주주의를 이상적으로 완성할 수 없다고 본다(박한우 & 배애진, 2007). 회의론자들은 정보통신기술의 발달이 시민들의 정치 참여 수준에 근본적인 변화를 가져올 것이라는 주장에 대해서 회의적인 입장을 보이며, 전자민주주의가 대의민주주의를 대체하기보다는 단지 국민과 정치지도자 사이의 정보와 의견교환의 흐름을 촉진시키는 제한적 역할만을 할 것이라고 주장한다.

미국, 영국, 호주 등 주요국은 정책 현안을 해결하고 미래사회를 선도하기 위한 21세기 새로운 국정 운영의 패러다임으로 '소통형 디지털 정부' 구현을 내세웠다 (한국정보화진흥원, 2009년 7월). 소통형 디지털 정부는 90년대 미래 정부 형태로 논의된 전자정부에서 정부-시민 간 쌍방향 소통을 더욱 강화시킨 개념이다. 의사 결정 투표에 직접 참여할 뿐만 아니라 의사 결정을 위한 소통 과정에도 적극적으로 참여하여 실질적인 시민 참여와 합의를 이끌어내고 이를 바탕으로 효율적인 정책을 구현하고자 하는 것이 소통형 디지털 정부가 추구하는 바이다. 이 소통형 디지털 정부는 유무선 인터넷 망의 안정적 구축과 넷북, 노트북, 스마트폰 등의 모바일 미디어의 발달, 그리고 전지구적인 사회관계망 형성을 구현할 수 있는 소셜 미디어의 확산 등을 통해 실현할 수 있는 21세기형 정부 형태로서 현재 시행착오에도 불구하고 다각도로 실행되고 있는 현재형 정부 형태이다.

(2) 소셜 미디어와 소통형 디지털 정부

조희정 (2010)은 소셜 미디어에 의한 미디어 환경의 변화가 일반 사람들의 정치 참여에 변화를 가져왔다고 주장한다. 우선 유권자간, 그리고 유권자와 후보간 자유로운 소통 기회가 확대되었으며, 결과적으로 일반인들의 정치 참여 기회를 넓혔다고 본다. 다른 한편으로는 기득권 세력들이 변화하는 미디어 환경에 적응하기보다 규제를 통해 변화를 억제하려는 움직임을 보여준다고 지적한다. 즉, 미디어 기술의 발전으로 다양한 사회적, 정치적 기회를 누리면서도 변화로 인한 불이익이나 부적응에 대한 두려움을 갖게 되는 양면적인 모습을 나타낼 수밖에 없는 것이다. 변화의 양상을 정확히 이해함으로써 변화에 대한 두려움을 극복할 수 있으며 기술의 발전이 주는 기회를 보다 폭넓게 누릴 수 있을 것이다.

임연수와 박한우의 연구(2010)는 소셜 미디어의 활용이 선거 캠페인에 긍정적 효과를 미칠 수 있음을 증명해주고 있다. 이 연구는 2009년 10.28 재보궐 선거 기간 동안 후보들과 연관된 국내 블로그스피어의 변화 추세를 계량적으로 살핀 후 실제 선거 결과를 통계적으로 비교했다. 이들의 분석 결과에 따르면, 5개 지역 선거구 모두에서 후보 관련 블로그 포스팅이 가장 많은 후보들이 당선되었다고 한다. 이러한 결과는 후보별 평균 블로그 포스팅의 빈도와 실제 득표간의 상관관계 및 회귀 분석 결과 상호간에 유의미한 연관성이 있음을 보여주는 동시에, 블로그를 통한 선거 캠페인이 긍정적인 효과를 가져왔음을 보여준다.

같은 맥락에서 위간드(Wigand, 2010)는 미국 정부 부처가 트위터 소통을 통해 정책 홍보를 얼마나 효율적으로 할 수 있는지를 제시하고 있다. 트위터를 통해 해당 부처 관련 뉴스를 직접 전달하고, 필요한 정보를 국민들과 공유하며, 새로운 프로젝트를 추진할 때 최종 수혜자가 될 국민들의 참여를 유도해서 프로젝트 홍보 및 지지 세력을 확보할 수 있다는 것이다. 미국 정치권에서는 소셜 미디어 소통을 매우 긍정적으로 평가하고 있는데, 실례로 미국 연방 정부는 웹사이트까지(http://www.usa.gov/webcontent) 구축해서 정부 각 부처의 소셜 미디어 활용 사례를 소개하고 있을 뿐만 아니라 어떻게 활용할 수 있는가에 대한 가이드라인까지 제시하면서 소셜 미디어 활용을 적극 권장하고 있다(박한우, 이연옥, & 류영달, 2009).

이상의 논문들은 새로운 미디어 환경에 대한 염려로 규제의 필요성을 제기하는 한편, 그 활용성에 대한 기대와 긍정적 효과를 실질적으로 보여주고 있다. 새로운 미디어가 긍정적 효과에 대한 기대와 부정적 효과에 대한 염려를 모두 내포하고 있다면,

부정적 효과에 대한 염려로 그것의 활용성을 제약하기 보다는 새로운 미디어에 대한 이해를 통해 긍정적 활용을 도모하는 쪽으로 노력을 기울이는 것이 더 바람직할 것이다.

(3) 트위터의 미디어 특성

2004년 오라일리의 웹2.0 선언 이후 6년이 지난 2011년 현재, 트위터는 인터넷에서 각광 받고 있는 쌍방향 커뮤니케이션 소셜 미디어 중 하나가 되었다. 2010년 전세계 웹 서비스 중 현재 트래픽 수에서 10위에 올라 있으며 미국 내에서는 8위를 기록하고 있다. 오이코랩(OikoLab)의 Twitter Korean Index에 따르면(http://tki.oiko.cc), 우리나라의 경우 2009년 4월 본격적으로 도입된 이후 빠른 성장세를 보여 2011년 8월 28일 현재 우리나라 트위터 계정 수는 4,337,073에 달하며 트래픽 순위에서도 15위를 차지하고 있다.

트위터는 기본적으로 자신의 일상을 140자 한정된 글자 수로 표현하고 다른 사람들의 일상을 실시간으로 공유하는 사이트이다. 기존의 블로그가 시간을 들여 전에 있었던 일을 일기 형식으로 올리거나 다양한 주제들에 대한 의견을 심도 있게 표현하는 공간이라면 마이크로 블로그인 트위터에서는 지금 당장 무엇을 하고 있는지를 공유하거나 기타 정보들을 실시간으로 공유하는 소통 공간이다.

소셜 미디어에서 쌍방향 커뮤니케이션은 상호 링크를 통해 구체적으로 드러난다. 소셜 미디어에서 구성된 사회 관계망은 이 상호 링크를 통해 보여지는데 이 사회 관계망 분석만으로도 소셜 미디어의 커뮤니케이션 영향력을 이해할 수 있다. 예를 들어 정치인들의 소셜 미디어 사회 관계망을 분석해서 정치인들의 커뮤니케이션 양상과 정치 지형을 엿볼 수 있다 (Hsu & Park, 2011). 트위터 역시 이용자들끼리 트위터 페이지를 연결해 소통할 수 있도록 지원하고 있는데 이 연결망이 비대칭적 연결 구도라는 점에서 다른 소셜 미디어와 구별된다 (Comm, 2010). 예를 들어, 싸이월드나 페이스북 등의 소셜 네트워크 사이트들은 서로 친구 요청을 받아들여야 연결이 이루어진다. 상대방이 친구 요청을 거부하면 연결이 성사되지 않는다. 반면에 트위터에서는 상대방의 동의 없이도 원하는 사람을 팔로잉할 수 있으며, 이 때문에 내가 자발적으로 연결한 리스트와 나를 연결한 리스트가 비대칭을 이루는 연결망이 형성된다. 이러한 개방형 연결망은 상대방의 승낙 없이도 이용자가 팔로잉하면 그 사람이 올린 메시지를 본인의 타임라인에서 볼 수 있게 한다. 물론 이용자들은 자신이 누구를 팔로잉하고 있는지 누구에 의해 팔로우되어 있는지를 자신의 트위터 페이지에서 확인할 수 있다.

트위터의 비대칭 연결망에서 짐작할 수 있듯이 모든 이용자들이 동등하게 정보 생산 및 확산에 기여한다고 볼 수는 없다. 소셜 미디어 분석 정보를 제공하는 온라인 사이트 시소모스(www.sysomos.com/insidetwitter)의 통계 자료를 보면, 2009년 상반기(1월~5월) 동안 85.3%의 이용자가 하루에 한 개의 트윗 메시지도 작성하지 않고 있으며, 21%는 한 번도 메시지를 올리지 않은 것으로 나타났다. 93.6%가 100명 이하의 팔로어들을 가지고 있었고 92.4%가 100명 이하의 이용자들을 팔로잉하고 있었다. 또 트위터 전체 이용자들 중 5%가 트위터 전체 활동의 75%에 기여하고 있었다. 결과적으로 트위터에서 메시지 영향력을 가지고 있는 이용자들은 소수라는 것, 그리고 이들이 정보 생산, 유통에 절대적 기여를 한다는 것을 알 수 있다. 이렇게 인터넷 공간에서 소수의 이용자들만 활발히 활동하는 빈익빈 부익부 현상은 일반적으로 '멱함수 법칙'(Power Law)' 혹은 '마테이효과'(Matthew Effect)'라고 알려져 있다(Kim, Barnett, & Park, 2010).

다시 정리하면, 트위터는 사람들이 상호적으로 커뮤니케이션을 할 수 있는 사회 연결망을 제공하는 한편, 상호 동의에 의한 연결보다는 정보 구독의 필요에 의한 비대칭적 연결 구조로서, 신속하고 직접적인 정보 전달에 강조점을 두고 있는 소셜 미디어이다. 결과적으로 사회적으로 영향력 있는 개인들 혹은 사회 명사들이 정보 생산자로 적극 참여하는 한편 여러 기업체, 공공기관, 단체 등이 트위터를 개설하여 정책 및 사업을 홍보하거나 지지 세력 확보를 꾀하기도 한다. 일반 이용자들이 사회적으로 공신력 있는 단체의 계정들을 정보 구독의 목적으로 팔로잉 하는 것을 보면 이들 역시 트위터를 통한 홍보를 하나의 정보 소통 유형으로 인식하고 있음을 짐작할 수 있다.

(4) 트위터 소통에서의 동질성의 원리

트위터는 누구나 소통 흐름에 참여할 수 있지만 정보 구독을 원하는 사람들을 선택해 팔로잉한다는 점에서 소통의 불균형이 초래될 수 있다. Kim & Park (2011, forthcoming)은 트위터 활동을 활발히 하고 있는 우리나라 국회의원들 중 각 정당을 대표할 만한 다섯 명의 의원들 (강기갑, 나경원, 노회찬, 정동영, 원희룡)과 일반 이용자들간의 트위터 연결망을 분석했는데, 그 결과 정치적 성향이 비슷한 사람들끼리만 교류하는 극단적 관계망을 형성하고 있음을 확인하였다. 트위터 상에서의 의견이 극단적으로 갈리는 성향은 야디와 보이드(Yardi & boyd, 2010)의 연구에서도 증명되었다. 이 논문은 낙태 시술자 틸러 박사에 대한 살인 사건(2009년 5월 31일 사망)과 관련해서 오고간 트위터 메시지 30000개를 분석한 결과, 낙태 찬성과 반대 입장에 따라 서로 뭉치는 경향이 있고, 다른 입장의 사람들과 스스로를 구분하면서 더욱 강하게 집단화하는 경향이 있음을 보여주고 있다. 결과적으로 트위터 관계망은 비슷한 성향의 사람들끼리만 소통하는 동질성의 원리(the principle of homophily)를 따르고 있는 셈이다.

설진아(2009) 역시 트위터가 '수용자의 선택성'을 강화시킨 미디어라고 지적하고 있다. 즉, 트위터는 누구나 참여해 메시지를 올릴 수 있는 공간으로서 다양한 관점의 정보들을 접할 수 있는 채널 잠재성을 가지고 있지만, 실질적으로는 같은 입장의 사람들끼리 선택적으로 교류하는 경향이 두드러지는 소셜 미디어인 것이다.

(5) 정보 전달 수단으로서의 트위터

설진아(2009)는 또 '주목도(awareness)'를 높일 수 있다는 점이 트위터의 미디어 특성 중 하나라고 주장한다. 트위터의 인터페이스는 이용자들이 자발적인 추종자(followers)에게 자신의 일상 활동을 알리거나 유용한 정보를 유포하는 데 편의를 제공하고 있다. 이를 이용하는 사람들은 자신의 일상에 대한 메시지가 자신을 따르는 팔로어들에게 전달된다는 것을 충분히 인식하고 있을 것이다. 실제로 사회 명사들 중에는 수만, 수십만 명의 팔로어를 가지고 있지만 자신들은 훨씬 적은 사람들을 팔로잉하고 있는 경우가 많은데, 이는 트위터가 비대칭적 정보 교환 구도가 되기 쉽다는 것을 보여준다. 물론 팔로어들이 언제든 구독한 메시지에 반응을 보이거나 받은 메시지를 다른 사람들에게 재전달(retweet)해서 정보 유포에 적극적으로 참여할 수 있다는 점에서 쌍방향 커뮤니케이션 채널임에는 틀림없지만, 영향력 있는 정보원의 정보 전달 채널, 즉 일대다(多) 형식의 커뮤니케이션 채널로 활용되는 경우가 적지 않음을 짐작할 수 있다.

상호 연결로 관계망을 형성하는 소셜 네트워크 사이트 (싸이월드, 페이스북 등)에 비해 트위터는 원하는 한쪽이 다른 쪽의 허락 없이 연결할 수 있다는 점에서 보다 개방적인 연결망을 지향하지만, 이와 동시에 특정 이용자를 주요 정보원으로 하는 비수평적 커뮤니케이션 구도가 생기기 쉬운 잠재성도 가진다(Barash & Golder, 2010). 이와 관련해서, 나만, 보아스, 그리고 라이(Naaman et al. 2010)의 연구는 메시지 내용 분석을 통해 트위터의 주요 행동 패턴에 크게 두 가지 유형이 있음을 확인해 준다. 하나는 자신에 대한 메시지를 실시간으로 전달하는 데 더 중점을 두는 유형 (80%)이고 다른 하나는 정보 공유에 더 중점을 두는 유형(20%)이다. 이들 연구에서 주목할 만한 것은 정보 공유에 중점을 두는 유형의 이용자들이 자신에 대한 메시지를 주로 올리는 이용자들보다 더 많은 팔로어 수를 가지고 있다는 점이다. 게다가 다른 사람에 대한 멘션(mentions) 횟수도 정보 공유에 중점을 두는 유형의 이용자가 더 많았다. 이러한 결과는 트위터에서 중요한 기능이 정보 공유이며, 유용한 정보 전달자는 트위터 상에서 더 잦은 상호 커뮤니케이션을 할 가능성이 많다는 것을 보여주는 것이다. 한편 트위터에서 상호작용을 일으키는 유형과 달리 자신에 대한 메시지를 올리는 유형의 이용자가 80%를 차지했으며, 이들이 생산한 메시지 중 자신에 대한 메시지가 48%를 차지하고 있었다. 이 점에서 트위터 이용자들 간에 자신을 홍보하고 주목받으려는 심리가 크게 작용하고 있음을 짐작할 수 있다. 이들은 자신에 대한 메시지 외에도 특별한 의미 없는 진술(약 25%), 의견/불만(약 24%), 정보 공유(약 16%) 등의 순으로 메시지를 생산했다. 정보 공유에 중점을 두는 유형의 이용자들은 정보 공유 (53%), 의견/불만 (약 18%), 특별한 의미 없는 진술 (약 19%), 자신에 대한 메시지 (약 16%) 등의 순이었다.

비록 상대적으로 작은 비중이기는 하지만 정보를 전달하고 공유하려는 이용자들이 더 활발하게 트위터 소통에 참여한다는 연구 결과 (Naaman et al., 2010)는 트위터를 통한 홍보 효과를 기대하게 한다. 얼마나 많은 이들이 그 메시지를 받을 수 있고(팔로어 수) 얼마나 재전달되는지(리트윗 수)를 통해 그 메시지의 영향력 및 메시지 작성자의 커뮤니케이션 영향력을 엿볼 수 있으며, 홍보 효과를 평가하는 데도 간접적 지표가 될 수 있다 (Leavitt, Burchard, Fisher, & Gilbert, 2009). 트위터의 빠른 정보 확산 기능이 팔로어 수 못지않게 리트윗 횟수에 달려 있다고 볼 때 해당 이용자가 가지고 있는 팔로어 중에 수많은 팔로어를 가지고 있는 파워 트위트리언 (power twitterian, 영향력 있는 트위터 이용자)이 있다면 본인의 팔로어가 상대적으로 적어도 메시지 영향력이 결코 작다고 평가할 수 없을 것이다. 즉, 트위터에서 정보 확산 능력은 직접적으로 연결되어 있는 네트워크뿐만 아니라 그 네트워크 안에 있는 다른 이용자들의 확산 능력까지 간접적으로 발휘될 수 있는 것이다.

미국 정부 부처의 트위터 활용을 연구한 위간드(Wigand, 2010) 는 각 정부 부처가 트위터를 통해 교류하는 이용자들을 불특정 대중이라고 보기보다는 해당 부처의 업무에 관심이 있는 특정 이용자들임을 인식하고 있다고 지적한다. 일단 정보를 전달하기 위해서는 이용자들이 자발적으로 해당 부처의 트위터를 팔로잉하고 있어야 한다는 점에서 자발적 팔로잉을 유도하는 이용자들의 관심도가 중요할 수밖에 없다. 결과적으로 '자기편' 이 될 수 있는 팔로어가 많을수록 메시지 영향력이나 홍보 효과는 더 높아질 것이다. '자기편 확보' 는 결국 앞서 트위터 연결망에서 보여졌던 '동질성의 원리' 와 상통한다.

트위터는 정보 전달뿐만 아니라 위기관리 수단으로도 활용된다(조희정, 2010; Hughes & Palen, 2009). 휴스와 팔렌(2009)은 2008 년 미국 민주당과 공화당 각 전당대회, 그리고 전당대회 동안 있었던 허리케인 발생(허리케인 Gustav 와 허리케인 Ike) 등 4 개의 큰 사건 당시의 사람들의 트위터 활용 상황을 특정한 사건이 없는 일반적인 상황에서의 트위터 활용과 비교 분석했다. 분석 결과 위기 상황이나 사회적 이슈가 있을 때 특정 이용자와 사적 대화가 주가 되는 리플라이 수는 줄어든 반면(특정 이용자와의 대화형이 아닌) 순수 메시지와 URL 을 포함한 메시지들은 증가하였는데, 이러한 결과는 위기 상황에서 트위터가 정보 확산 수단으로 활용되고 있음을 나타낸다. 주목할 점은 위기 상황이라고 하더라도 메시지 생산을 주로 담당하고 있는 이용자의 수가 증가하는 것은 아니었다. 즉 메시지 증가율에 비해 메시지 생산자의 수가 증가하지 않는 것이다.

휴스와 팔렌의 연구(2009)는 두 가지 시사점을 준다. 첫째, 위기 상황이나 사회적 이슈가 있을 때 정보 전달 수단으로 트위터가 효과적으로 활용될 수 있다는 것이다. 둘째, 위기 상황이든 평소이든 트위터에서 정보 생산을 주도하는 부류의 이용자는 크게 달라지지 않는다는 것이다. 이는 트위터에서 정보와 소통을 주도하는 특정 부류가 있음을 시사한다. 하지만 그 영향력을 기존처럼 정치력과 경제력을 갖춘 사회 기득권층만이 주도하는 것이 아니라, 일반인들도 영향력 있는 이용자로 성장할 수 있다는 점에서 트위터 내의 영향력자들에 대한 잠재성을 평가해야 할 것이다.

(6) 사적 커뮤니케이션 채널로서의 트위터

우리나라뿐 아니라 세계 많은 나라 정부 부처들이 트위터 계정을 만들어 정책 홍보 수단으로 활용하고 있다(한국정보화진흥원, 2009). 트위터를 통해 정책을 홍보함으로써 효율적으로 정보 전달할 뿐만 아니라 위기관리를 위해 활용할 수 있는 사회관계를 형성, 즉 '자기편 만들기'를 할 수 도 있다. 트위터는 상호적 커뮤니케이션 채널과 정보전달 채널이라는 두 가지 미디어 속성을 가지고 있다(Naanarn et al., 2010). 슈 등(Hsu, Park, & Park, 2010)은 이 두 가지 미디어 속성이 커뮤니케이션 툴과도 관련되어 드러난다고 주장한다. 그들은 메시지 소스 분석을 통해 모바일 앱에서 트윗한 메시지에서 리플라이의 비중이 상대적으로 높은 반면 웹에서 올린 메시지에서는 링크가 포함된 메시지 비중이 상대적으로 높다는 것을 발견했다. 이 결과는 커뮤니케이션 툴에 따라 메시지 유형이 달라질 수 있음을 의미한다. 즉, 모바일 앱을 통해서는 상호적 소통을 이끄는 유형의 메시지가 생성되기 쉽고, 웹에서는 정보를 포함한 메시지가 생성되기 쉽다는 것이다. 어떤 커뮤니케이션 툴을 이용해 메시지를 생성하느냐에 따라 트위터가 가진 미디어의 속성이 달라진다는 가정은 지속적으로 검토해볼 가치가 있을 것이다.

트위터는 일반적 형태의 블로그와 비교해 사회적 존재감(social presence)이 높은 컴퓨터 매개 커뮤니케이션(computer-mediated communication, CMC) 매체이기에 참여자 간 친밀감을 높일 수 있다. 초기 CMC 이론에서는 컴퓨터 매개 커뮤니케이션의 익명성 때문에 서로에 대한 사회적 존재감이 낮을 수밖에 없고 이 낮은 사회적 존재감은 관습을 벗어난 부정적 행동으로 나타날 수 있다고 했지만(Kiesler, Siegel, & McGuire, 1984), 소셜 미디어의 경우 프로필을 작성하고 사진을 게재하는 등, 사회적 존재감은 친밀감을 형성할 만큼 높다는 것이다. 여기에 언제든 피드백을 전달할 수 있는 쌍방향 커뮤니케이션 구조까지 더해져 사회적 관계를 형성시킨다.

하지만 높은 사회적 존재감의 이점은 소통 주체가 개인이 아니라 특정 집단이라는 점에서 상쇄되는 측면이 있다. 사실 트위터는 자신의 현재 일상 감정 혹은 행동을 올리라고 권유하는 구조에서 알 수 있듯이 '비공식적 혹은 구어적 톤(informal human voice)' 으로 소통하는 공간이다 (Wigand, 2010). 이런 친밀한 목소리 톤은 개인들간의 소통에서 효과를 발휘하는 반면 단체 등 비개인적인 커뮤니케이터와의 소통에서는 위화감이 조성될 수 있다. 다시 말해 특정 단체를 대표하는 계정은 그 단체의 사회적 공신력만큼 정보원으로서는 영향력을 발휘할 수 있겠지만 친밀한 소통에는 방해가 될 수 있다는 것이다. 반대로 친밀한 소통이라는 이미지가 부각되면 공신력 있는 정보원으로서의 신뢰도에 영향을 미칠 수도 있다. 미디어 자체가 가지고 있는 다양한 채널 속성과 그것을 활용하는 주체의 커뮤니케이션 전략 사이에서 시너지 효과를 얻기 위해서는 우선적으로 소셜 미디어가 실질적으로 어떻게 활용되고 있는지를 파악하고, 이를 바탕으로 커뮤니케이션 전략을 수정, 보강해야 할 것이다.

지금까지 기존 연구 논문 및 정책 자료, 통계 자료 등을 통해서 소셜 미디어가 소통을 지향하는 정부 체제를 위해 어떻게 기여할 수 있는지, 그리고 어떤 제약이 있을 수 있는지에 대한 이론적 근거를 살펴보았다. 이를 기반으로 해서 트위터를 활발히 활용하고 있는 우리나라 정부 부처 중 하나인 농림수산식품부의 트위터 활동을 분석해보고자 한다. 분석의 초점은 다음과 같다. 첫째, 농림수산식품부 트위터의 활동 상황은 어떠한가? 둘째, 트위터는 정부 정책 홍보 및 정보 전달 수단으로 기능하는가? 셋째, 트위터 사회관계망을 통해 드러난 농림수산식품부 트위터의 정보 전파력은 어떠한가?

3. 연구 방법

이 연구는 트위터에서 활발한 활동을 보이는 정부 부처 중 농림수산식품부의 트위터 활동을 분석했다. 계정 생성일 (2010년 2월10일)부터 약 6개월간의 트위터 활동을 모니터링해서 그 변화 추이를 계량적으로 탐색하였다.

(1) 자료 수집

먼저 2010년 2월 10일부터 7월 14일까지 농림수산식품부 트위터 계정에서 작성된 메시지를 수집했는데, 수집된 메시지는 농림수산식품부(@mifaff)가 작성한 메시지뿐만 아니라 관계망을 형성하고 있는 팔로어와 팔로잉 계정에 의해 작성된 메시지도 포함되었다. 자료 수집을 위해 트위터 API(application program interface)를 활용한 프로그램 트위터 스크랩퍼를 활용하였다 (박한우, 2010). API는 표준화된 인터페이스를 공개해 특정 컴퓨터 프로그램이나 소프트웨어 기능을 다른 프로그램에서도 쉽게 적용할 수 있도록 한 것이다(박한우, 박세정, Stuart & 이승욱, 2009). 수집된 자료에는 @mifaff와 연결되어 있는 다른 트위터 이용자들의 타임라인 내용은 포함되지 않았다. 따라서 농림수산식품부 타임라인에 나타난 리플라이 메시지의 경우 응답에 연결된 본래 메시지는 수집하지 않았다. 농림수산식품부 트위터 계정이 비교적 최근에 생성되었기 때문에 생성 이후 일정 기간 동안의 커뮤니케이션 활동의 변화를 파악하는 데 도움이 될 것이다.

(2) 분석 방법

농림수산식품부의 트위터 활동을 분석하기 위해 소셜 네트워크 방법과 내용분석을 사용했다. 또 농림수산식품부 기획 및 홍보 담당자와 트위터 담당자와의 인터뷰를 통해 소셜 네트워크 방법과 내용분석으로 도출된 결과를 검토하여 결과에 대한 타당성을 높이고자 했다.

우선 트위터 타임라인에 보여진 전체 메시지는 소셜 네트워크 분석 방법으로 분석했다. 소셜 네트워크 분석 방법은 특정 사회 시스템에서 어떤 구성요소들이 어떤 구도의 관계망을 형성하고 있는지를 나타내는 데 유용한 연구 방법이다(Wasserman & Faust, 1994). 사회 시스템은 조직이나 국가 등에 한정하지 않는다. 메시지 또한 하나의 상징 혹은 인지 시스템으로서 독자적인 사회 시스템으로 볼 수 있으며, 이 때 구성요소 (분석 단위)는 '단어'가 된다(박한우& Leydesdorff, 2004; 박한우 & 이연옥, 2009). 문장을 구성하는 단어들은 다른 단어들과의 조합을 통해서 특별한 의미 체계를 구성하는 경향이 있기 때문에, 소셜 네트워크 분석을 통해 메시지에서 사용빈도가 높은 단어들의 의미 네트워크 행렬(semantic network matrix)을 만들어 시각화하면 새로운 의미를 찾아낼 수 있다.

이 연구에서는 소셜 미디어의 여러 구성 요소(예, 메시지, 해쉬태그, 친구관계 등)를 분석 단위로 하여 이를 시각화해 다양한 사회적 의미를 찾아냈다. 최근 핸스 등(Hanse et al., 2011)은 이러한 시각적 자료를 이벤트 그래프(Event Graphs)로 명명할 것을 제안했다. 이 연구도 이벤트 그래프를 통해 농림수산식품부 트위터 계정이 누구를 팔로우하고 있는지, 누구에 의해 팔로우되어 있는지, 어떤 단어들이 자주 등장하며 각 주제어들 간의 관계성은 어떠한지를 시각화한 이벤트 그래프를 제공한다. 이 시각화 자료는 쌍방향 소통 구도 및 메시지 영향력, 그리고 정책 홍보 성과 등을 이해하는 데 유용하게 활용할 수 있다.

내용분석은 주관적 판단을 배제하기 위해 가능한 한 대부분의 데이터를 계량화했으며, 인터뷰는 보충자료를 위해 진행된 보조적 연구 방법이었다. 즉, 인터뷰를 통해 얻은 자료는 이 연구의 분석과정에 주요하게 사용되지 않았으며, 다만 소셜 네트워크 분석 방법과 내용분석으로 나온 결과에 대한 타당성을 높이기 위해서만 언급되었다.

(3) 분석 과정

소셜 네트워크 분석을 위해 몇 가지 프로그램과 소프트웨어를 활용했다. 먼저 KrKwic (Park & Leydesdorff, 2004)은 한국어 분석을 위해 개발된 텍스트 네트워크 분석 소프트웨어이다. KrKwic으로 분석된 자료는 UCINET 프로그램(Borgatti, Everett & Freeman, 2002)의 넷드로(NetDraw) 기능을 이용해 이벤트 그래프로 시각화했다. 또 농림수산식품부의 팔로잉과 팔로어 관계를 한눈에 보여주는 Ego Network는 Excel 템플릿을 이용한 공개 프로그램 NodeXL을 이용해 시각화했다. NodeXL은 트위터 API를 이용하여 수집된 특정 사용자의 팔로잉, 팔로어 및 메시지를 시각화하는 소프트웨어이다 (Barash & Golder, 2010).

메시지는 또 커뮤니케이션 유형별로 나누어 계량화한 후 내용분석했다. 트위터 타임라인에 올라온 메시지들을 커뮤니케이션 유형에 따라 리트윗(Retweet, 재전송), 리플라이(Reply, 응답), 멘션(Mention, 언급), 어트리뷰션(Attribution, 속성), 해쉬태그(HashTag) 로 분류했다.

리트윗은 다른 이의 트윗 메시지를 다시 트윗하는 기능(본인 글도 가능)이고 리플라이는 특정 트위터 이용자에게 응답하는 일대일 커뮤니케이션 형식으로 메시지 앞에 @ID 형식으로 누구에게 향하는 메시지인지에 대해 표시한다. 멘션은 특정 트위터 아이디를 메시지 사이에서 언급한 메시지를 말하며, 어트리뷰션은 리트윗과 비슷한 기능으로 리트윗할 때 의견을 덧붙이게 되면 글 용량의 제한이 생기므로 리트윗이 이루어진 계정을 묶어 via 명령어를 사용해서 (via@oisoo 형태) 글자 수를 줄일 수 있게 한다. 마지막으로 해쉬태그는 트위터에서 이용되는 문서분류 표시로서 태그(tag) 앞에 샵(#)을 쓰며, 메시지를 작성할 때 '#주제어' 를 트윗에 넣으면 링크가 걸리고 클릭하면 동일한 주제어를 하나의 창에서 다 볼 수 있도록 한다.

Leavitt, Burchard, Fisher, Gillbert (2009)에 따르면, 리플라이와 멘션은 특정한 트위터 이용자(들)을 대상으로 글을 작성해서 상대방과 의견을 나눌 수 있다는 점에서 대화형 커뮤니케이션 행위이며, 리트윗과 어트리뷰션은 본인이 관심 있는 메시지를 제3자에게 전송한다는 점에서 정보공유 형으로 볼 수 있다. 상호 소통의 특성을 대표하는 리플라이와 관련해서는 타임라인에 나타난 다른 이용자 아이디 별로 농림수산식품부 계정과 어떤 대화가 오고 갔는지에 대해 내용 분석했다. 이를 통해 어떤 부류의 이용자들이 농림수산식품부와 소통을 했는지, 어떤 주제를 주로 다루었는지를 확인하고자 했다. 메시지 역시 유니크 메시지(Unique Message, 중복되지 않은 포스팅된 메시지)와 해쉬태그의 빈도수 등으로 계량화해서 트위터에서 주로 소통된 핵심 이슈를 파악하는 데 활용했다.

인터뷰는 농림수산식품부 회의실에서 4명의 담당자(기획, 홍보, 트위터 담당자)가 동시에 참가하여 약 1시간 30분가량 진행되었다. 이 인터뷰는 2명의 연구원에 의해 진행되었는데, 제1저자와 교신저자가 참여했다. 결과적으로 인터뷰가 진행될 때 총 6명의 참가인원이 있었다. 분석 기간 동안 기획되고 진행되었던 이벤트에 대한 것과 트위터 소통시 애로 사항 등을 중심으로 인터뷰가 진행되었다.

4. 결과

(1) 농림수산식품부의 트위터 활동

① 기본 정보

농림수산식품부 트위터 @mifaff의 기본 정보를 살펴보면, 우선 농림수산식품부는 2010년 2월 10일 트위터를 개설하여 같은 해 7월 14일까지 총 1336개 메시지를 올렸으며, 202개 메시지를 즐겨찾기 했고, 8773개 트위터를 팔로잉 하고 있으며, 8245명이 팔로어하고 있다(〈표 1〉 참조).

Followers	Followings	Favorites	Tweets	Signup	TwitterURL
8245	8773	202	1336	2010/02/10	http://www.twitter.com/mifaff

〈표 1〉 농림수산식품부 트위터 기본정보

다음으로 상호적 커뮤니케이션 정도를 짐작해 볼 수 있는 기본 정보를 살펴보면, 맞팔율은 98.2%에 달했으며, 리플라이 수가 830개, 리트윗 수가 217개, 해쉬태그가 214개였다. 상호성을 평가할 절대적 기준은 학계에 지금까지 보고된 바 없지만, 수치만으로 어느 정도 상호 소통에 기여하고 있음을 알 수 있다(〈표 2〉 참조). 이와는 별개로, 농림수산식품부의 메시지는 평균 73자로 구성되었다는 사실은 140자의 메시지 구성 한계가 트위터 소통에 큰 문제가 아님을 시사한다는 점에서 흥미롭다.

Total tweets	ReTweets	Reply	Mention	Attibution	HashTag	AvgTweets
1366	217	830	330	0	214	73

〈표 2〉 농림수산식품부 트위터의 활동

② 고유한 이용자 계정(unique ID) 분석 결과

유니크 아이디는 자료수집 기간 동안 농림수산식품부 타임라인에 10회 이상 등장한 제3자 아이디이다(〈표 3〉참조). 총 7개의 아이디가 분석되었는데, 이들은 해당 기간에 @mifaff와 가장 많은 리플라이와 멘션을 주고받으며 활발한 정보 교류를 보여줬다. 메시지 수집 범위를 농림수산식품부 타임라인에 한정했기 때문에 그들의 본래 메시지는 수집하지 못하고 @mifaff의 답변 내용만으로 대략적인 상호 소통 상황을 확인할 수 있었다.

각각의 아이디들에 대한 @mifaff의 답변 내용들을 살펴봤는데, 대화 주제는 대개 일상적인 내용 수준이었으며, 상대방의 직업 및 활동 영역에 따라 특정 주제가 조금

ID	출현횟수(10회이상)	ID 특징	대화 특징
worldwelt	14	Protected account	일상적 주제의 대화
kojaeyoungpao	14	경기도에서 빵집 운영. 농촌, 귀농, 농업, 정보화마을에 관심이 많으며 그와 관련된 주제로 활발히 교류	주로 '빵'을 주제로 일상적인 대화
cafemiss1	14	각종 이슈 다른 트위터리안과 활발히 교류(일반인)	일상적인 대화 및 웹 마케팅 관련 대화가 주를 이룸
32smp	12	각종 이벤트에 활발히 참여하는 트위터리안(일반인)	음식 및 농수산물 배송에 관련된 대학
ar isungo	10	트위터상에 정치적 이슈 활발히 토론하는 트위터리안(일반인)	농수산관련 법규에 대한 궁금증을 가진 트위터리안에게 정보제공
sinojoon	10	각종 이슈 다른 트위터리안과 활발히 교류(일반인)	일상적인 주제의 대화
ebizstory	10	블로그 '강팀장의 웹이야기' 주인. 웹과 관련된 다양한 이슈 활발히 교류	IT업계에서 유명함 '강팀장'과 친분성 대화

〈표 3〉 고유한 이용자 계정(Unique ID) 특징 및 대화 내용

씩 부각되기도 했다. 예를 들어 빵집을 경영 중인 @kojaeyongpao와는 주로 '빵'을 주제로 한 일상 대화를, @cafemiss1과는 웹 마케팅에 대한 대화가 이루어졌다. 트위터에서 많은 팔로잉을 가지고 있는 파워 트위터리안 중의 한 명인 @ebizstory와의 대화 내용은 메시지 전달력에 미칠 영향력을 고려해 보다 신중히 검토할 만했는데, 분석기간 동안의 대화에서는 친분 형성을 위한 일상 대화에 그쳤다. 정보 유포의 영향력을 짐작해 볼 수 있는 메시지 교류는 없었지만, 파워 트위터리안과 적극적으로 친분을 맺으려 하는 행동이 드러남으로 해서 농림수산식품부가 트위터에서 파워 트위터리안의 영향을 정확히 파악하고 전략적으로 이용하고자 했음을 볼 수 있었다. @32smp와의 대화는 농수산물 배송에 대한 것이기는 했지만 그 내용이 정책과 관련된 논의가 아니라 일상적인 대화에 그쳤다는 점에서 농림수산식품부가 정책과 관련된 주제에 깊숙이 개입하는 것을 꺼려하고 있음을 짐작할 수 있었다. 마지막으로 @arisungo와의 대화는 농수산 관련 법규에 대한 질의 및 응답이 주를 이루고 있었다. 이는 농림수산식품부가 관련 업무에 관해 일반 국민들과 직접 소통한다는 점에서 소통형 디지털 정부에 가장 가까운 사례를 보여줬다.

③ 고유한 메시지 (unique message) 분석 결과

유니크 메시지는 트위터에서 오고간 이슈 분석에 사용하는 것으로 이 분석을 통해 어떤 메시지가 트위터에서 가장 많이 등장했고 이슈화 되었는지를 알 수 있다. 이 연구에서는 농림수산식품부 트위터 계정의 메시지만을 분석했기 때문에 유니크 메시지 분석을 통해 트위터 전체 이슈가 아니라 농림수산식품부 계정 내에서 어떤 이슈가 중점적으로 논의되었는지만을 확인할 수 있었다. 분석 결과 '#YamYam타임_' 해쉬태그를 중심으로 농수산 관련 이벤트가 가장 핵심적인 이슈였음을 알 수 있었다. 그밖에 '막걸리,' '감사,' '농식품부,' '즐거운,' 등의 단어가 자주 등장했다. 〈표 4〉는 20개 이상 등장한 단어들을 보여준다.

〈그림 1〉은 자주 등장한 단어들을 관련성이 있는 것끼리 그룹화한 ConCor 분석 결과이다. ConCor 분석은 KrKwic에서 얻은 '단어×단어' 공출현 매트릭스를 이용하여 트위터 메시지에 포함된 의미구조를 파악하는 기법이다 (박한우 & 이연옥, 2009). ConCor 분석은 코더를 활용한 내용분석보다 훨씬 효율적이며, 숨어있는 의미군집

출현횟수	단어	출현횟수	단어
106	막걸리	45	해당
97	감사	41	맛있
86	농식품부	39	함께
85	즐거운	39	하루
75	얌얌타임	37	많이
69	오후	36	부탁드립니다
65	팔로우	30	성함
64	ㅋㅋ	30	농림수산식품부
63	오늘	29	이벤트
63	오후4시	27	의견
56	트위터	25	답변
54	매일	24	사진
52	질문	23	기프트콘
52	구제역	22	모두

〈표 4〉 20회 이상 등장한 단어들

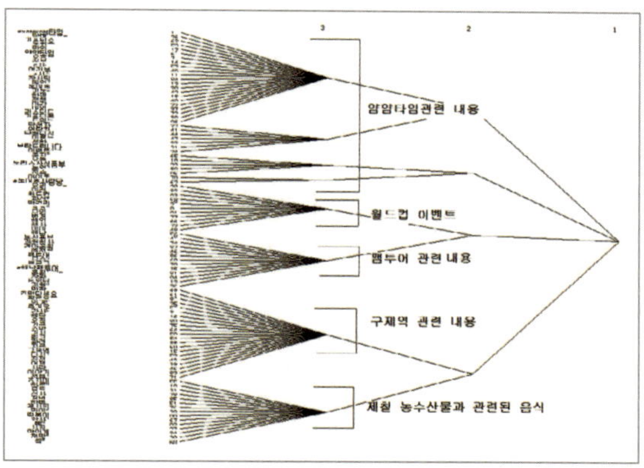

〈그림 1〉 트위터 메시지의 Concor 분석

간 관계성을 발견하는 데 유용하다. 총 5개의 그룹으로 분류되었는데, ConCor 분석을 원활히 하기 위해 유니크 메시지 경우와는 달리 10개 이상 등장한 단어들로 기준을 낮춰 분석했다. 분류된 5개 그룹은 분석 기간 동안 어떤 이슈들이 있었는지를 보여주고 있다. 먼저 농림수산식품부가 홍보하고자 했던 기획 이벤트 얌얌타임과 관련된 메시지가 많이 등장한 것으로 나타났다. 이는 트위터를 통한 정책 홍보 효과가 긍정적으로 발휘될 수 있음을 짐작케 한다. 다음으로 월드컵 이벤트, 팸투어, 구제역, 제철 농수산물과 관련된 음식 등이 큰 주제로 등장했다. 국민 대다수가 즐긴 월드컵 이벤트뿐만 아니라 팸투어와 같이 농림수산식품부가 개별적으로 추구하는 이벤트도 주요 이슈로 부각되었다는 점은 정책홍보 채널로서 긍정적 효과를 보여준다. 또 구제역이나 제철 농수산물 관련 내용 이슈가 부각된 것은 트위터가 위기관리 채널이나 관련 정책을 논할 수 있는 국민과의 직접 소통 채널로 활용될 수 있음을 증명하고 있다.

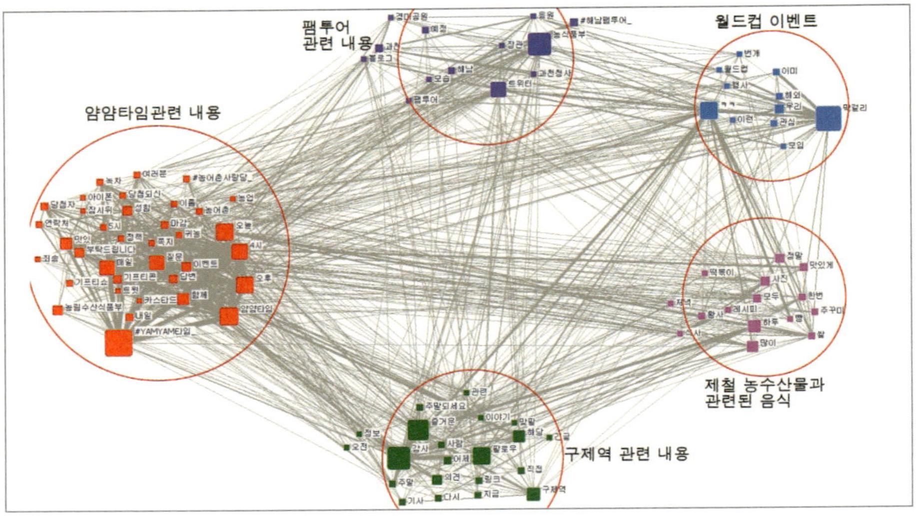

〈그림 2〉 트위터 메시지 네트워크 그래프

〈그림 2〉는 앞서 5개의 그룹으로 나뉘어졌던 이슈 관련 단어들의 연결망을 한 눈에 보여주는 이미지 그래프이다. 네모로 표시된 노드는 그 크기에 따라 메시지가 얼마나 많이 출현했음을 시각적으로 보여주고 있으며 선의 굵기는 양끝에 연결된 단어 간의 관련성의 정도를 나타낸다. 이 이미지 그래프에서 얌얌타임 관련 이슈가 다른 4개 이슈에 비해 가장 많이 메시지화 되었으며 특히 '#YamYam타임_'이라는 해쉬태그가 가장 많이 유통된 단어임을 확인할 수 있다. 위 ConCor 분석 결과 이미지 그래프에서도 나타났듯이 분석 기간 동안 가장 많이 등장한 해쉬태그는 '#YamYam타임_'이며 그 다음이 '#해남팸투어_', 그리고 '#농어촌사랑당_', '#치킨당_', '#농림_' 순이었다. 〈표 4〉에서 확인할 수 있듯이 '#YamYam타임_'의 출현 횟수는 독보적이다. 분석 기간 동안 '#YamYam타임_'이외에 '#해남팸투어_' 역시 농림수산식품부 기획팀에서 전략적으로 홍보한 이벤트 해쉬태그였는데, 111번의 '#YamYam타임_' 출현 횟수와 비교했을 때 '#해남팸투어_' 이벤트는 덜 화자되었음을 짐작할 수 있었다.

④ Ego Network 분석 결과

NodeXL 프로그램으로 시각화한 Ego Network 이벤트 그래프는 농림수산식품부의 팔로잉과 팔로어 관계를 한눈에 보여 준다(〈그림 3, 4, 5〉 참조). 이 연구에서는 트윗수 2만개 이상을 가진 트위터 이용자 계정들만 가시화시켰다. 2만 개 이상의 트윗을 기준으로 잡은 이유는 트윗 계정 개설 시기가 길게는 2009년 초반일 수도 있다는 점[5]과 2만개 이상으로 잡아도 충분히 의미 있는 트위터 계정을 이미지 그래프로 나타낼 수 있다는 점 때문이다. 농림수산식품부가 팔로잉하는 계정들의 네트워크를 보여주는 〈그림 3〉은 이론적으로 농림수산식품부가 어떤 트위터 이용자의 활동에 관심을 두고 있는지를 알려주는 지표가 될 수 있으나 해당 계정의 높은 맞팔율(98.2%)을 고려했을 때 정보 획득의 욕구보다는 '상호성'을 보여주기 위한 의도가 컸던 것으로 간주할 수 있다.

반면에 〈그림 4〉가 보여주고 있는 팔로어들의 관계망은 농림수산식품부 트위터 계정이 활용할 수 있는 정보전달력을 간접적으로 보여준다. 약 65개의 파워 트위터리안

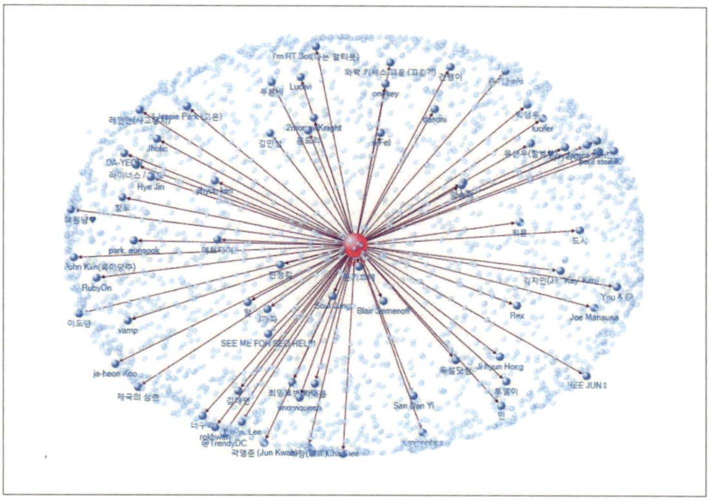

※ 트윗수 2만개 이상을 가진 트위터리안만 가시화시킴

〈그림 3〉 농림수산식품부의 팔로잉 네트워크

[5] 우리나라 트위터 계정 증가현황 그래프를 근거로 추측할 때, 우리나라 이용자들의 트위터 활동 시점을 최대 2009년 초반부터 잡는 것이 타당하다고 판단하였음.
오이코랩 참조. http://blog.oiko.cc/post/1139287720/153

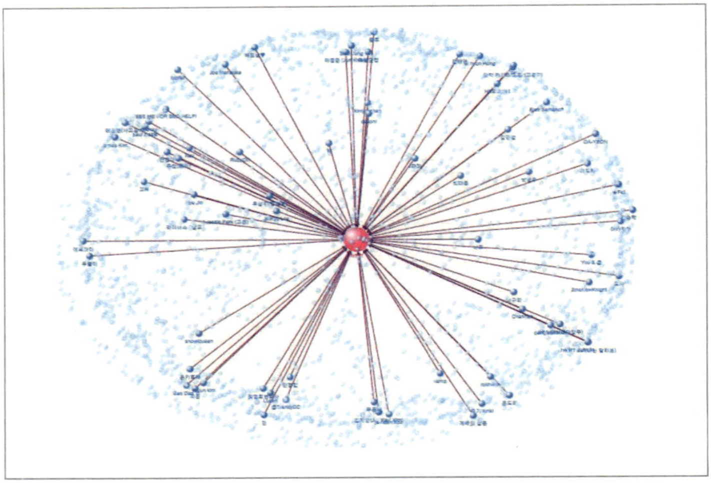

※ 트윗수 2만개 이상을 가진 트위터리안만 가시화시킴

〈그림 4〉 농림수산식품부의 팔로어 네트워크

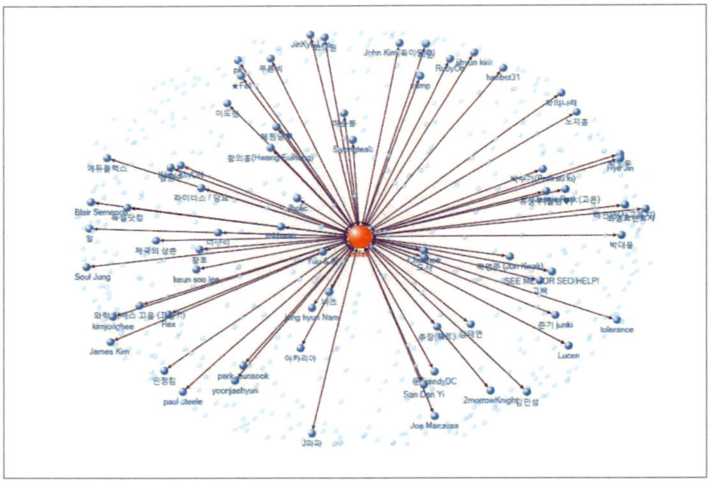

※ 트윗수 2만개 이상을 가진 트위터리안만 가시화시킴

〈그림 5〉 농림수산식품부의 팔로잉&팔로어 네트워크

에 의해 팔로우되어 있다는 것은 어떤 메시지를 올렸을 때 리트윗을 통해 효과적으로 정보가 확산될 수 있음을 의미하기 때문이다. 마지막으로 〈그림 5〉는 팔로어와 팔로잉 네트워크를 동시에 보여주는 이미지 그래프이다. 화살표 방향이 맞팔 관계인지, 일방적인 팔로잉, 팔로어 관계인지를 나타낸다. 농림수산식품부 트위터의 경우 맞팔율이 높은 만큼 팔로잉, 팔로어 네트워크가 거의 유사하다.

⑤ 소스 (source) 분석

〈표 5-1〉은 농림수산식품부 트위터 메시지들이 어떤 채널을 통해 게재되었는지를 확인하는 소스분석 결과이다. 농림수산식품부는 한 명의 트위터 담당자를 별도로 두고 있는데, 결과표는 담당자가 @mifaff 에 메시지를 올릴 때 다양한 소스 채널을 이용하고 있음을 보여준다. 가장 많은 메시지 (N=926)가 웹 인터페이스가 한국 이용자들에게 최적화되어 있는 twtkr.com (tweeter Korea의 약자)에서 작성되었다. 다음으로 스마트폰 어플리케이션 중의 하나인 파랑새앱(N=150)에서 작성된 메시지들이 많았다. 트위터 사이트에 바로 접속하는 대신에 다른 포탈 사이트의 검색창을 통해 들어오거나 다른 웹서비스(예, 블로그 페이지)에서의 링크를 통해 들어온 경우는 웹(N=137)으로 잡혔다. 그밖에 트위터 '당' 모임 서비스 twitaddons.com (N=77), 또 다른 스마트폰 앱 Twitbird(N=37), 아이폰용 글로벌 트위터 애플리케이션(Twitter for iPhone) (N=28) 등이 있었다. 비록 하나의 트위터 아이디 이용 패턴을 확인할 수 있었을 뿐이지만 향후 전체 한국인 이용자들의 소스 이용 형

Source	사용횟수	
twtkr	926	Mobile&Web
파랑새	150	Mobile
web	137	Web
twitaddons	77	Web
TwitBird	37	Mobile
Twitter for iPhone	28	Mobile
twtbiz	3	Web
foursquare	3	Mobile
mobile web	3	Mobile
코리안트위터스	1	Web
Twilk.com	1	Web

〈표 5-1〉 트위터 메시지 소스별 분석1

Device	Tweets	Retweets	Reply	Mention
Mobile	221 (16%)	10 (16%)	162 (18%)	19 (10%)
Web	1145 (84%)	52 (84%)	736 (82%)	162 (90%)
TOTAL	1366	62	898	181

〈표 5-2〉 트위터 메시지 소스별 분석2

Device	Tweets	Retweets	Reply	Mention
Mobile	221 (100%)	10 (4.52%)	162 (73.30%)	19 (8.60%)
Web	1145 (100%)	52 (4.54%)	736 (64.28%)	162 (14.15%)

〈표 6〉 소스별 메시지 생산 형태

태 연구를 설계하는데 좋은 정보가 될 것이다.

또 다양한 소스 채널을 웹(web)과 모바일 앱(mobile app.)으로 구분했다. 웹은 특정 장소에서 컴퓨터를 통해 인터넷을 접속하는 경우에 주로 사용되고 모바일 앱은 스마트폰에서 인터넷상의 서비스를 이용할 때 사용된다. 〈표 6〉은 메시지가 주로 어떤 툴을 이용해 생산되는가를 보여주고 있다. 이 표에서 특히 주목할 점은 모바일 앱에서 리플라이를 한 경우(73.3%)가 웹에서 한 경우(64.28%)보다 높게 나온 부분이다. 이 결과는 모바일 툴이 상호적 커뮤니케이션에 더 기여한다는 기존 연구의 주장과 연관 지어볼 수 있을 것이다 (Hsu, Park, & Park, 2010). 담당자 한 사람의 활동이라는 한계 때문에 특정한 현상으로 설명하기에는 부족하지만 기존 연구의 주장에 비추어 본다면, 상호소통에 중점을 둔 운영 형태라고 볼 수 있다.

(2) 관계자와의 인터뷰 결과

농림수산식품부 기획 및 마케팅 담당자 두 명, IT 담당자 한 명, 그리고 트위터 담당자 한 명과 연구진 3명 (첫번째 저자와 교신 저자 외 객원 연구원 참여) 등 총 7명이 참여한 인터뷰는 새로운 사실을 발견하기보다 소셜 네트워크 분석 방법 및 내용 분석으로 도출된 결과를 보강하기 위한 부수적 절차로 진행되었다. 먼저 농림수산식품부에서 추진한 기획 이벤트 혹은 정책 홍보 내용에 대해 확인했다. 기획 및 마케팅 담당자들은 트위터를 통해 얌얌타임이나 팸투어 등 기획 이벤트를 홍보하려 했으며 관련 메시지 및 단어들을 널리 유포시키려 했음을 밝혔다. 또 구제역이 발생했을 때 트위터를 통해 필요한 정보를 알리는 한편 질문을 해온 국민들에게 가급적 즉각적으로 답변하려고 했음을 밝혔다.

한편 관련 이슈에 대한 정보 제공 및 이벤트 홍보를 넘어 일반 국민들과 직접 소통을 하는 데 어려움이 있었음을 드러냈다. 예를 들어, 농산물 직거래 관련 트위터 행위에 개입하게 되면 공적 기관이 개별 이해 관계자의 이해를 꾀하는 데 일조하게 되는 문제가 발생하며 또 이와 관련해 손해를 입는 개별 이용자가 발생할 경우 심리적 손배상 문제가 개별 당사자 간이 아니라 공적 기관을 향할 수 있다는 위험 부담을 토로했다. 즉 개인간 대립이 있을 수 있는 문제에 소극적으로 대응하고 있음을 보여주었는데, 이러한 태도는 앞서 구제역 등 정부 통제가 필요한 문제이자 전 국민이 같은 방향의 이해관계에 있는 문제에 대해서 보여줬던 적극적 대응과 대조를 보인다.

5. 논의

(1) 농림수산식품부 트위터 활용

농림수산식품부의 트위터 계정의 기본 활동 내용을 살펴본 결과 트위터 활용 목적을 어느 정도 짐작할 수 있었다. 우선 커뮤니케이션의 상호성을 강조하려는 경향이 보였다. 기본적으로 트위터는 상호 친구 관계 맺기 사이트가 아니라 정보 유통을 주 기능으로 하는 정보 스트리밍 서비스이다 (Naanam, Boase, & Lai, 2010). 마이크로 블로그라는 별칭에서도 짐작할 수 있듯이 블로그의 '정보 구독' 기능의 축소판으로서의 성격이 상호적 커뮤니케이션보다 더 강조되는 소셜 미디어인 것이다. 이러한 미디어 특성에도 불구하고 트위터의 기본 기능을 넘어서는 높은 맞팔율(98.2%)로 볼 때, 커뮤니케이션의 상호성을 높이고자 하는 것이 농림수산식품부의 커뮤니케이션 전략 중 하나라고 볼 수 있다.

트위터 정보 소통 구조에서 상호성을 나타내는 또다른 지표인 리트윗 수(217 메시지)와 멘션 수(330 메시지)를 보면 전체 순수 메시지(1366)의 85%에 달하고 있다. 이러한 상호 소통의 결과물은 트위터를 단순히 정책 홍보의 수단으로서만 활용하지 않으려는 농림수산식품부의 의지를 드러낸다. 트위터 담당자의 인터뷰에서도 위기관리를 위한 소통 창구로서 트위터 계정 활용을 기대하고 있음을 밝혔다. 서로 친분이 없는 사이라도 온라인상의 상호적 커뮤니케이션은 커뮤니케이션 대상자에 대한 친근감과 신뢰성을 높이는 효과를 갖는다는 점에서 (Parks & Floyd, 1996; Parks & Roberts, 1998; Walther, 1992), 분석 결과에서 드러난 소통 양상은 커뮤니케이션의 목적을 달성하는 데 효과를 발휘할 것이라고 본다.

농림수산식품부의 트위터 기본 정보는 농림수산식품부가 트위터 이용에 있어서 상호적 커뮤니케이션에 대한 기대뿐만 아니라 정책 홍보 도구로서의 활용성도 기대하고 있음을 보여준다. 분석한 타임라인 메시지를 보면 해쉬태그가 사용된 메시지가 214개에 달한다. 특정 주제의 메시지들이 실시간으로 보여진 후 사라져버리는 트위터 구조를 보완한 것이 해쉬태그이다. 메시지 분석 결과는 '#YamYam타임_'이라는 해쉬태그가 붙은 메시지가 가장 활발히 거론되고 있음을 보여주고 있다. 홍보 담당자 인터뷰에서도 언급되었듯이 #YamYam타임_ 해쉬태그의 잦은 출현은 농림수산식품부가 트위터를 정책홍보수단으로 성공적으로 활용하고 있다는 증거이다.

또 요일별, 시간대별 트위터 활동을 시각화한 그래프는 농림수산식품부의 트위터 활동이 직장인들의 생활스케줄과 비슷하다는 것을 보여주고 있었다(〈그림 6〉). 트위터에서는 모든 정보들이 머물러 있는 것이 아니라 끊임없이 흐르고 있기 때문에 메시지 생산자와 소비자의 동시 접속은 그만큼 높은 정도의 정보 도달율을 보장한다고 볼 수 있다.

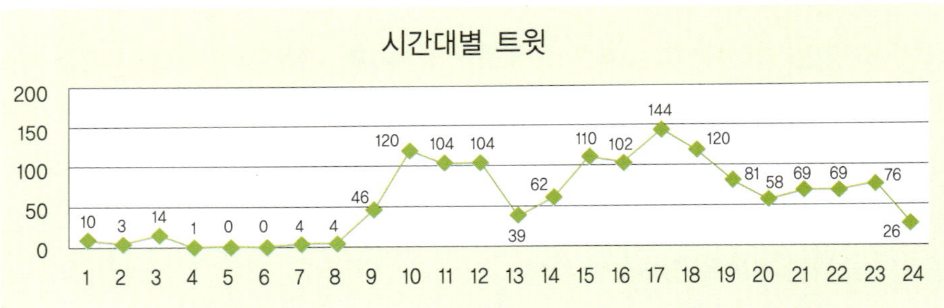

〈그림 6〉 농림수산식품부의 시간대별 트위터

농림수산식품부의 트위터는 높은 맞팔율, 활발한 리트윗과 멘션, 해쉬태그 이용 등으로 비추어볼 때 어느 정도 쌍방향 소통에 참여하고 있으며, 정보 전달에 있어서도 일반 이용자들의 이용 패턴에 벗어나지 않는 선에서 활용되고 있음을 알 수 있었다.

이밖에 농림수산식품부에서 트위터를 운영하는 담당자를 따로 두고 있다는 점도 주목할 만했다. 특정 담당자 없이 기획 및 마케팅, 홍보팀에서 팀 관리를 하게 되면 부서에서 기획하고 주도하는 이벤트 및 정책 홍보에는 적절히 대응할 수 있어도 국민들의 개별 메시지에 대해 즉각적 대응을 하는데 원활하지 못했을 것이다. 농림수산식품부는 담당자를 통해 특별히 홍보할 이벤트 및 정보가 없을 때에도 계속 트위터 소통에 참여하여 정부 기관의 쌍방향 소통 노력을 보여줬다.

(2) 정부 부처의 소셜 미디어 소통 한계

트위터 계정 활동에 대한 기본 정보들을 통해 농림수산식품부가 어떻게 트위터를 활용하는가에 대한 기본적인 그림을 그렸다면, 타임라인 내의 메시지와 커뮤니케이션에 참여한 ID 분석 자료를 통해서는 보다 구체적으로 트위터 활용 효과를 탐구했다. 주목할 만한 점은 활발한 소통자로 분류된 아이디의 주인공들이 농림수산식품부가 담당하고 있는 정부 정책의 직접 이해 당사자들이기보다는 다양한 목적으로 정부 부처와의 소통을 시도하는 트위터 이용자들이라는 점이다. 이러한 결과에서 짐작할 수 있듯이, 정부 부처가 소셜 미디어 채널을 통해 직접 이해당사자들과 소통하는 데에는 한계가 있을 수 있다. 특정 업무에 공적 책임이 높은 소통주체와 공적 책임이 전혀 없는 또 다른 소통주체 간에 동등한 정보 교환은 현실성 없는 대화만을 양산할 수 있다. 농림수산식품부 트위터 담당자와의 인터뷰를 통해 이러한 소통 한계를 당사자인 농림수산식품부 역시 인지하고 있음을 알 수 있었다. 불균형적 공적 책임은 농림수산식품부뿐만 아니라 다른 정부 부처들도 가지고 있는 트위터 소통의 한계일 것이다. 이러한 한계는 트위터에서의 커뮤니케이션이 이해당사자들과의 관계 형성에 부정적 영향을 끼치고, 소통 주제도 일반적 수준에 머물게 하는 결과를 초래할 수 있다. 결과적으로 쌍방향 커뮤니케이션을 통해 정책 이해 당사자들로부터 다양한 의견을 나누고 정책 참여를 이끈다는 목적에 차질이 생기게 된다.

위간드 (Wigand, 2010)는 정부 부처의 트위터 활용의 장점으로 불특정 다수가 아니라 구체적인 대상자(specific audiences)들과 대화할 수 있다는 점을 꼽았지만, 오히려 구체적 당사자들보다는 일반적인 이용자들과의 대화가 많았음을 알 수 있었다. 위간드의 주장이 우리 나라에 적용되지 않는 이유는 아마도 문화적 차이 때문일 것이다. 미국의 경우 위계적 커뮤니케이션보다는 수평적 커뮤니케이션 전통이 강한 문화적 특성 때문에(Hofstede, 2001) 트위터 소통 한계가 상대적으로 적었지만, 우리나라에서는 오히려 반대의 상황으로 나타났다고 볼 수 있다.

결론적으로 농림수산식품부와 같은 우리나라의 정부 부처는 공적 책임이 높은 소통주체일 뿐만 아니라 어느 정도 권위를 지켜야 하는 위치에 있는 소통 주체로서 소셜 미디어 활용에 한계를 가질 수밖에 없다. 정부 부처 트위터가 가지는 소통의 한계는 커뮤니케이터의 사회적 지위에 의한 것으로 이해될 수 있는 부분이지만, 트위터의 미디어적 특성을 고려했을 때 정부 부처가 가지는 소통 한계는 트위터를 통해 기대하는 소통 효과를 감소시키는 요소가 될 수도 있다.

(3) 정책 홍보 및 정보 전달 수단으로서의 트위터

이 연구의 메시지 내용 분석 결과는 직접적 이해 당사자와의 상호적 소통 부족이 트위터 활용에 어떤 부정적 효과를 가져오는지를 나타내고 있다. 메시지의 대부분은 권위 있는 정부 부처 트위터 담당 직원과의 사적 잡담 수준에 머물러 있었다. 이러한 메시지 교환은 소통 상대자들에게 있어서 유명인사와 가벼운 잡담을 나눌 수 있다는, 한 번 쯤 겪을 만한 트위터 이벤트와 별반 다르지 않은 소통 시도일 수 있다. 만약 트위터에서의 소통이 이벤트성으로만 인식된다면 트위터 소통을 통해 '위기관리 시 지지자가 되어 줄 수 있는 이용자들 확보' 라는 농림수산식품부의 목적에 부합하지 않을 가능성으로 이어질 수 있다. 물론 가벼운 대화들을 긍정적으로 평가한다면 일상의 잡담을 주고받음으로 해서 친근함을 높인다고 볼 수도 있다. 하지만 가벼운 주제의 메시지에서는 해당 정부 부처의 정보원으로서의 높은 활용성이 배제됨으로 해서 영향력 있는 정보원으로서 얻을 수 있었던 신뢰성이나 충성도를 희생시킬 수도 있는 것이다.

상호 소통 부분에서 한계점이 드러났다고 해서 트위터를 통한 정책 홍보 전략이 실패했다는 것은 아니다. 트위터 상에서 어떤 이슈가 중점적으로 논의되었는지를 보여주는 유니크 메시지 분석 결과는 분석 기간 중 농림수산식품부가 중점적으로 홍보하고자 했던 주제어 '#YamYam 타임_' 이 효과적으로 소통되고 있었음을 보여줬다. 즉, 쌍방향 소통에서는 한계에 부딪혔지만 일방향적 정책 홍보 및 정보 확산에는 효과가 있었다는 것, 그리고 공신력 있는 정보원으로서 생산한 메시지 전달에는 트위터가 효과적이라는 것을 의미한다.

앞서 이해 당사자들과의 트위터 소통에 대한 한계 때문에 쌍방향 소통 전략에 문제가 될 수 있다는 지적을 했지만, 트위터를 통한 쌍방향 소통이 전혀 불가능한 것은 아니다. 농림수산식품부 트위터 타임라인에 자주 등장한 해쉬태그 중에는 월드컵 기간 동안 주요 사회적 소통 주제어였던 '#치킨당_' 과 이해당사자들간의 활발한 소통을 꾀한 '#농어촌사랑당_' 등과 같은 주제어가 나타났는데, 이는 쌍방향 소통을 통한 친근함, 신뢰성 확보 전략의 가능성을 보여주는 것이다. 농림수산식품부에서 만든 농촌 관련 해쉬태그들의 활용은 해당 정부 부처가 이해당사자들과 직접적 소통을 경계할 수밖에 없다고 해도 간접적으로 그들간의 소통을 중재하는 역할로 쌍방향 소통에 기여할 가능성을 드러냈기 때문이다.

메시지 분석 결과는 쌍방향 소통을 통한 친밀감 및 신뢰도 향상 가능성을 더욱 분명히 드러내고 있다. 가장 밀집도가 높았던 메시지 그룹에서 나타난 '쪽지', '이벤트', '기프티콘', '질문', '답변', '함께' 등의 단어들은 정부 부처가 주관하는 이벤트를 매개로 활발한 소통을 기대할 수 있음을 보여줬다. '구제역'이 포함된 메시지 그룹은 '즐거운', '주말 되세요', '감사', '맞팔' 등 친근함을 드러내는 단어들이 포함되어 있어 위기관리 시 트위터 소통이 효과적일 수 있음을 예측해 볼 수 있었다. 즉, 의견', '정보', '기사', '직접', '지금', '다시' 등 구제역이 현재 다시 유행한다는 것에 대한 실질적 의견 교환을 원하면서도 '감사', '맞팔', '즐거운', '주말 되세요' 등 상호관계에 친근감을 형성시키는 단어들도 같이 교환되고 있다는 점에서 트위터가 사적 커뮤니케이션 채널의 이점을 활용할 수 있는 소통 도구임을 증명한 셈이다. 세 번째로 높은 밀집도를 보인 그룹에서도 '정말', '맛있게', '모두' 등 긍정적 인상을 주는 부사어들이 눈에 띄었다. 이러한 분석 결과는 소통의 주체가 공적 존재이고, 그 주체의 특성으로 인해 소통 한계가 있을 수 있다고 하더라도, 트위터가 가지고 있는 본래적인 미디어 속성, '비공식 혹은 구어적 톤 (Wigand, 2010)'이 내재되어 있는 한 언제든 친밀감을 조성하는 소통 도구가 될 수 있음을 함축한다.

또, 본 연구의 메시지 소스 결과를 보면 한국 트위터(twtkr.com) 웹서비스 다음으로 파랑새라는 모바일 앱을 통해 많은 메시지를 생산했다. 모바일 앱에서 유독 리플라이의 비중이 높고 상호적 커뮤니케이션을 이끄는 메시지 생산이 높다는 점을 고려했을 때 (Hsu et al., 2009; Naanam et al., 2010), 농림수산식품부의 많은 메시지들이 모바일 앱을 통해서도 포스팅되었다는 것은 어느 정도 상호적 소통이 이루어졌음을 짐작해 볼 수 있다. 정해진 근무 시간에 사무실에서 웹으로 트위터 메시지를 생산하는 것 이외에도 필요하다면 모바일 앱을 통해 즉각적으로 응답했다고 볼 수 있기 때문이다. 이러한 대응은 친근감을 향상시킬 수 있는 소통 양상이라고 할 수 있다.

이상에서 트위터 메시지 분석 결과를 통해 농림수산식품부가 공적 책임이 있는 소통 주체로서 소셜 미디어 활용에 한계를 가지고 있지만, 트위터 소통의 최대 장점인 정보 전달 효과는 성공적이었다는 것, 그리고 당장은 한계라 하더라도 향후 트위터를 통해 친근한 소통 관계를 형성할 가능성이 있음을 확인할 수 있었다.

(4) 위기관리 수단으로서의 트위터

농림수산식품부 트위터 담당자와의 인터뷰 결과, 농림수산식품부가 트위터를 위기관리의 수단으로 활용하고자 기대하고 있었음을 알 수 있었거니와, 트위터 활동 그래프는 2010년 4월 9일 인천 강화에서 구제역이 발생한 이후 구제역 관련 정보의 지속적 유포를 주도하고 있음을 드러내어 부분적으로나마 농림수산식품부 트위터가 위기 상황 시 제 역할을 하였음을 보여줬다. 트위터가 상호간 관계 맺기 보다는 정보 유통에 더 중점을 두는 소셜 미디어라는 점에서도 사회적 관계 형성보다는 사회적 논란이 되는 이슈가 발생했을 때 신속한 정보 소통 채널로서의 역할을 보다 기대할 만하다. 위기관리를 위한 트위터 활용은 사회적 재난 상황에서만 발휘되는 것은 아니다. 트위터 활동 이벤트 그래프는 구제역 사건 때뿐만 아니라 국민적 반발을 샀던 막걸리 영문애칭 공모 결과 발표 때도 기대한 역할을 잘 수행했음을 증명했다.

사회적으로 주목할 만한 이슈가 발생했을 때 트위터 이용자들은 그 이슈를 전문적으로 다룰 수 있는 정보원의 트위터를 방문해 정보를 얻거나 그 정보원이 유포하는 메시지들을 다른 경로(리트윗, URL 링크 등)를 통해서 접한다(Hughes & Palen, 2009). 또 위기 상황에서 일반 이용자들은 정보 생산자 역할을 하기보다 자격 있는 정보원의 정보가 널리 유포되도록 하는 중개자 역할을 수행함으로써 트위터의 정보 전달력을 향상시키는데 기여한다. 일반 이용자들이 이런 역할을 수행하는 동안 자격 있는 정보원은 전달할 가치가 있는 정보를 생산하는 역할을 맡는다. 누가 이런 정보원 역할을 할 수 있을까? 이 연구 결과에서도 나타났듯이 농림수산식품부를 비롯한 정부 부처는 관련 분야에서 이슈가 발생할 경우, 영향력 있는 정보원으로서의 역량을 가지고 있다. 따라서 정부 부처의 트위터는 위기 상황 때 혹은 사회적 이슈가 발생했을 때 영향력 있는 정보원이 된다는 것을 분명히 인식해야 한다.

(5) 트위터 사회관계망에 나타난 사회적 영향력

비대칭적 연결망은 소셜 미디어의 다른 유형인 소셜 네트워크 사이트와 구별되는 트위터의 본래적 속성 중 하나이다 (Hansen, Shneiderman, & Smith, 2010). 하지만 본래적 속성과 상관없이 높은 맞팔율과 함께 거의 대칭적 연결 구도를 보이는 트위터 계정도 적지 않다. 이 연구에서 분석한 농림수산식품부의 트위터 계정도 팔로어와 팔로잉이 거의 일치하고 있었다 (맞팔율 98.2%). 앞서 언급했듯이 트위터의 높은 맞팔율은 트위터 주인이 상호적 커뮤니케이션을 추구하고 있음을 시사하는 것으로, 이용자들과의 친밀감 향상에 기여한다고 볼 수 있다.

다른 한편으로 높은 맞팔율은 트위터의 본래적 속성에 반하는 행태로, 분석자가 해당 트위터의 '정보원으로서의 영향력' 이나 '소통 목적' 등을 판단하려고 할 때 오히려 방해가 되기도 한다. 이 연구에서는 농림수산식품부의 팔로어 관계망과 팔로잉 관계망을 따로 분석했지만 거의 다르지 않은 이벤트 그래프가 그려졌다. 우선 팔로잉 정보와 관련해서는 농림수산식품부가 어떤 트위터를 주요 정보원으로 보고 팔로잉했는지를 파악해볼 수가 없었다. 높은 맞팔율은 상당히 많은 팔로잉 트위터가 선팔로우에 대한 '보답' 차원에서 이루어졌다고 예상되기 때문이다.

하지만 높은 맞팔율과는 상관없이 팔로어들과의 관계망을 보여주는 이벤트 그래프는 해당 트위터의 정보 전파력을 엿볼 수 있다는 점에서 의미가 있다. 이 연구에서는 정보 전파력을 갖춘 파워 트위터리안 기준을 당시까지의 트윗수 20000개 이상으로 높게 잡았음에도 불구하고 약 65명의 파워 트위터리안이 농림수산식품부 트위터를 팔로우하고 있었다. 정보 생산량 (트윗 수)이 높은 트위터 이용자들은 위기 상황이든 평소이든 정보 전파에 대한 기여도가 높다(Naaman et al., 2010; Hughes & Palen, 2009). 따라서 농림수산식품부 트위터는 자체 팔로어 수에 상관없이 위기 상황에서 필요한 정보를 효과적으로 전파하는 능력을 충분히 갖추고 있음을 짐작할 수 있다. 일단 필요한 정보를 트위터에 올리면 파워 트위터리안을 비롯한 팔로어들이 해당 정보를 리트윗 해 전파하게 될 것이며, 특히 파워 트위터리안들을 통해 전파된 정보는 나름의 신뢰성과 함께 더 많은 사람들에게 전파될 수 있을 것이다. 이렇게 볼 때 농림수산식품부는 자체적으로 파급력 있는 정보 채널을 갖춘 셈이다.

6. 결론

계정 개설 시점부터 약 5개월 동안의 농림수산식품부 트위터 활동 내역을 분석하여 농림수산식품부의 기본적인 트위터 활동과 정책 홍보 및 정보 전달 수단으로서의 트위터 효용성을 고찰하였다. 또 트위터 연결망 분석을 통해 농림수산식품부 트위터가 가지고 있는 정보 전파 영향력을 확인하였으며, 정부 부처의 소셜 미디어 소통 한계를 고찰해 보았다. 분석을 위해 다양한 계량화 및 시각화 자료가 사용되었으며, 주요 연구 방법으로 소셜 네트워크 방법론과 내용 분석이 활용되었고, 해당 부처의 기획 및 홍보 담당자, 그리고 트위터 운영자와의 인터뷰를 통해 계량적 분석 결과 해석에 대한 타당성을 높였다.

이 연구의 결과는 농림수산식품부가 본래 의도한 대로 트위터를 통해 이슈 및 정책에 대한 신속한 정보 제공 및 이슈 대응을 하고 있음을 보여주고 있으며 앞의 논의에서 결과에 대한 이론적 함의를 논했다. 여기에서는 트위터의 미디어 속성과 관련하여 트위터가 디지털 소통 정부를 구현하는 데 있어 제기될 수 있는 문제점을 짚어 보고자 한다.

먼저 트위터의 미디어 속성을 한마디로 이야기한다면 다수가 참여하는 쌍방향 커뮤니케이션 소통 수단이다 (양윤직, 2010; Comm, 2010). 여기서 'many-to-many'로 흔히 표현되는 '다수'는 커뮤니케이션 주체간의 동등성을 강조한다. 또 '쌍방향'은 Web2.0시대를 상징하는 커뮤니케이션 형태로 일방적 정보 제공 혹은 일회적 정보 교환이 아니라 일단 제공된 정보에 피드백을 받고 다시 그 피드백에 응답하는 과정을 반복하면서 정보의 가치가 재창출되는 지속적인 커뮤니케이션 과정을 함축하고 있다. 다시 말해 트위터는 정보가 생산되고 유통되고 수용되는 공간이자 여러 사람들의 커뮤니케이션 참여로 정보의 가치가 재창출되거나 새롭게 부여되는 소통의 공간이다.

하지만 농림수산식품부처럼 트위터 주인이 개인이 아니라 특정 집단일 경우 커뮤니케이션 주체의 동등성에 균열이 생길 수 있으며 이어서 쌍방향 소통에도 문제가 생길 수 있었다. 또 트위터에서는 이용자들 간 소통에 진정성이 있기를 기대하며 그 진정성의 대가로 친밀한 관계가 형성되곤 하는데, 공적 지위와 사회적 책임은 '개별존재로서의 진정성' 을 온전히 발휘하게 하지 못하게 하는 제약이 되었다. 소통의 친밀성은 공적 지위 및 그에 따르는 사회적 책임에 의해 제약되는 동시에 사적 채널에서 공적 태도를 취한다는 비판을 받기도 쉽다.

농림수산식품부의 트위터는 적극적으로 맞팔하거나 해쉬태그를 이용해 사교성이 강한 이벤트를 유도하는 등 친밀한 소통 미디어로서의 트위터 특성을 활용하려는 노력을 보였지만, 정부 정책 홍보 및 사회 이슈 관리를 위해 트위터를 활용할 때보다는 활동 정도가 소극적일 수밖에 없을 것이다. 물론 이 연구가 양 측면의 활용성 정도를 비교, 측정하지 않았기 때문에 간접적으로만 판단할 수 있을 뿐이다.

다만 본 논문에서는 정부 부처와 같은 공적 기관이 사적 소통 채널로서의 트위터 속성과 정보 전달 채널로서의 속성에 대한 활용이 조금만 불균형적으로 나타난다면 비판의 대상이 될 수 있다는 점을 강조하고자 한다. 정보 전달 채널로서의 속성이 강하면 쌍방향 소통 채널에서 일방향 소통을 하는 것으로 비춰질 수 있으며, 사적 소통 채널로서의 속성이 강하면 공적 기관으로서의 공신력을 잃기 쉽다는 점에서 정부 부처의 소셜 미디어 활용에 있어서 두 속성간의 균형이 무엇보다 필요하다.

지금까지 농림수산식품부 트위터 활동에 대한 좋은 평가는 이 두 속성간의 불균형이 크지 않았다는 방증일 수 있으며 이 연구의 분석 결과에서도 커뮤니케이션 행태에서 두 속성이 드러나고 있었다. 그럼에도 불구하고 균형을 갖추려는 꾸준한 노력은 트위터를 비롯한 소셜 미디어 활용에 있어서 필수적인 요소일 것이다.

이 연구에서는 직접적으로 다루지는 못했지만, 정보 채널로서의 트위터 속성만을 고려했을 때 다른 나라의 트위터 활용 사례는 정보 채널 활용 전략에 좋은 시사점을 준다. 예를 들어, 영국이나 호주 정부 부처의 경우 트위터를 중개 채널로 활용하는 경향이 있다. 일단 필요한 정보를 홈페이지나 블로그 등 적절한 미디어에 올린 후 뉴스 전파력이 큰 트위터로 링크해 방문을 유도하는 것이다. 미국의 경우는 트위터를 비롯한 홈페이지, 블로그, 페이스북, 유투브 등의 소셜 미디어를 각 사이트 내에서 연결시켜 놓고 같은 컨텐츠를 각 미디어에 최적화된 형태로 조금씩 변형시켜 제공하고 있다. 일반 국민들은 트위터를 통해 간략하게 정보를 읽거나 블로그에서 보다 자세한 사항을 확인하거나 홈페이지에서 축적된 자료를 함께 볼 수 있다. 멀티 미디어를 최대로 활용한 정보 제공 시스템인 셈이다. 이러한 외국 사례에 비춰봤을 때, 향후 연구에서는 각 정부 부처가 트위터를 어떻게 활용하고 있는지를 채널 활용 전략 차원에서 연구해볼 필요가 있을 것이다[6].

이 연구는 우리나라의 38개 정부 부처 트위터 계정 중 농림수산식품부의 계정을 집중 분석한 것으로, 다양한 방법론을 활용하여 분석 결과의 타당성을 높였으며, 특히 지금까지 과학적 분석이 이루어지지 않았던 공적기관의 소셜 미디어 활용 양상을 살펴보았다는 점에서 의의가 있다. 하지만 트위터 연구가 초기 단계인 현 시점을 고려하더라도 아직 더 연구해야 할 과제가 많다. 예를 들어, 이 연구는 20000개 이상 트윗을 올린 파워 트위터리안과의 연결망을 제시했는데, 이 파워 트위터리안의 트위터 활동을 면밀히 분석해본다면 연결망의 중심에 있는 정부 부처의 소통 영향력을 보다 심도 깊게 살펴볼 수 있을 것이다. 또 이 연구는 2010년 2월부터 7월까지 약 5개월간의 트위터 활동을 다루고 있는데 트위터 성장 속도를 감안할 때 거의 1년이 지난 이 시점은 재연구를 해 볼 수 있는 좋은 시점일 수도 있다. 1년 동안 어떻게 성장했고 분석을 통해 드러난 트위터 소통의 장단점은 또 어떤 변화를 겪었는지를 비교하는 것만으로도 트위터 소통에 대한 이해를 높이는 데 크게 기여할 것이다.

이 연구는 단 한 개의 정부 부처 트위터 계정만 분석했기 때문에 분석 결과를 일반화하는 데 한계가 있지만, 정부 부처의 소셜 미디어 활용성을 이해하는 탐색적 연구로서 의의가 있다. 지금까지 발표된 논문들이 대부분 관련 기관에서 실시한 간단한 설문조사 결과나 정책 연구 과제 결과에 의존해 논의한 데 비해, 본 논문은 기존 논문의 성과를 이론적 근거로 삼으면서도 다양한 연구 방법을 통해 결과를 도출하고자 하였다는 점에서 학문적 의의를 찾을 수 있을 것이다.

[6] 다음에 링크된 사이트들을 방문하면 영국과 호주의 소셜 미디어 채널 활용성을 확인해볼 수 있다(미국은 본문 내에 있음).
영국 – http://twitter.com/#!/BRITISHMONARCHY; http://www.facebook.com/TheBritishMonarchy; http://www.flickr.com/photos/yahooeditorspicks/galleries/72157624586790990/; http://www.britishcouncil.org/new/
호주:http://www.australia.com/ko/index.aspx;

참고문헌

- 김용철 & 윤성이(2005). 『전자민주주의: 새로운 정치패러다임의 모색』, 오름출판사, 서울.

- 박한우 (2010a). "웹보메트릭스의 변화 그에 따른 미래는? 인터넷 시대의 새로운 사회 연구 방법: 웹보메트릭스". 영대신문. 2010년 6월 3일자. 11면. http://yureka.yu.ac.kr/news/articleView.html?idxno=4097

- 박한우 (2010b). "e-사이언스 시대의 인문사회학 연구하기- 인터넷 연구방법을 중심으로". 「사회과학연구」, 30(2).

- 박한우, 박세정, Stuart, D., & 이승욱 (2009). "API를 활용한 검색 프로그램 WeboNaver의 이해와 적용?18대 국회의원의 웹 가시성 분석". Journal of the Korean Data Analysis Society, 11(6), 3427-3440.

- 박한우, 배애진 (2007년 6월). "17대 국회의원의 웹사이트 활용과 특징: 디지털 정치의 낙관론과 비판론의 교차점에서".「디지털 커뮤니케이션 리뷰」. 3권 1호, 57-93.

- 박한우, 이연옥 (2009). "복합적 텍스트 분석을 이용한 포털 댓글에 관한 연구 -17대 대통령 선거 기간 미디어 '다음' 에 게시된 광운대 BBK 동영상", Journal of the Korean Data Analysis Society, Vol. 11, No. 2 (B), April 2009, pp. 731-744

- 박한우, 이연옥, 류영달 (2009). "인터넷 의견집단 네트워크와 온라인 시민참여의 확대". 「정보문화 정보격차 이슈리포트」, 통권 69호, 6권 8호 . 서울: 한국정보화진흥원

- 박한우, Loet Leydesdorff (2004). "한국어의 내용분석을 위한 KrKwic 프로그램의 이해와 적용: Daum.net에서 제공된 지역혁신에 관한 뉴스를 대상으로", Journal of The Korean Data Analysis Society, 6권 5호, 1377-1388.

- 설진아 (2009). "소셜 미디어의 진화양상과 사회적 영향". 「한국언론정보학회 학술대회 발표 논문」. 35-72.

- 심홍진 & 황유선 (2010). "마이크로블로깅(micro-blogging) 이용동기에 관한 연구-트위터(twitter)를 중심으로". 「한국방송학보」, 24권 2호. 192-231.

- 양윤직 (2010). 『디지털 시대의 광고 미디어 전략』, 서울: 커뮤니케이션북스
- 염지은 (2010). "[홍보전선] '침묵' 에서 '소통' 으로: 변화하는 홍보 전선-언론보다 먼저 알리고 적극대응". The PR. 2010. 4. 27. http://www.the-pr.co.kr/news/article.html?no=135
- 이장혁 (2010). "공동구매 기반 '소셜쇼핑몰' 국내 서비스 급증", ZDNet Korea, 2010. 08. 17. http://www.zdnet.co.kr/ArticleView.asp?artice_id=20100817160817
- 임연수, 박한우 (2010). "10.28 재보궐 선거의 블로그 캠페인에 대한 웹계량화 분석". Journal of the Korean Data Analysis Society, 12권, 1호(B), 539-551.
- 정준희 (2010). "소셜 미디어와 융합된 신개념 방송 서비스". KBS 해외방송정보, 8월호, http://office.kbs.co.kr/book1/7195
- 조희정(2010). "트위터(Twitter)와 전자민주주의: 트위터의 국내외 정치적 활용사례와 규제".「한국지역정보화학회 학술대회 발표논문집」
- 주정환 (2010). "2010년 최고 '스마트' 정부 기관은? 40개 부처, 청, 위원회 소셜 네트워크 & 온라인 정책홍보 평가". The PR. 2010. 12. 22. http://www.the-pr.co.kr/news/article.html?no=1525
- 한국정보화진흥원 (2009). "CIO(Chief Information Officer)리포트: 소통형 디지털 정부", 서울: 한국정보화진흥원, 제 14호.
- Barash, V. & Golder, S. (2010). "Twitter: Conversation, Entertainment, and Information, All in One Network! Ch 10. In Hansen, D., Shneiderman, B., & Smith, M. A. (Eds.)" Analyzing Social Media Networks with NodeXL: Insights from a Connected World. MA: Morgan Kaufmann.
- Borgatti, S. P., M. G. Everett and L. C. Freeman (2002) "UNICET 6 for Windows: Software for social network analysis" [Computer Program], Needham, MA: Analytic Technologies.
- Comm, J. (2010). 『Twitter Power 2.0: How to Dominate Your Market One Tweet at a Time』, Wiley

- Hansen, D., Shneiderman, B., & Smith, M. A. (2010) (Eds.) 『Analyzing Social Media Networks with NodeXL: Insights from a Connected World』, MA: Morgan Kaufmann.
- Hansen, D., Smith, M. A. & Shneiderman, B. (2011, January). "EventGraphs: Charting collections of conference connections". A paper presented to the Hawaii International Conference on System Science, Hawaii, USA.
- Hofstede, G. H. (2001). 『Culture' s consequences: Comparing values, behaviors, institutions, and organizations across nations. 2nd ed』, Thousand Oaks, CA: Sage Publications.
- Hsu, C.-L., & Park, H. W. (2011 August). "Sociology of Hyperlink Networks of Web 1.0, Web 2.0, and Twitter: A Case Study of South Korea", Social Science Computer Review, 29 (3).
- Hsu, C.-L., Park, S. J., & Park, H. W. (2010, November). "Identifying influential users on Twitter: A case of Sejong City in South Korea. The 5th annual conference of COREN Conference. Seoul: Chung-Ang University, South Korea", 「제5회 COREN 복잡계 컨퍼런스」 - 새로운 소통의 양식: 복잡계로 본 소셜미디어. 서울: 중앙대학교.
- Hughes, A. L. & Palen, L. (2009). "Twitter adoption and use in mass convergence and emergency events", International Journal of Emergency Management, 6. 248-260.
- Kiesler, S., Siegel, J., & McGuire, T. W. (1984). "Social psychological aspects of computer-mediated communication", American Psychologist, 39,1123-1134.
- Kim, J. H., Barnett, G. A., & Park, H. W. (2010). "A Hyperlink and Issue Network Analysis of the United States Senate: A Rediscovery of Web as a Relational and Topical Medium", Journal of American Society for Information Science & Technology. 61 (8), 1598-1611.
- Kim, M. J., & Park, H. W. (2011, forthcoming). Measuring twitter-based political participation and deliberation using social network and triple helix indicators: A South Korean context, Scientometrics.

- Leavitt, A., Burchard, E., Fisher, D. & Gilbert, S. (2009). "The Influentials: New Approaches for Analyzing Influence on Twitter". Web Ecology Project.

- Marwick, A. E. & boyd, d. (in proceeding, 2010). "I tweet honestly, I tweet passionately: Twitter users, context collapse, and the imagined audience". New Media & Society. 1-20.

- Naanam, M., Boase, J., & Lai, C-H. (2010). "Is it really about me? Message content in social awareness streams". CSCW' 10 Proceedings of the 2010 ACM conference on Computer supported cooperative work.

- Pujazon-Zazik, M. & Park, M. J. (2010). "To tweet, or not to tweet: Gender differencesand potential positive and negative health outcomes of adolescents' social internet use". American Journal of Men' s Health, 4, 77-85.

- Wasserman, S. K. Faust (1994) 『Social network analysis: Methods and applications』, New York: Cambridge University Press.

- Wigand, F. D. L. (2010). "Twitter in government: Building relationships one tweet at a time. Presented in Information Technology: New Generations (ITNG)", 7thInternational Conference at Las Vegas, NV. 12-14 April 2010. 563-567.

09 part 2

일본의 지역 기반 소셜미디어 이용동향에 관한 연구 : 트위터를중심으로

글 · 김지영 (영남대학교 언론정보학과 석사과정)
이설련 (나고야대학교 정보과학과 석사과정)
박한우 (영남대학교 언론정보학과 부교수)

1. 연구 배경

(1) 일본의 IT 시장

일본의 인터넷IT시장은 한국과는 다른 특징을 가지고 있으며, 이러한 특징은 빠르게 변화하는 일본의 소셜네트워크서비스(SNS)에서도 뚜렷이 나타나고 있다. 간단히 비교하여 본다면, 한국의 경우 인프라적인 측면에서 유선인터넷을 중심으로 인터넷 시장이 폭발적으로 성장하여 다양한 형태의 웹비즈니스모델이 등장한 반면 일본의 경우 i-mode와 같은 무선인터넷이 발전하면서 유선인터넷은 그 뒤를 따르는 현상을 보여준다. 이로 인해 1990년대 후반 닷컴버블붕괴 이전부터 2000년대 초반까지만 해도 한국보다 일본의 인터넷산업은 매우 더디게 발전하였다. 하지만 2005년 이후 웹2.0 트렌드가 확산되기 시작하면서 일본의 인터넷산업은 정책적인 면에서나 산업 성과면에서 한국을 압도하고 있다(장영범, 2010).

특히 2001년 일본정부가 세계 최강 IT국가 전략으로 정부와 산업차원에서의 정보화를 위한 e-Japan의 목표를 수립 및 달성하였고, 이를 업그레이드하기 위해 2003년 e-Japan 전략Ⅱ와 u-Japan 전략을 차례로 발표하였다. 이는 정부와 산업차원뿐만 아니라 개개인의 일상생활에서 언제어디서나 자연스럽게 IT화를 이룰 수 있도록 한 것이었다. 이에 따라 지역 정보화 플랫폼들은 지역정보화 사회 기반을 형성할 수 있는 고부가가치 서비스를 제공하기 위한 표준을 제시하고자 등장하기 시작하였다. 이를 기점으로 일본의 지역포털사이트는 플랫폼 서비스로서 비약적으로 발전하기 시작했다.

체계적인 국가 정책으로 발전되어온 일본의 IT시장은 웹2.0 성장과 더불어 디지털 컨텐츠 산업을 중심으로 문화산업에서부터 전자상거래 시장까지 다양한 인터넷 기반의 비즈니스 모델이 등장하고 있다. 〈그림1〉에서 보듯 2010년을 기점으로 일본의 인터넷 이용자는 9,462만명을 넘었으며 보급률은 78.2%을 넘어서고 있다.SNS의 보급률도 지속적으로 성장하고 있다.

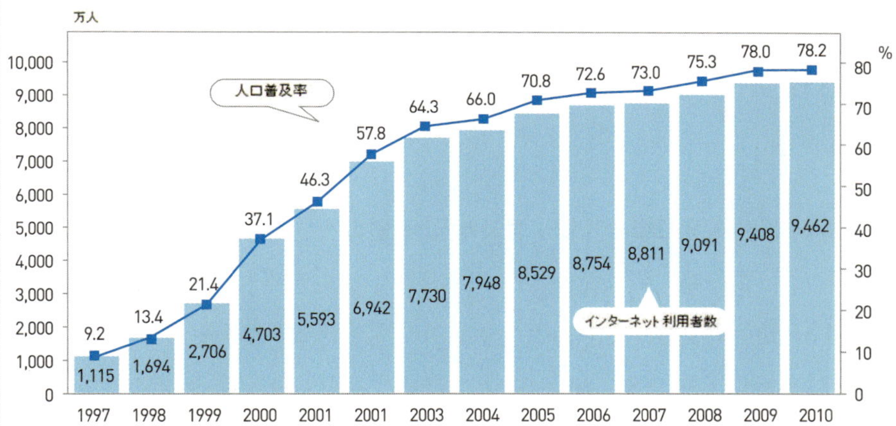

(注) 年末の推計。インターネット利用者数は、パソコン、携帯電話、ゲーム機等のいずれかでの利用者。
対象年齢は1999年まで15～69歳、2000年末15～79歳、2001年以降6歳以上。
(資料) 総務省「通信利用動向調査」

출처 :http://www2.ttcn.ne.jp/honkawa/6210.html

〈그림1〉 2010년 일본 인터넷 이용자수와 보급률

일본의 대표적인 SNS 이용 현황에 대한 Nelsen/NetRatingsNetview의 2011년 5월 조사 결과(〈그림2〉참조) 가장 주목할 점은 2010년 8월 이후부터 트위터 이용률이 일본 SNS시장 1위 SNS인 mixi를 넘어서며 빠른 성장세를 보여주고 있다는 것이다. 하지만 이 자료는 PC접속만으로 조사한 수치이기 때문에, mixi와 트위터가 모바일 이용률이 높다는 점을 감안하면 실제 이용 현황은 이보다 훨씬 높은 수치를 기록할 것으로 보인다.

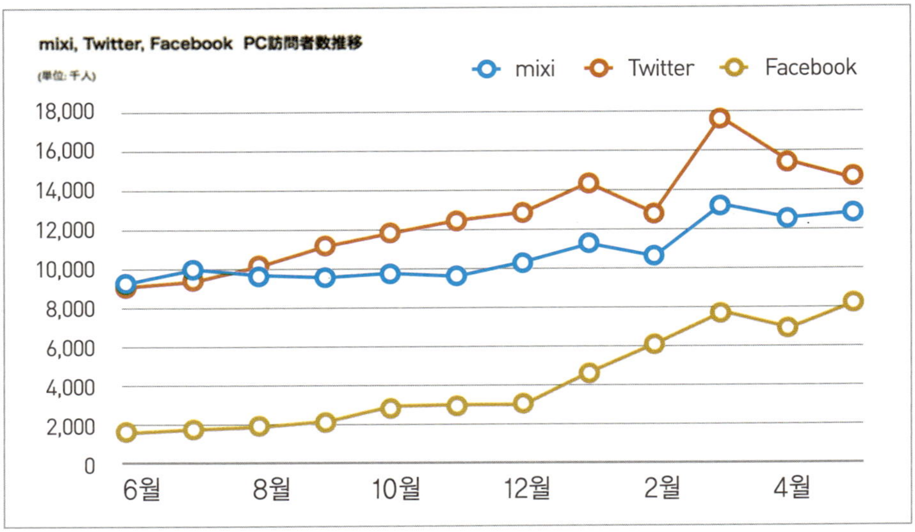

※ 출처 : Neilsen/NetRatingsNetview
http://blog.naver.com/PostView.nhn?blogId=tabikorea&logNo=120133696395

〈그림2〉 일본의 주요 SNS 사이트 동향

(2) 트위터 기반 지역포털사이트의 정의와 인식 변화

포털(Portal)은 인터넷을 시작하는 출발점이자 원활한 의사소통을 가능하게 해 주는 것으로서(Ranadive. 1999), 기업이나 소비자들이 접속하여 제품, 서비스, 그리고 사람들에게 접근하는 곳이라 할 수 있으며(Semler.2000), 기업-기업간(B2B), 기업-고객간(B2C), 고객-고객간(C2C)의 관계를 형성하고 관리할 수 있는 매개체의 역할을 한다(김계수, 2001). 또 포털은 "콘텐츠를 분류하고 이를 한 장소에서 연결시켜주는 진입로의 역할을 하는 곳(one-stop point-of-entry to content on the Web)"(Hartittai, 2000)이다. 이러한 포털 사이트에 대한 정의를 바탕으로 하여 일본의 트위터를 기반으로 한 지역포털사이트를 정의한다면, 트윗 정보를 재구성하여 종합적인 지역정보를 제공하는 포털 사이트라 정의할 수 있다. 지역 관련 관광정보, 이벤트

정보 등을 종합적으로 다룬다는 점에서 지역정보의 시작이라 할 수 있는 사이트이다.

일본에서 포털에 대한 인식 변화는 2005년 고베 대지진을 기점으로 나타나기 시작하였다. 고베 대지진 당시 계층적인 포털사이트의 약점이 나타나면서, 개인 정보의 연결 (personal information's ties)이 주목받기 시작했다(Chiba, 2005). 당시 지진으로 인하여 친족들과 연계를 잃은 사람들은 국가 혹은 행정기구에만 의존하고 있는 지역사이트에 한계를 느끼기 시작했으며, 그 후 지역에서는 서로 정보를 공유할 수 있는 지역사이트를 개설하여 여행, 음식, 재해, 정부 등에 관한 뉴스를 공유하기 시작했다.

한편 일본에서 일어난 2007년 트위터붐은 지역정보화에 또다른 길을 열어주었다. 트위터는 소셜네트워킹 그리고 마이크로블로깅서비스로서 트윗이라 불리는 140자 텍스트 기반의 메시지를 보내고 읽는다. 트위터는 무료로 이용할 수 있는 소셜 미디어로서 자본이 많이 들지 않으며 또 리트윗을 통해 정보를 신속히 확산할 수 있는 특성을 갖고 있다. 즉 기존의 매체는 100+100=200의 속도로 정보확산을 진행하였다면 트위터는 100*100=10000의 속도로 정보를 확산하고 있다. 트위터의 이러한 특성으로 인해 수많은 벤처기업들이 트위터를 통한 프로모션에서 적은 자본을 들여 큰 수익을 얻을수 있게 되었다(Hayashi, 2007). 이렇게 되자 지역의 상점거리에서도 트위터 기반 프로모션을 진행하기 시작했다. 이것이 트위터를 이용한 지역정보화의 시작이 되었다.

그중에서도 가장 유명한 상점거리 트위터 중의 하나가 교또에 위치한 중경구니시키 전통적인 상점거리다. '지금 세일중입니다,' '새 상품이 도착하였습니다.' 등의 정보를 트윗으로 업데이트하고 과일과게, 화방 등 30여 개 상점의 상품입하 현황이나 만드는 과정을 사진이나 동영상으로 찍어 트위터에 올린다. 네티즌들은 평소에 볼 수 없었던 사진을 보고,상점 주인의 생각을 직접 접촉하게 됨으로써 한결 가벼운 마음으로 상점에 갈수 있게 되었다고 한다. 또 고객은 트위터를 이용하여 질문하고 이에 대한 답을 얻을 수 있어 메일을 이용하는 것보다 간편하게 상담을 진행할수 있게 되었다. 이런 이유로, 일본 전체에서 지역활성화를 주제로 한 지역상점거리의 트위터붐이 일어나게 되었다.

2. 일본의 트위터기반 지역포털사이트 현황

2009년, '요리터(Yoritter)' 라는 사이트가 처음으로 트위터 기반 포털사이트로 등장했다. '요리터' 란 '요리이(Yorii)' 라는 마을 이름과 '트위터(Twitter)' 의 합성어로 트위터기반 포털사이트라는 뜻이다. 이 사이트에서는 한 명의 사이트 담당자가 트위터 계정을 만들어 지역의 주민, 단체, 기업 등을 팔로잉하여 트위터 내의 리스트로 분류한다. 분류 종목은 주민, 상점과 기업이다. 리스트 내의 트윗은 트위터 포털사이트를 통하여 위젯에 표시되며, 트위터 포털사이트에서는 또 해쉬태그(#yorii)의 트윗을 또 다른 위젯에서 표시한다. 이 사이트는 요리이 마을의 상공회에서 운영하고 있다. '요리터' 의 탄생은 지역정보화의 새로운 길을 찾던 일본 각 지역, 특히 작은 도시와 마을에 큰 희망으로 다가왔다. 그 후 쿠니터(Kunitter), 에비나(Ebinau) 등 트위터기반 지역포털사이트들이 등장하기 시작했다. 2011년 2월 연구자가 조사한 일본 트위터 기반 포털 현황은 〈표 1〉과 같다. 각 지역 포털사이트의 이름으로 된 트위터계정의 프로파일 정보를 이용해 팔로어 · 팔로잉 수를 정리하고 포털사이트의 정보분류방법을 중심으로 정리하였다.

트위터기반 포털사이트	지역이름	팔로어수	팔로잉수	인구	정보분류방법
Kunitter.com	国立(쿠니따찌)	1923	1206	75505	1.시민 2.지역상점 3.시민단체 4.행정
Yamatonow.com	大和(야마또)	190	153	228519	
Atsuginow.com	厚木(아쭈기)	375	358	224273	
Zamanow.com	座間(자마)	237	255	129330	
Amatubu.com	天草(아마쿠사)	1904	1919	88666	글, 사진, 지도, 역서
Ebinow.com	海老名(에비나)	513	601	127861	이벤트, 시민, 기업상점, 행정단체
Otatr.com	太田市(오오타)	397	515	216739	블로그, 해쉬태그, 기업상점, 행정단체
Lovefukaya.com	深谷(후까야)	578	449	144354	해쉬태크, 실시간, 키워드, friends
Tubukuma.com	熊谷(쿠마가야)	778	562	202840	지역상점, 학생, 주부, 자신
Odawaratter.com	小田原(오다와라)	922	832	198245	트윗, 블로그, 여행기, 사진비디오
Butitter.com	山口(야마구찌)	2529	2554	196186	시민, 기업상점, 태그, 이벤트
Kisotter.com	木曽(키소)	2132	2166	12733	분류 없이 타임라인
Locolado.com	宮崎(미야자키)	1606	1241	400825	응원, 생활, 상점, 특산, 명소, 지역
Yoritter.com	寄居(요리이)	932	890	35643	시민, 상점, 해쉬태그
Kynow.com	京都(쿄토)	5938	5556	2635149	해쉬태그, 상점기업, 미디어
Sakusakutwit	佐久(사쿠)	1017	608	100,409	해쉬태그에 의한 분류

〈표 1〉 일본 트위터 기반 포털의 프로파일

여기서 특징적인 트위터기반 지역포털사이트를 살펴보면 다음과 같다. 먼저 트위터 기반 지역 포털의 모델이 되는 쿠니터(Kunitter)이다. 도쿄도 안에서 두번째로 작은 도시로 인구 75,505가 살고있는 쿠니타치(Kunitachi)시의 사이트이다.〈그림3〉의 캡쳐화면이 보여주듯이 실시간 트위터 정보를 보여주고 트위터 사용자 중에서 쿠니타치시 관련 계정들을 찾아 4개의 리스트로 분류한 정보를 보여준다. 일반 시민들의 자유로운 대화 혹은 일상생활 중의 느낌 등 사소한 정보가 중심이 된 것, 기업 및 상점의 비즈니스 정보가 중심이 된 것, 시민단체의 단체활동 혹은 이벤트에 정보를 담은 것, 시의회 분류로서 정부관련 소식을 담은 것 등이다. 어떤 기업 및 상점이 있는지,어떤 사람이 살고 있으며,어떤 활동을 하고 있는지에 대해 한눈에 알수 있도록 분류했다. 다양한 정보 분류방법과 사이트 디자인이 있을 수 있지만,쿠니터의 정보 분류는 다른 트위터기반 지역포털사이트의 모델이 되는 유용한 형식이다.

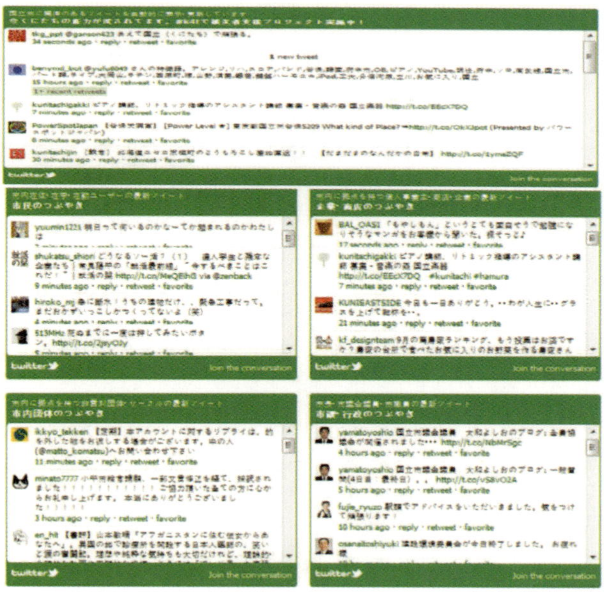

〈그림3〉 kunitter.com 캡쳐 및 재구성 (출처: kunitter.com)

두번째는 아마쿠사(Amakusa)지역의 트위터기반 포털사이트인 아마쭈부(Amatubu)이다. 쿠니터의 4가지 분류는 리스트에 의한 분류와 해시태그에 의한 분류로 나누지만 아마쭈부는 해시태그의 분류를 좀 더 세분화하였다. 리스트는 주민,기업 및 상점으로 나누어져있고, 해시태그로는 #amakusa를 사용하여 보편적인 아마쿠사의 정보를 발신하거나, #amaevent를 사용하여 달력에 이벤트 정보를 게재하거나, #amamap를 사용하여 추천하고 싶은 지역을 시민이 〈그림 4〉와 같이 직접 지역지도에 나타낼 수 있다. 또 #amalink를 사용하여 링크를 추천하고, #amaphoto를 사용하여 사진을 추천하는 등 구체적으로 세분화되어 있다.

아마쭈부는 해시태그를 이용한 정보분류가 중심이 되기 때문에 트윗내용이 주제와 밀접하며 쉽게 방문자들의 주의를 끈다. 하지만 작자로서는 트윗마다 해시태그를 붙여야 하는 번거로움이 있어 정보 업로드를 포기하는 경우가 있을 수 있다.

〈그림 4〉 amatubu.com의 시민이 지도에 직접 올린 관광 정보 화면 (출처: amatubu.com)

세 번째로는 일본 남쪽에 위치한 쿠마가야(Kumagaya)시의 트위터기반 지역 포털사이트인 쭈부쿠마(Tubukuma)이다. 이 사이트는 아마쭈부(Amatubu)와 달리 리스트를 세분화하였다. 다른 사이트는 보통 전부의 위젯을 한 페이지에 표시하지만 쭈부쿠마는 성별,정보, 연령층 등에 의해 페이지를 나누었다. 정보 자체를 중심으로 하는 대신 정보원을 중심으로 지역내에서의 교류를 강화하고자 한 것이 특징이다.

마지막으로 로코라보(Locolabo)는 일본동북에 위치한 미야자키(Miyazaki)시의 트위터기반 포털사이트이다. 이 사이트는 특이하게 트위터로부터 사이트에 트윗을 흘려보내는 것이 아니라 사이트에서 입력하여 트위터에 트윗이 업데이트된다. '로코라보미야자키모금(ロコラボ宮崎基金)' 을 만들어 한 개의 트윗이 업데이트되면 1엔의

금액이 증가된다. 또한 사이트 내의 광고를 클릭하여 온라인 쇼핑을 할 경우 사이트의 보수액은 전부 모금액으로 전환된다. 이 금액은 지역활성화를 위한 활동에 쓰는 것을 목적으로 하며 사이트내에 금액이 공개되어 있다. 메시지는 주어진 장르로부터 하나를 선택하여 사진과 함께 입력할 수 있으며 자동적으로 해시태그가 첨가된 트윗으로 전환된다. 로코라보는 모금과 트위터라는 독특한 결합을 통해 사람들의 흥미를 이끌어내고 있지만 대중적이지 않아 아직 큰 방향을 일으키지는 못하고 있다. 일방적인 사이트로부터 트위터를 향한 흐름이기 때문에 트위터에서 발신된 지역관련 정보는 사이트에서 찾아볼 수 없다는 것이 단점이다.

3. 기존의 지역사이트와 트위터기반 지역포털사이트 비교

기존의 지역포털은 지역 상공회 등에서 만드는 경우가 많았으며 행정기관을 중심으로 서비스가 제공된다. 제공하는 서비스는 전자행정을 중심으로 한 데에서 점차 다양한 서비스로 발전되어 가고 있다. 전통적인 웹 형식으로부터 블로그,SNS 등을 이용하여 정보를 제공함으로써 정부와 시민 사이의 교류를 활성화하고 있다. 또한, 이런 지역포털사이트 외에도 지역정보화를 목표로 일본 전국의 지역정보를 다루는 전국단위포털(http://www.towninfo.jp/), 그리고 하나의 사이트내에서 전국 각지의 지역문화, 정보 등을 소개하는 사이트들이 속속 탄생하고 있다. 이러한 전국단위 지역 포털사이트는 행정부문이 아닌 개인 및 기업에서 운영하는 경우가 많다.

기존 지역 포털사이트의 특징을 살펴보면 다음과 같다. 첫째, 행정단체가 주도하는 전통적인 HTML 기반한 사이트의 경우, 이사, 출산, 결혼 등과 관련된 행정 수속을 인터넷을 통해 진행할 수 있다는 장점이 있으나, 정부와 시민간의 공감대가 잘 이루어질 수 없다는 단점이 있다. 공식적인 지역포털사이트가 대부분이며, 공식적인 여행정보,이벤트정보를 중심으로 하는 사이트도 많아지고 있다. 일정한 기술력을 갖고있는 운영진이 필요하며 사이트 업데이트를 매뉴얼로 지속해야 하는 경우가 보통이기 때문에 일정한 투자가 필요하다. 둘째, 블로그 기반 지역포털 사이트의 경우, 요즘 유행하고 있는 사이트 형식으로서 컨텐츠관리가 상대적으로 쉬우며, 비공식적인 정보를 얻을 수 있는 특징을 갖고 있다.

이처럼 여러가지 방식으로 지역 기반 포털사이트가 발전해 왔지만 대도시가 아닌 경우 사이트의 활용도가 낮고, 지역주민만 활용하는 폐쇄성 때문에 지역정보화에 큰 발전을 일으키지는 못하였다. 그러나 2007년 트위터붐은 일본의 지역정보화에 큰 촉매제가 되었다. 기존의 지역포털사이트와 트위터기반 포털사이트를 비교하면 〈표 2〉와 같다.

※ 출처 : 이설련(2010)논문 재구성

	기존 포털 사이트	트위터기반 포털사이트
업데이트	매일	언제나
도구	웹사이트	트위터
내용종류	아카이브	트윗(Tweets)
정보원	특정인	누구나
정보의 종류	모집	실시간
유지 비용	관리 유지비용 듦	거의 없음

〈표2〉 기존의 포털사이트와트위터기반 포털사이트 비교

기존의 지역포털사이트와의 비교를 통해 트위터 기반 포털의 장점을 알아보자. 먼저 구성면에서 트위터 기반과 기존 사이트의 차이점을 분석해보았다. 기존의 사이트는 업데이트 자료의 수집, 취재, 정리 등에 시간이 걸리기 때문에 업데이트가 상대적으로 늦어지는 반면, 트위터 기반 포털사이트는 실시간 정보가 중심이 된다. 내용면에서도 기존의 지역사이트는 공식적인 혹은 검증된 정보가 많아 정보의 정확성이 높은 반면 트위터 기반 사이트의 정보는 일상생활과 관련된 정보가 많다. 또한, 트위터 기반 사이트는 사이트 정보의 대부분이 시민들의 트윗으로 이루어지는 시민저널리즘의 형태를 띠며 사건, 사고, 기상정보 등 시간에 민감한 정보에서는 기존의 미디어를 뛰어넘는 장점을 가질 수 있다.

정보의 특성으로 볼 때, 지역 웹, 블로그, SNS는 각기 다른 역할을 맡고 있다. 우선 웹 기반 사이트는 공식정보, 재해 정보, 여행정보 위주로 운영되지만 시민들 사이 혹은 정부와 시민 사이, 지역과 타지역 사이의 교류는 적은 편이다. 블로그는 관광정보와 지역활동정보 위주로 재해용 게시판 등을 따로 운영하는 것이 보통이다. 시민과 시민 사이의 교류는 활발히 진행되지만 시민과 정부, 지역과 타지역 사이의 교류는 적은 편이다. 트위터 기반 사이트는 정보가 TV, 라디오보다 더 빠르기 때문에 지역정보화에 큰 역할을 할 수 있다.

일본의 트위터기반 지역포털사이트를 한국의 경우와 비교하기 위해 Twitaddons.com의 트위터를 이용한 모임인 지역당과 비교하였다. 두 형태의 다른 서비스를 단순비교하는 것은 무리가 있을 수 있으나 트위터를 이용한 지역별 모임이라는 공통점을 가진 두 형태를 비교함으로써 일본의 트위터기반 지역 포털의 특징을짚어 보고자 한다. 먼저 트윗에드온즈의 지역당은 2011년 5월 총 3086개의 당으로 구성되어 있으며 크게 지역당 1246개 서울당 1840개로 구분되어 있다. 반면 일본 트위터기반 포털사이트는 대도시는 물론 소도시에서도 특색을 잘 살려 포털사이트로 활발히 활용하고 있다. 트윗에드온즈의 지역당은 지역의 형태를 띠고 있지만 '트위터맛집', '와인을 사랑하는 사람들', '대학생 트위터 모임' 등 지역 카테고리 형태를 띠지만 취미활동 중심의 모임 성격이 강하다. 오프라인 모임 역시 지역발전보다는 사교나 취미에 따른 정보 공유 및 이에 따른 네트워크 형성을 목표로 한다. 반면 일본 트위터기반 포털사이트는 오프라인 모임으로 지역민을 대상으로 한 SNS 초보자 세미나를 열거나 지역상점 등 지역에서 SNS를 효과적으로 활용하기 위한 연구회를 개최하기도 한다.

	한국 Twitaddons 지역당	일본 트위터기반 포털 사이트
개수	1246(지역)+1840(서울) = 3086	16
형태	지역의 형태를 띠지만 취미나 특정한 목적을 가진 모임	지역정보를 모아 다시 여러가지 형태로 분류 정보화 하고 있음
오프라인 모임	지역발전보다는 일회성 번개, 사교, 친교, 취미에 따라 네트워크 형성을 목표로 만남	- 지역교류회 개최 - 소셜 미디어 연구회 개최 - 지역 행사에 대한 협찬 릴레이 - 지역민의 SNS이용 초보자 세미나
특징	다른 카테고리의 당들과의 특색이 없이 지역의 구분이 의미가 없다고 할 수 있으며 서울을 기반으로 한 지역당이 눈에 띄게 많음	- 대도시는 물론 소도시의 포털사이트도 활발히 진행되고 있음. - 시민, 영세사업자, 비영리시민 단체, 행정관계자의 트윗으로 분류하여 헤쉬태그를 이용하기도 함

〈표3〉트위터를 이용한 지역정보의 이용서비스 비교

4. 2011년3월 대지진 당시 트위터기반 지역포털사이트의 역할

2011년 3월11일에 발생한 일본 대지진에서 트위터는 주요 매체로 활용되었다. 통계에 따르면 지진당시와 그 직후 쓰나미가 일어났던 당시 트위터는 다섯 번이나 5000TPS(매초의 트위터수)를 넘어섰다. 지진 직후, 친구와 가족의 안부를 확인하기 위하여 발신된 트위터수가 500%를 넘어섰다고 한다(관련기사-http://blog.jp.twitter.com/2011/06/blog-post_30.html). 지진발생 이후 각 트위터기반 지역포털사이트에서는 지진을 주제로 한 해쉬태그 혹은 리스트를 사용하기 시작, 지진정보 및 일본의 계획정전 정보 등 지역별 정보를 공유하고 수집하며 정보를 확산하는 역할을 하였다. 피해지역별 해쉬태그는 물론이고 지진 관련한 안부 확인, 구조요청 해쉬태그, 도로교통상황 해쉬태그 등 알기쉽게 표현된 해쉬태그를 이용하여 응급상황에서 보다 신속하게 정보를 확산시켰고, 이러한 해쉬태그의 분류내용을 효율적으로 이용하기 위해 지역포털을 활용하였다.

지진 관련 해쉬태그

- # jishin : 지진 일반 정보
- # j_j_helpme : 구조요청
- # hinan : 피난
- # anpi : 안부 확인
- # 311sppt : 응급상황 구조 요청
- # 311care : 이재민 자원 의료계 정보

정전과 대중교통 관련 해쉬태그

- # 315teiden : 정전 정보
- # 315train : 기차의 운행 상황
- # 315bus : 버스의 운행 상황
- # 315car : 도로 교통 상황
- # 315plane : 비행기의 운행 상황

지역별 정보 해쉬태그

- # save_miyagi 미야기 정보
- # save_fukushima 후쿠시마 정보
- # save_ibaraki 이바라키 정보
- # save_iwate 이와테 정보
- # save_aomori 아오모리 정보
- # save_yamagata 야마가타 정보
- # save_niigata 니가타 정보
- # save_nagano 나가노 정보

〈표4〉 재난에 대비한 긴급 해쉬태그를 이용한 정보분류

한편, 〈그림 5〉는 전체적으로 각 지역별 트위터 계정의 변화를 놓고 볼 때 지진의 영향을 받은 지역의 경우 팔로어수가 현저히 많아졌으며 기타 지역은 팔로어수의 변화가 크지 않다는 것을 보여준다.

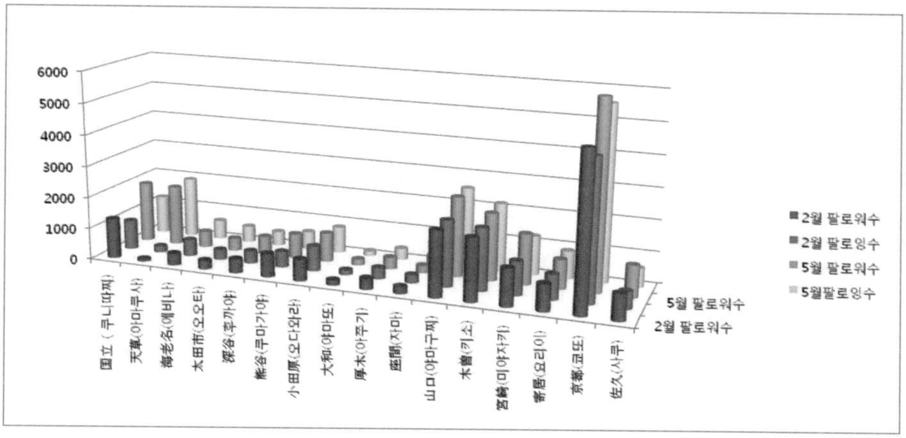

〈그림 5〉 2월과 5월 트위터계정의 팔로어 · 팔로잉 수 변화

위에서 소개한 몇개 사이트를 대상으로 지진 후 변화를 살펴보았다. 쿠니타치시는 지진의 피해를 상대적으로 적게 입은 지역의 하나이다. 쿠니터에서는"Kunitachi For Tohoku"라는 프로젝트를 구성하여 특설페이지를 설치했다. 이 프로젝트는 시민, 기업인, 학생, 행정관련자 등 여러 사람들이 모여서 피해지역을 위해 무엇을 할수 있는지를 생각하고 실행에 옮기는 것을 목표로 한 것으로, 트위터전용 해쉬태그 #k4t를 이용하여 아이디어 모집을 실시했다. 그리하여 모집된 아이디어를 통해 피해지의 수도가설 공사, 피해지를 향한 기부 등 구체적인 방안을 내놓았으며 각 프로젝트마다 하나의 트위터 계정을 만들어 프로모션을 진행했다. 이를 통해 3월부터 5월 사이에 649,124엔의 기부금을 모으는 등 큰 성과를 이루었다.

한편 로코라보는 미야자키시의 트위터기반 포털사이트로서 가장 큰 피해를 입은 지역의 포털사이트라고 할수 있다. 로코라보의 가장 특징적인 변화는 지원금 모금이다. 3월까지 5만엔 정도였던 모금액이 5월에는 12만엔으로 증가했다. 단지 트윗을 통해 모여진 모의금이라 실제적으로 큰 의미를 갖고 있지 않지만 1엔이 하나의 트윗이라고 볼때 트위터를 통한 피해관련 정보는 크게 많아졌다고 볼 수 있다.

2005년 고베지진 때 사람들이 기존 포털사이트의 한계를 인식한 이후, 2011년 3월 대지진에서 중앙정부와 지방정부가 트위터를 활용한 것을 보면 트위터를 기반으로 한 지역포털의 발전가능성을 엿볼 수 있다. 일본 중앙정부의 트위터 재난관련 부서라고 할 수 있는 수상관저(총리실), 총무성 행정관리국 전자정부그룹, 경제산업성 트위터 계정의 트위터는 대부분 지진이 일어난 후 개설되었으며, 국민을 격려하는 내용, 지진 관련 자위대의 파견 현황 및 활동 내용 등 포괄적인 트윗을 전달하기 위해 트위터를 이용하였다. 반면, 지방정부인 이바라키현의 아나시키시와 카스미가우라시, 치바현의 마츠도시, 광보과 등의 트위터 계정은 재해로 인한 행동지침 등 주민에게 필요한 정보를 제공하였다. 피해주민에게 직접적으로 필요한 식료와 물 공급장소 및 현황, 피난소의 위치 및 수용상태, 임시화장실 설치현황 등을 안내하였다. 뿐만 아니라 각 피난소에 피난하고 있는 피난민 수, 영업하고 있는 가게 정보, 목욕시설 정보 등 피해주민들에게 유익한 현장의 정보를 전달하였다. 지방정부에서 트위터를 운영하는 것을 넘어서 이러한 정보들을 모아서 보여주는 트위터기반 지역포털사이트를 이용하였다면 정부의 메시지와 시민의 메시지를 나누어 실시간으로 정보를 공유하는 등 트위터를기반으로 하는 실시간 지역신문의 역할을 할 수 있었을 것이라 생각한다.

	정부기관	트위터 메시지 내용
중앙정부	- 수상관저(총리실) - 총무성 행정관리국 전자정부그룹 - 경제산업성 - 방위성(재해정보)	- 국민격려 - 지진 관련하여 자위대의 파견현황 및 활동 내용 알림 - 기자회견 시간 및 내용 안내.
지방정부	이바라키현아나시키시 이바라키현카스미가우라시 치바현마츠도시 치바시광보과 도쿄도 미타카시..	주민에게 필요한 정보알림 : 식료 및 물 공급 장소 및 현황, 피난소의 위치 및 수용상태, 임시화장실의 설치 현황, 지진으로 인한 잔해(쓰레기 수집) 장소와 시간 안내, 보험회사의 보험 청구 방법, 각피난소에 피난하고 있는 피난민 수, 영업하고 있는 가게 정보, 목욕시설 정보, 수돗물 못마심, 가스 공급 현황, 재해로 인한 잔해 수거 작업 알림, 식중독 예방 지침

〈표 5〉 일본의 중앙정부와 지방정부 트위터의 트윗 내용 분석

5. 결론

일본의 트위터기반 지역포털사이트가 시사하는 점은 다음과 같다. 첫째, 한 번 지나가버리면 사라지는 일회성의 성질을 가진 트윗 메세지를 시민, 지역 영세상인 및 지역행정의 트윗을 한곳에 모아볼 수 있도록 한 실시간 트위터 포털로서, 트위터를 지역정보 활성화를 위한 목적으로 디자인한 점이다. 둘째, 트위터를 영세상인들의 비즈니스를 홍보하는 수단으로 활용함으로써 지역경제 활성화에 시민들이 자연스럽게 참여할 수 있도록 활용하였다는 점이다.이는 트위터를 이용하여 일상생활의 정보를 공유하는 데 있어서 지역경제를 결합한 것이라는 점에서 중요성을 지닌다. 셋째, 지역행정에 있어서의 SNS 활용이라는 점이다. 즉 중앙정부부처와 지역정부부처들이 정책홍보나 지역행정을 위하여 트위터 계정을 활용하는 것에서 한 단계 발전한 형태를 보여준다는 점이다. 마지막으로 지진과 같은 국가 위기 시 정보의 확산이 up-down 형식이 아닌 시민저널리즘의 역할을 통해 지역에 맞는 정보를 전달할 수 있다는 점이다. 지역주민이 가지고 있는 정보는 여행하는 사람들에게 소중한 정보가 되는 동시에, 행정의 밑바탕이 될 수 있는 가치를 지닌다. 이러한 소중한 정보를 모아 각각의 해쉬태그를 이용하여 분류함으로써 이를 효율적으로 활용하고자 하였다.

포털은 '사이트 이용자를 유인할 수 있는 서비스를 제공하여 많은 이용자(트래픽)을 보유, 확보된 이용자를 바탕으로 광고, 유료게임 등 수익을 위한 비즈니스 모델을 실현' 하는 것으로 정의된다(공정거래위원회, 2008, 00.1-2). 이러한 포털을 비즈니스 모델 측면에서 본다면, 일본의 트위터기반 포털사이트가 지역민들의 웹브라우저를 여는 첫번째 웹페이지로서 포털의 기능을 수행할 수 있는가 하는 의문이 제기된다. 또한 실시간 정보를 보여주고는 있지만 정보를 어떻게 분류할 것인가라는 문제가 뒤따른다. 키워드나 리스트로 분류한다고 해도, 더 나은 정보분류 체계를 보여주지 못하는 점은 한계로 생각된다.

그러나 소셜 미디어는 전통미디어에 비해 비용이 적게 든다는 점, 이용자 모두가 인터넷을 이용하여 정보를 공유할 수 있다는 점, 정보를 필요로 할 때 효율적으로 이용할 수 있다는 점 등 장점을 가지고 있다. 소셜 미디어의 이러한 장점은 지역의 정보를 나누고 지역과 관련된 발전적인 아이디어를 창출할 수 있는 새로운 기회를 제공한다.

정보통신산업진흥원이 조사한 '국내 정보기술(IT) 이용에서 인구사회학적 격차분석' 보고서에서 우리나라는 세계 최고 수준의 정보기술 환경을 구축하고 있지만, 스마트폰의 보급과 활용에서 성별, 학력, 소득, 직업, 거주지 등에 격차가 큰 것으로 나타났다고 한다. 이러한 지역간 격차를 줄이기 위해 방안으로 트위터기반 지역포털사이트 활용에 주목할 수 있을 것이다. 이설련의 연구(2010)에서도 이러한 가능성을 확인할 수 있다. 작은 마을 아수케(Asuke)에서 트위터를 이용한 시민저널리즘을 통해 지역의 정보확산을 실험하여 의미 있는 결과를 도출한 것이 그것이다. 이는 대도시 중심으로 정보가 확산되어 온 전통 미디어의 매커니즘을 탈피하여, 소셜 미디어인 트위터를 이용하여 지역정보를 확산함으로써 지역 주민들의 시민저널리즘 참여의 가능성을 확인한 것이다. 트윗에드온즈의 지역당들과 비교하여 보았듯이 여러형태로 이용될 수 있는 트위터를 지역 친목 뿐만 아니라 건설적인 지역발전에 도움이 되는 방향으로 활용할 수 있기를 기대해 본다.

참고문헌

- 전황수 외(2003), "일본의 e-japan과 u-Japan 전략을 중심으로", 아시아연구, 한국 아시아 학회

- 장영범, (2001) 일본의 IT산업 정책 및 인터넷 비즈니스 동향에 관한 연구 :소셜 네트워크 서비스와 전자상거래 서비스를 중심으로 ,동아인문학회, 2010,12 pp.235~255

- 공정거래위원회, (2008-2), 인터넷포털사업의 특성과 경쟁정책적 시사점, 서울 : 공정거래위원회

- Hargittai, Eszter. (2000). " Open Portals or Closed Gates?" Channelling Content on the World Wide Web." Poetics.

- Semler.R(2000), "How We Went Digital Without a Strategy," Harvard Business Review September-October, pp. 51-58

- XuelianLla, (2010) Twitter based regional portal site, presented at 2011 e-Case& e-Tech International Conference

사례 01

한국과 일본의 트위터 이용, 지역적인 측면에서 차이가 있을까?

글 · 조성은, 박한우

한국과 일본의 트위터 이용자들간 차이를 알아보기 위해 트위터공개 API (application program interface)를 기반으로 한 트위터스크래퍼 (scrapper)를 이용해 정보를 수집했다. 2010년 8월 18일, 19일 이틀에 걸쳐 정보를 수집했고, 최종적으로 한국의 트위터 286개, 일본 트위터 283개의 계정과 이들의 메시지를 분석했다. 〈표 1〉에서 볼 수 있듯이, 한국과 일본 모두 남성 이용자 수가 여성 이용자 수에 비해 많았다. 그밖에 주요 비교결과를 보면, 먼저 맞팔율에서는 한국과 일본 이용자간에 유의미한 차이가 없었지만, 일본 이용자들이 평균적으로 더 많은 메시지를 올리는 편이었고, 한국 이용자들은 팔로잉/팔로어 관계를 맺고 있는 계정들이 더 많았다.

트위터 이용						
	한국 (286개)			일본 (283개)		
	유효사례수	남자	여자	유효사례수	남자	여자
성별	165	106(64%)	59(36%)	204	145(71%)	59(29%)
맞팔율		76.40%			73.80%	
트윗수		4292			9347	
팔로어수		1047			323	
팔로잉수		980			285	
거주지소개여부		166(58%)			143(51%)	
거주지유형 (대도시/소도시)	154	111(72%)		143	68(48%)	

* %는 유효사례수만 가지고 계산했음.

〈표 1〉 한국과 일본의 이용자 비교

한국인들이 더 많은 팔로어/팔로잉을 가지고 있는 것은 사회관계를 맺고 유지하는 데 있어서 일본인들보다 더 개방적이라는 것을 보여 준다. 한국과 일본 모두 전통적으로 집단주의 문화 (collectivistic culture)에 속한다고 하더라도 그 문화적 속성이 같다고 볼 수는 없다. 한국 사람들은 주어진 여건에 따라 언제든 소속 집단을 구성하고 소속멤버로서 행동하고자 하는 경향이 있다. 한국 사람들은 타지에서 생판 모르는사람을 만나더라도 쉽게 형님 아우 사이가 되거나 잘 모르는 사람의 일상도 이것저것 참견하는 경우가 많은데, 이는 상황에 따라 소속집단의 경계를 달리하는 집단 중심적 행동의 결과이다. 반면에 일본은 일단 소속집단을 정하면 좀처럼 그 범위를 넓히려 들지 않고, 그 안에서만 집단중심적인 사고와 행동을 보이는 경향이 있다. 나의 소속집단이 '가족' 이라면 가족을 위해 개인적 욕구를 희생할 수 있지만 가족 밖의 사람들에게는 배타적인태도를 취하는 것이다. 학자들은 한국의 집단주의 문화를 단순집단주의 (simple collectivism)로, 일본의 문화를 주어진 상황(맥락)에 귀속되는 맥락집단주의 (contextual collectivism)로 구분하기도한다. 소셜미디어는 사회관계를 넓히는 데 유용한 커뮤니케이션툴이다. 좀더 유연하게 소속집단을 구성할 수 있는 한국인들은 트위터 친구들의 영역을 넓힐 근거를 마련했지만, 보다 폐쇄적 태도를 견지한 일본인들은 트위터 네트워크를 확장시키는 데 조금 더 경계를 보일것이다.

아래 〈그림 1〉은 한국과 일본 이용자들의 트위터 메시지를 분석한 결과이다. 한국 이용자들이 정보공유를 위한 메시지를 많이 올리는 반면 일본 이용자들은 무작위적인 자기 생각을 많이 올리는 것으로 나타났다. 트위터가 정보 공유에 적합한 소셜 미디어이기도 하지만, 한국 이용자들에게 있어서 정보 공유는 트위터 네트워크라는 집단 안에서 소속 멤버로서 기여하고 혜택을 받을 수 있는 소통행위로 인식되었을 수 있다. 반면에 사회 관계에서 보다 폐쇄적인 태도를 보이는 일본인들은 트위터에 글을 올리되 상호작용이 일어날 확률이 상대적으로 낮은 글들을 주로 올리고 있다고 볼 수 있다. 어떤 맥락이 드러나지 않은 채 한 개인의 추상적인 생각이 메시지로 올라오면 웬만한 사람들이 그 메시지를 읽어도 의미를 파악하기 힘들며 따라서 상대방의 반응을 이끌어 낼 확률도 낮다. 따라서 이러한 일본인들의 소통 형태는 소셜 미디어 시대에 자신의 존재를 드러내고 싶은 욕구와 사람들과 소통하는 데 대한 경계간의 타협의 산물이라고 볼 수 있을 것이다.

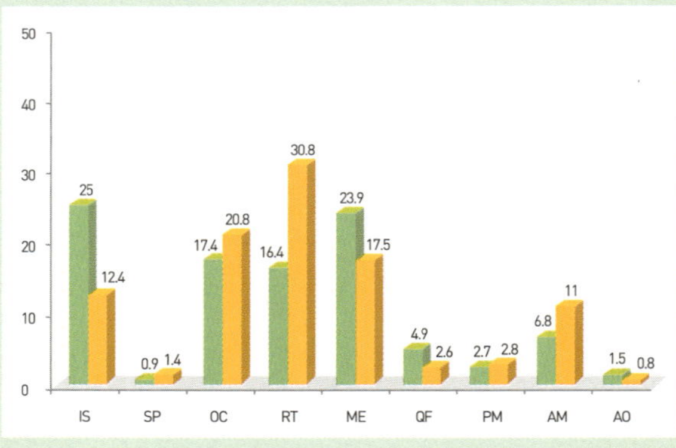

〈그림 1〉

※ IS:정보공유(information sharing); SP:자기홍보(self-promotion);OC:의견/불평(opinions/complaints); RT:무작위생각(statements/random thoughts); ME:지금의나(me now); QF:팔로워에게질문(questions forfollowers); PM:현상유지(presence maintenance); AM:내과거일화(anecdotes-me); AO:남의일화(anecdotes-others)

※ 녹색막대-한국, 주황색막대-일본

※ 필자들의 미발표 논문으로 현재 국제 저널 투고를 위해 준비 중.

사례 02

위기 상황에서의 트위터 영향력 : 일본 지진 당시 트위터 메시지 분석 결과

글 · 조성은, 박한우

지난 3월 11일 일본 지진 발생 이후 일시적으로 일상의 커뮤니케이션 채널이 마비되었다. 언제든 개인과의 컨택을 가능하게 했던 모바일 폰 서비스의 마비됨으로써 개인들은 위기 상황에 고립되었고 외부 지역의 가족, 친지들에게 안부를 전할 길이 차단되었다. 이러한 커뮤니케이션 중단 상황에서 트위터의 기능이 빛을 발했다. 전화 서비스는 불가능했지만 모바일 폰을 통해 트위터에 메시지를 올리고 받을 수 있었던 것이다.

다음은 2011년 3월 11일 지진이 일어난 직후 (3:00pm)부터 13일 오전 7시까지 40시간 동안 트위터 퍼블릭 타임라인(http://twitter.com/public_timeline)에서 일본어 트윗 메시지를 수집해 분석한 결과이다. 매10시간씩 총

4개 구간으로 나누어 메시지의 유형을 분석했다. 메시지 유형은 정보관련(information-related), 감정관련(emotion-related), 행동관련(behavior-related), 미디어/기술관련(media/technology-related), 개인경험(personal experience based) 등으로 범주화했다. 시간별 분석에 활용된 메시지 수는 다음과 같다.

	Beginning	Middle1	Middle2	Last	Total
Valid Case	112	196	141	119	568

〈표 1〉 시간별 유효 메시지 수

아래 〈그림 1〉은 시간 별로 가장 많이 트윗된 메시지 유형을 보여주고 있다. 지진 발생 직후부터 40시간이 지날 때까지 개개인이 겪은 경험이 가장 많이 트윗되었다. 이 메시지 유형에는 개인이 안부를 전달하거나 현재 처한 상황 및 주변상황을 묘사한 내용 등이 포함되었다. 위기 상황 때 사적인 경험이 생생한 정보가 될 수 있음을 트위터 소통이 보여준 셈이다. 트위터가 위기상황 때 개인들이 만들어내는 사적이면서 생생한 정보 유통 채널로 활용될 수 있음을 보여주는 결과이다. 메시지 유형간 시간 별 추이를 좀 더 들여다보면, 지진발생 직후 초기 10시간 동안 감정적 표현이 두드러진 메시지가 많이 트윗되었음을 알 수 있다. 이 유형에는 피해를 입지 않은 지역 사람들이 지진지역에서 재해를 겪은 사람들에 대한 걱정을 담은 글이 주를 이루었으며, 부분적으로 피해지역 당사자들이 전하는 안부와 간간히 그들이 느끼는 표현하는 불안과 공포를 담은 메시지도 있었다. 하지만 이 걱정이나 불안, 공포 등의 감정적 표현은 시간이 지날수록 줄어들고 대신에 행동을 촉구하는 메시지가 증가하고 있음을 눈여겨볼 만하다 (2구간). 행동 촉구 메시지에는 자원봉사나 기부 등을 하자고 권유하거나 하겠다는 다짐, 실제로 피해지역에서 있으면서 간단한 구조활동에 참여한 경험 등이 포함되어 있다. 종합하면, 어떤 재난 상황이 발생했을 때 트위터는 피해지역 사람들이 자신의 안부를 알리고 피해상황을 전하는 채널이었으며, 동시에 재난상황에 동참할 수 있는 행동을 촉구하고 감정적인 호소를 주고 받으며 피해지역이든 피해를 입지 않은 지역이든 재난상황을 공유할 수 있는 소통창구였다.

반면 지진이 발생하기 전 일본 정부부처의 트위터 활용 전략이 미비했음을 엿볼 수 있었다 (〈표 1 참조〉). 재난대처 관련 정부부처의 트위터 계정들을 조사해 본 결과 지진이 일어나고 나서 2, 3일 후부터 계정을 만들었는데, 이는 일본 정부가 지진 발생 이전에는 트위터의 미디어 역할이나 영향력을 파악하지 못하다가 뒤늦게 그 효용성을 확인하고 활용하기 시작했다는 것을 보여주는 결과이다.

일본은 지진으로 인해 트위터에 대한 미디어 효용성과 영향력을 다시금 생각하게 되었을 것이다. 앞서 한국과 일본의 일반 이용자들의 이용 패턴 연구에서 일본 이용자들이 트위터를 정보 채널로 활용하는 것보다는 주로 혼잣말과 같은 메시지를 올려 상호작용을 최소화하면서 개인적 욕구를 표출하는 지극히 개인적인 미디어로 활용하였음을 밝혔다. 하지만, 지진 이후 트위터가 소통과 정보 유통에 효과적인 미디어라는 것을 경험하게 되면서 앞으로 트위터 이용 패턴에 변화가 생길 것으로 기대된다.

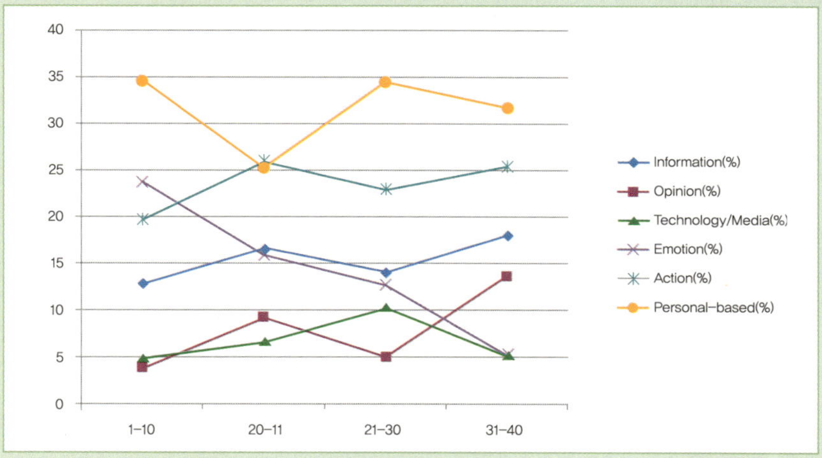

〈그림 1〉 시간별 트윗 메시지 유형 변화

중앙정부기관	개설일자	트윗수	리스트수	스크랩수
수상관저(총리실)	2011.03.13	926	19160	0
총무성행정관리국전자정부그룹	2011.03.15	291	775	0
경제산업성	2011.03.13	266	917	0
방위성(재해정보)	2011.03.19	125	1591	0
방위성해상자위대	2011.03.29	60	2386	167
방위성육상자위대	2011.03.14	200	8238	0
금융청(동일본대진재관련정보)	2011.04.04	48	94	0

〈표 2〉 일본 재난 대처 관련 정부부처의 트위터 계정 현황

※ 필자들의 미발표 논문으로 현재 국제 저널 투고를 위해 준비 중.

10 part 2

SNS를 활용한 지방자치단체 커뮤니케이션 방안에 관한 연구

: 대구시의 SNS활용을 중심으로

글 · 전채남 ((주)더아이엠씨 대표이사, 경영학 박사)

1. 연구의 필요성 및 목적

올해로 우리나라의 지방자치제 부활 20년을 맞이하였다. 1991년 기초의원선거로 시작하여 4년 뒤인 1995년 단체장 선거로 지방자치제는 완전하게 부활하였다. 지방자치제의 부활은 지방행정의 여러 분야에 많은 변화를 가져왔다. 지방자치단체의 커뮤니케이션 활동도 시민 중심으로 바뀌고 횟수도 크게 늘어났다. 지방자치단체 커뮤니케이션은 지방자치단체의 활동을 중심으로 지역민들과 소통하고 지역외의 다른 사람들에게 지방자치단체를 알리고 우호적인 태도를 형성하는 것이 목적이다. 지방자치제는 도시 간 경쟁을 유발하고 특히 4년마다 민선지방자치단체장이 선거를 통해 시민들의 평가를 받게 되면서 지방자치단체의 커뮤니케이션이 더욱 중요하게 되었다. 민선지방자치단체장은 자신의 정책 성과를 시민들에게 효과적으로 알리고 다음 선거에서 긍정적인 평가를 받기 위해 소통을 강화하고 있다.

지방자치단체의 커뮤니케이션은 초기에는 카탈로그, 브로슈어, 리플렛 등 주로 인쇄매체를 활용하여 이루어지다가 방송이나 영상매체를 활용하는 방식으로 변화를 하였고 2000년 대 이후에는 인터넷이 생활화되면서 인터넷 홈페이지와 같은 온라인을 통한 지방자치단체의 커뮤니케이션이 증대되었다. 그러나 민선이후 부단한 홍보노력에도 불구하고 지방자치단체 커뮤니케이션은 아직까지 시민들로부터 거부감을 불러일으키고 외면 받고 있다.

국내 스마트폰 이용자수가 지난 5월 기준 1,500만명을 넘어섰다(한국인터넷진흥원, 2011). 한국인터넷진흥원(2011)에 의하면, 스마트폰 이용자의 88.0%가 스마트폰을 통해 '정보검색 또는 일반적인 웹서핑'을 하고 있었다. 또한 스마트폰을 통한 인터넷 사용자의 87.3%가 하루에 1번 이상 일평균 75.7분간 인터넷을 이용하고 있었다. 스마트폰 사용자가 늘어나면서 소셜네트워크서비스(SNS)의 이용도 확대되고 있다. 우리나라의 대표 SNS인 트위터와 페이스북의 이용자 추이는 대체적인 증가세를 보이고 있다. 오이코랩(oikolab)에 의하면, 우리나라의 6월 트위터 이용자는 4,004,515명(2011.6.12)로 처음 4백만명을 넘어섰다. 지난 2010년 SNS 열풍을 주도했던 트위터는 지난 3월 300만명을 넘어선 데 이어 약 3개월 만에 100만명의 가입자를 확보하면서 올해에도 건재함을 과시했다. 소셜베이커(socialbakers)에 의하면, 페이스북의 6월 이용자는 3,660,300명(2011.6.27)이었다. 페이스북 이용자 그래프를 보면, 우리나라 페이스북 사용자는 3월에 400만을 넘었다가 5월에 350만까지 줄었다가 다시 366만으로 늘어나는 추이를 보이고 있다.

스마트폰 사용자 증가와 SNS 이용자 증대에 맞추어 지방자치단체 커뮤니케이션의 SNS 활용은 급속히 증가하고 있다. 현재 우리나라 7대 광역시의 SNS 활용을 살펴보면, 〈표1〉과 같다. 서울시는 SNS를 통합적으로 운영하기 위해 '서울소통' 사이트를 운영하고 있고 블로그와 트위터를 중심으로 SNS를 가장 잘 활용하고 있다. 대구시는 페이스북을, 광주시는 블로그를 그리고 대전시는 트위터를 잘 활용하고 있다. 다른 광역시는 SNS의 활용에 대한 필요성을 인식하여 다양한 채널을 개설하고 있으나 실제 활용은 평범한 수준이다. 7대 광역시의 SNS 채널별 활용을 살펴보면, 블로그와 트위터의 활용은 보편화되어 있지만 페이스북의 활용은 이제 본격적으로 시작하는 단계에 있다.

지역	블로그	트위터	페이스북	비고
서울시	★	★	○	SNS통합사이트, 서울소통운영
부산시	○	○	△	
대구시	○	○	★	
광주시	★	○	×	
대전시	○	★	○	뉴미디어팀 운영
인천시	○	○	×	
울산시	○	△	○	

(★ : 매우 잘함, ○ : 잘함, △ : 보통, x : 없음 또는 못함)

〈표1〉 7대 광역시의 SNS 활용 현황

지방차지단체에서 SNS를 커뮤니케이션 수단으로 인식하고 다양한 채널을 활용하고 있지만 단편적이고 형식적인 운영으로 관심과 노력에 비해 그 효과는 높지 않은 편이다. 본 연구는 지방자치단체 커뮤니케이션의 효과를 극대화하기 위한 SNS의 효율적인 운영 방안을 찾아보는 것을 목적으로 한다. 이를 구체적으로 알아보기 위해, SNS 운영체게 구축, 통합적 SNS 채널 운영, 지속적인 메시지 관리, 일관된 SNS 메시지, 쌍방향 커뮤니케이션이 어떻게 커뮤니케이션 효과를 발생시키는지를 사례연구를 통해 알아보고자 한다.

2. 이론적 배경

(1) 소셜 네트워크 서비스 (SNS, Social Network Service)

웹2.0 기반의 온라인 환경은 개방, 공유, 참여의 정신을 잘 구현하고 있다. 웹2.0의 특징을 가장 잘 구현하는 서비스가 소셜네트워크서비스(SNS)이다. SNS는 정보 생산자와 소비자가 분리되어 있는 일방향적 커뮤니케이션 방식에서 탈피하여 쌍방향성을 바탕으로 이용자들이 능동적으로 정보를 생산, 공유하고 자발적인 참여를 통해 다른 이용자들과 관계를 만들어 가는 서비스이다.

SNS를 잘 알기 위해서는 소셜네트워크(Social Network)에 대한 이해가 우선 필요하다. 원래 소셜네트워크는 사회적 연결에 의해 유대를 맺고 있는 인자(actor)들이 형성한 네트워크이다(Guillaume Ereteo, 2010). 여기서 인자는 사람(pepple), 조직(organization), 그룹(group) 등이 될 수 있다. 요즘 통용되는 소셜네트워크는 온라인상에서 계정, 개인 또는 조직이 노드(node)가 되고 이 노드의 연결에 의해서 만들어진 사회적 구조, 커뮤니티 또는 사회이다. 소셜네트워크는 사회적 동물로 혼자가 아니라 여러 사람들과 어울려 사는 공동체(사회)를 구성하고 그 안에서 살아가야 하는 인간의 본성 때문에 만들어진다.

SNS는 이와 같은 소셜네트워크를 쉽고 편리하게 만들 수 있도록 해주는 온라인 서비스이다. 최근 이용이 확대되고 있는 SNS는 정보통신기술의 발달로 네트워킹이 혈연, 지연, 학연 등의 오프라인적 요소들보다 이메일, 휴대폰 번호 등의 온라인적 요소에 기반하게 됨에 따라, 이용자가 오프라인에 기반하여 서로 관계를 형성하고 이 관계를 유지하면서, 정보의 개방, 공유를 통해 새로운 친구를 사귀고, 관심과 친구 관계를 이용해 다른 사람을 친구로 추천하여 관계를 넓힐 수 있도록 만들어진 서비스이다. 최재용(2010)은 SNS를 온라인 인맥구축 서비스로 자신을 중심으로 하는 인적 네트워크를 형성하여 유용한 정보를 공유하고 인맥을 관리하게 하는 서비스라 정의하였다. 그는 SNS를 1인 미디어, 1인 커뮤니티, 정보 공유 등을 포괄하는 개념이라 하였다.

대표적인 SNS로는 블로그, 트위터, 페이스북 등이 있다. 블로그는 웹(web)+일기(log)의 합성어로 개인 홈페이지에 비해 만들고 관리하기가 편하며 등록된 글이 포털사이트를 통해 공유되고 있다. 정보의 충실한 제공에 강점이 있다. 트위터는 마이크로 블로그로 이용자들이 최대 140자의 트윗(단문 메시지)를 보내고 읽을 수 있는 일대 다의 커뮤니케이션이다. 정보의 확산에 강점이 있다. 페이스북은 친구요청과 정보개방, 공유를 통해 이용자들이 관계를 형성할 수 있게 해주는 인터넷 서비스로 블로그와 트위터의 결합 형태이다. 정보 개방, 공유, 추천을 통한 온라인 관계맺기와 유지에 강점이 있다.

(2) SNS를 활용한 지방자치단체의 커뮤니케이션

지방자치단체 커뮤니케이션은 지방자치단체가 시민과 역외 관계자들을 대상으로 정보를 제공하고 공감을 유도하여 커뮤니케이션 목표를 달성한다. Howard(1974)는 커뮤니케이션을 둘 혹은 그 이상의 행위자가 기호를 의도적으로 사용하여 그 의미를 교환하는 과정이라고 정의하였다. 그는 의도적으로 기호를 사용하고 있다는 점을 강조하고 있다(오승원, 2011 재인용). 이 정의에 따르면, 지방자치단체의 커뮤니케이션은 지방자치단체가 정보를 의도적인 기호로 전달하여 설정한 목표를 달성하고 있다. 또 Katz & Kahn(1964)은 커뮤니케이션을 상호이해에 다다르기 위해 커뮤니케이션에 참가하는 구성원들이 정보를 만들고 서로 공유하는 일련의 과정이라고 하였다(오승원, 2011 재인용). 이 정의를 정리해 보면 커뮤니케이션은 상호이해를 위한 정보의 획득, 공유 과정이다.

지방자치단체 커뮤니케이션을 잘 정의하기 위해 기업커뮤니케이션을 추가로 살펴보겠다. 아젠티(Argenti, 1996)는 기업커뮤니케이션을 전략적 기업 공중 관계의 발전으로 보고, 이미지와 정체성, 기업 광고, 미디어 관계, 재무 커뮤니케이션, 직원 관계, 커뮤니티 관계와 기업 자선 행동, 정부 관계, 위기 커뮤니케이션 등이 중요하다고 제안했다(오승원, 2011 재인용). 여기에 오승원(2011)은 기업 커뮤니케이션을 조직의 목표달성을 위한 효과적이며 효율적인 통합적인 커뮤니케이션 관리와 조직과 관련된 공중들과의 정보교환과 의미 공유를 통한 지속적이고 긍정적인 관계형성으로 정의하였다.

따라서 지방자치단체 커뮤니케이션은 목표를 효과적으로 달성하기 위한 통합적 커뮤니케이션으로 시민과 정보를 공유함으로써 상호 이해 및 합의를 도출하고 이를 토대로 긍정적인 관계를 형성하는 과정이다. 다시 말해, 지방자치단체 정보의 공개, 공유를 통하여 관계를 형성하고 시민의 동원과 참여를 유도하는 커뮤니케이션이다.

지방자치제의 부활과 SNS의 등장은 지방자치단체 커뮤니케이션 활동에도 많은 변화를 가져오고 있다. 일방향적인 전통매체를 중심으로 정보를 전달하고 시민을 접하던 방식에서 양방향 소통이 가능한 SNS를 통하여 정보와 민원을 접하는 방식은 신뢰성과 즉시성 등을 높여주기 때문에 지방자치단체의 SNS를 활용한 커뮤니케이션은 점점 늘어나고 있다. 특히 지방자치단체의 차별화가 어려워지고 지역 브랜드에 대한 중요성이 높아지면서 SNS는 시민과 관계형성을 통한 브랜드 자산 구축에도 유용한 수단이 되고 있다.

지방자치단체가 SNS를 시민과의 커뮤니케이션 수단으로 이용함으로써 얻을 수 있는 첫째 장점은 시민참여이다. SNS는 전통매체보다 정보를 쉽고 빠르게 전달할 수 있고 관심과 친분을 기반으로 하기에 신뢰를 줄 수 있어 동원이 아니라 자발적인 참여를 유도할 수 있다. 둘째 장점은 SNS를 통한 메시지의 전달은 전통매체에 비하여 확산속도와 비용 면에서 저렴하다. 셋째 장점은 문자, 사진, 동영상, 음원 등을 사용해 멀티미디어 콘텐츠를 제공할 수 있어 흥미를 유발하고 시민과 지방자치단체 간의 감정적 애착을 형성하는 도구로 이용될 수 있다. 특히 SNS는 관계 형성을 통한 신뢰를 바탕으로 시민들과 항상 연결된 상태를 이루게 해주며 지방자치단체는 이를 통하여 시민들이 원하고 듣고 싶은 적절하고 흥미있는 정보를 전달함으로써 감정적 유대관계를 창출할 수 있다.

(3) 통합적 SNS(iSNS, integrated Social Network Service)

현재 SNS는 하나의 대표적인 서비스만 이용되는 것이 아니라 블로그, 트위터, 페이스북 등이 나름의 강점을 가지고 혼용되어 사용되고 있다. 커뮤니케이션을 위해 다양한 채널들이 함께 이용될 때에는 효율성을 높이기 위한 채널믹스(Channel Mix)가 매우 중요하다. 채널 믹스는 제한된 비용으로 목표청중들을 최대한 접촉(contact)할 수 있는 각종 채널들을 사용하여 최대의 커뮤니케이션 효과를 노리는 것이다. 채널믹스는 시너지 효과의 극대화를 통해 접점(contact point)를 강화할 수 있다. 채널믹스를 할 때 주의해야 할 점은 다양한 채널을 이용하다 보면 정보 혼란의 문제가 발생할 수 있다는 점이다. 각 채널의 특성에 맞추어 나름대로의 특색 있는 메시지를 전달하다 보면 소비자 인식의 혼돈이 발생할 수 있다. 다양한 채널을 이용하면서도 정보 혼란에 의한 인식의 혼돈을 발생시키지 않고 효과적인 커뮤니케이션을 실행하는 방안이 통합적 마케팅커뮤니케이션(IMC)이다.

McGrath(2001)는 IMC가 지속적인 커뮤니케이션, 다양한 마케팅커뮤니케이션 수단, 메시지의 일관성 등의 세 가지 개념적 토대를 가지고 있다고 하였다. Duncan(2005)은 지속적, 상호작용적, 협력적인 업무 과정으로 모든 마케팅커뮤니케이션 메시지들이 확실히 하나의 목소리, 하나의 모습을 가지도록 하는 것이라고 정의하였다. 이와 같은 정의에 의해 전채남(2007)은 IMC를 소비자 관점에서 출발하여, 이해당사자들을 포함하는 포괄적인 기획, 브랜드 접점관리를 위한 매체 통합, 일관된 메시지, 관계 구축과 행동 중시, 쌍방향 커뮤니케이션 등을 강조하였다.

IMC가 중요한 이유는 우선 정보처리(information processing)에 가장 적합하기 때문이다. 정보처리과정은 크게 인식과 정보의 저장 · 이용으로 나누어져 있다. 인식은 정보의 원천이 무엇이든지 간에 대상에 대하여 명백하고 일관된 메시지가 있어야 이루어진다. 인식이 이루어진 후 메시지의 이용 여부를 결정짓는 과정은 기존에 저장된 정보의 개념, 범주, 네트워크와 대비, 검색을 통한 판단체계(judgment system)에 의존한다. 따라서 통합되지 않은 메시지는 시민의 정보처리체제에 갈등을 조장하기 때문에 정보가 처리되지 않을 가능성이 높다. 혼돈을 야기시킬 목적이 아니라면 메시지는 통합되어야 한다.

두 번째, IMC가 중요한 이유는 관계를 형성할 수 있기 때문이다. 관계를 맺는 상황에서 쌍방이 서로의 커뮤니케이션에서 일관성이 있어야 한다. 즉 관계를 맺기 위해서는 커뮤니케이션을 통합해야 한다. 그래야 서로 일관된 접근을 할 수 있고 더 나아가 관계를 형성할 수 있다. 쌍방향 커뮤니케이션을 통해 서로 잘 알게 되면 신뢰가 발생하고 커뮤니케이션의 통합은 자연스럽게 이루어진다.

세 번째, IMC가 중요한 이유는 메시지가 대체되는 것이 아니라 축적되고 있기 때문이다. 기존에는 경쟁자보다 많은 메시지를 전달하면 사람들의 마음 속에 있는 개념들을 대체(replace)할 수 있다고 보았다. 그러나 사실상 소비자의 머리 속에서는 축적(accumulation)이 일어나고 있다(Schultz 외, 1993). 축적은 새로운 정보를 수용하게 되면 정보가 대체되는 것이 아니라 기존의 개념과 연결되고 합쳐지는 것이다. 커뮤니케이션은 축적과정이고 이를 통해 정보가 지속적으로 처리되고 저장되며 나중에 상기(recall)된다. 축적을 위해서는 메시지의 일관성이 중요하다.

정리해 보면, IMC는 소비자의 관점에서 출발하여 상호작용성을 높일 수 있는 쌍방향 커뮤니케이션과 브랜드 접점관리를 위한 조직과 매체를 통합하여 일관된 메시지를 지속적으로 전달함으로써 지방자치단체와 시민의 관계 구축과 참여를 유도할 수 있다.

통합적 SNS는 IMC의 효과적인 실행이다. 통합적 SNS는 일관된 메시지를 다양한 SNS 채널들을 이용해 전달하고 실시간의 쌍방향 커뮤니케이션을 통해 상호작용성과 친밀감을 높여 다양한 관계맺기를 할 수 있다. 통합적 SNS는 블로그를 정보 진지로, 트위터를 정보 확산의 수단으로, 페이스북을 블로그와 트위터의 융합을 통한 관계 형성의 수단으로 각기 역할을 분담한 후 역할에 맞게 콘텐츠를 생산하고 통합적 커뮤니케이션을 수행한다.

지금까지 기존 연구 논문과 자료를 통해서 지방자치단체의 커뮤니케이션을 위해서 SNS를 어떻게 효과적으로 활용할 수 있는지에 대한 이론적 근거를 살펴보았다. 이를 토대로 통합적 SNS의 활용을 통하여 지방자치단체 커뮤니케이션의 효과를 어떻게 극대화 할 수 있는지를 대구시의 사례를 통해 살펴보고자 한다. 이를 위한 연구문제는 다음과 같다.

첫째, SNS 운영체계 구축은 커뮤니케이션 효과를 높여 줄 것인가?

둘째, 통합적 SNS 채널 운영은 커뮤니케이션 효과를 높여 줄 것인가?

셋째, 지속적인 메시지 관리는 커뮤니케이션 효과를 높여 줄 것인가?

넷째, 일관된 SNS 메시지는 커뮤니케이션 효과를 높여 줄 것인가?

다섯째, 쌍방향 커뮤니케이션은 커뮤니케이션 효과를 높여 줄 것인가?

3. 사례연구 : 대구시의 SNS 활용

대구시를 사례연구의 대상으로 선정한 이유는 최근 대구시가 커뮤니케이션을 강화하기 위해 SNS를 적극적으로 활용하고 있기 때문이다. 특히 대구시는 SNS를 IMC적 관점에서 전략을 수립하여 실행하고 있기에 사례연구의 대상으로 적합하였다.

현재 대구시가 활용하고 있는 SNS는 블로그, 카페, 트위터, 페이스북 등 이다. 블로그는 대구시관련 뉴스, 문화, 행사, 정책 등의 포스트 생산(UGC)과 커뮤니케이션의 진지 역할을 하고 있다. 트위터는 블로그의 포스트를 확산시키고 시정을 홍보하며 시민들과 실시간 소통의 역할을 하고 있다. 페이스북과 카페는 커뮤니티적 특성을 활용하여 대구시와 관계를 형성하기 위한 채널로 활용하고 있다. 대구시의 SNS 활용적인 측면은 크게 SNS 운영체계 구축, 통합적 SNS 채널 운영, 지속적인 SNS 메시지 관리, 일관된 SNS 메시지, 쌍방향 커뮤니케이션 등으로 나뉘어져 있다.

(1) SNS 운영체계 구축

대구시의 SNS 운영체계는 우선 전문성 강화와 실행능력 증대를 위해, 커뮤니케이션 대행사를 선정하였다. 그 다음에 대구시를 중심으로 커뮤니케이션 대행사와 블로그 기자단(시민참여)이 협력하는 통합적 조직체계를 갖추었다. 대구시는 SNS 실행의 주체로서 커뮤니케이션의 전략과 방향을 수립하고 실행을 감독한다. 커뮤니케이션 대행사는 전략 수립 지원, 실행방안 제시, 콘텐츠 제작, SNS 채널 관리, 블로그 기자단 관리 등 SNS 실행과 관련된 전반적인 업무를 수행한다. 블로그 기자단은 생활 속에서 대구시 생활정보를 중심으로 포스트를 작성하고 대구시와 자신의 블로그에 업로드를 한다. 이와 같이 대구시는 효과적인 SNS 실행을 위한 협력(collaboration) 체계를 구축하여 시민들과 소통할 수 있는 독특하고 매력적인 콘텐츠를 생산하고 확산시키고 있다.

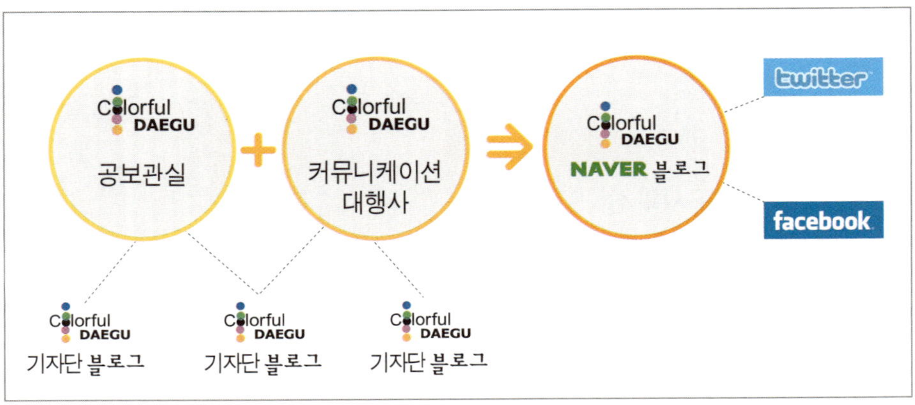

〈그림1〉 대구시의 SNS 운영체계

(2) 통합적 SNS 채널 운영

대구시는 통합적 SNS 채널 운영을 위해 두 곳의 포털사이트에 분산되어 있던 블로그를 단일화하고 새로 카페를 신설하여 포털 사이트 이용자의 검색에서 메인페이지에 노출될 수 있도록 하였다. 트위터는 정보 확산과 실시간 소통에 적합하도록 재정비하였고 페이스북은 프로필 중심에서 프로필과 페이지의 통합적 운영으로 바꾸어 시민들과 관계맺기를 하면서 심화된 커뮤니케이션을 할 수 있게 하였다.

(3) 지속적인 SNS 메시지 관리

대구시는 다양한 SNS 채널의 활성화와 생동감을 확보하기 위해 콘텐츠 업로드 빈도를 증대시키고 즉각적 대응을 위한 실시간 모니터링을 강화하였다. 방문자를 확대하기 위해 포털 사이트의 이용자들이 검색을 하였을 때 메인페이지에 노출될 수 있도록 콘텐츠의 최적화(SEO)를 적용하였다.

실제로 대구시의 지속적인 SNS 메시지 관리는 트윗 횟수를 일일 평균 6회 이상, 블로그 일일 최소 1회 이상 포스팅, 페이지북 담벼락 3회 이상 업로드, 노트 1회 이상 작성 등 우선 콘텐츠 생산량을 절대적으로 증대시켰다. 둘째, 트윗의 형태 변화를 일방적인 전달형에서 소통형으로 변화시켰다. 지방자치단체 트윗을 분석해 보면, 대부분 또하나의 공지사항이나 온라인 플래카드 형태로 운영하는 경우가 많다. 일방적으로 자기주장만 하고 듣는 기능이 부족한데 다른 트윗들을 리트윗하거나 어플라이(@reply)을 활발히 작성하였다. 셋째, 활발한 모니터링을 통해 실시간 응답과 추가적인 정보 제공을 활발히 하였다. 이를 통해 정보의 생동감을 높이고 참여를 유도하였다.

(4) 일관된 SNS 메시지

다양한 SNS 채널을 통해 각 채널마다의 나름대로의 특성에 맞는 메시지를 작성하더라도 다양한 메시지로 인한 혼돈을 피하고 메시지 매칭, 축적에 의한 커뮤니케이션 효과를 극대화하기 위해 대구시와 커뮤니케이션 대행사의 데스킹(desking)으로 메시지의 일관성을 유지 하였다.

메시지의 일관성은 첫째, 독특하고 강력한 메시지 작성, 둘째, 대구시의 데스킹 역할 강화, 셋째, 다양한 SNS 채널에 최적화된 메시지의 노출, 넷째, 대행사를 통한 콘텐츠의 질 향상(SNS에 최적화된 편집, 디자인, 멀티미디어 등) 등을 통해 유지하였다.

(5) 쌍방향 커뮤니케이션

SNS를 활용한 대구시 커뮤니케이션의 효과를 극대화하기 위해서는 SNS의 강점인 상호작용성을 높이는 것이 필요하였다. 상호작용성을 높이기 위해는 쌍방향 커뮤니케이션이 효과적인 방법이다. 적극적인 쌍방향 커뮤니케이션은 관계를 맺고 있는 이용자들의 리트윗, '좋아요', 댓글 등의 반응을 유도할 수 있고 재방문과 연쇄적인 반응(페이지뷰 제고, 댓글 작성 등)을 유발시킨다. 여기에 안부묻기, 기념일 축하, 대화형 등 실시간의 관계형 메시지 작성 강화는 상호작용성을 높일 뿐만 아니라 관계강화와 참여의 효과를 달성하게 된다. 이를 위해서 구체적으로 블로그에서는 이웃맺기, 댓글과 답방글, 안부게시판 등을 활용하고 트위터에서는 멘션, 리트윗(RT), 쪽지(DM) 등을 적극적으로 활용하고 있다. 페이스북은 친구 담벼락, 친구글에 '좋아요' 누르기와 댓글 작성 등을 통해 친구의 뉴스피드에 인기글로 노출되게 하고 카페의 경우는 게시글과 방명록에 덧글 달기, 출석체크 등의 활동을 통해 상호작용성을 높이고 있다.

4. 대구시의 SNS 성과

(1) 자료 수집 및 분석

2011년 4월 4일에서 6월 27일까지 대구시의 블로그, 카페, 트위터, 페이스북을 모니터링해서 그 변화 추이를 탐색하였다. 또한 블로그는 2011년 1월 1일부터 6월 29일까지 일주일 단위로 검색어 '대구시'를 포함하는 블로그의 포스트 수를 조사하였고, 트위터는 소셜네트워크 분석 수단인 NodeXL을 통해 '대구시'의 서치 네트워크

(search network) 분석과 @colorfuldg의 에고 네트워크(ego network) 분석을 추가적으로 실시하였다. 이를 시각화하여 '대구시' 단어와 대구시 계정이 누구를 팔로잉 하고 있는지, 누구에 의해 팔로어 되어 있는지를 확인하였다. 이 시각화 자료는 쌍방향 소통 구도 및 메시지 영향력, 그리고 정책 홍보 성과 등을 이해하는 데 유용하게 활용되었다(조성은 외, 2011).

(2) 대구시의 텍스트 마이닝 분석

텍스트마이닝은 비정형화된 정보에서 의미와 가치를 찾아내는 방법이다. 비정형화 정보는 워드프로세서, e-mail, 프리젠테이션, 스프레드시트, PDF와 같은 복합문서와 인터넷 페이지 등의 비정형 텍스트 형태로 구성되어 있다. 텍스트 마이닝은 대용량의 데이터에서 사용자가 관심을 가지는 정보를 키워드 수준이 아니라 컨텍스트 수준의 의미를 찾아내는 프로세스를 의미한다(정근하, 2010). 이를 통해 비정형화된 정보 덩어리(mining)에서 의미 있는 정보를 추출해 내고, 정보들 간의 연계성을 파악하며, 텍스트가 속한 카테고리를 찾아낼 수 있다.

텍스트마이닝을 위한 정보추출 방법에는 TF-IDF(Term Freency-Inverse Document Frequency)와 TF-DI(Term Frequency-Date Index)가 있다(정근하, 2010). TF-IDF는 정보검색과 텍스트마이닝에서 이용하는 키워드의 가중치를 구하는 방법으로 여러 문서로 이루어진 문서군이 있을 때 어떤 단어가 특정 문서 내에서 얼마나 중요한 것인지를 나타내는 통계적 수치이다. 문서의 핵심어를 추출하거나 검색엔진에서 검색 결과의 순위를 결정하거나 문서들 사이의 비슷한 정도를 구하는 등의 용도로 사용할 수 있다.

TF-DI는 미래의 트렌드를 분석하기 위한 텍스트마이닝 기법의 하나로서, 특정 키워드가 연도별로 얼마나 중요한지를 나타내는 가중치로 트랜드 분석을 위하여 개발되었다. 이 분석은 현재의 인터넷 정보를 가중치로 이용하는 방법으로 현재의 데이터나 자료가 잘 반영되어 있다.

블로그에서 '대구시'의 중요도를 비교해 보기 위해 인근 광역자치단체인 '경상북도', 비슷한 규모의 광역시인 '인천시'와 '대전시'를 검색하여 텍스트마이닝을 실시해 보았다. 블로그에서 사용한 검색어는 '대구시', '경상북도', '인천시', '대전시' 등이고 텍스트마이닝의 TF-DI(term frequency-date index) 분석방법을 사용하였다. 분석에 사용된 자료는 네이버 블로그의 자료이고 검색 범위는 2011년 1월 1일부터 6월 29일까지이다.

분석 결과는 2011년 월별 지방자치단체 절대적 빈도수의 〈그림 2〉와 2011년 월별 지방자치단체 TF-DI의 〈표 2〉와 같다.

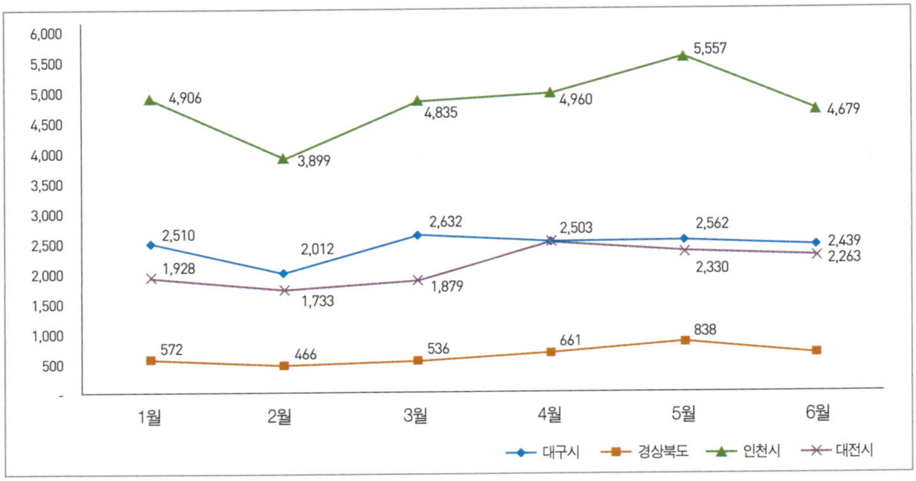

〈그림 2〉 2011년 월별 지방자치단체 절대적 빈도수

블로그의 절대적인 빈도수(count)는 인천시가 월등히 많고 그 다음으로 대구시, 대전시, 경상북도 등의 순이다. 검색어를 포함하는 포스트의 수가 많다는 것은 그만큼 이용자들의 관심이 높고 관련 정보의 제공이 많으며 이용자도 많다는 것을 보여준다. 간접적으로 지역의 정보화 정도를 보여준다고 할 수 있다. 대구시의 경우, 커뮤니케이션을 위해 SNS를 본격적으로 활용하기 시작한 4월부터 포스트의 수가 증가하였음을 알 수 있다.

검색어가 월별로 얼마나 중요한지를 나타내는 가중치로 트랜드 분석을 위해 TF-DI 분석을 해보면, 〈표 2〉와 같다. '인천시'의 TF-DI가 1.856으로 가장 높고 이어서 '대구시'의 TF-DI가 0.931로 두 번째 높다. 그 다음은 '대전시'의 TF-DI가 0.829이다. 이 분석은 현재의 인터넷 정보를 가중치로 이용하는 방법으로 현재의 블로그에서 검색어의 중요도가 잘 나타나고 있다.

가중치	1월	2월	3월	4월	5월	6월	TF-DI
대구시	0.04218771	0.082808577	0.133171423	0.156814836	0.272384159	0.243413174	0.930779878
경상북도	0.009614092	0.019179323	0.027120016	0.041412148	0.089093648	0.063772455	0.250191681
인천시	0.082459325	0.160472486	0.244636713	0.310747737	0.590803579	0.46696668	1.8560805908
대전시	0.03240554	0.070872347	0.095071848	0.157691946	0.247718614	0.225848303	0.829609199

〈표2〉 2011년 월별 지방자치단체 TF-DI

(3) 대구시의 블로그와 카페 방문자 수 분석

대구시 블로그 월별 포스트 수는 〈표3〉과 같다. 4월에서 6월까지 생산된 포스트의 수는 총 174개이고 월별로 살펴보면, 4월에 60개, 5월에 54개, 6월에 60개 등이다. 월 평균 58개의 포스트가 생산되었고 일 평균으로는 2.8개의 포스트가 생산되었다.

구분	4월	5월	6월	총계	평균
포스트 수	60개	54개	60개	174개	월 평균 : 58개 일 평균 : 2.8개

〈표3〉 대구시 블로그 월별 포스트 수

이렇게 운영된 블로그의 주별 방문자 수는 〈그림3〉와 같다.

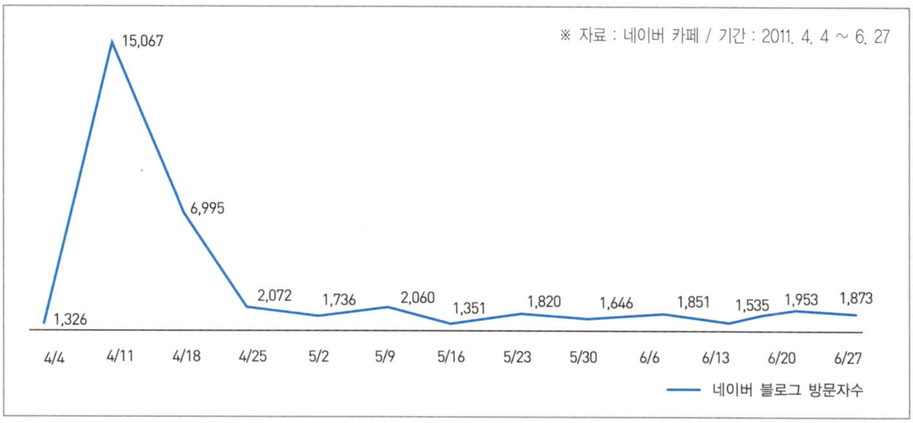

〈그림 3〉 주별 블로그 방문자 수

아직 운영기간이 짧고 포털사이트 검색에서 핵심 검색어인 '대구시'의 검색 결과가 메인페이지의 블로그 영역에서 노출되지 않고 전체 블로그 영역에서도 노출이 제한되어 있어 방문자 수가 늘지 않고 있다. 또한 포털 사이트에서 '대구시'를 검색하는 이용자들이 별로 많지 않은 점도 영향을 미치고 있었다. 4월 둘째 주의 방문자 수가 급증한 것은 네이버의 '대구마라톤 교통통제' 검색결과 블로그 영역의 최상위에 노출된 결과였다. 이것은 검색 결과 페이지의 위치와 순위가 콘텐츠의 내용이나 편집보다 방문자의 유입에 더 큰 영향을 미치고 있음을 알 수 있다.

대구시의 카페 월별 콘텐츠 수는 〈표4〉와 같다. 4월에서 6월까지 카페에 올려진 콘텐츠의 수는 블로그에 올려진 총 174개를 포함해서 사이버기자단이 작성한 663개 더 있다. 사이버기자단이 작성한 콘텐츠만을 월별로 살펴보면, 4월에 245개, 5월에 240개, 6월에 178개 등이다. 월 평균 221개의 포스트가 생산되었고 일 평균으로는 7.0개의 포스트가 생산되었다.

구분	4월	5월	6월	총계	평균
블로그 포스트	60개	54개	60개	174개	월 평균 : 58개 일 평균 : 2.8개
사이버 기자단	245개	240개	178개	663개	월 평균 : 221개 일 평균 : 7.0개

〈표4〉 대구시 카페 월별 콘텐츠 수

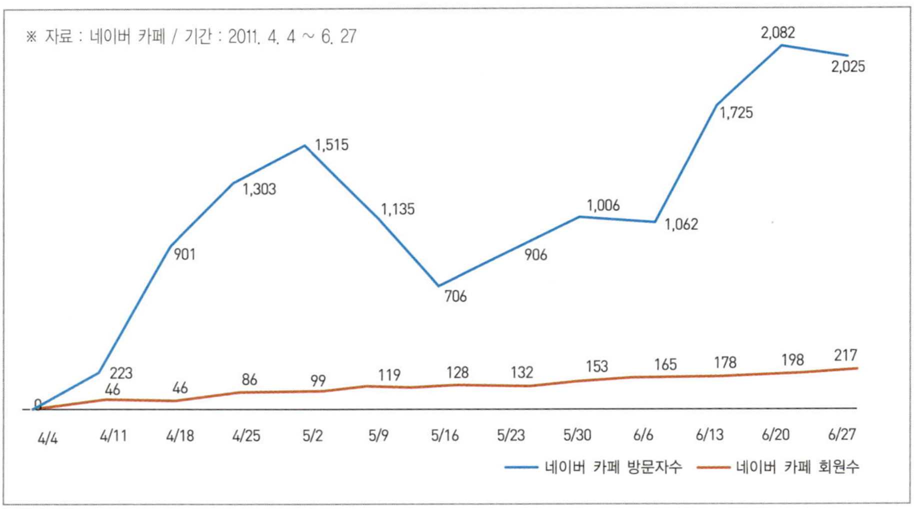

〈그림4〉 주별 카페 회원 및 방문자 수

〈그림 4〉와 같이 주별 카페 회원 및 방문자 수는 꾸준히 증가하고 있다. 카페는 블로그와 같은 시기에 개설되었지만, 사이버기자단이 직접 취재한 글들과 블로그의 포스트를 스크랩하여 많은 콘텐츠들을 꾸준히 올렸다. 여기에 포털사이트 검색에서 핵심 검색어인 '대구시'의 검색 결과가 메인페이지의 카페 영역에서 노출이 되고 있어 회원이 꾸준히 늘어나고 방문자 수도 증가하고 있다. 이것은 검색 결과 페이지의 위치와 순위가 콘텐츠의 내용이나 편집보다 방문자의 유입에 더 큰 영향을 미치고 있음을 다시 한 번 보여주고 있다.

(4) 대구시의 트위터와 페이스북 운영 결과 분석

IMC를 실행하고 있는 대구시의 SNS 활용 성과를 알아보기 위해 트위터의 팔로어와 페이스북 페이지의 '좋아요'의 추이를 살펴보았다. 〈그림 5〉를 보면, 대구시의 트위터 팔로어는 매주 꾸준한 증가세를 보여 6월 27일 현재 3,407명으로 4월 트위터 개편 이후 약 3개월 간 2.035명이 늘어났다. 페이스북 페이지는 6월 27일 현재 1,467명으로 트위터와 마찬가지로 꾸준히 늘어나고 있으며 특히 '좋아요' 이벤트와 페이스북 광고를 집행한 5월 9일에서 23일까지의 '좋아요'를 눌러준 페이스북 이용자가 크게 늘었났다. 이것은 페이스북 페이지의 방문자를 증대시키는 데 이벤트와 광고가 효과가 있음을 보여주고 있다.

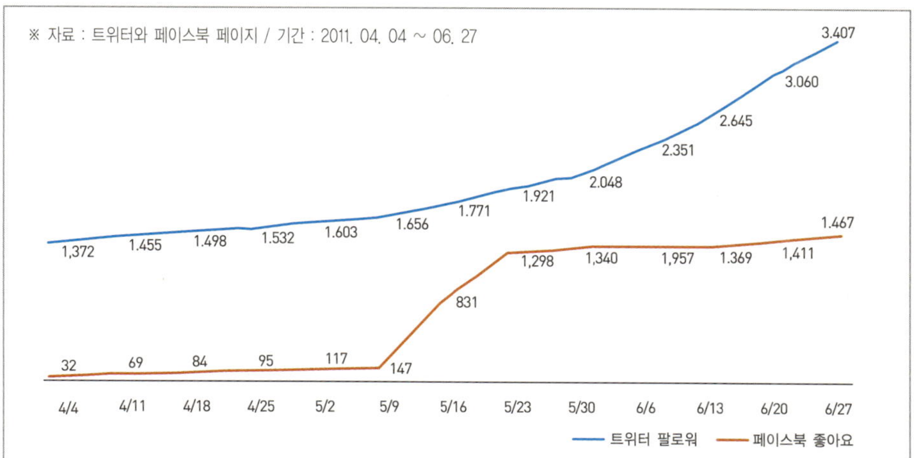

〈그림 5〉 주별 트위터(twitter) 팔로어와 페이스북(facebook) 페이지의 '좋아요' 수

〈그림6〉을 보면, 페이스북 페이지뷰도 6월 27일 현재 20,597뷰로 짧은 기간에 많이 증대하였음을 알 수 있다. '좋아요' 이벤트와 페이스북 광고를 집행한 5월 9일 이후 페이지뷰도 급속히 증가하였다. '좋아요'가 1,000명을 넘어서면서 높은 페이지뷰를 유지하고 있다. '좋아요'와 페이지뷰의 상관관계가 높음을 짐작할 수 있다.

〈그림6〉 주별 페이스북(facebook) 페이지뷰

(5) 대구시의 트위터 네트워크 분석

대구시의 네트워크 분석은 NodeXL을 통해 '대구시' 서치 네트워크 분석과 @colorfuldg(1,179 트윗, 3,767 팔로어)의 에고 네트워크 분석을 실시하였다. 서치 네트워크(search network) 분석은 특정 검색어를 포함한 트윗을 하고 있는 계정들의 관계를 시각적으로 보여 준다. 서치 네트워크 분석의 결과는 계정이 녹색일수록 많은 트윗을 작성하고 있고 노드가 클수록 많은 팔로어를 가지고 있음을 보여준다(아즈만 외, 2010).

에고 네트워크(ego network) 분석은 자기 계정(account)을 중심으로 다른 계정들이 어떻게 네트워킹을 하고 있는지를 시각적으로 보여 준다. 트위터에서 팔로우의 상태를 한 눈에 보여 준다. 시각화된 자료는 녹색일수록 높은 아이겐벡터 중심성(eigenvector centrality) 값을 가지고 있다는 것을 보여주고 노드가 클수록 높은 매개 중심성(betweenness centrality) 값을 가지고 있다는 것을 보여주다. 선의 굵기는 @reply 관계를 가진 사람을 굵게 나타내 보이고 있다(아즈만 외, 2010).

트위터의 '대구시' 검색어를 이용해 서치 네트워크 분석을 해보면, 〈그림7〉과 같은 네트워크 그래프를 보이고 있다. '대구시'라는 단어가 들어가 있는 트윗을 주로 작성하는 트위터는 팔로어를 많이 가진 순서대로 @syo_galley(시오갤러리, 913 트윗, 28,918 팔로어)와 @ggholic(경기도청, 4,379 트윗, 23,155 팔로어) 이었다. 그런데 이런 파워트위터리언들과 대구시(@colorfuldg)와 아직 팔로잉과 팔로어의 네트워킹을 하지 않고 있었다.

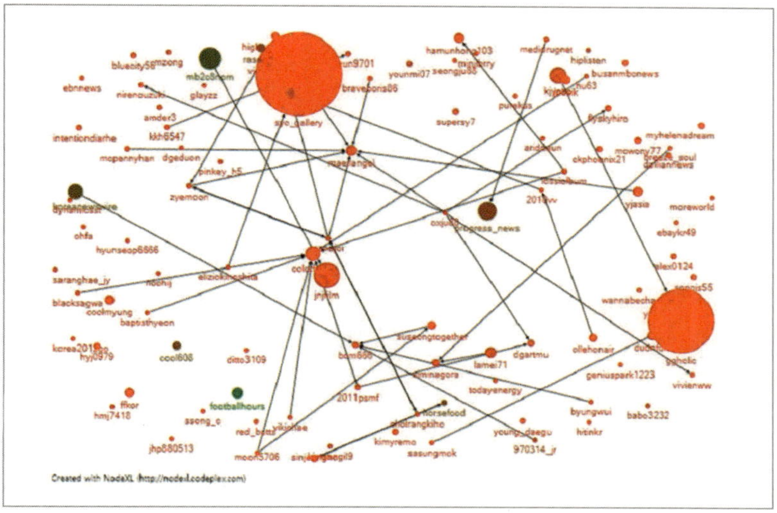

〈그림7〉 트위터 서치 네트워크 분석

대구시(@colorfuldg)와 팔로우를 형성하고 있는 트위터를 알아보기 위해 에고 네트워크 분석을 해보면, 〈그림8〉과 같은 네트워크 그래프를 보이고 있다. 대구시(@colorfuldg)와 팔로잉과 팔로어를 맺고 있는 트위터들 중 강한 전파력을 보여주는 매개 중심성(betweenness centrality)이 큰 트위터는 @curioso_soy(Curisito, 40,307 트윗, 35,390 팔로어), @hiksanin(익산시청, 377 트윗, 3,884 팔로어), @yayokay(Andy Kim, 1,903 트윗, 42,274 팔로어) 등 이었다. 그러나 아직 @reply 관계 즉 상호작용성이 높은 트위터들은 별로 없었다.

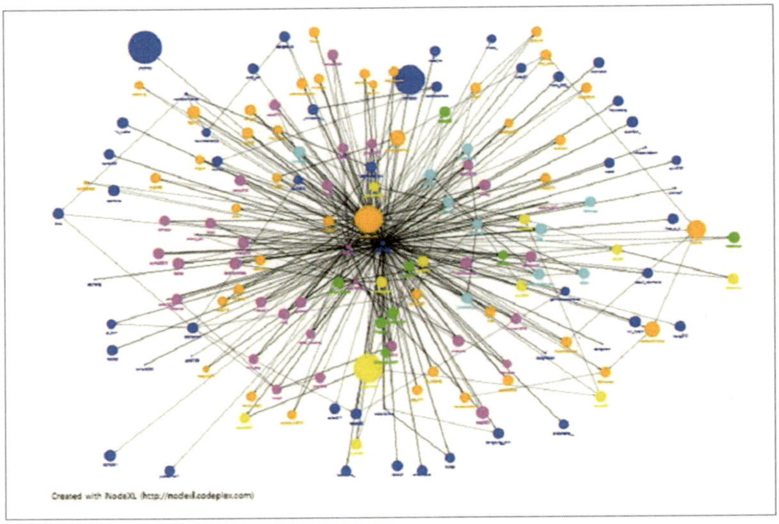

〈그림8〉 트위터 에고 네트워크 분석

5. 결론 및 제언

(1) 결론

대구시는 커뮤니케이션의 효과를 높이기 위해 통합적 SNS를 적극적으로 활용하였다. 구체적으로 대구시는 SNS 운영체계의 정비와 구축, 통합적 SNS 채널 운영, 지속적인 SNS 메시지 관리, 일관된 SNS 메시지, 쌍방향 커뮤니케이션 등을 실행하였다. 그 결과 블로그에서 TF-DI가 점차 높아지고 있다. 블로그는 매일 2개 이상의 직접 생산한 포스팅을 하고 있지만 방문자 수가 정체되어 있다. 카페는 매일 10개에 가까운 콘텐츠가 올려지고 포털 사이트 검색 결과 메인페이지 상위에 노출되면서 회원과 방문자가 꾸준히 증가하고 있다. 특히 방문자는 급속히 증가하고 있다. 짧은 기간에 트위터의 팔로워와 페이스북 페이지의 '좋아요' 도 많이 늘어났다. 전반적으로 통합적 SNS 실행은 지방자치단체 커뮤니케이션의 효과를 높이고 있었다. 그러나 기간이 짧아 파워 트위터리언들과 대구시(@colorfuldg)와 아직 팔로잉과 팔로어의 네트워킹을 하지 않고 있었다. 또한 아직 @reply 관계 즉 상호작용성이 높은 트위터들이 별로 없었다.

이와 같은 성과를 살펴보면서, 몇 가지 시사점을 확인할 수 있었다. 첫째, 콘텐츠의 량과 검색 결과 페이지의 위치와 순위가 콘텐츠의 내용이나 편집보다 방문자의 유입에 더 큰 영향을 미치고 있음을 알 수 있다. 둘째, 페이스북 페이지의 방문자를 증대시키는데 이벤트와 광고가 효과가 있음을 보여주고 있다. 셋째, 트위터의 팔로워를 늘리기 위해서는 파워 트위터리언들과 네트워킹을 강화할 필요가 있었다.

그러나 통합적 SNS의 실행 기간이 짧아 아직 완전한 효과를 검증하기는 힘들었다. 또한 통합적 SNS 활용의 성과를 보다 구체적으로 세밀하게 측정하기 위해 다양한 소셜 네트워크 분석 방법을 사용할 필요도 있었다.

(2) 제언

지금까지 사례연구를 통해 지방자치단체 커뮤니케이션의 효과를 극대화하기 위해서 몇 가지 제언을 하면 다음과 같다.

첫째, 메시지의 내용과 질을 공무원 입장에서 일방적으로 만들지 말고 시민이 관심을 가질만한 시민의 이해와 연관될 수 있도록 제작할 필요가 있다. 무미건조하고 재미없는 콘텐츠에서 생활밀착형의 재미있는 콘텐츠를 생산하여 주목도와 자발적 확산의 효과를 높일 필요가 있다. 더 이상 거시적이고 정책적인 홍보는 시민들의 관심과 참여를 유발시킬 수 없다.

둘째, 소셜네트워크분석(SNA)를 실시하고 파워 트위터리언들과 연대를 강화하고 이들의 확산을 유도할 필요가 있다. 정기적으로 SNA를 실시하여 동향을 파악하고 시각화하여 파워 유저들을 찾아서 긴밀한 관계를 유지할 필요가 있다.

셋째, 지방자치단체 커뮤니케이션도 플래카드형의 구호성 홍보, 보여주기식 홍보에서 벗어나서 참여형, 상호작용형 홍보를 강화할 필요가 있다. 이를 위해서 창의적인 홍보물의 제작을 위한 전문 대행사를 활용할 필요가 있다.

넷째, 공보 중심에서 보다 기획력 있고 창발적인 소통방식을 도입하기 위해 홍보기획 중심으로 조직의 개편과 SNS 전담팀의 구성이 필요하다.

참고문헌

- 김희창(2011), 젊어지는 페이스북과 고령화되는 트위터, http://www.rankey.com/blog/trackback.php?no=column_342

- D. E. 슐츠 공저, 문영숙 공역(2000), 통합적 마케팅커뮤니케이션, 서울: 범우사.
방송통신위원회, 한국인터넷진흥원 (2011), 2011년 상반기 스마트폰 이용실태조사, 한국인터넷진흥원.

- 아즈만, 박지영, 박한우(2010), 노드엑셀을 이용한 트위터 네트워크 분석, 경산: 영남대하교.

- 오승원(2011), 조직 커뮤니케이션과 기업명성간 관련성 연구 : PR부서의 커뮤니케이션 네트워크 분석을 중심으로, 석사학위논문, 이화여자대학교.

- 전채남(2007), 통합적 마케팅커뮤니케이션(IMC)이 브랜드 자산에 미치는 영향에 관한 연구, 박사학위논문, 영남대학교.

- 정근하(2010), 텍스트마이닝과 네트워크 분석을 활용한 미래예측 방법 연구, 한국과학기술기획평가원.

- 조성은, 박지영, 박한우(2011), Web2.0 시대 소셜미디어를 이용한 정책 홍보 전략 : 농림수산식품부의 트위터 활동을 중심으로, 영남대학교.

- 최재용(2010), SNS(소셜네트워크 서비스)를 활용한 유통업체 온라인 마케팅 활성화 방안에 관한 연구, 2010년 한국유통학회 춘계학술대회 발표논문집, 한국유통학회.

- Duncan, T(2005), IMC in Industry: More Talk Than Walk, Journal of Advertising, 34(4), The American Academy of Advertising.

- Guillaume Ereteo(2010), Social Network Analysis, http://www.slideshare.net/ereteog/social-network-analysis-5800120.

- McGrath, J. M.(2001), Integrated Marketing Communications: An Empirical Test of It's Effectiveness, PhD. Thesis, The Pennsylvania State University.

실제 적용 사례

part 3

Internet

Chapter 11. 중소상공인의 비즈니스 플랫폼으로서 페이스북 활용사례 분석
: 페이스북 활용 실태에 관한 연구 활성화 제언
Chapter 12. 트위터의 이해와 비지니스적 활용
Chapter 13. 트위터의 가치와 트윗애드온즈 활용방법

Social Media

11 part 3

중소상공인의 비즈니스 플랫폼으로서 페이스북 활용사례 분석 :

페이스북 활용 실태에 관한 연구 활성화 제언

글 · 최규문 (넷피아마케팅센터 연구소장)

1. 2011년, 페이스북이 대한민국에 SNS의 길을 묻다

2011년 3월말까지 집계한 랭키닷컴의 자료에 따르면, 페이스북은 국내에 본격적으로 전파되기 시작한 지 불과 1년여 만에 대한민국 전체 웹사이트 중에서 트래픽 점유율 종합순위 10위를 기록하며 톱텐 안에 진입했다. 네이버, 다음, 네이트, 싸이월드 4곳의 메인 포털과 메이저 쇼핑몰 3곳(G마켓, 옥션, 11번가), 그리고 온라인 뉴스포털인 디지털조선과 조인스MSN에 바로 이어서이다. 이들 서비스들이 짧게는 수 년에서 길게는 10년 이상 막대한 광고비와 마케팅 예산을 소모해가면서 오늘의 위치를 확보한 점을 감안하여 비교하자면 매우 놀라운 성장이 아닐 수 없다.

실제 페이스북은 작년(2010년) 10월에 페이스북코리아 법인을 유한회사로 명목상 국내 등록했을 뿐, 한국을 겨냥한 서비스 론칭 이벤트나 가입자 유치를 위한 공개적인 홍보 마케팅 활동은 거의 전개하고 있지 않다. 결과적으로 페이스북의 국내 전파 및 성장은 순전히 먼저 사용자로 참여한 사람들의 소개와 추천을 통해 자발적으로 가입자를 모으는 전형적인 'SNS 적' 확산 방식을 고수하고 있다는 점에서 주목을 받을 만하다.

특히 국내 마이크로블로그 서비스를 대표하는 미투데이 및 SNS의 대표적 경쟁주자로 거론되는 트위터의 트래픽 점유율을 비교해보면 격차는 더욱 확연하게 드러난다. 국내 토종 SNS의 대부라 할 수 있는 싸이월드의 수준에는 아직 미치지 못하지만 6월 초 평일 기준 하루 평균 페이지뷰 수가 1억 회 이상을 기록하면서 페이스북은 명실공히 국내 최고 SNS의 하나로 착실히 뿌리를 내려가고 있는 셈이다.

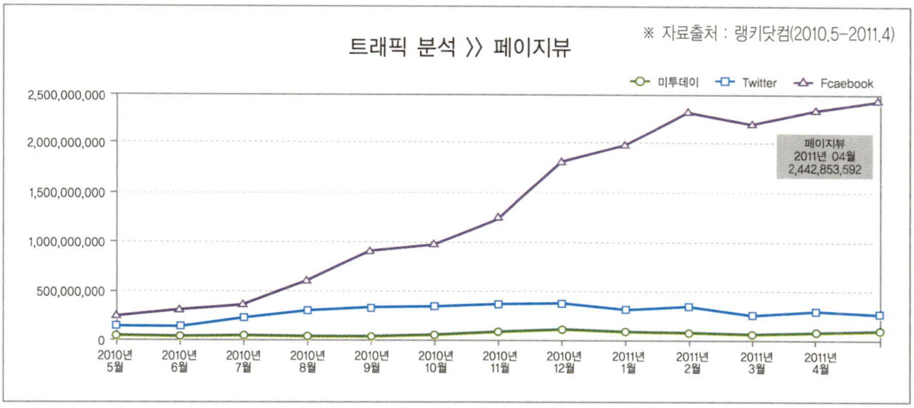

〈그림 1〉 주요 SNS의 트래픽 분석

위의 수치를 비교해보면, 페이스북은 미투데이와 대비시 방문자 수는 3배 이상, 페이지뷰 트래픽에서는 무려 30배 가까운 격차를 보인다. 트위터와 비교시 방문자 수는 1.35배 수준으로 차이가 크지 않아 보이지만 페이지뷰 면에서는 거의 열 배 가량이나 큰 차이가 난다. 그만큼 페이스북의 경우 반복적으로 접속하고, 장시간 사용하는 붙박이 이용자가 많다는 것을 의미하고, 이는 해당 사이트에 대한 충성도나 활동성 또한 높다는 것을 보여준다.

7월 중순을 넘기면서 이미 전세계 7억 명의 가입자를 훌쩍 넘긴 페이스북은 이제 친구나 지인들간의 안부나 소식을 묻는 SNS로서의 위상을 넘어 글로벌 웹을 하나로 묶는 새로운 웹 OS(운영체제)로서의 성격을 굳혀가고 있다. 해외 시장통계 업체의 추산 발표에 따르면 페이스북의 커넥트 플러그인 등을 통해 페이스북과 통합 연계되어

트래픽 분석 〉〉 방문자 수 / 페이지뷰						출처 : 랭키닷컴
기간	Facebook		Twitter		미투데이	
	방문자 수	페이지뷰	방문자 수	페이지뷰	방문자 수	페이지뷰
2011. 04	13,319,699	2,442,853,692	9,852,871	263,790,948	4,265,989	89,999,308
2011. 03	12,392,457	2,338,901,854	9,163,775	280,253,491	2,775,981	69,952,411
2011. 04	11,603,931	2,187,914,536	7,798,714	252,261,907	2,647,797	58,232,686
2011. 05	10,459,897	2,329,930,648	8,048,190	335,286,427	3,287,621	69,074,935
2010. 12	10,363,666	1,960,659,251	7,843,656	314,944,056	3,218,878	82,834,468
2010. 11	11,515,734	1,797,818,019	8,013,014	362,931,094	3,848,233	104,118,971
2010. 10	8,036,892	1,235,420,400	7,880,085	352,645,119	2,627,034	65,763,207
2010. 09	6,066,434	971,648,103	6,791,052	338,168,018	1,861,451	39,693,227
2010. 08	5,932,038	885,105,416	5,472,562	317,340,392	1,588,082	40,843,489
2010. 07	4,339,683	578,866,611	4,342,569	296,732,448	1,656,020	41,131,833
2010. 06	3,223,889	348,560,423	4,084,408	222,401,346	1,789,691	34,161,112
2010. 05	2,160,392	302,949,444	2,819,997	147,037,800	1,126,516	32,301,266
2010. 04	1,765,562	238,125,411	2,576,690	130,595,221	1,206,389	36,310,225

〈표 1〉 주요 SNS의 트래픽 분석

구동되는 전세계 웹사이트의 수는 이미 200만개 이상일 것으로 추정된다. 최근 들어 파란을 비롯해 야후나 다음 등 국내 포털 사이트에서도 페이스북 로그인 커넥트를 적용하여 사용자가 허락하면 페이스북 로그인 정보를 제공하여 접속을 대신할 수 있도록 서비스하고 있다. 그만큼 페이스북은 이제 전세계 웹서비스를 통합하는 웹 플랫폼으로서 입지를 국내에서도 서서히 확장해나가고 있다.

이 같은 흐름 속에서 매우 주의 깊게 보아야 할 몇몇 정책들이 올해 초부터 페이스북 서비스 기능 업그레이드와 더불어서 진행되고 있다. 특히 그 중에서도 '페이지 이름으로 facebook 사용' 이라는 메뉴가 생겨남으로써, 그동안 개인 프로필 밑에 '딸린' 페이지 수준으로 제공되었던 페이스북 페이지들이 각각 자신만의 고유한 프로필(브랜드 정보 및 담벼락)과 홈(팬들과 교류하는 뉴스피드 공간)을 독립적으로 갖게 된 것은 매우 중대한 정책 전환의 표현이라 할 수 있다.

이는 실명의 1인 1계정 정책을 프로필 계정 개설의 원칙으로 삼았던 페이스북이 사실상 기업이나 브랜드의 필요에 따라 상호나 제품, 단체명 등을 고유한 브랜드명(프로필 이름)으로 삼아, 사람과 브랜드간, 또는 브랜드와 브랜드 간에 독립적인 관계를 맺을 수 있도록 허용함으로써 사람과 사람이 '친구'로 교류하듯이 사람과 사물(브랜드) 간에도 '팬' 관계를 통해 친구처럼 교류할 수 있는 길을 공식적으로 터준 셈이기 때문이다.

이러한 기능의 변화는 페이스북이 사용자들로 하여금 페이지를 더 많이 만들도록 유인하고 더 적극 활용케 하려는 조치의 일환으로 분석된다. 특히 페이지가 개인(공인)은 물론 기업, 단체 등으로 하여금 브랜드 홍보용 광고매체로 활용될 여지가 많다는 점에서 특히 유의해서 살펴보아야 한다. 그 동안 '장삿속'을 노골적으로 드러내지 않았던 페이스북이 이제는 광고 수익사업 분야에 본격적으로 뛰어들 태세를 갖추는 동시에, 그 동안 다져온 글로벌 네트워크의 힘을 기초로 스스로를 비즈니스 플랫폼으로 전환시키려는 의지의 표현으로 여겨지는 까닭이다.

따라서 2011년 페이스북에서 주시해야 할 1순위는 단연 "페이지"의 성장과 광고 수익의 변화 추세라 해야 할 것이다. 2011년 미국의 온라인 광고시장은 고성장 추세를 지속하고 있다. 그 중에서도 소셜미디어 부문이 차지하는 비중은 전체의 10%를 넘어서고 있으며, 이 중 페이스북 광고가 차지하는 비중은 더 급격히 커질 것으로 예상된다.

이마케터의 발표에 따르면 미국의 올해 온라인 광고시장 규모는 2010년 대비 20.2% 증가한 313억불 규모로 전망된다. 특히 배너, 리치미디어, 스폰서십, 동영상 광고 등을 합한 디스플레이 광고시장의 전체 규모는 작년 대비 24.5% 성장한 123억 3000만불로 예상되는데, 이 중에서 페이스북이 차지하는 비중은 17.7%(21.9억불)로, 야후 13.1%, 구글 9.3%을 제치고 확실하게 1위를 차지할 것으로 보인다. 이와 같은 성장세에 힘입어 페이스북의 디스플레이 광고시장 점유율은 내년에는 20%에 근접할 것으로 예상된다. 날이 갈수록 온라인 광고시장에 대한 페이스북의 장악력은 확고해지고 있는 것이다.

최근 국내 페이스북의 성장은 주로 앞서 거론한 두 가지 측면에서 향후 그 전망과 의미를 분석해볼 필요가 있다. 즉 국내에 이미 다른 어떤 매체들보다도 강력한 SNS 기반 커뮤니티를 뿌리내려가고 있다는 점, 그리고 이러한 소셜 커뮤니티 충성도를 기

※ 자료출처 : 이마케터닷컴 (2011.6.20)

US Online Ad Spending, by Format, 2010-2015
billions

	2010	2011	2012	2013	2014	2015
Search	$12.00	$14.38	$17.03	$18.85	$20.19	$21.53
Banner ads	$6.23	$7.61	$8.94	$9.93	$10.97	$11.73
Classifieds and directories	$2.60	$3.00	$3.35	$3.65	$3.98	$4.29
Video	$1.42	$2.16	$3.09	$4.20	$5.64	$7.11
Rich media	$1.54	$1.66	$1.73	$1.74	$1.73	$1.68
Lead generation	$1.34	$1.42	$1.45	$1.47	$1.50	$1.52
Sponsorships	$0.72	$0.91	$1.05	$1.18	$1.32	$1.47
Email	$0.20	$0.16	$0.16	$0.17	$0.17	$0.18
Total	**$26.04**	**$31.30**	**$36.80**	**$41.20**	**$45.50**	**$49.50**

Source : eMarketer, June 2011

128163 www.eMarketer.com

〈표 2〉 미국 온라인 광고시장 규모

반으로 비즈니스 및 광고 플랫폼으로서의 기능이 한층 더 강화되고 있다는 점에서, 페이스북의 비즈니스 활용도를 새롭게 인식해야 한다는 것이다.

이 글에서는 이와 같은 문제인식 하에 올해 들어 여러 사회 영역에서 더욱 다양한 용도로 활용되고 있는 페이스북 페이지를 중심으로, 개인 및 중소 상공인들이 실제 어떤 목적과 방법으로 페이스북을 자신의 비즈니스 용도로 활용하고 있는지, 다양한 국내 응용 사례들을 소개하고자 한다. 나아가 다양한 사례를 분석함으로써 SNS 네트워크 망을 기반으로 개인이나 기업의 브랜드를 형성하고 강화해 나가려는 비즈니스 주체들이 어떤 운영전략을 취하는 것이 더 효과적일지에 대한 몇 가지 기초적인 시사점을 도출해보고자 한다.

2. 비즈니스 플랫폼으로 진화한 페이스북 활용사례

사례 분석 대상은 지난 1년여 동안 페이스북을 통해 직접 만나거나 소개받은 다양한 친구들의 경험과 체험을 기반으로 국내 응용사례에 국한하고자 한다. 특히 대기업 등이 자본과 인력을 동원하여 개발한 어플리케이션이나 이벤트성 광고 마케팅 사례 또한 배제한다. 페이스북과 같은 SNS는 기본적으로 "느슨한 연결"로 이루어진 친구 또는 구독자 관계를 통해서 각 개인들이 자발적으로 정보의 생산자인 동시에 유통 전파자의 역할을 수행한다. 이러한 특성을 감안할 때 SNS는 자신의 노력 여하에 따라 지금까지 등장한 어떤 매스미디어보다 저렴하게 광고 및 브랜딩 목적의 플랫폼으로 활용할 수 있는 수단이다. 때문에 SNS의 가장 큰 수혜층 또한 개인이나 중소 상공업 종사자나 비즈니스 주체들이라 할 수 있다.

여기서는 페이스북 페이지 생성시 제시되는 여섯 가지의 메인 카테고리 분류를 참고하여, 각각의 분류 영역에서 보여지는 대표적인 페이스북 응용사례를 발굴하여 소개한다. 유사 업종이나 사업 부문에서 페이스북을 비즈니스 목적으로 활용하는 데 참고자료가 될 수 있기를 희망한다.

페이스북에서 비즈니스 및 커뮤니티 활동을 위한 용도로 페이지를 개설하기 위해서는 다음의 분류 카테고리 중에서 해당하는 항목을 선택해 주어야 한다. 다음과 같이 크게 여섯 가지의 분류를 제공한다. 각각의 종류를 살펴보자.

먼저 일반 가게나 점포, 서비스 업소나 세일즈맨과 같이 소규모 중소 상공업 종사자들이라면 [지역 비즈니스 또는 장소]를 선택할 수 있다. 기업이나 단체, 혹은 학교나 공공기관, 연구소라면 [회사, 기관, 연구소] 분류를 선택하여 자신의 페이지를 만들 수 있다. 제품이나 상품 등을 유통하거나 특정한 브랜드에 관한 정보를 올릴 목적이라면 [상표 또는 제품] 분류를 이용할 수 있고, 연예인이나 스포츠선수, 정치인 등 유명인들이나 예술인, 음악밴드 등은 [예술가, 밴드 또는 공인] 분류를 활용할 수 있다. 방송이나 음반사, 스포츠팀, 책이나 영화 이야기 등을 다루려면 [엔터테인먼트] 분류를 이용한다. 그리고 위키피디아나 지식인처럼 어떤 주제나 키워드에 대해서 집단적으로 정보나 지식을 공유하고 함께 토론하고 싶거나, 다양한 목적의 모임을 만들고 싶다면 [비영리 자선단체](Cause & or Community)로 분류를 선택하여 페이지를 개설할 수 있다.

〈그림 2〉 페이스북의 분류 카테고리

아래에서는 이들 분류별로 여러 가지 실제 활용 사례들을 소개함으로써 페이스북 페이지가 우리나라에서도 다양한 영역에서 새로운 비즈니스 플랫폼으로 자리잡아가고 있음을 직접 확인해보고자 한다.

위의 그림에서 각 카테고리별로 제공되는 하위 범주의 목록을 살펴보면 페이스북 페이지가 얼마나 다양한 용도로 사용될 수 있는지 금방 짐작할 수 있다. 또 페이지의 다양한 쓰임새를 실제로 확인해보면 다른 사람들에게 알리거나 홍보하고 싶은 것이 있으면 그 종류가 무엇이든 전혀 가릴 필요가 없다는 점을 실감할 수 있다. 페이지의 다양한 실제 활용사례들을 통해서 그 쓸모들을 하나씩 살펴보자.

(1) 지역 비즈니스 또는 장소 분류 활용사례

농촌 소생산자의 도시 단골망 확보 사례 - 야생화꽃차

http://www.facebook.com/NANAnNAMU

농산물의 경우 재배면적이나 계절적 요인, 풍흉작 등에 따라 생산이나 공급량에 한계가 있기 때문에 한꺼번에 많은 주문이 들어와도 마음대로 생산량을 늘릴 수 없다. 특히 가족노동에 기초한 소규모 농축산물 생산자일 경우 일정한 규모 이상 공급하기 어려운 경우 페이스북을 이용한 단골 확보가 효과적이고 안정적인 고정 판매망의 역할을 할 수 있다. 일정한 수 이상의 단골 손님만 확보되면 연간 생산량을 무리 없이 안정적으로 판매할 수 있기 때문이다. 페이스북을 통해서 맺어진 친구 관계는 꾸준한 교류를 통해 신뢰가 쌓이면 자연스럽게 고객으로 바뀔 수 있다. 즉 친구가 고객이 되면 그 자체로 안정적인 단골 소비망이 만들어지는 것이다.

[야생화꽃차] 라는 페이지를 성공적으로 운용하여 제한된 물량만 채취, 제조 가능한 야생화꽃차를 판매한 정선 동강마을 정용화 님의 사례가 대표적으로 꼽힌다. [야생화꽃차]는 작년 초 페이스북 초기부터 매일 아침 맑고 깨끗한 느낌의 예쁜 꽃 사진이나 동영상들을 전통 찻잔이나 동강 주변의 자연 풍경과 더불어 꾸준히 페이스북 담벼락을 장식하면서 정감어린 글귀와 인사들을 꾸준히 올리며 재미있는 이벤트를 통해 시

음용 차를 친구들에게 보내주는 적극적인 베풀기와 나누기를 전개했다. 이런 꾸준함과 정성에 이끌려 고정 팬들이 생겨나기 시작해서 지금은 팬의 숫자만 4천 명이 넘는 어엿한 팬클럽으로 성장했다.

선물 또는 판매용으로 야생화꽃차를 제공하는 한편, 가족이 운영하는 민박집 [동강거북이마을] http://www.facebook.com/turtlevillage 페이지를 함께 운영한다. 이를 야생화꽃차와 함께 연계하여 소개했는데, 방송사에 근무하던 페이스북 친구들과 연결되면서 동강 오지에 있는 민박집을 TV방송 프로그램에까지 소개하게 된다. SNS를 이용한 마케팅이 매스미디어로 노출되는 시너지를 만들어 냄으로써 효과가 배가되는 좋은 성공사례를 만들어낸 셈이다.

유정란 생명농원 서풍골

http://www.facebook.com/kr.goodegg

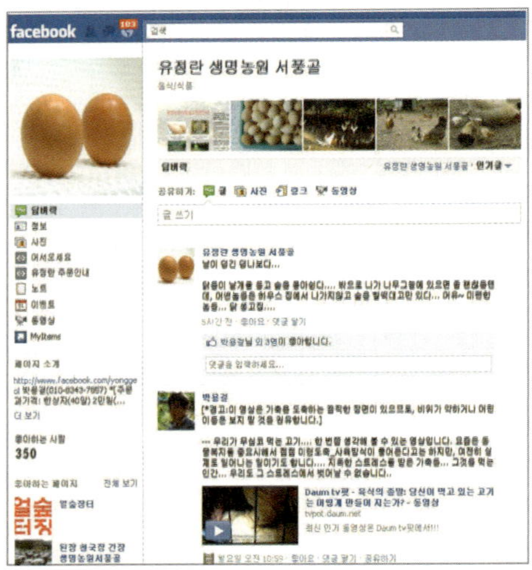

[유정란 생명농원 서풍골] 페이지 는 [얼숲 두레]라는 페이스북 그룹을 중심으로 활동하던 구성원 중 한 분이 만든 유기농 축산물 페이지이다. 닭장에 가두어 키우는 밀집양계가 아니라 방목형으로 풀어 기르는 닭들이 낳은 자연산 달걀(유정란)을 생산하여 직거래 배달 방식으로 공급한다. 이 페이지는 사육 규모상 생산량이 제한된 축산농가에서도 페이스북을 고정 소비자 판로를 확보하는 마케팅 수단으로 활용할 수 있음을 보여주는 사례다. 굳이 비싼 돈 들여서 화려한 홈페이지를 따로 만들지 않아도 된다. 페이지 담벼락을 통해서 닭을 기르고 보살피며 살아가는 삶의 모습을 꾸준히 진솔하게 보여주는 것 자체가 제품에 대한 신뢰를 높이는 최고의 홍보수단이 될 수 있음을 보여주는 좋은 사례이다. 이미 350명이 팬으로 가입되어 있는 이 페이지의 7월 29일자 담벼락에는 아래와 같은 포스트가 공

지되어 있다.

"서풍골유정란에서 알려드립니다. 주문은 늘고 생산량이 줄어 8월13일(둘째주)까지 예약이 다 되어 있습니다…. (후략) "

오프라인 판매 유통 사례 - 과자세상 음료마을

http://www.facebook.com/mplusup

우리가 흔히 동네 구멍가게나 슈퍼, 편의점에서 사먹게 되는 과자나 음료를 페이스북 페이지를 통해 판매하는 곳도 있다. 과자세상과자마을이란 익명으로 등장해서 자매 사이트처럼 만든 [과자세상 음료마을]이란 페이지가 그런 사례이다.

페이지 이름 그대로 일반 가게에서 구매할 수 있는 과자류나 음료수를 패키지 묶음 판매 형식으로 일반적인 가게보다 훨씬 더 싸게 도매가로 판매하고 주문에 대해서는 택배로 처리해주는 판매방식을 택하고 있다. 친구를 맺고 소식을 나누는 공간이라 여겨졌던 페이스북을 통해서 노골적으로 상품을 판매할 경우 그에 따른 거부감 때문에 얼마 못 가서 문을 닫으리라고 예상했던 초기 주변의 우려와는 달리 실질적인 매출이 발생하고 있고, 무엇보다도 페이지의 팬이 이미 1천명을 넘어선 것은 고무적인 현상이다. 즉 단골만 고정적으로 확보되면 굳이 쇼핑몰을 개설해놓고 수많은 아이템을 백화점식으로 전시하고 늘어놓지 않아도 된다는 얘기다. 시의성 있는 이벤트를 만들고 패키지 상품만 제시해도 가격 경쟁력만 있으면 페이스북의 페이지만으로도 직접 판매를 일으킬 수 있음을 보여주는 사례이기 때문에 그 성과가 계속해서 지속될지 주목된다.

온라인 쇼핑몰과 페이스북 스토어의 결합 - 사보떼닷컴 [Shop Now]

http://www.facebook.com/sabeateshop

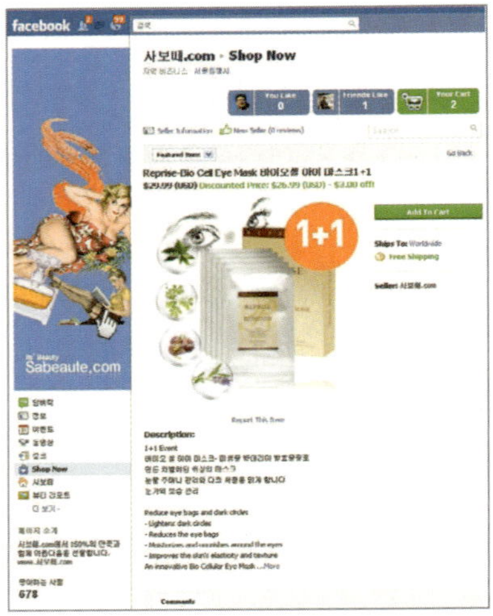

국내에서 페이스북 안에 직접 팬샵을 개설하여 오픈한 사례는 그리 많지 않다. 제일 큰 이유는 페이스북에 가게를 만들어 물건을 판매하는 사례에 대해 직접 경험이 짧기 때문이기도 하지만 무엇보다 해외에서 개발된 페이스북용 스토어 빌더 앱들의 경우 원화 결제를 지원하지 못하는 점이 일차적인 걸림돌이다. 기능성 화장품을 제조하여 판매하고 있는 사보떼는 비교적 일찍 페이스북 페이지에 스토어 빌더 앱(페이브먼트)를 이용해서 [Shop Now]라는 숍탭을 만들어 제품을 직접 판매하고 있는 드문 사례에 속한다. 해외에서 매장을 운영해본 경험을 기초로 시작했고, 해외교포 등을 상대로 하기 때문에 원화 결제에 크게 구애 받지 않는다. 또한 매출 자체보다는 회사의 제품을 알리고, 홍보할 수 있는 팬들을 꾸준히 확보한다는 전략에 따라 페이지를 운영하고 있기 때문에 당장 페이지의 매출액에 울고 웃지는 않는다고 한다.

(3) 회사 기관 연구소 분류 활용사례

페이스북을 개인들간의 친교 놀이터 수준으로 알고 있으면 원시인 취급을 당할 수도 있다. 국내에서도 이미 수백 개 이상의 기업들이 홍보 또는 고객소통을 위한 통로로 페이스북 안에 자신들의 기업용 페이지를 개설해놓고 있으며 그 개수는 나날이 증가하고 있다. 이러한 흐름은 기업들뿐만 아니라 청와대를 비롯한 정부 부처나 사회단체, 정치인이나 연예인 등 개인들에게까지 급속하게 파급되고 있다.

이같은 흐름은 상위 조직이나 선도 기업들이 하위 조직이나 관련 업계의 경쟁업체들을 자극하는 데서 확산되는 성격이 강하다. 예를 들면 청와대가 페이스북 페이지를 만들면 관련 정부 부처나 지자체들이 앞다투어 유사한 페이지를 만들고, 선도기업이 페이지를 오픈하면 다른 경쟁업체들도 이에 질세라 페이지를 오픈한다.

남이 하니까 나도 따라서 하는 방식은 그 문제점에도 불구하고 페이지의 대중화를 촉진한다는 점에서 긍정적인 측면도 없지 않다. 특히 기존 홈페이지의 경우 어렵게 홈페이지를 만들었더라도 지속적인 광고를 통해 도메인 주소(URL)를 열심히 알리지 않으면 어디에 있는지 알 수도 없고, 당연히 고객이 찾아올 방법도 없었다. 그에 비해 페이스북 페이지는 일단 페이지를 만든 뒤 유익한 이벤트를 꾸준히 전개하거나 어플리케이션 등을 배포해 입소문을 만들어 내는 데 성공하면 추가적인 광고비용이나 홍보비를 들이지 않더라도 충성도 높은 지지자 그룹(팬)을 친구의 추천 망을 통해 꾸준히 늘려갈 수 있다.

쇼핑몰로 인도하는 소통창구 – 엔조이 뉴욕

http://www.facebook.com/njoyny

따라서 입소문을 내는 데 용이한 패션 브랜드나 엔터테인먼트 요소가 결합된 아이템을 취급하는 업체라면 페이스북 페이지를 통해 고정고객(팬)을 확보하는 데 각별히 힘을 쏟아야 한다. 페이지에 한번 팬이 될 경우 특별한 사유가 아니면 [좋아요 취소]를 할 이유가 없고, 팬으로 자격을 유지할 경우 회사의 담벼락에 올라오는 새로운 소식이나 뉴스가 팬들의 뉴스피드(홈)에 자동적으로 노출된다. 충성도 높은 팬들을 꾸준히 늘려가면 그

자체로 잠재적인 광고 대상자가 늘어나 노출 기회가 누적적으로 증가하기 때문이다.

[엔조이뉴욕]은 의류, 신발 등 패션 아이템을 취급하는 업체로 '회사' 카테고리의 페이지를 만들어 운영하고 있는 사례이다.

꾸준히 고객들과 소통하고 적극 홍보함으로써 이미 팬 수가 2200명을 넘어서고 있다. 직접적으로 판매샵을 제공하고 있지는 않지만, 프로필 [정보] 란 등에 별도의 쇼핑몰 링크를 제공하는 한편, 담벼락에 신상품이나 이벤트와 관련된 친근한 포스트를 꾸준히 올리고 링크를 걸어 둠으로써 해당 쇼핑몰로 고객을 자연스럽게 유인하는 방법을 취하고 있다.

(3) 상표 또는 제품명 분류 활용사례

페이스북 페이지는 특정한 상품이나 제품의 브랜드를 홍보하고 상품에 대한 이미지를 높이기 위한 용도로도 가장 널리 활용되고 있다. 실상 페이스북이 페이지라는 별도의 홍보성 공간을 제공할 수밖에 없었던 가장 큰 이유도 바로 개인이나 기업들의 비즈니스 요구와 더불어 제품 및 서비스를 홍보하기 위한 시도들이 개인 프로필을 통해 꾸준히 제기된 데서 기인한다.

페이스북의 이용약관 4조에 따르면 페이스북은 개인 프로필을 기업의 상호나 단체, 기관 등의이름으로 등록할 수 없도록 하고, 개인의 본명으로 등록할 것을 요구한다. 또한 개인 프로필을 상업적인 판매나 광고 목적으로 이용하지 말도록 명시하고 있다. 그런데도 개인 프로필 계정을 상호나 브랜드 이름으로 등록하고 마치 '사람' 인 것처럼 다른 개인들을 상대로 '친구 맺기' 를 요청해오는 경우가 적지 않다. 이러한 이용약관이 있다는 사실 자체를 몰라서이기도 하지만, 알면서도 무시하고 이러한 사용 행태를 고수하는 사례도 없지 않다.

특히 소규모 회사나 1인 프리랜서와 같이 인원 수가 적은 기업에서 회사명이나 가게의 이름을 알리는 것이 곧바로 비즈니스 홍보와 직결되는 경우에 빈도가 더 잦다. 그만큼 페이스북의 수많은 '친구' 들은 많은 기업과 마케터들에게 무시하기 어려운 잠재적 소비자요, 잠재적 광고 대상자들인 까닭이다.

공동체 기반 친환경 소비자 네트워크 - 꽃피는 아침마을

http://www.facebook.com/cconma

비공식 자료에 따르면 페이스북의 수입 중 70% 정도가 광고수입이다. 또 그 광고수입 중 70% 정도는 페이스북 홈의 오른쪽 사이드에 조그맣게 노출되는 자가 제작형(DIY) 광고에서 발생한다고 한다. 작년도 페이스북의 매출액이 약 20억 달러로 추정되므로 이 중 절반 이상인 10억불(약 1조원 이상)은 온전히 셀프 제작 광고에서 발생된 셈이다.

이러한 수치는 그만큼 친구나 지인을 기반으로 한 페이스북의 전파력이 의미 있는 비즈니스 플랫폼으로 동작할 수 있음을 보여주는 증거라 할 수 있다. [고도원의 아침편지]라는 비상업적 커뮤니티를 통해 만난 사람들간에 친환경 제품들을 생산자-소비자 직접연계 방식으로 [꽃피는 아침마을]이라는 소비자 협동 조직이 자연스럽게 생겨난 사례를 보면 이와 흡사하다. 처음에는 비상업적인 커뮤니티로 모인 사람들(회원들)간에 교류가 확대되면서 서로가 생활상의 요청을 나누게 되고, 서로 좋은 제품을 소개하고 추천하는 과정이 자연스럽게 판매망 조직의 구축으로 이어진 것이다. [꽃피는 아침마을]은 최근에 유행하는 소셜커머스 모델과 유사하게 매주 주간 소식 동영상을 직접 제작하여 담벼락에 게시한다. 동영상 중 [오늘 하루만!] 이라는 코너를 통해 한 주 동안 요일별로 하루 한 상품씩 저렴한 가격에 구입할 수 있도록 안내한다. 페이스북 페이지에 올려진 담벼락 동영상이 회원들간에 자발적인 홈쇼핑 수단으로 활용되고 있는 셈이다.

앱을 이용한 미니숍 – 김소형 다이어트

Shop http://www.facebook.com/homeprogram.diet

1인 기업이 점점 증가하고 있다. 개인이 곧 회사인 시대가 도래한 것이다. 그만큼 개인이 곧 브랜드이고 개인이 가진 전문성이 곧 상품이 되는 시대가 된 것이다. 앞서 소개했듯이 페이스북 페이지 안에 미니 샵(스토어) 설치용 앱을 이용하면 개인이나 중소 상공인들도 자신이 취급하는 아이템들을 쉽게 상품으로 등록하여 페이스북의 친구들을 대상으로 직접 팔 수 있다.

[김소형 다이어트]는 MyItems 라는 페이스북 숍 빌더 앱(http://www.facebook.com/MyItems99)을 이용해서 미니 쇼핑몰 형태의 숍을 개설한 페이지 사례이다.

다이어트용 건강식품과 다이어트 노하우를 프로그램으로 만들어 페이스북 페이지에 연동하여 직접 판매하는 사례인데, MyItems 앱을 이용하면 해당 상품에 대한 기본 이미지 및 상품 정보와 더불어 하단에 페이스북 [좋아요] 버튼 뿐만 아니라 페이스북, 트위터, 미투데이, 요즘 등과 같은 국내외 SNS와 연동시키는 공유 버튼을 제공한다. 페이지에 방문한 친구들이 제품이 마음에 들면 곧장 그 버튼을 클릭하여 담벼락이나 다른 SNS 사이트로 아이템 링크를 공유할 수 있도록 지원하므로 편리하다.

이 페이지는 관련 상품과 연계된 홍보용 동영상을 다양하게 제공함으로써 구매 의욕을 자극한다. 이와 같이 개인이 운영하는 미니숍 형태의 쇼핑 페이지가 아직은 다소 낯설고 널리 활성화되고 있지는 않다. 하지만 향후 페이스북 이용이 대중화되면 될수록 적극적인 페이지 이용자가 증가할 것으로 예상된다. 페이지에 상품 등록과 결제 처리가 가능한 앱을 설치하여 개인들이 상품을 팔고 사는 경우가 크게 늘어나는 것은 물론, 자작 동영상 UCC를 통한 제품 홍보도 크게 활발해질 것으로 보인다.

(4) 예술가 밴드 또는 공인 분류 활용사례

삶과 예술의 진솔한 만남 - 생활과 미술을 접목한 예술인, 김봉준 화백

http://www.facebook.com/bjart

생활과 예술, 엄격히 따지면 생계와 예술은 양립할 수 있을까? 미술이든 영화든 문학작가든 흔히 창작을 업으로 삼는 작가들은 이른바 '히트작' 이 없이는 생계의 곤란에서 벗어나는 일이 결코 만만치가 않다. 이 때문에 화가나 사진작가, 아트 디자이너와 같은 미술인들이나 직업작가들의 경우 자신의 작품 세계나 포트폴리오를 소개하고 전시하기 위해 자기 돈을 들여서 전시회를 여는 경우가 허다하다. 우선 작품들을 다중에게 선보일 기회가 있어야만 다른 유사한 작품이나 작품에 대한 작업을 의뢰 받을 수 있는 까닭이다.

이런 분들에게 페이스북 페이지는 매우 강력한 온라인 전시(개인 갤러리) 공간을 제공한다. 페이스북은 사진첩 1개에 200장의 사진을 올릴 수 있는데 만들 수 있는 사진첩의 개수에 제한이 없다. 물론 그림이나 이미지라도 상관 없다. 사진이나 그림을 구경할 친구들은 세계 곳곳에 널려 있다. 진짜로 필요한 것은 친구들이 나의 작품을 보러 갤러리 페이지에 자진해서 방문해줄 정도로 입소문이 날 만큼의 수준이 있는 명작을 만들 수 있는가 뿐이다.

비록 이미지 해상도나 크기가 제한되는 불편은 있지만 작가나 예술인들은 페이스북 페이지를 잘만 활용하면 일반인들과 더불어 시간과 공간에 구애받지 않고 작품에 대한 생각을 나눌 수 있을 뿐만 아니라 자신의 재능을 자랑하거나 또는 남들에게 기부함으로써 봉사하는 삶을 만들어 나갈 수도 있다.

좋은 사례로 민중미술을 지향하며 생활과 예술의 통섭을 주창하는 김봉준 화백의 경우 일찌감치 페이스북에 자신의 개인 프로필을 개설하고 친구들과 교류하는 담벼락 자체를 자신의 온라인 갤러리로 삼아서 직접 작업한 작품들을 꾸준히 전시해오고 있다. [님얼붓그림]이라는 이름의 온라인 상설 전시회를 통해서 페이스북 친구들의 초상화를 개인들이 희망하는 글귀와 함께 그려주는 대가로 일정한 작품료를 받아 생계 밑천을 삼는 모습을 떳떳하게 밝히고 실천한다.

김화백의 경우 이름이 곧 브랜드인 덕분인지 갤러리 페이지를 따로 갖고는 있지만 정작 친구(의뢰인)들과의 교류는 개인 담벼락을 통해서 더 활발하게 이루어진다는 점이 특이하다. 전문가들은 이 점을 유념하여 페이지와 프로필, 그리고 관련된 그룹 활동을 적절히 조합하는 것이 바람직해 보인다.

한류의 세계화를 위한 새로운 도구 – 소녀시대 페이스북 페이지

http://www.facebook.com/girlsgeneration

이민호를 시발로 한류 스타들의 팬클럽 페이지에 대한 호응도 뜨겁다. 소녀시대의 경우 지난 7월 22일에 공식적으로 페이스북의 페이지를 개설했는데, 그로부터 불과 십여일 밖에 지나지 않은 8월 3일 현재 170만 명이 넘는 팬이 생겼다. 포스트가 하나 올라올 때마다 보통 400개 이상의 댓글이 쏟아진다. 이들의 세계적인 인기를 반영하는 것인 동시에, 페이스북이 새로운 한류 전파의 도구로 쓰이고 있음을 보여준다.

스타는 대중과 미디어가 있는 곳이면 어디서든 자신을 노출하고 관심을 불러일으켜야 하는 존재다. 때문에 이들에게 페이스북 페이지는 그 자체가 돈이 크게 들지 않는 최고의 글로벌 홍보 미디어인 셈이다. 덕분에 배우나 탤런트뿐만 아니라 스포츠 스타나 유명 밴드 등으로 페이스북 페이지 이용자 폭이 점차 넓어지고 있다.

지역 유권자 친구 맺기 – 정청래의 알콩달콩

http://ko-kr.facebook.com/cheongrae1

페이스북을 활용하는 데는 정치권도 예외가 아니다. 초기에는 노회찬, 심상정, 박근혜 등과 같은 정치권의 트위터 스타들이 일찌감치 5천 명의 프로필 친구 제한을 채우더니 이정희, 이인영 의원 같은 정치 신인들도 젊은 층의 지지를 얻으면서 급속히 페이스북에 자리를 잡았다. 올해 들어 손학규, 김문수 등 차기 대선 주자로 거론되는 이들도 페이스북 안에 입지를 만들기 위해 노력 중인데, 아직 페이지 활용 수준은 낮은 편이다.

정동영, 천정배 의원 등 현역 국회의원들의 적극적인 현장 실시간 상황 중계나 속보성 발언들이 특히 자주 눈에 뜨인다. 그 와중에 정청래 전 의원은 트위터와 페이스북을 통해 자신의 진정성을 부지런하게 알리고 있는데 그 꾸준함이 좋은 평을 얻고 있어 장래 결과가 기대된다.

구창환의 페이스북

http://www.facebook.com/ceoparty

자신의 전문지식이나 정보를 올려서 특정분야의 전문가로 스스로를 브랜딩하는 도구로 페이지를 활용하는 사례 또한 점차 늘고 있다. 교수, 강사, 기자, 방송인, 블로거 등 자신이 보유한 전문지식이나 기술이 다른 친구나 여러 사람들에게 도움이 될 수 있는 직종에 있는 사람으로서 자기 자신을 전문가로 브랜딩하고 싶다면 페이스북 페이지의 [공인] 카

테고리를 이용해서 스스로를 스타로 키울 수 있다. [페이스북 무엇이고 어떻게 활용할 것인가]의 공동 저자인 구창환 원장은 자신의 개인 프로필 이외에 [구창환의 페이스북] 이라는 별도의 공인 페이지를 개설해 페이스북과 관련된 촌철살인형 명언이나 자신의 강의안 슬라이드를 제공함으로써 꾸준히 팬(Liker)을 늘려가고 있다.

박준서의 부동산이야기

http://www.facebook.com/ilikerealestate

페이스북의 페이지는 도시지역에 고정 점포 영업을 하는 곳에서도 활용 가능하다. 특히 부동산소개업소의 경우 특정한 지역 내 상권을 대상으로 하면서 평소 꾸준히 고객과의 정보 교류 공간을 확보하고 있어야 하는 특성을 고려할 때, 고객을 만나거나 소개받을 수 있는 공간으로 페이스북 페이지를 활용할 수 있다. 특히 부동산에 관한 전문지식이나 뉴스, 투자 정보 등을 적절하게 제공하여 해당 분야에서 전문성을 인정받게 되면 개인의 브랜드 신뢰도가 비즈니스를 촉진하는 효과를 낳을 수 있다는 점에서 적극 이용해볼 가치가 있다.

(5) 엔터테인먼트 분류 활용사례

도서 리뷰 커뮤니티의 새로운 상징 - 북 나눔나우

http://www.facebook.com/booknana

페이스북에서 친구들이나 지인들간에 특정한 목적을 위해 모임이나 행동을 조직하고자 할 때 [그룹]을 활용할 수 있다. 그렇지만 그룹은 친구가 친구를 멤버로 초대하여 만들어지기 때문에 확산은 빠른 반면 규모가 마냥 커지기는 쉽지 않다. 그에 비해 페이지는 공감대만 있다면 지구촌 페이스북 회원 전체를 대상으로 모임을 조직할 수 있는 유력한 수단이다.

페이스북 개인들이 함께 책을 읽거나 읽은 책에 대한 전문적인 리뷰를 공유하는 [북 나눔나우]는 이러한 커뮤니티적 성격이 잘 드러나는 사례로, 이미 참여한 팬의 숫자가 6천 명에 육박한다. 학습을 위한 각종 모임이나 좋아하는 스타의 팬클럽, 혹은 좋은 음악이나 추억을 함께 나누는 모임과 같이 공동의 사회적 목표를 가진 조직 또한 얼마든지 페이지를 활용할 수 있음을 보여주는 사례이다.

세계인과 사진으로 대화하기 - 사진클럽 PhotoGenic korea

http://www.facebook.com/PhotoGenic.kr

보석세공사로 일하고 있는 평범한 사진 애호가가 만든 사진 전문 갤러리 페이지다. 멋진 온라인 포토 갤러리를 간단한 페이지 하나로 만들 수 있음을 보여주는 사례이다. 사진 갤러리에 초대 가능한 잠재 고객은 전 세계 7억 명이 넘는다. 페이스북 페이지

의 콘텐츠는 페이스북 가입자가 아니더라도 구글 등에 검색되어 모든 네티즌들에게 공개되기 때문이다. 페이지 안에 있는 콘텐츠는 구글이 제한 없이 검색해갈 수 있는 유일한 페이스북 콘텐츠이다. 그리고 사진은 서로 사용하는 언어가 달라도 사람이면 누구에게나 통하는 '만국 공통어' 이다.

(6) 비영리 자선단체 분류 활용사례

SNS 기반 집단 지식백과사전 도구로

페이스북 페이지는 홍보용으로만이 아닌 지식 공유 및 나눔 용도로도 쓰인다. 페이스북의 친구들간에 담벼락에서 이루어지는 대화나 댓글의 상당수는 질문과 답변이다. 즉 뉴스든, 쇼핑 정보든, 혹은 인생 고민 상담이든, 자신이 알고 싶어하는 주제나 대상에 대해 친구들간에 쉴새 없이 문답들이 오간다. 그렇다면 질문과 답변을 목적으로 하는 페이지는 없을까?

이와 같이 비즈니스 목적이 아니라 여러 사람들이 의견을 나누고 덧붙일 수 있도록 도입된 것이 바로 위키피디아 문답 형식의 페이지들이다. 지금 한글판에서는 [비영리 자선단체]라고 번역되지만 원문으로는 [Cause & Community]라고 되어 있어 사실상 문답형 페이지와 커뮤니티 페이지가 함께 묶여 있는 카테고리라 할 수 있다. 이 분류를 선택하면 다른 페이지 유형과는 달리 하위 소분류 항목이 따로 없다. 그냥 각자가 원하는 주제어를 입력해 넣기만 하면 그 자체를 키워드로 하는 새로운 페이지가 생성된다. 개인이 개설했어도 사적인 용도로 쓸 수 없는 공동의 페이지가 만들어지고, 앞으로는 해당 키워드에 대해 이용자들간에 자유롭게 의견을 덧붙일 수 있다.

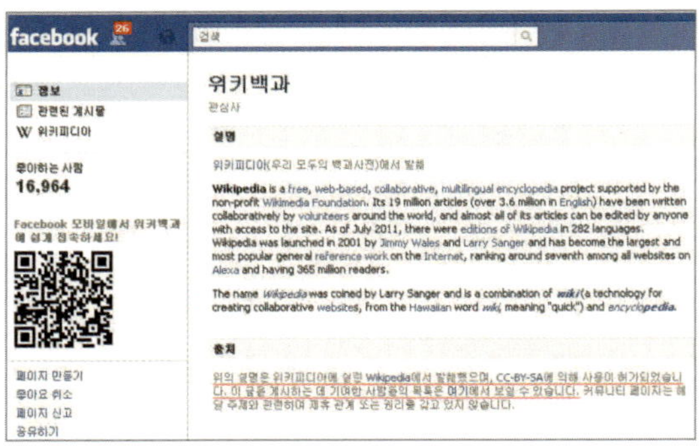

페이스북은 이전에도 '대화형 백과사전' 과 같은 형태로 이러한 페이지를 만들려고 실제로 시도했다. 2010년 4월 19일(미국 시간) 발표한 페이스북의 커뮤니티 페이지에 관한 내용을 보면 사용자들이 직접 만들지 않은 '자연 발생적 이슈' 에 대해서 페이스북이 자동으로 650만 개에 달하는 커뮤니티 페이지를 만들었다고 한다. (관련 자료: http://goo.gl/N6Nb) 이렇게 자동으로 만들어진 커뮤니티 페이지는 담벼락이 따로 없이 [관심사]라는 분류 카테고리 이름으로 나타나며, 출처는 위키피디아로 표시된다.

(7) 기타 페이지 유형과 활용사례들

가게, 회사의 위치를 알려주는 약도

최근 들어 페이스북 검색 창에서 지역 상점의 상호를 가진 페이지들이 자주 눈에 뜨인다. 스마트폰 및 위치기반 서비스와 결합하여 내가 방문한 특정한 위치나 장소에서 [체크 인]를 표시하게 되면 새롭게 생성되는 [플레이스] 페이지들이다. 플레이스 서비스가 제공되고 있는 미국 등지에서는 상호나 브랜드명 등으로 페이지를 검색하면 해당 상품을 판매하는 상점이나 가게들의 위치가 [물방울 핀]이나 [지도] 모양의 아이콘으로 표시되면서 페이지로 분류되어 나타난다.

국내에는 아직 공식 서비스되고 있지 않지만, 페이스북 플레이스 서비스와 연동되는 앱이나 서비스 지역과 연동되는 VPN 등을 통해 특정 장소에서 '체크인' 을 하면 이 같은 장소(위치) 페이지를 만들 수 있다고 한다. 담벼락 대화구조의 페이지 화면이 보이기도 하지만, 연동된 장소의 지도와 함께 포스퀘어 서비스로 연결되어 위치 약도가 나타나기도 한다.

이들도 모두 [페이지]라는 범주로 검색되므로 염두에 두는 것이 좋다.

요컨대 페이지는 개인 프로필과 유사하게 담벼락 대화구조를 갖는 것뿐만 아니라 위키피디아와 같이 키워드 설명문 방식, 길안내 약도를 보여주는 방식으로도 뿌려진다. 표현 형식이 고정되어 있지 않다는 말이다. 주제어나 키워드로 찾을 수 있는 모든 정보, 사람이 상상하여 이름 붙일 수 있는 것이면 그것이 무엇이든 독립적인 페이지를 만들어 주고 있는 셈이다. 그렇게 만들어진 페이지를 매개로 만난 사람들간에 오가는 "대화"를 실시간으로 기록하는 온라인 매체, 그것이 바로 새롭게 진화하는 페이지의 역할인 것이다.

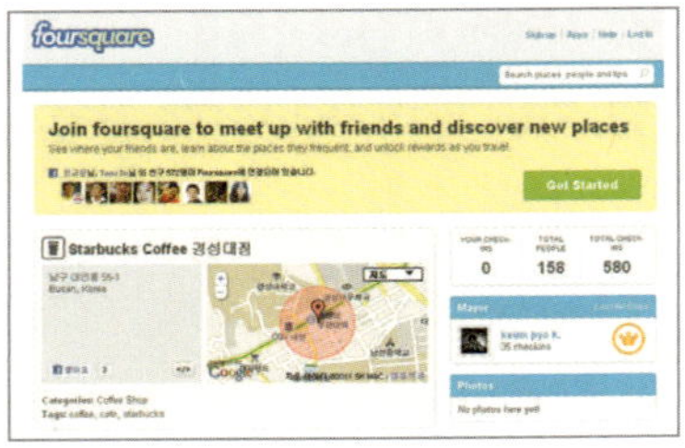

3. 페이스북 페이지의 비즈니스 활용 사례의 시사점

앞 장에서 페이스북 페이지를 운영 목적에 따라 다양한 용도로 활용할 수 있음을 실제 운영사례들을 통해 살펴 보았다. 여기서는 페이스북의 페이지를 비즈니스 용도로 활용할 때 얻을 수 있는 편익을 중심으로 개인이나 중소 상공인들의 입장에서 볼 때 어떤 점에서 실질적인 이득을 줄 수 있는지를 개략적으로 정리해본다. 아울러, 이러한 특성들을 감안할 때 사용자들이 향후 페이스북 페이지를 어떤 목적과 방향으로 활용하면 더 유익하고 효과적일지에 대한 시사점을 도출하고자 한다.

(1) 경제성 – 개설은 무료, 개수는 무제한

페이지를 비즈니스 플랫폼의 관점에서 권할 수 있는 핵심 요소는 무엇보다도 많은 잠재 사용자 를 대상으로 자신의 아이템을 알릴 수 있으면서도 페이지를 개설하는 것이 "공짜"라는 점이다. 어떤 개인이나 기업이 새로운 사업 아이템을 만들거나 업소를 개점하여 자신의 취급 아이템이나 상품을 소개하고 홍보하고자 할 경우 가장 먼저 택하는 방식이 오프라인 광고 또는 온라인 광고를 할 수 있는 마케팅 수단과 채널을 확보하는 일이다. 이것은 제조든 유통이든 서비스업이든 분야를 가리지 않고 기업 활동을 하려는 누구에게나 피할 수 없는 과제이고, 그 첫 번째 과제는 바로 자신의 이름을 알리는 "브랜드 홍보"인 것이다.

문제는 이런 브랜드 홍보 및 프로모션에 늘 뒤따르는 것이 바로 돈, 즉 광고 및 홍보비다. 나름대로 광고나 마케팅 예산이 충분하게 책정되고 집행할 수 있는 여력을 가진 기업이라면 모를까 1억원 미만의 자본으로 사업을 시작하는 대다수 중소 상공인들 입장에서는 월 1백만 원의 광고비도 선뜻 책정하기가 쉽지 않은 게 현실이다.

일단 페이스북에 개인 계정을 만들면 그 계정을 기초로 자신이 관심을 갖고 있는 어떤 페이지든 만들 수 있다. 또 몇 개를 만들든 아직까지는 페이지의 수에 제한을 두고 있지 않다. 작은 홈페이지 하나를 만들려고 해도 도메인 구입비와 서버 호스팅 비용 등을 들여야 했던 중소 상공인이나 기업들 입장에서는 참으로 반가운 소식이 아닐 수 없다. 물론 네이버나 다음 등 포털에서 제공하는 블로그를 잘 활용하면 회사의 홍보용 페이지로 전용하는 것이 어느 정도는 가능하다. 하지만 블로그는 기본 속성상 1인 미디어의 성격이 강하고, 이용약관상 원칙적으로 "상업적 용도"로 사용하는 것은 금지되어 있다.

그에 반해 페이스북 페이지는 그 자체가 '브랜드 페이지'라 불릴 만큼 분야와 업종을 불문하고 비즈니스 활동을 가능하게 허용해주는 보기 드문 비즈니스 플랫폼이다. 사용료가 무료인 홈페이지 공간을 얻게 되는 셈인데, 더 큰 장점은 그 서비스 안에 잠재고객이 될 수 있는 사람들이 이미 꽤 많이 모여 있다는 점이다. 국내 사용자만도 이미 400만 명에 육박한다. 물론 그 수가 아무리 많다 해도 어디까지나 잠재적인 대상일 뿐이다. 친구 관계나 팬 관계를 맺고 꾸준한 교류를 통해 신뢰를 쌓고 그 신뢰를 기반으로 거래가 성사되기 전까지는 실제 고객이라고 할 수 없다. 그럼에도 불구하고 이와 같이 동일한 플랫폼에 익숙한 잠재고객 층이 상존하는 공간에 입주하는 것은 매우 중요한 비즈니스 개시 요건 중 하나를 갖추는 것이다.

페이지 '무료 무제한 개설' 지원과 더불어 페이스북 페이지가 경제적인 핵심적인 또

하나의 요소는 페이스북 광고의 누적 효과에서 찾아볼 수 있다. 통상 온라인 광고는 특정한 노출이 발생하는 화면 영역에 대해 노출빈도에 따른 단가가 책정되어 있고, 그 자리를 차지하기 위해 입찰을 해야만 정해진 광고비 예산 만큼 제한된 시간 동안 노출이 이루어진다. 광고 예산이 소진되면 그 자리에서 바로 사라질 수밖에 없는 '소멸성 광고'의 성격을 갖는다.

그에 비해 페이스북 광고의 경우 대개는 작은 썸네일 이미지 한 장과 150자 이내의 짧은 광고문안으로 만들어지는 자작형 광고로 매우 투박한 수준이다. 이 광고를 통해 페이지가 노출되면 그 페이지에 공감하거나 글을 올리고 싶은 사용자들은 [좋아요] 버튼을 눌러서 [팬] 관계를 맺는다. 팬으로 관계를 맺는 것은 친구를 맺는 것과 유사해서, 페이지의 담벼락에 새로운 포스트가 올라오면 그것이 팬들의 뉴스피드(홈)에 자동으로 노출된다. 따라서 팬 관계를 지속적으로 유지할 수 있게 되면 그 자체로 자신의 사업 아이템이나 새로운 소식을 수신해줄 "광고 독자"를 확보하게 되는 셈이다.

페이스북의 광고 또한 유료이고 노출 단가도 최근에는 크게 상승하고 있는 추세이다. 따라서 광고비 자체가 제로인 것은 아니다. 하지만 한번 지출된 광고비가 [좋아요] 팬을 확보하는 데 쓰여 팬들의 수가 누적되면, 일회적인 지출에 끝나버리는 광고가 아니라 확보된 고정 팬으로 인해 지속해서 노출 효과가 발생하게 된다. 말하자면 '저축성 광고'라 할 수 있다. 개설자의 유지 노력과 운영 기술에 따라 아주 효과적으로 운영할 수 있는 자신만의 광고 매체를 공짜 혹은 저렴한 비용으로 확보할 수 있다는 점에서 페이스북 페이지는 매우 쓸모 있는 사업도구인 것이다.

(2) 접근성 – 1분이면 뚝딱, 누구나 만들 수 있다

페이지를 새로 개설하는 것은 페이지 이름을 뭐라고 부를지 정하는 시간이면 충분하다. 페이스북에서 페이지를 만들려면 우선 http://www.facebook.com/page 사이트에 접속하고, 운영목적에 따른 카테고리를 선택하고 하위 분류를 고른 뒤에, 페이지 이름을 입력하고 이용약관에 동의 체크한 뒤에 [시작하기] 버튼만 누르면 바로 새로운 페이지가 만들어진다.

이름을 정하고 마우스 버튼만 몇 번 클릭하면 자신만의 페이스북용 비즈니스 홈페이지가 눈 깜짝할 사이에 뚝딱 만들어지는 셈이다. 이 과정은 매우 손쉽고 간편하다. 물론 페이지가 만들어지면 거기에 프로필 사진을 올리고 프로필 정보를 입력하고 친구를 초대하는 등의 실무적인 추가 조치들이 필요하다. 그렇지만 이들 과정 역시 지금까지 우리가 새로운 홈페이지를 개발하거나, 블로그를 만들어 스킨을 디자인해서 붙이는 작업들에 비하면 비교할 수 없을 만큼 간단한 것들이다.

페이지 관리 도구 또한 매우 다양한 기능들을 지원한다. 특히 지난 2월에 [페이지의 이름으로 facebook 사용] 옵션과 더불어서 강화된 관리 기능들이 돋보인다. 그 중에서도 관리자의 실명과 페이지(타이틀)의 이름을 필요할 때마다 바꾸어 사용할 수 있는 옵션이 제공됨으로써 페이지의 활용이 한층 더 풍부하고 편리해졌다.

또 개설한 페이지를 홍보하기 위해 사용할 수 있는 각종 플러그인(위젯) 코드 생성 기능 및 친구 초대와 알림 기능들은 굳이 비싼 광고비를 들이지 않더라도 기존의 친구망을 이용해서 자신의 페이지를 널리 알릴 수 있는 도구들로 손색이 없다. 페이지의 홍보를 위한 관리자 사용법을 익히는 것은 다소간의 경험과 학습을 필요로 하지만 그러한 관리 기능의 습득을 통해 절약할 수 있는 광고비를 감안하면 충분히 감수할 만한 수고다.

또한 페이지를 널리 알리기 위한 광고 역시 자신들이 어렵지 않게 만들수 있는 프로세스를 비교적 쉽게 알려준다. 먼저 광고하려는 목표 타깃을 설정하면 잠재적 노출 대상자 수를 알려주고, 해당 광고를 노출하기 위한 방법 및 옵션을 제안해준다. 간단한 광고 이미지와 문안만 준비하면 비교적 쉽고 빠르게 온라인 광고를 만들어 원하는 조건에 맞는 사용자나 친구들을 중심으로 노출시키는 것이 가능하다.

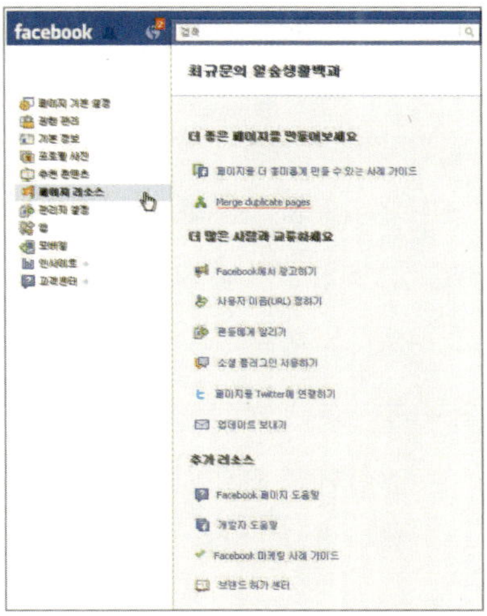

[페이지를 트위터에 연결하기] 기능을 통해 페이지에 생성되는 포스트를 트위터로 직접 내보내는 기능이나 [업데이트 보내기]를 이용해 친구들에게 메시지를 공유하는 방법도 비교적 간단하게 페이지를 더 널리 노출하고 알릴 수 있는 편리한 기능들이다.

(3) 지속성 – 한 번 팬은 영원한 미래 고객

마케팅 리서치업체인 씽캡스의 추산에 따르면 페이스북 팬 1명의 가치는 연간 금액으로 환산하면 136불에 달할 것이라고 한다.

(참고자료: http://www.marketingprofs.com/charts/2010/3713/average-value-of-facebook-fan-13638)

이 같은 점을 고려할 때 페이스북 페이지의 팬을 꾸준히 늘리고 관계를 유지하는 것은 그 자체만으로도 적지 않은 고객 자산을 축적하는 것이라 할 수 있다.

페이지 팬의 확보를 통해 광고 수용자 층이 자연적으로 넓어지고, 이들이 회사나 조직의 잠재적인 소비자로 기능하게 되면 이러한 팬들 스스로가 입소문의 주체가 되고 자발적인 홍보 서포터로서의 역할을 기대할 수 있게 된다.

최근 소비자들의 구매 행동 패턴을 연구한 바에 따르면 종래의 전통적인 깔때기 이론에 입각하여 다수의 브랜드 중에서 하나를 선택하고 구매에서 마케팅 프로세스가 종결되던 데서 벗어나, 하나의 브랜드를 선택하고 나면 그 소비를 통해 더욱 해당 브랜드에 고착되고 스스로가 충성도 높은 마니아가 되어 이를 전파하는 전달자로 변화하는 특성을 더 강하게 띠는 추세라고 한다. (참고자료: 하버드비즈니스리뷰 2010.12월호)

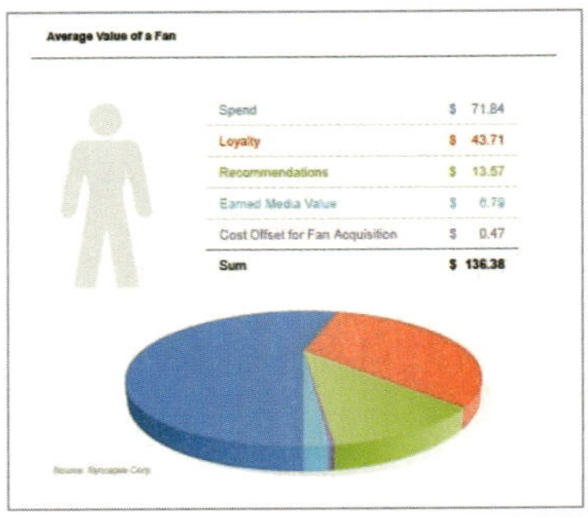

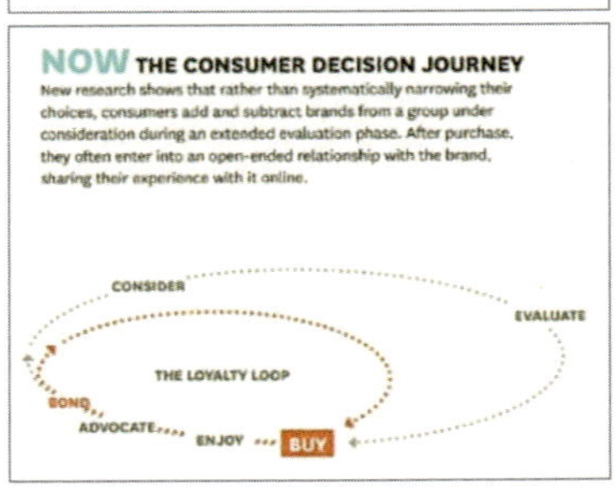

앞서 예로 든 씽캡스의 페이스북 팬 가치에 대한 추정치도 이와 같은 경향을 보여주는 것으로 다음과 같은 분석 내용을 보면 팬을 지속적으로 유지하는 것이 갖는 경제적 효과와 가치를 미루어 짐작할 수 있다.

즉 페이지 팬으로 확보된 페이스북 친구나 지인들을 효과적으로 유지 관리하는 일 자체가 '돈이 될 수 있다'는 점을 여러 조사를 통해 확인할 수 있다. 이것은 마음대로 마케팅 비용을 지출할 형편이 되지 못하는 대부분의 소상공인이나 자영업자들에게는 매우 중요한 비즈니스 이점이라 하지 않을 수 없다.

(4) 친밀성 - 친구와 팬을 단골로 - 소셜커머스의 시작

페이스북은 페이지 관리자의 개인 프로필 계정이 없이는 사실상 페이지를 운영할 수 없도록 한다. 최초로 기업용 페이지를 만들려고 할 경우 개인 프로필이 없더라도 페이지를 만들 수는 있지만 임시적 조치일 뿐 결국 관리자를 등록하도록 강제한다. 이것은 기업 아이디나 브랜드명을 통해서라도 개인의 실명이 아니어도 계정 개설이 가능한 트위터와 근본적으로 다른 페이스북의 정책이다. 그 만큼 페이스북의 모든 기능들은 오프라인에 실존하는 주체들의 온라인 행동을 기반으로 운영된다는 점에 의미가 있다.

따라서 페이지 또한 설령 브랜드 홍보나 기업의 이미지 관리를 위한 것일지라도 가상의 캐릭터나 페르소나를 이용한 '허구의 대변인'을 만드는 것은 무척 주의해야 한다. 이것은 페이스북의 기본 출발이 애당초 학교 친구들간의 프로필 공유에서부터 시작된 전통에서 기인하는 바가 클 것으로 보인다. 오프라인에서 가상의 캐릭터(혹은 페르소나)는 기본적으로 신뢰성에 한계를 갖기 때문이다. 이 같은 페이스북의 친교 도구적 기본 속성은 비즈니스 목적으로 만들어지는 페이지에도 적지 않은 영향을 끼친다. 사람과 사람끼리 맺어지는 '친구(friend)'와 달리 사람과 브랜드 간에 '좋아하는 사람(Liker)'이라는 개념을 두어 '팬'으로 관계를 맺게 하는 방식 또한 페이지와 참여자(잠재고객)가 최초의 만남에서부터 "우호적"인 친밀감을 형성하도록 유인하는 장치이다.

친밀성이야말로 페이스북의 브랜드(기업)에 대한 호감도와 충성도를 유발하는 핵심 요소 중 하나이다. 그리고 페이스북의 광고들을 광고가 아닌 '친구가 전해주는 정보'로 받아들이도록 함으로써 사람들이 광고에 대해 갖는 원천적인 거부감을 자연스럽게 누그러뜨리는 요소이다.

팬들과의 친밀성을 유지하기 위해 꽤 많은 기업이나 조직들이 페이지 관리자의 실명과 얼굴 사진을 공개하는 일을 자주 목격할 수 있다. 이는 관리자 개인의 이미지와 기업 브랜드의 이미지 사이에 불일치나 혼선을 초래할 수 있는 위험성이 없지 않다. 하지만 역으로 잘만 활용하면 브랜드의 정직성과 진정성을 보여줄 수 있는 좋은 방법이 될 수도 있다. 페이지 관리자의 이미지에 자신이 있는 기업이라면 충분히 선택하고 시도해볼 수 있는 방법이다.

마케팅의 성과는 고객을 가족과 같은 친구로 만들어 그 영속적 관계를 유지하게 함으로써 지속적으로 우리의 상품과 서비스를 '재구매' 하도록 만드는 것이다. 그 점에서 친구의 소개와 추천으로 끊임없이 친구 관계를 확산시키는 시스템을 제공하는 페이스북은 비즈니스 플랫폼으로 추천해도 손색이 없다. 그루폰이나 티켓몬스터와 같은 대부분의 소셜커머스 서비스들이 상품 소개 페이지마다 페이스북 연동 버튼을 필수 장치로 부착하고 있는 것은 바로 '친구의 추천' 이 구매 결정에 미치는 강력한 영향력 때문이다.

(5) 확장성 – 바이러스처럼 번지는 [좋아요] 클릭의 위력

페이스북 마케팅은 [좋아요]로 시작하고 [좋아요]로 끝난다고 해도 과언이 아니다. 그 만큼 좋아요 버튼이 갖는 위력은 막강하다. 트위터를 홍보 마케팅의 도구로 이용하고자 많은 개인과 기업들이 덤벼드는 가장 큰 매력은 빠른 시간 안에 급속히 전파되는 '리트윗(RT)' 기능의 위력을 경험으로 체험하기 때문이다.

작년 10월 31일 SBS 방송이 국내 트위터 사용 현황을 분석해 보도한 뉴스에 따르면, 첫 트윗이 올라와 리트윗이 발생하는 데 걸리는 시간은 불과 8분이었고, 하나의 메시지가 최종 하위 단계까지 도달하는 데는 3.8단계면 충분했다. 하나의 트윗에 사람들의 공감과 추천 행동이 일어나는 데는 채 10분이 걸리지 않았다는 뜻이고, 전체 트위터 사용자에게 전파되는 데 걸리는 시간도 30분 정도면 충분하다는 것을 보여준 셈이다.

페이스북에서 [좋아요] 링크나 버튼이 가진 기능과 역할은 트위터에서 리트윗 기능이 맡고 있는 역할과 흡사하지만 실상은 그 이상이다. 트위터에서의 리트윗은 '나도 이 트윗에 공감하므로 나의 팔로워들도 함께 읽기를 희망한다.' 는 '공감 전달' 의 의미가 강한 데 비해 페이스북에서 [좋아요]는 '내가 이 포스트를 좋아하므로 친구들도 좋아했으면 좋겠다.' 는 '추천' 의 의지를 품고 있는 경우가 많다. 이 때문에 좋아요를 통한 추천 행동이 친구들의 우호적 반응을 일으키면서 연쇄적인 [좋아요] 클릭이나 [공유하기]를 유발한다. 즉 페이스북의 [좋아요]는 '단순 공감' 에서 그치는 것이 아니라 '친구'에 대한 믿음과 공감대를 기초로 '적극 추천'의 의미로 행동력을 강화시키는 효과를 갖는다.

소극적으로는, 친구들의 글에 공감하지만 댓글을 따로 붙여줄 시간 여유가 없을 때, 혹은 단지 그 글을 읽었다는 확인 '눈도장'의 의미로 '좋아요'를 클릭하는 경우도 많다. 아주 짧은 순간에 이루어지는 행동이지만 일단 [좋아요]를 클릭해놓으면 그 포스트 대화에 '참여'하게 되어 앞으로 누군가가 그 포스트에 댓글을 남기면 나의 '알림' 메시지로 바로 통보된다. 누가 무슨 댓글을 남겼는지 궁금증을 유발하고, 나와 친한 친구가 댓글에 참여하기라도 하면 그 댓글을 읽어보고 싶은 충동을 불러 일으켜 해당 포스트에 다시 접속하도록 만든다. 이것이 바로 [좋아요] 링크의 핵심 기능인 것이다. 요컨대 [좋아요] 클릭을 통해 발생되는 페이스북의 연쇄 전파력은 트위터보다 속도는 느릴지 모르지만 친구에 대한 믿음을 기반으로 확산되기 때문에 연쇄적인 행동을 일으키는 힘에 있어서는 훨씬 강하다는 것이 실제 조사에서도 드러난다.

이벤트브라이트사에서 발표한 자료에 따르면, 페이스북 [좋아요] 버튼으로 추천되는 포스트의 1회 평균 가치는 금액으로 환산하면 약 2.52달러로 트위터의 트윗($0.43)은 물론이고, 이메일($2.43)에 비해서도 그 효과가 높은 것으로 조사된 바 있다. (참고자료: 블로터닷넷 페이스북 비즈니스 인사이트 2011 컨퍼런스 자료집, 김철환 인용 자료)

Eventbrite에서 분석한 SNS와 이메일을 통한 추천 1회의 경제적 가치(2010. 10. 24)

- 페이스북 'Like' 2.52달러
- 트위터 트윗 : 0.43달러
- 링크드인 공유 : 0.90달러
- 이메일 : 2.34달러
- 전체 평균 : 1.78달러

- 페이스북 추천 1회가 만들어 내는 사이트 유입 수 11회 (전체 평균 7회)

바이러스 병원균이 무서운 이유는 빠른 전파력과 감염력 때문이다. 페이스북 [좋아요] 바이러스의 전염성은 많은 사용자들로 하여금 자나 깨나 손에서 스마트폰을 놓지 못하게 만들 만큼 중독성 강하게 확산되고 있다. 그것이 전세계 인터넷 사용자 21억 명 중 3분의 1에 달하는 7억 명을 오늘도 페이스북에 접속하게 만드는 동인이자, 우리가 왜 페이스북을 비즈니스 플랫폼으로 재인식하고 대응해야만 하는지를 설명해 주는 이유이다.

4. 맺음말 – 페이스북 페이지와 모바일 커머스의 만남을 기대하며

위에서 페이스북의 기능이 '비즈니스 프렌들리' 추세로 전환하고 있는 흐름과 더불어 온라인 광고시장의 성장과 변화 추세를 문제인식의 시발점으로 삼아, 페이스북이 다양한 비즈니스 영역에서 여러 용도로 다양하게 응용되고 있음을 실제 사례들을 통해서 구체적으로 확인하고 정리해보았다. 국내 페이스북의 역사가 짧아 이러한 사례 정리나 발굴은 아주 초보적인 연구 수준에 머무르고 있는 형편이고, 아직 학문적인 차원에서 본격적인 조사나 분석이 이루어진 사례는 없다고 해도 과언이 아니다.

따라서 향후 페이스북의 다양한 활용 사례를 중심으로 개인 브랜딩 분야에서의 성공에서부터 실질적인 세일즈 매출의 변화에 이르기까지 페이스북이 어느 정도의 비즈니스 효과를 창출하는지 실제 성과를 측정하고 분석해볼 필요가 있다. 이것은 마케팅 차원의 시장조사뿐만 아니라, 학문적으로도 매우 긴요한 연구 과제로 떠오를 것으로 예상된다. 미국에서는 SNS를 활용한 기업들의 성과나 예산 투입 규모 등을 조사한 연례 리포트가 이미 발표되고 있다.

Social Media Examiner가 지난 4월 18일에 발표한 기사가 흥미롭다. Michael Stelzner가 3342명의 마케팅 담당자를 대상으로 조사한 내용을 분석한 소셜미디어 산업분석 연감(2011 Social Media Marketing Industry Report)에 따르면 스몰비즈니스 영역의 소규모업체들이 소셜미디어 마케팅의 효과를 보고 있는 것으로 조사되었다. (참고자료: http://www.aeranyu.com/2011/04/2011.html)

우리나라에도 이와 같은 시장 현황에 대한 기초자료가 축적되면 중소 상공인들과 같이 비교적 적은 비용으로 자기 사업을 전개하는 이들에게 좋은 지침이 될 수 있을 것이라 기대된다.

지난 8월 2일, 국내 1위의 소셜커머스 업체인 티켓몬스터가, 그루폰과 더불어 미국 내 자웅을 겨루고 있는 리빙소셜에 넘어갔다. 주식 100% 인수 방식으로 진행된 이번 매각협상을 통해 창업주를 비롯한 주식보유자들은 상당한 차익을 남길 것으로 예상된다. 벤처의 또다른 신화가 탄생한 것으로 해석되는 반면, 진정한 벤처의 모습이라기보다 '머니게임' 적인 성격이 강하다는 비판도 만만치 않다.

그 성격을 어떻게 규정하든 중요한 것은 커머스 영역에서도 이제 소셜네트워크 기반의 비즈니스 모델이 대세가 되리라는 점이 더욱 명확하게 검증된다는 점이다. 창업한 지 불과 1년 3개월밖에 되지 않은 신생 업체가 4000억 원 내외의 가치를 갖는 회사로 평가받고 매각되는 현실은 소셜네트워크를 이용한 커머스의 성장 가능성이 얼마나 무한한 지를 단적으로 보여준다. 주로 공동구매(그룹바잉) 형식으로 급팽창한 국내 소셜커머스의 경우 사업 개시 원년인 작년 한해 상위 7개 업체가 올린 매출액만 500억 원이 넘고, 올해는 그 열 배인 5천억 원의 매출 규모를 보일 것으로 추산된다. 내년에는 1조 원에 육박하리라는 시장 전망이 나와 있다.

페이스북은 이미 이 같은 흐름에 발 빠르게 편승하여 자신의 입지를 굳혀가고 있다. 작년 10월과 11월에 걸쳐 페이스북은 플레이스 앤 딜(Places & Deal)이라는 새로운 서비스를 개발하여 미국을 비롯해 유럽과 일부 지역에 시범적으로 서비스를 개시하고 있다. 간단하게 말하자면 동네 상점이나 특정한 상권을 바탕으로 '모바일폰을 이용한 실시간 딜'을 구현한 모델이라 할 수 있다.

즉 특정한 지역을 움직일 때 어떤 업소를 가면 특별할인 이벤트가 진행되는지, 여럿이 단체로가면 할인이 되는 곳은 어디인지, 혹은 특정 업소를 자주 들리면 어떤 특혜를 주는지 등의 구매 혜택 정보를 다양한 위치기반 서비스와 연동하여 제공함으로써 소비자들에게 더 큰 이용 편의성을 제공하는 서비스 모델이다. 앞으로 스마트폰과 결합하여 실시간 이벤트 또는 실시간 딜을 제공하는 소셜커머스 시장은 더욱 더 커질 것이다.

소셜네트워크를 기반으로 한 친구들의 구매 추천이 전통적인 유통업자들의 상품 전달자 위치를 약화시키고, 친구들의 구매 이력 정보 공유가 곧바로 새로운 친구의 구매를 유발하는 자료가 되는 시대가 오면 생산자와 소비자 간의 직거래는 더욱 확산되고, 중간 유통상이 챙기던 유통마진은 점점 축소될 수밖에 없을 것이다. 지금도 전자제품 대리점이나 양판점에 가서 하는 일은 실제 모델의 디자인이나 기능을 눈으로 확인하고 해당 제품의 모델명을 확인하는 일일 뿐이다. 많은 사람들이 정작 구매는 온라인 가격비교 사이트를 검색해서 가장 값싸고 좋은 조건을 제공하는 곳에 주저 없이 주문을 내는 시대에 우리는 살고 있다.

이와 같이 소비자들의 구매 패턴이 급변하고 합리화되는 마당에 친구와 지인들의 추천과 권유는 다른 어떤 광고 매체의 유혹이나 자극보다도 강력하다. 많은 마케팅 리서치 업체들의 조사 결과를 보면 특정한 상품을 구매하기 위해 고려하는 의견 중에 으뜸은 답이 뻔할 정도로 '친구와 주변사람의 추천' 으로 일치한다. 친구의 의견과 생각들이 실시간으로 공유되는 페이스북이 이러한 소비 생활과 비즈니스 영역에 미칠 영향력이 점차 커질 것임을 예견하는 것은 누구라도 어려운 일이 아니다.

다행인지 불행인지 미래 트렌드를 앞서 내다보고 대비하고 준비하는 일은 아무나 하지 않는다. 바로 그 때문에, 소셜미디어의 확산이 어떤 이들에게는 새로운 기회가 되지만, 어떤 이들에게는 패배를 자초하는 갈림길이 된다. 소셜 시대란, 사람들이 단순한 정보의 소비자로 머무르지 않고 정보의 생산자이자 적극적인 유통자로 거듭나는 진정한 "프로슈머의 시대"를 말한다. 그런 시대가 개막되는 지금, 페이스북은 새로운 비즈니스 플랫폼으로 가장 효과적인 매개체로 진화하고 있다. 진화하는 플랫폼을 새로운 무기로 활용할 것인지 말 것인지, 또 활용한다면 어떻게 하는 것이 최선일지 답을 찾는 일은 이제 각자에게 주어진 과제이다.

12 part 3

트위터의 이해와 비즈니스적 활용

글 · 신호철 ((주)트윗캠프 대표이사, (사)한국인터넷전문가협회 소셜미디어지원센터장)

10여 년 전인 1999년에 필자가 인터넷 비즈니스에 처음 발을 들여 놓을 당시 인터넷 비즈니스 기획의 바이블처럼 여겼던 척 마틴(Chuck Martin)의 『인터넷 미래(Net Future)』[1] 에서는 인터넷 미래를 만들어가는 트렌드를 예측하면서 '대화 마케팅(Dialogue Marketing)' 과 '경험 공동체(Experience Communities)' 를 이야기하였다.

당시 척 마틴이 말한 '대화 마케팅' 은 고객과 기업 사이의 실시간 상호작용을 근거로 고객에게 전달할 정보를 조정하는 마케팅 기법으로, 기업은 고객과의 구체적인 대화를 위해 실시간 분류를 위한 모델구축기법과 데이터마이닝[2] 기법을 사용하게 될 것으로 본 것이다. 한편 '경험 공동체' 는 많은 사람의 다양한 경험에 근거한 지식의 통

* 이 글은 필자가 2010년 출간한 [트위터 비즈니스]를 바탕으로 재구성한 것이다.

1 국내에서는 e비즈니스.com(21세기북스)으로 번역되어 소개되었다.

2 고객의 자료와 다른 여러 정보원을 바탕으로 해석의 여지가 많은 실시간 검색을 실시하고 소비자의 행위를 예측할 수 있는 여러 가지 모델을 자동으로 구축하는 기법.

합체로, 그것은 짧은 기간 존재할 수도 있고 오랫동안 지속될 수도 있으며, 규모가 클 수도 작을 수도 있다고 하였다.

척 마틴은 인터넷이 발달함에 따라 집단적인 사고가 가능해지고 그 결과 필요에 따라 구성과 해체가 결정되는 실시간 인간 네트워크가 형성될 것이라고 전망했다. 또한 미래의 사고방식은 협소하거나 단선적인 것이 아닌 글로벌하고 실시간적인 것이라고 생각했으며, 기업이 소비자로부터 신뢰를 획득하고 유지하기 위해서는 경험 공동체가 활성화되어야 한다고 보았다. 그리고 실시간으로 의사소통이 이루어질 수 있는 커뮤니티가 만들어질 것이고, 이러한 실시간 의사소통 커뮤니티에서 기업은 지식과 정보를 고객과 공유할 것이라고 하였다.

이처럼 미래에는 기업들이 인터넷을 통해 직원과 고객, 공급자, 수요자 등과 함께 커뮤니티를 형성하고 이것이 회사의 네트워크와 연결할 것으로 전망했었다. 기업은 이러한 네트워크를 활용하여 고객과의 관계를 제품을 판매하고 구매하는 단순한 관계 이상으로 발전시킬 것이라고 예측하였다. 즉, 고객들은 커뮤니티 안에서 제품을 구매할 뿐만 아니라 제품과 기업에 대한 다양한 의견들을 제시함으로써 기업이 미래에 어떤 제품을 개발하고 어떻게 사업을 발전시켜 나갈지에 대해 도움을 줄 수 있다는 것이었다.

필자는 초기 인터넷 시대인 그 당시에 '과연 그런 마케팅이 가능하며 그런 공동체가 만들어 질 수 있을까?' 라는 의구심을 가졌었다. 하지만 오늘날 필자의 눈앞에 단지 이상으로만 여겨왔던 '대화 마케팅' 과 '경험 공동체' 가 펼쳐지고 있다. 그것이 바로 '트위터(Twitter)' 이다. 그리고 미래 인터넷 비즈니스 법칙이라고 이야기하였던 것들이 트위터 비즈니스의 법칙으로 다시 이야기되고 있다.

트위터에 참여하고 활용하는 첫걸음은 트위터가 무엇인가를 알아가는 것이다. 그리고 트위터에 직접 참여해 자신의 회사나 직원들 그리고 제품에 대해 트위터 사용자들이 어떤 대화를 나누고 있는지 귀기울이며 그들의 대화에 참여해야 한다. 그리고 이보다 더 중요한 것은 트위터 활용을 위한 기업의 노력과 자원을 어디에 투여하여야 하는지 파악하는 것이다.

● **경험 공동체를 창조하는 10가지 규칙** (「인터넷 미래(Net Future)」)

1. 가치를 생산하는 핵심 커뮤니티를 양성한다.
2. 커뮤니티의 개성을 개발한다.
3. 커뮤니티의 존재 이유를 확실하게 밝힌다.
4. 구성원의 질문에 계속 대답한다.
5. 새로운 회원을 계속 모집한다.
6. 구성원들 간에 신뢰할 수 있는 환경을 만들어 간다.
7. 개인의 개성과 커뮤니티를 조화시킨다.
8. 유연성을 유지한다.
9. 커뮤니티의 교류방식을 선명하게 밝힌다.
10. 쉽게 주제를 찾을 수 있게 만든다.

새로운 시대의 커뮤니케이션 채널, '트위터'

"지금 현재를 가장 잘 알려주는 곳이 어디가 있을까요?"라는 질문을 던지면 많은 사람들이 '트위터(Twitter)'라고 대답할 것이다. 예전 같으면 포탈이나 검색사이트나 뉴스사이트를 말했던 사람들이 이제는 누구나 트위터라고 이야기할 정도로 트위터를 사용하는 사람이나 사용하지 않는 사람에게나 트위터는 낯익게 우리 앞에 다가와 있다.

트위터는 140자 이내의 트윗(Tweet)을 통해 많은 사람들과 동시에 커뮤니케이션할 수 있는 유일한 서비스이다. 이전에도 인터넷을 통해 다른 사람들과 커뮤니케이션할 수 있는 서비스들은 많았지만 그런 서비스들은 주로 일대일 커뮤니케이션만이 가능했다. 그런데 트위터는 일대일뿐만 아니라 일대다, 다대다의 커뮤니케이션도 가능하다.

트위터는 복잡한 사용법도 없고 매우 단순하여 전문적인 지식을 요하는 것도 아니며 이용에 익숙해지는 데 오랜 시간이 걸리지도 않는다. 단지 계정만 만들고 나면 누구나 쉽게 즐기는 것이 가능하다. 트위터의 사용법은 마치 자전거 타기를 배우는 것처럼 자신이 직접 트위터를 이용해 보면서 사용법을 쉽게 익힐 수 있다.

트위터의 기본은 두 가지이다. '자신의 지금을 이야기(트윗)한다.', '누군가의 이야기(트윗)를 본다.' 이 두 가지를 반복하며 사용자들은 트위터를 즐길 수 있게 된다.

〈그림 1〉 트위터 홈페이지(http://www.twitter.com)

트위터는 느슨한 관계가 가능해 기존의 커뮤니케이션에서 피로를 느낀 사람들에게도 트위터의 사용을 권할 수 있다. 나의 이야기에 다른 사람의 대답을 기다릴 필요도 없고, 또 다른 사람의 이야기에 꼭 내가 대답할 필요도 없다. 이러한 느슨함 때문에 사람들은 트윗을 올리며 스트레스가 풀어지기도 하고 또 다른 사람들의 트윗을 읽으며 기분이 좋아지기도 한다.

'힘들다', '외롭다', '슬프다', '기쁘다', '행복하다' 등과 같은 일상생활에서의 감정들을 트윗하는 '인간성이 넘치는 트윗'과 사건 사고에 대한 트윗, 새로운 지식이나 정보를 전달하는 '가치 있는 트윗' 그리고 다른 사람들의 트윗들에 '의견을 제시하는 트윗' 등 사용자에 따라서 트윗의 성격이 매우 다양하다. 이처럼 자유롭게 무엇이든 이야기하고 들을 수 있다는 것이 트위터가 가진 매력들 중에 하나일 것이다.

또한 우리에게 잘 알려진 가수나 배우, 기업인들, 정치인들도 트위터를 사용하고 있기 때문에 트위터를 통해서 시간과 장소에 구애받지 않고 이들과의 커뮤니케이션이 가능해졌다. 정치인들 중에서는 트위터를 통해 일반 대중에게 자신의 정치적 신념을 알리거나 대중들과 다방면의 의견을 교환하면서 자신의 지지층을 확보하려고 한다. 그들은 트위터를 일반 대중들과의 '소통의 장' 으로 적극 활용하는 것이다.

트위터로 무엇을 할 수 있나?

트위터는 새로운 커뮤니케이션 수단으로 트위터로 이용해 할 수 있는 것은 매우 다양하다.

비즈니스적인 측면에서는 오프라인 점포의 내점 유도, 인터넷 쇼핑몰의 집객, 제품과 서비스의 소개 및 판매, 고객들의 자료 요청과 질문들에 대한 처리, 신규 영업선의 개척, 홈페이지로의 방문자 유도, 고객과의 커뮤니케이션, 고객 지원 서비스, 개인과 기업의 브랜딩[3], 타임 세일, 무료 이용권과 할인 쿠폰 배포, 이벤트 진행 등, 트위터를 영업 수단, 집객 수단, 홍보 수단 등으로 사용할 수 있다. 또한 유명인, 전문가, 컨설턴트, 기업 등을 팔로우하면서 그들이 제공하는 정보를 수집하고 활용하며 그들에게 질문하고 답을 구하는 것도 가능하다.

개인적인 측면에서는 정보 수집과 교류의 수단으로 트위터를 사용하는 것이 가능하다. 트위터의 친구들과 일상생활에서의 일들에 대해 이야기하거나 어떤 분야의 기본적인 것에서부터 전문적인 정보나 지식까지 여러 사람들과의 공유가 가능하다. 또한 특정 사안에 대해서 의견을 나누고 토론하는 것도 가능하다. 신문이나 각종 언론매체들이 전하는 이슈화된 기사들을 트위터를 통해 공개하고 그것에 대해 다른 트위터 사용자들과 의견을 교환하는 것이 그것이다.

이처럼 트위터는 비즈니스적으로도 그리고 개인적으로도 활용도가 다양하며, 이것은 우리가 트위터를 주목해야 하는 이유 중 하나이다.

[3] Branding, 잠재 고객의 기억 속에 특정 브랜드를 각인시키는 것을 말한다.

트위터의 국내 보급

2009년 말 아이폰 3GS[4]가 국내에 첫선을 보였다. 이것을 계기로 국내 스마트폰 시장이 활성화되면서 트위터(Twitter)는 대중적으로 널리 확산되었다.

트위터는 초창기에 국내의 IT 관계자나 '얼리어답터(Early Adopter)' 들에 의해 가끔씩 소개되었지만 국내 사용자층이 그리 넓지 않았다. '인터넷 메신저', '미니홈피', '블로그(Blog)' 등 다른 인터넷 서비스에 밀려 사용자의 관심조차 끌지 못했다.

하지만 트위터가 '애플사(Apple社)' 의 아이폰과 결합하면서 트위터 사용자들이 시간과 장소의 제약에서 벗어나 실시간으로 자유롭게 연결될 수 있게 되었다. 이로써 트위터는 사용자들 간의 실시간적인 정보의 전달을 가능하게 만들었고, 국내외를 막론하고 언제 어디서나 사용이 가능하게 되었다.

아이폰의 본격적인 보급과 맞물려 국내 기업들도 스마트폰 시장에 뛰어들게 되면서 스마트폰은 이제 단순한 휴대 전화가 아니라 대중적인 IT 기기로 자리매김하고 있다. 그 변화의 중심에 서 있는 트위터는 이제 우리에게 아주 낯익은 이름이 되었고, 거의 매일 TV와 라디오, 신문, 잡지 등의 언론매체를 통해 이슈로 다루어지고 있다.

트위터의 역사

2000년 5월 트위터의 공동 창업자인 잭 도시(Jack Dorsey)의 아이디어로 시작된 트위터는 2006년 7월에 미국에서 처음 서비스를 시작한 이래 끊임없는 발전을 거듭하고 있다. 트위터는 미국 샌 프란시스코 지역의 벤처 기업인 오데오 사(Odeo, Inc.)의 에반 윌리엄스(Evan Williams)와 노아 글래스(Noah Glass)가 고안한 연구 개발 프로젝트에서 출발하였다. 트위터의 창업주는 잭 도시, 비즈 스톤(Biz Stone), 에반 윌리엄스, 노아 글래스 등으로, 트위터는 루비 온 레일즈를 사용하여 개발되었다. 2006년 3월에 서비스를 시작하였고 공식 오픈은 2006년 7월 13일에 이루어졌다.

[4] 국내에서는 11월 28일 KT를 통해 iPhone 3GS가 공식 발매되었다.

2007년 4월에 오데오 사에서 분리되어 'Twitter, Inc.' 라는 이름으로 자체 회사를 갖게 되었다. 2007년 '사우스 바이 사우스웨스트 페스티발 웹 상(South by Southwest Festival's Web Award)' 에서 블로그 부문을 수상하였다. 공동 창업자 잭 도시는 수상 소감으로 "140자 미만의 수상 소감을 말씀드립니다. 우리는 해냈습니다!" 라고 하였다.[5]

트위터는 트위터 홈페이지를 이용해 사용자를 늘려 나가는 것 외에도 '오픈 API(Open Application Programming Interface)'[6] 로 자신들의 기술을 외부에 공개해 '서드파티(Third Party)'[7] 의 형식으로 각종 트위터 관련 어플리케이션이나 서비스를 개발할 수 있게 만들었고 이를 통해 유저들을 끌어 모으고 있다.

최근 들어 트위터사는 트위터가 '소셜 네트워크 서비스(Social Network Service)' 가 아니라 '실시간 정보 네트워크(Real-Time Information Network)' 라고 정의하고 있다. 이는 트위터가 관계보다는 현재의 정보와 그것의 소통을 좀 더 중시한다고 분석할 수 있다. 트위터는 공통의 관심사나 이슈가 매개가 되어 정보를 추구하는 미디어라고 할수 있다. 이런 측면에서 살펴보면 트위터가 소통을 위한 수단이라고 한다면, 페이스북은 관계를 위한 수단이라고 볼 수 있다. 트위터에 관한 트위터사의 발언은 경쟁사인 페이스북과의 차별화를 한층 더 강조한 것이라고 할 수 있다.

최근의 조사 결과에 의하면 정보 전달력에 있어서 트위터가 페이스북보다 6.6배 정도 더 빠르다는 것을 알 수 있는데, 이는 트위터가 정보 전달 수단으로서 더 뛰어나다는 것을 다시 한 번 입증하는 것이라고 볼 수 있다. 이처럼 트위터는 지금 '현재' 를 비추어 주는 거울과 같은 '라이브 미디어(Live Media)' 이며 그것을 다른 트위터 사용자들과 공유할 수 있는 수단이라고 말할 수 있다.

[5] 위키피디아 '트위터의 역사' 인용함.

[6] 누구나 접근하여 사용할 수 있도록 공개된 API를 말한다. API는 응용 프로그램에서 사용할 수 있도록 운영체제나 프로그래밍 언어가 제공하는 기능을 제어할 수 있도록 만든 어플리케이션 개발환경을 뜻한다. API를 활용하여 응용 서비스 또는 애플리케이션 등을 개발할 수 있다.

[7] 공식적으로 하드웨어나 소프트웨어를 개발하는 업체 외에 중소규모의 개발자들이 주어진 규격에 맞추어 제품을 생산하는 경우를 말한다. 생산자와 사용자 간의 중개역할도 하고 있다.

트위터의 수익 모델

트위터의 수익 모델에 대해 궁금해 하는 사람들이 많다. 작년부터 트위터는 구글과 마이크로소프트 등과 검색 제휴를 맺으면서 이들 회사에 트윗을 중계하고 이에 대한 중계 수익을 거두었다. 2010년에 들어와서 트위터사는 광고 서비스인 '광고(Promoted) 시리즈'를 발표하였고 이는 트위터의 새로운 수익 모델로 각광받고 있다.

'광고 트윗(Promoted Tweets)'은 그 첫 번째 모델로 '트위터닷컴(Twitter.com)'의 일부 검색 페이지 상단에 광고주의 광고 트윗을 표시하는 서비스이다. 트위터사는 "광고 트윗은 기업이 다양한 사용자들에게 강조하고 싶은 것을 알리는 일반적인 트윗"이라고 이야기하고 있다. 광고 트윗은 광고(Promoted)라는 레이블이 붙는 것일 뿐 일반 트윗처럼 리플라이나 리트윗이 가능하다. 대표적인 광고주로는 '베스트바이(Best Buy)', '레드불(Red Bull)', '소니픽처스(Sony Pictures)', '스타벅스(Starbucks)' 등이 있다.

뒤이어 선보인 광고 서비스는 '광고 트렌드(Promoted Trend)'이다. 광고 트렌드는 트위터닷컴 화면 오른쪽에 있는 '트렌드 섹션(Trend Section)'에 광고주가 광고하고자 하는 키워드를 표시하는 것이다. 원래 트렌드에는 트위터에서 인기 있는 키워드가 표시되고 키워드를 클릭하면 해당 키워드의 검색 결과가 표시된다. 올해 8월에 개봉한 3D 애니메이션 영화인 '토이스토리3(Toy Story3)'가 광고 트렌드를 통해 광고 효과를 보았다.

비교적 최근에 선보인 것이 '광고 계정(Promoted Accounts)'이다. 최근 트위터 사용자가 관심을 가질만한 계정을 추천하는 'Who to follow'을 새롭게 시작하고 있는데 이곳에 광고주의 계정을 추천 사용자로 표시하는 것이다. 예를 들어 게임에 관심이 있어 게임 관련 계정을 팔로우하는 사용자에게 '@xbox'를 추천하는 것으로 광고주의 계정에는 광고라는 레이블이 붙는다. 이처럼 트위터사는 끊임없이 수익 모델을 개발하고 있다.

2억 명의 전세계 트위터 사용자와 하루 2억 개의 트윗(Tweet)

트위터 사용자 수는 계속 폭발적인 성장세를 보이고 있으며, 2011년 상반기에 트위터 사용자의 수가 전 세계적으로 2억 명을 돌파했다. 지금 이 순간에도 초당 2,300여 개의 트윗이 전 세계 트위터 사용자들에 의해 쓰이고 있고, 하루에 약 2억 개의 트윗이 사용자들의 타임라인에 작성되고 있다. 말 그대로 밤낮 없이 전 세계인이 트위터에 몰두하고 있다고 해도 과언이 아니다.

트위터사의 내부 자료에 의하면 트위터는 2013년까지 전 세계적으로 10억 명의 사용자를 유치할 예정이라고 한다. 이런 측면에서 보면 트위터의 현재 모습은 아직 초기 단계에 불과하며 앞으로도 끊임없이 변화를 거듭하면서 계속 진화해 나갈 것으로 보인다. 이에 발맞춰 2010년 10월 트위터는 새로운 '사용자 인터페이스(User Interface, UI)'를 선보이며 사용자 수를 더욱 늘려 나가고 있다.

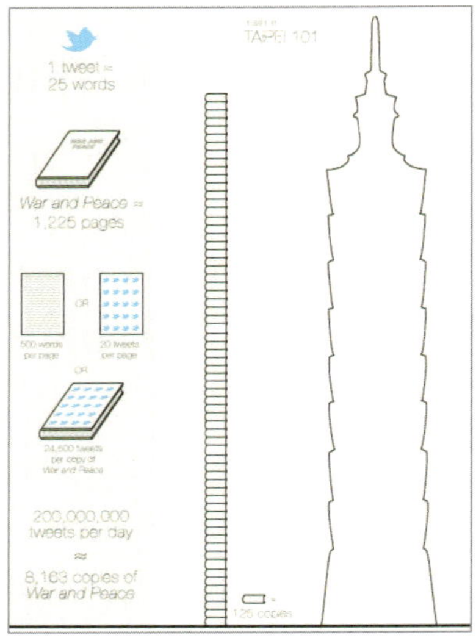

〈그림 2〉 하루 2억 개의 트윗
(http://blog.twitter.com)

최근의 이러한 폭발적인 성장세는 특히 아시아권, 그중에서도 일본과 한국, 인도네시아 등이 주도하고 있다. 일본은 현재 2,400만 명의 트위터 사용자를 보유하고 있고 한국은 420만 명의 사용자를 보유하고 있다.

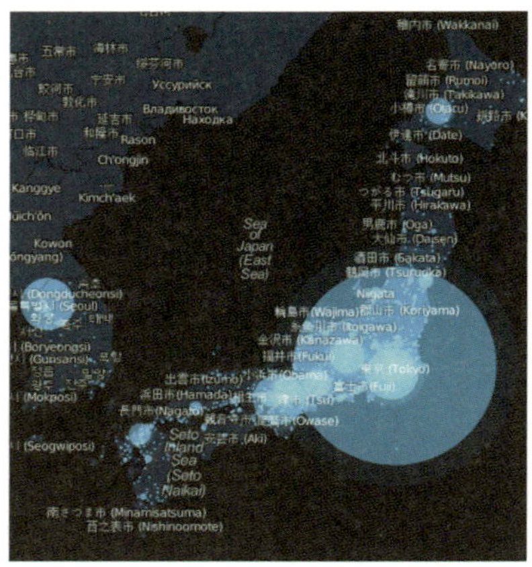

〈그림3〉 2011년 새해 한국, 일본의 트윗 발신 지도(http://blog.twitter.com)

2010년 10월 전 세계 언어별 트윗 비율 자료를 보면 1위 영어(32.61%), 2위 일본어(19.84%), 3위 포르투갈어(12.37%), 4위 스페인어(6.78%), 5위 인도네시아어(5.50%), 6위 한국어(2.63%), 7위 이태리어(2.09%), 8위 네덜란드어(1.88%), 9위 독일어(1.88%), 10위 불어(1.28%) 순으로 나타났다. 이 자료에서 유추해 볼 수 있는 내용은 국내 트위터 사용자들이 사용자 수 대비 활발하게 트윗하고 있다는 것을 보여 주고 있다.[8]

국내 트위터 사용자의 성향

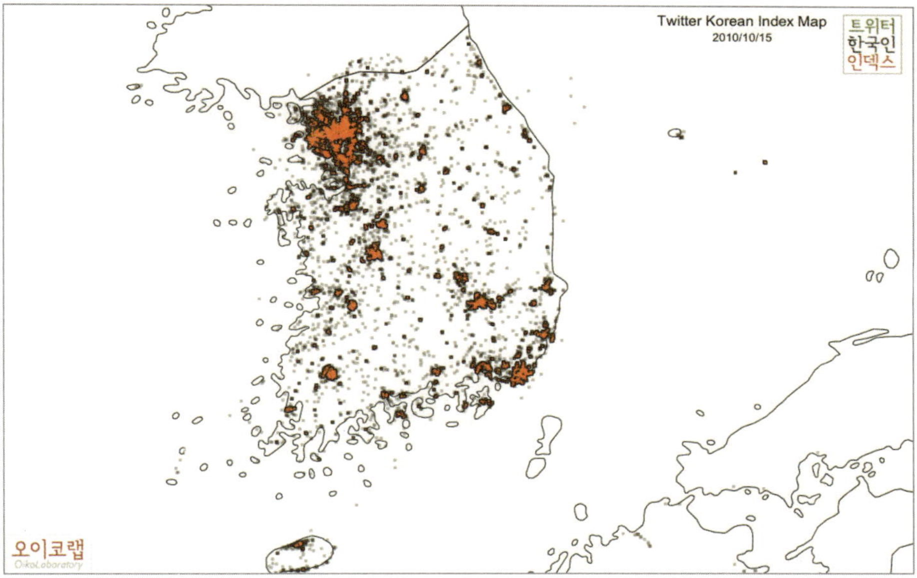

〈그림4〉 국내트위터 사용자 지역분포도. '오이코랩(http://lab.oiko.cc/count)' 제공

현재 국내 트위터 사용자들의 성향은 대체로 자신을 드러내는 것을 즐기는 '소통 지향형' 으로 볼 수 있다. 트위터를 통해 어떤 사건이나 이슈들에 대한 자신의 생각이나 의견을 적극적으로 피력하고 이를 다른 트위터 사용자들과 공유하면서 공감대를 형성한다. 즉 네트워크로 연결된 수많은 사람들이 트위터를 공개 토론장으로 활용하고 있는 것이다.

또 다른 성향으로 해외 기업들이 제공하는 서비스를 직접 이용하고 그들의 신제품들에 대해 민감하게 반응하는 '얼리어답터형' 을 들 수 있다. 아이폰의 '앱스토어' 를

[8] 출처 : Clientopedia(http://clientopedia.com/languages.php/)

통해 국내뿐만 아니라 외국의 '앱(App, Application의 준말)'을 내려받아 사용하고 신제품이 출시될 때마다 트위터를 통해 출시 정보를 교환하고 그것의 사용 후기까지 트위터를 통해 다른 사용자들과 공유하기도 한다.

현재 트위터에서 주로 활동하는 이용자층을 살펴보면 30~40대 직장인이 주를 이루고 있다. 기존의 다른 인터넷 서비스들이 10~20대의 연령층이 주류를 이룬다는 점과 대비된다. 이는 30~40대 직장인들이 사내 PC를 통해서 뿐만 아니라 이동 중에도 외부에서 스마트폰을 이용해 트위터를 사용하기 때문이다. 또한 이들이 트위터를 통해 공유할 수 있는 정보와 사회 경험이 풍부하다는 것도 주목할 점이며, 트위터 비즈니스 전략을 기획할 경우 이런 점들을 충분히 고려해야 한다.

마지막으로 국내 트위터 사용자들은 트위터 뿐만 아니라 페이스북(Facebook), 스마트폰 메신저 서비스(카카오톡, Whats App, 마이피플 등)를 통해 수많은 사람들과 소셜 네트워크를 형성하고 있다. 이들은 커넥터(Connector) 즉, 인터넷에서 유용한 정보를 발견할 때마다 자신의 사이트에 '퍼 나르기'를 하거나 링크함으로써 다른 이용자들에게 정보를 전달하는 매개자들이다.

트위터의 비즈니스적 활용

트위터를 이용한 비즈니스 전략은 생산된 콘텐츠를 일방적으로 전달하는 것이 아니라 고객들과의 적극적인 의사소통을 통해서 그들이 필요로 하는 맞춤형 콘텐츠를 전달할 수 있어야 한다. 아울러 트위터에 올라오는 고객의 불만사항이나 요구사항을 수시로 점검하고 즉각적으로 대응할 수 있어야 하며, 고객들의 트윗을 통해 그들의 성향을 파악하고 그들이 형성하고 참여하는 온오프라인 커뮤니티 등에도 관심을 가져야 한다.

오늘날 고객 한 사람은 단순한 '하나'가 아니다. 소셜 네트워크 서비스의 발달로 인해 그 한 사람이 활동할 수 있는 영역은 과거에 비해 비약적으로 확장되고 있다. 특정 제품이나 서비스에 대한 아주 단순한 불만사항이 트위터를 통해 다수의 사람들에게 전달될 수 있고 그 제품이나 서비스에 대한 부정적인 인식이 급속도로 퍼질 수도 있다. 물론 이와 반대로 그 제품이나 서비스에 대한 긍정적인 인식을 빠르게 확산시킬 수 있다. 이처럼 트위터를 이용한 비즈니스는 비교적 단시간 내에 성과를 낼 수 있지만 반면 고객들의 요구에 신속하고 정확하게 대처하지 못한다면 실패할 수밖에 없다.

"기업이 왜 트위터에 참여하고 그것을 활용해야 하는가?"라고 묻는다면, "지금 트위터에 고객이 있기 때문이다."라고 답하고 싶다. 그리고 이것이 바로 트위터 마케팅의 출발점이다.

이제 기업의 마케팅은 고객이 있는 곳이라면 어디든 찾아가야 한다. 그리고 고객과 소통하기 위해 모든 채널을 열어 두어야 한다. 전통적인 마케팅에서는 가능한 한 많은 소비자들에게 제품을 알리는 것만이 중요했다. 그러나 온라인 네트워크를 기반으로 하는 트위터 시대의 마케팅은 그에 맞게 변화해야 한다. 기업은 소비자들의 신뢰를 얻고 그들과의 '관계 형성(Engagement)' 에 더 많은 힘을 쏟아야 한다. '고객과의 정직하고 솔직한 대화', '가치의 제공' 이 트위터 마케팅의 기본적인 목적이다.

트위터는 사용자들이 직접 만들어 가는 네트워크이다. 사용자들 스스로가 트윗을 올리고 이를 통해 사용자들이 서로 교류할 수 있다. 사용자들이 올리는 트윗은 비록 정보의 양이 적지만 네트워크의 규모가 크기 때문에 트윗이 한데 모인다면 그 정보의 양이 상당하다.

또한 사용자들의 관심을 유발하는 트윗은 사용자들에 의해 먼저 검증되고 정화된 정보이기 때문에 사용자들은 이런 트윗을 더 신뢰하게 되며 그 결과 해당 트윗이 사용자들 사이에 빠르게 확산되기도 한다.

이런 결과를 반영하듯 최근 소비자들은 기업보다 오히려 다른 소비자를 더 신뢰한다는 연구 결과들이 속속 등장하고 있다. 기업은 제품이나 서비스에 대해 자신의 입으로 떠들기보다는 오히려 고객들이 자발적으로 공론화시키도록 유도하면서 그것을 널리 확산시킬 수 있도록 해야 한다. 이를 위해서 기업은 트위터를 통해서 제품이나 서비스에 대한 흥미로운 이슈들을 계속 제공해야 한다.

트위터는 누구나 정보를 발신할 수 있으며 그만큼 누구에게나 열려 있다는 장점이 있다. 따라서 사용자들은 가지고 있는 다양한 정보를 자유롭게 트윗하고 이런 트윗들이 타임라인에 쌓이게 된다.

다방면의 배경 지식과 전문 지식, 경험 등을 보유한 트위터 사용자들이 증가함에 따라 더 정확하고 쉽게 접하기 어려운 고급 정보들이 트위터의 타임라인에 올라오고 있다. 이로써 사용자들이 타임라인에서 필요한 정보를 쉽게 구할 수 있게 되었다. 이제 타임라인이 양질의 정보를 축적하는 일종의 보물 창고와 같은 기능을 하게 된 것이다.

고객의 소리를 자산으로 생각하고 기업은 고객이 제공하는 정보를 바탕으로 회사의 상품과 서비스를 개선하고 발전시켜 나가야 한다. 기업은 트위터를 통해 실시간으로 고객들이 주고받는 대화의 장에 참여할 수 있다. 기업은 생산한 제품과 서비스를 알리고 고객들과 대화를 나누면서 그들이 원하는 것들을 찾아낼 수 있다. 그리고 이를 마케팅 전략에 반영하고 제품과 서비스를 개선한다면 고객들로부터 자사에 대한 신뢰를 얻을 수 있다. 장기적인 관점에서 고객과의 신뢰 관계가 형성된다면 기업은 그들과 더욱더 친밀한 관계를 만들어 갈 수 있다. 기업과 고객이 서로 적대적 관계가 아닌 친구로서 상생하는 것이다. 물론 고객에 대한 기업의 진정성이 바탕이 되어야 한다.

트위터를 통한 새로운 마케팅은 '협력적 마케팅' 이 될 것이다. 이것은 장기간의 커뮤니케이션을 통해 기업이 고객과 돈독한 신뢰 관계를 형성하고, 이를 바탕으로 기업이 고객과 친구 관계가 되었을 때 비로소 가능하다. 따라서 기업은 진정성을 바탕으로 트위터에서 이루어지는 고객과의 커뮤니케이션을 중요하게 다루어야 하며, 고객을 단순한 소비자로 볼 것이 아니라 미래를 공유하는 동반자 관계를 형성하도록 최선을 다해야 한다.

우리에게 마케팅 관련 예산이 하나도 없다고 가정해 보자. 이 상황에서 최선의 마케팅 전략은 고객들의 입소문을 이용하는 것이 될 것이다. 즉 입소문이 지니는 전파력을 이용하여 고객이 우리의 제품과 서비스를 구매하도록 유도하는 것이다. 입소문 마케팅 전략의 성공은 우리가 고객들로부터 최고의 선물을 받는 것과 다름없다. 그러나 우리는 이 선물을 얻기 위해 많은 노력을 해야 한다.

기업은 트위터를 통해 고객이 무엇을 좋아하는지 알아내기 위해 노력해야 한다. 그리고 그렇게 알아낸 것을 제품과 서비스에 반영해야 한다. 이러한 노력을 통해 기업은 고객에게 호응을 얻게 될 것이고, 그렇게 된다면 강요하지 않아도 고객은 스스로 해당 기업의 홍보 대사를 자처할 것이다. 기업은 제품과 서비스에 대해 자찬할 것이 아니라 고객의 입을 통해 제품과 서비스, 그리고 자사에 대한 '칭찬' 을 들어야 한다.

기업은 어떻게 트위터 활용해야 하나?

2010년 초 미국의 트위터 판매 담당자 5,000명을 대상으로 실시한 '기업이 트위터를 어떻게 활용할 수 있는가?' 라는 설문 조사에서 다음과 같은 결과를 얻을 수 있었다.

- 실시간으로 기업의 PR(홍보) 문제를 체크할 수 있다.
- 브랜드에 부정적인 사용자와 접촉할 수 있다.
- 자극적인 문장으로 클릭을 촉진시킬 수 있다.
- 트위터를 통해 실제 이벤트에 초대한다.
- 링크를 통해 기업 사이트로 사용자들을 유도할 수 있다.
- 긍정적인 사용자를 기업의 마케팅 계획에 초대할 수 있다.
- 최적 타이밍에 트위터에서 '페이지뷰'[9]를 극대화 할 수 있다.
- 매스 미디어를 통해 팔로워를 증가시킬 수 있다.
- 트위터에 광고 페이지를 연결하고 판매를 촉진할 수 있다.

위의 결과를 통해 미국 기업들이 트위터를 단순하게 자사의 제품과 서비스에 대해 광고하고 판촉하는 것 외에 다양한 방면에서 트위터를 활용하고 있음을 알 수 있다.

우선 트위터의 실시간성을 활용하여 트위터 상에서 기업에 대한 홍보 문제를 체크하는 데 활용하고 있다. 트위터를 통해 매스 미디어에서의 광고나 인터넷에서의 배너광고, 캠페인 등에 대한 고객들의 반응을 실시간으로 체크하고 이를 토대로 광고나 캠페인 내용을 수정해 나가기도 한다.

또한 미국 기업들은 트위터의 실명성과 정보의 출처를 찾아볼 수 있다는 특성을 이용, 자사의 브랜드에 대해 부정적인 사용자를 찾아 대화를 시도하고 있다. 어떤 이유로 자사 브랜드에 대해 부정적인 인식을 갖게 되었는가를 규명하고, 고객이 오해한 부분에 대해서 적극적으로 해명하면서 기업의 문제점들을 살펴보고 이를 개선하는 데 활용하고 있다. 기업 브랜드에 호의적인 고객들에 기업 홍보 이벤트에 적극 초대

[9] Page View, 인터넷 사용자가 인터넷 상에 있는 홈페이지를 열어본 횟수를 말한다.

하는 한편 기업의 마케팅 전략에 참여시킴으로써 고객과 기업 간의 협업 시스템을 구축해 나가고 있다.

기업 트위터 운영 목표

기업이 트위터를 운영하는 목표는 마케팅형, PR(홍보)형, 판촉형, 커뮤니케이션형, 고객 지원(Support)형을 들 수 있다.

우선 마케팅형은 트위터 상의 고객들의 입소문을 조사하고 분석하기 위해 트위터를 운영하는 경우를 말한다. 브랜드나 제품에 대한 질문, 앙케트, 미니 리서치 등이 트위터에서 가장 손쉽게 시도해 볼 수 있는 마케팅 방법이다.

PR(홍보)형은 일방적인 신제품 정보, 회사에 관한 소식 등을 홍보하기 위해 트위터를 운영하는 경우를 말한다. 팔로어들을 통해 급속도로 전파되는 트위터의 특성을 이용하는 방법이다.

판촉형은 캠페인 정보나 할인 정보, 세일 정보 등의 발신을 위주로 트위터를 운영하는 것으로 홍보형과 유사하다. 판촉형은 일방적인 기획이 아니라 고객의 반응을 기초로 만들어진 캠페인이나 할인, 세일 등으로 이루어져야 한다.

커뮤니케이션형은 고객과의 신뢰 관계를 향상을 위해 트위터를 운영하는 것을 말한다. 커뮤니케이션 과정에서 고객과의 대화를 유도할 수 있는 화제를 끊임없이 발신하고 고객들의 의견을 경청함으로써 고객과 신뢰를 쌓아가야 한다.

고객 지원(Support)형은 트위터를 통해 고객의 의견을 찾아보고 이를 바탕으로 능동적으로 고객 지원에 힘쓰는 것을 말한다. 이를 위해서 시스템의 구축과 전문 인력의 양성이 필요하며 다른 트위터 운영 방법에 비해 난이도가 높다.

트위터의 비즈니스 활용 목적

(1) 홍보

트위터를 비즈니스적으로 활용하기 위한 목적 중에서 첫 번째는 홍보[10]다. 기업은 트위터를 통해서 팔로어를 모으고 팔로어들이 가치가 있다고 생각할 만한 정보들을 지속적으로 발신해야 한다. 또한 트위터를 통해서 고객과의 대화를 계속 시도하면서 그들의 신뢰 관계를 구축해야 한다. 고객과 지속적으로 교류해야만 기업의 제품이나 서비스에 대한 장기적인 브랜딩이 가능하다.

트위터를 활용해 단기간에 팔로어를 만들고 자사의 제품이나 서비스에 대해 홍보 트윗을 날리는 것을 트위터 마케팅이라고 생각하는 기업들이 많다. 명심해야 할 것은 고객과의 신뢰 관계가 구축되지 않은 상태에서 보낸 홍보 트윗은 고객들이나 팔로어들에게 스팸으로 인식된다는 것이다. 따라서 트위터를 이용해 홍보를 하기 위해서는 고객들과 팔로어들과의 신뢰 관계를 구축하는 것이 요구되며 또한 이를 위한 시간과 인내력이 요구된다.

(2) 영업

트위터를 비즈니스적으로 활용하기 위한 두 번째 목적은 영업이다. 트위터를 통해 기업은 자사의 제품과 서비스를 소개하고 판매 이벤트를 안내하면서 판매를 유인하는 것이 가능하다.

물론 이 경우에 단순한 고지만으로는 고객이 외면할 수 있다. 따라서 기업은 고객의 입장에서 자사의 제품과 서비스에 대한 이점을 생각해 보고 이를 고객에게 소개해야 한다. 또한 고객이 원하는 할인 방식과 쿠폰의 증정, 다양한 이벤트 등을 연구해 고객의 소비를 유도해야 한다.

[10] 기업이 고객과의 커뮤니케이션 활동을 통하여 자신들의 의견이나 계획, 활동, 업적 등을 널리 알리는 활동을 말한다. 이러한 홍보의 목적은 기업에 관한 고객의 인식이나 이해 또는 신뢰감을 높이고 합리적이고 쌍방향성 관계를 원활히 하려는 데 있다.

트위터에서의 영업의 시작점은 고객의 필요를 찾고 이를 바탕으로 기획된 프로모션을 구사하는 것이 되어야 한다. 트위터에서의 영업을 활성화시키기 위해서는 고객이 "지금만", "여기에서만"이라는 느낌을 받도록 해야 한다.

홈페이지나 쇼핑몰 없이도 트위터만으로 제품이나 서비스를 판매하는 것이 가능하다. 예를 들어 음식점에서 영업시간 한두 시간 전에 오늘 준비된 스페셜 메뉴를 음식사진들과 함께 트윗으로 안내하면 고객은 그것을 보고 그 음식점을 찾아갈 수도 있다.

트위터 비즈니스의 성공 사례로 자주 언급되는 미국의 이동식 바비큐점은 "몇 시에 어떤 장소에서 판매합니다."라는 트윗을 발신하여 고객들에게 필요한 정보를 제공한다. 이 바비큐점은 트위터를 이용하기 전 한 곳에서 영업을 했을 때 10여명의 고객들이 찾아왔었지만 트위터를 이용하고 나서부터는 500여명으로 고객이 늘어나게 되었다. 또한 1대의 이동식 판매 차량은 이후 4대로 늘었다고 한다.

(3) 고객 서비스

트위터를 비즈니스적으로 활용하기 위한 세 번째 목적은 고객 서비스이다. 기업은 트위터를 통해 고객과 커뮤니케이션하며 고객에게 서비스를 제공할 수 있다. 이런 고객 서비스에는 크게 수동적인 고객 서비스와 능동적인 고객 서비스로 나누어 볼 수 있다.

수동적인 고객 서비스는 트위터를 통해 고객이 질문하는 것에 대해 응대하는 것을 말한다. 일부 고객들의 질문에 응대하는 것을 귀찮아하고 또 외면하는 기업도 있지만 트위터를 통해 올라오는 고객들의 질문들에 모두 응대해 주는 것을 원칙으로 해야 한다.

능동적인 고객 서비스는 트위터의 검색 기능을 이용하여 자사의 제품과 서비스에 불만을 느낀 고객을 찾아보고, 그 고객을 방문하여 불만사항에 대해서 직접 서비스를 제공하는 경우이다. 이러한 능동적인 고객 서비스는 고객에게 다 큰 감동을 줄 것이며, 이를 위해서는 시스템적인 지원이 수반되어야 한다.

일본 소프트뱅크의 트위터계정 @SBcare는 일본 최대규모의 트위터 고객서비스 계정이다. 이 계정은 전세계 최초로 체계적으로 능동적인 고객 서비스(Active Support)를 제공하고 있다. 이는 고객의 질문을 기다릴뿐만 아니라 스스로 불편함을 겪고 있는 고객을 트위터에서 찾고 기업이 먼저 고객에게 지원을 제공하는 서비스이다. 해외에서는 몇몇 항공업계 등의 사례가 있지만 일본에서는 소프트뱅크가 본격적인 서비스 1호이다.

2010년 4월에 7명의 인력으로 실험적으로 시작된 소프트뱅크의 능동적인 고객 서비스는 그 효과를 사내에서 인정받아 공식적인 서비스인 @SBcare를 2010년 7월부터 본격적으로 시작했다. 이 계정은 현재 3개로 소프트뱅크 서비스 전반을 담당하는 @SBcare 뿐만 아니라 중요문제인 전파 개선문제를 위해 @SBcareDenpa, @SBcareWiFi의 개별창구를 제공하고 있다.

소프트뱅크의 트위터 전담 지원팀은 상시 10명의 운영체제이고 매일 500회에 달하는 트윗을 발신하고 있다. 초기 하루 200여 개에 비해 반 년 만에 2.5배가 증가했고 서비스에 대한 인지가 순조롭게 진행되고 있다. 현재 500개의 트윗중 200개는 고객이 직접 질문한 사항에 대한 응대이고 나머지 300개는 능동적 고객 서비스를 통한 발신이다. 즉, 소프트뱅크는 그들이 직접 불편함을 겪고 있는 고객을 찾아내어 응대를 실시하고 있다. 이런 불편함을 겪고 있는 고객을 찾아내기 위해 현재 280개 이상의 키워드가 등록되어 실시간으로 트위터에서 불편함을 겪고 있는 고객의 트윗을 24시간 경청하고 있다.

(4) 기획 개발

트위터를 비즈니스적으로 활용하기 위한 네 번째 목적은 기획 개발이다. 이는 트위터를 통해 얻게 되는 고객의 목소리를 기업의 제품 개발과 마케팅 전략에 반영하는 것이다. 트위터를 통해 자사 제품과 서비스에 호의적인 고객들을 모으고 그들의 목소리를 청취하여 제품의 생산 과정에 고객을 참여시키고 마케팅 전략에 고객의 목소리를 반영하는 것이다. 이와 같이 트위터는 소비자와 공급자 간의 협업의 도구로 활용될 수 있다.

소프트뱅크의 손정의 사장은 '소프트뱅크 30년 비전'을 만들면서 트위터에서 자신의 팔로워들에게 30년 후의 일본의 여러 가지 부분에 대해서 질문했다. 그는 팔로워들의 대답을 듣고 또 그들과 함께 이야기하면서 소프트뱅크 30년 비전에 대한 주요 내용을 구상하였다. 고객들의 커뮤니케이션을 통해 예약 방법, 장애인 할인, 요금제 등의 고객의 다양한 의견을 청취하고 이를 소프트뱅크의 '아이폰 4'와 '아이패드' 발매 과정에 바로 반영한 것이 좋은 예가 될 수 있다.

트위터 비즈니스 활용 단계 : 듣고 반응한다 (Listen & Respond)

기업이 트위터를 비즈니스적으로 활용하는 단계를 크게 두 가지로 구분할 수 있는데, '듣는다(Listen)'와 '반응한다(Respond)'로 나누어 볼 수 있다. 그리고 '반응한다'는 다시 '이야기한다', '활성화한다', '지원한다', '통합한다'의 하위 단계로 구분할 수 있다.

트위터를 비즈니스적으로 활용하기 위해서는 먼저 '듣는다'의 단계에서 시작해야 한다. 트위터 마케팅의 시작은 '경청'에서부터 시작되며 그것의 성공 여부도 이를 통해 좌우된다고 해도 과언이 아니다. 이처럼 기업은 트위터를 통해 고객의 소리를 경청하고 이를 통해 고객에 대한 이해의 폭을 더 넓혀야 한다.

흔히 개인이나 기업이 트위터를 시작하고 나서 제일 먼저 하게 되는 고민이 '트위터에서 어떤 이야기를 해야 하는가?'이다. 그러나 이는 잘못된 경우이다.

우선 트위터에서 고객들이 하는 이야기를 경청해야 한다. 이 경청의 단계를 거치고 나서 '이야기한다'의 단계로 넘어가야 한다. 고객들이 가치 있다고 생각할 수 있는 기업 정보나 제품들, 제공 서비스 등을 트위터를 통해 고객들에게 적극적으로 퍼뜨려야 한다. 이런 과정 속에서 자사의 정보들을 적극적으로 전파하는 열성 고객을 발견할 수 있을 것이다.

'활성화한다'의 단계에서는 자사의 정보들을 적극적으로 전파하는 열성 고객을 찾아내고 트위터 내에서 이들의 영향력이 최대화될 수 있도록 이들의 활동을 활성화시켜야 한다. 트위터 상에서 이들의 활동에 대해 진심으로 경의를 표해야 하며, 오프라인 마케팅 행사와 고객들과의 만남에 이들을 초대해야 한다.

'지원한다' 의 단계에서는 적극적인 커뮤니케이션을 통해 만들어진 고객들에게 도움이 될 만한 일들을 진행해야 한다. 일반적으로 트위터를 통해 고객과 신뢰를 쌓기 위해서는 기업이 고객에게 공헌해야 한다. 기업이 고객들에게 공헌할 만한 일들이 무엇인지 기업은 항상 고민해야 하며 트위터를 통한 지원을 지속해 나가야 한다.

마지막으로 기업은 이 모든 단계를 거쳐 고객들을 자사의 비즈니스 프로세스 안에 참여할 수 있게 하는 '통합한다' 의 단계에까지 이르러야 한다. 즉, 기업은 트위터를 통해 고객들과 함께 비즈니스를 만들어 가는 '협력적 마케팅' 을 구현해야 하는 것이다.

트위터 비즈니스 활용시 유의점

(1) 타 미디어와의 연동 필요

흔히 트위터 마케팅을 준비할 때 트위터를 단독으로 떼어 놓고 준비하는 기업이 많다. 그러나 이는 잘못된 행동이다. 트위터 마케팅의 성공을 위해서는 기업이 가지고 있는 모든 미디어들을 연동해서 '시너지 효과' 를 높여야 한다. 또한 기존의 미디어와 트위터는 상호 간의 대체재가 아니라 '상호 보완재 역할' 을 해야 한다.

자사의 홈페이지나 쇼핑몰과 제휴 미디어 그리고 트위터 등이 다 함께 미디어로서의 역할을 분담해야 한다.[11] 기업은 미디어가 갖는 각각의 특성을 잘 살려서 그것들을 유연하게 활용하여야 한다. 트위터의 역할은 앞서 언급한 것처럼 실시간성을 활용하는 미디어로서의 역할을 해야 한다.

[11] 일본에서는 트리플미디어전략(Triple Media Strategy)으로 불리우며 새로운 통합미디어전략으로 각광받고 있다.

(2) 'PR 도구' 로서만 사용해서는 안 된다

많은 기업들이 단순한 PR[12]의 목적으로 트위터의 도입을 검토하고 있다. 하지만 트위터를 단순하게 PR 목적으로만 도입한다면 실패할 확률이 높다. 기존의 판매 담당자들은 뉴 미디어가 탄생하면 그것을 단순히 PR이나 광고 수단 정도로 생각하는 것은 문제가 있다.

앞서 지적했듯이 트위터는 '듣고 반응하는 곳' 이다. 트위터를 통해 기업은 고객들과의 커뮤니케이션을 시도해야 하며 이런 커뮤니케이션을 통해 기업은 고객들과 신뢰 관계를 구축할 수 있다. 이러한 고객들과의 커뮤니케이션 경로와 신뢰 관계 구축을 통해 PR 효과는 덤으로 얻을 수 있다.

기업들은 트위터의 등장으로 스마트폰을 통한 모바일 인터넷 시대의 '새로운 입' 이 생겼다고 생각한다. 하지만 트위터라는 새로운 입이 생긴 것이 아니라 '새로운 귀' 가 생긴 것이라고 인식해야 한다.[13]

스마트폰을 단순히 말하는 기능으로서의 입으로만 활용할 생각이라면 전통적인 매스 미디어 광고나 기존의 인터넷 광고가 더 효과적이다. 트위터는 과거의 매스 미디어나 인터넷을 통해서 접할 수 없었던 고객들의 목소리를 실시간으로 접할 수 있게 해 준다는 장점을 지니고 있다.

(3) 고객과 친구가 되어야 한다.

트위터 사용자들이 트위터를 이용하는 기본적인 욕구는 트위터를 통해 누군가와 관계를 맺고 그와 친구가 되는 것이다. 사용자들은 개인적이고 친숙한 공간에 기업이 들어오는 것을 환영하지는 않는다. 왜냐하면 사용자들은 기업이 자신들에게 무엇인가를 판매할 목적으로 트위터를 이용한다고 생각하기 때문이다.

[12] 고객과의 관계를 좋게 하기 위한 행위 또는 기능. 기업이 고객의 이해와 협력을 얻기 위해 자신의 목표 방향과 의지를 커뮤니케이션 수단으로써 선전, 설득하는 행위를 말한다.

[13] 신세계그룹의 정용진 부회장은 필자의 트윗에 "붕어입에 토끼귀"라는 문구와 함께 리트윗하며 트위터의 귀로써의 역할을 강조하기도 했다.

기업은 트위터를 판매 채널로 이용하기보다는 고객과의 소통 채널로 이용해야 하고, 이를 통해 기업은 고객들에게 다정한 친구가 되어야 한다. 기업이 고객들과 진정성이 묻어나는 대화를 나누고 고객들을 진심으로 배려한다는 마음가짐으로 트위터를 활용한다면 기업과 고객은 친구가 될 수 있다. 그러기 위해서는 기업은 스스로 몸을 낮추고 고객들의 눈높이에 맞추는 자세가 필요할 것이다.

(4) 변화 없이는 생존하기 힘들다.

기업은 트위터를 통해 그간 접해 보지 못했던 많은 고객들의 목소리를 청취하게 될 것이다. 트위터를 통해 얻어지는 고객들의 의견을 담당자들 선에서만 듣고 끝낼 것이 아니라, 고객들의 의견들을 적극적으로 현업에 반영할 수 있도록 조직을 유연하게 개편하고 의사결정 프로세스의 변화도 필요하다.

기업이 단순하게 트위터를 이용만 하고 또 고객들의 목소리를 듣기만 할 뿐, 그에 따른 아무런 변화가 없다면 스스로 변화하지 못하는 기업이라는 안 좋은 이미지를 고객들에게 심어줄 수 있다. 따라서 고객들의 목소리를 경영 방식, 신제품 생산 과정, 마케팅 전략 등에 반영하여 스스로 변화하는 기업이 되어야 한다.

최근 미국의 트위터 마케팅 관련 조사 결과

최근 미국의 에디슨 리서치(Edison Reseach)사의 조사 결과를 살펴보면 다음과 같다. 미국의 트위터 사용자들이 기업 트위터를 팔로우하는 이유는 '제품과 서비스에 대한 정보를 얻기 위해 팔로우한다' 가 42%를 차지해 1위였고, 근소한 차이인 41%가 '제품과 서비스에 대한 의견을 제시하기 위해 트위터를 이용한다' 고 하였다. 그밖의 이유로 제품과 서비스에 대한 요구사항 전달, 각종 할인에 대한 정보 습득, 제품과 서비스를 트위터을 이용해 직접 구입, 그리고 고객 서비스를 찾기 위해서 등이 있었다.

이처럼 트위터 사용자들은 제품과 서비스에 대한 정보를 습득하고 기업 트위터와 교류를 통해 자신들의 의견을 밝히기 위해 트위터를 이용하고 있다. 그리고 본 조사에서 트위터와 다른 소셜 미디어에서 기업 계정을 팔로우하거나 '친구 맺기'를 얼마만큼 하고 있는지에 대한 조사 결과 트위터의 경우 전체 사용자의 약 51%가 1개 이상의 기업 계정을 팔로우하고 있는 것으로 나타났다. 페이스북을 비롯한 기타 소셜 미디어에서는 전체 사용자의 16%만이 기업 계정과 친구 맺기를 하고 있는 것으로 나타났다.

이와 같은 결과를 보면 기업의 입장에서 다른 소셜 미디어들보다도 트위터에서 고객들과 관계를 맺는 것이 가장 쉬우며 마케팅적으로 접근하는 것도 더 용이하다.

향후 트위터 마케팅의 과제

최근 발표된 일본의 '기업의 트위터 활용 실태 조사' 결과에 따르면 기업 트위터 계정을 운영하는 대기업의 70%이상이 트위터 마케팅의 효과를 실감하고 있는 것으로 나타났다. 그 활용 방법으로는 '트위터의 스타일을 잘 선택하여 고객들이 호감을 가질 수 있도록 노력한다.'가 제일 많았고, '자사의 제품이나 서비스에 대한 고객들의 의견에 적극적으로 수렴한다.'가 그 다음이었다.

하지만 '자사 관련 정보를 모니터링 한다.'는 응답은 14.9%에 지나지 않았고 '고객들의 목소리를 제품과 서비스에 적극 반영한다.'거나 '트위터를 통해 설문 조사를 실시하거나 신제품에 대한 고객의 의견을 모집한다.'는 응답은 10%이하로 나타났다. 이는 기업이 트위터를 홍보와 대화의 수단으로는 사용하고 있지만, 고객들과의 협업을 통한 기획 개발의 도구로는 사용하고 못하고 있다는 것을 보여 준다.

구체적인 효과에 대해서는 '공식 사이트나 홈페이지, 블로그의 방문자 수가 증가했다.', '트위터상에서 고객들의 문의 건수가 증가했다.'는 응답이 가장 많았다. 그밖에 '신규 고객이 증가했다.', '기존 고객의 재방문이 증가했다.', '객단가[14]가 향상되었다.' 등의 매출 향상 효과가 있었다는 응답도 눈에 띄었다. 특히 대기업의 경우는 70% 이상이 매출액과 판매율이 증가했으며 그것의 구체적인 효과를 실감하고 있다고

[14] 고객 1인당 평균 매출액을 말하는 것으로 일정 기간의 매출액을 그 기간의 고객 수로 나누어 산출한다.

응답하였다.

기업의 트위터 계정 활용에 대한 과제로는 '효과 측정이 어렵다.' 라는 응답이 40%가 넘었다. 기업 영업에 직접적으로 어떤 효과를 주는지 그 연관 관계를 밝히기가 힘들다는 것이다. 이 때문에 대기업의 경우 분석 지표를 마련하여 효과를 파악하기 위해 노력하는 있는 것으로 나타났다.

그리고 '트위터 운영에 대한 지침을 마련하지 못했다.' 는 응답이 83.2%나 차지했다. 기업 트위터를 운영하는 대부분의 기업들에게 트위터 운영 지침을 마련하는 것이 시급한 과제로 떠오르고 있다.

또 대기업의 경우 "트위터에서 해야 하거나 하지 말아야 할 사항들을 문서화했다"가 41.7%, "비상시 의사 결정 프로세스를 포함한 트위터 운영 지침서를 만들었다"가 36.7%로 나타났다. 기업이 트위터 계정을 운영하기 위해 담당자 선정, 교육과 콘텐츠 개발, 지속적인 지원 등에 힘을 쏟는 것도 중요하지만, 운영에 필요한 가이드라인 설정과 지침서 작성 등에도 힘을 쏟아야 한다. 이것들도 체계적인 트위터 비즈니스를 실행하기 위한 필수 요소이기 때문이다.

기업 트위터 운영에 있어서 목적에 맞는 효과 측정 지표를 마련하는 것이 반드시 필요하다. 또한 체계적인 트위터 운영을 위한 가이드라인을 설정하고 트위터 운영 지침서를 작성하여 기업 내 구성원들이 모두 공유하는 것도 트위터 마케팅의 과제이다.

국내 기업 트위터 마케팅의 현황과 과제

국내에서도 트위터, 페이스북 등의 소셜미디어의 이용이 확대되어 가고 있고 기업의 소셜미디어 활용의 중요성이 급속히 높아지고 있다. 특히나 이용자수가 폭발적으로 급증하고 있는 트위터의 경우 고객들과 직접 실시간으로 접할 수 있는 효과적인 도구로 대기업으로부터 중소기업, 개인사업자까지 다양한 기업들이 주목하고 있고 많은 곳들이 이용하기 시작하고 있다.

그러나, 현재 국내에서는 트위터를 효과적으로 이용하고 있는 기업의 수는 많지 않고 심지어 단순하게 팔로어수의 증가만을 위한 이벤트와 일방적인 정보, 광고성 트윗의 발신에 머물고 있는 기업들이 대다수이다.

이는 많은 기업들이 인터넷마케팅의 일환으로 트위터를 활용하는 방법만 모색하고 있기 때문이다. 트위터는 그 본질과 특성을 잘 이해하고 활용한다면 그간 기업이 경험했던 인터넷마케팅을 뛰어넘는 획기적인 마케팅 수단이 될 수 있다. 이를 위해 기업들은 트위터의 본질과 특성을 이해하고 트위터를 활용한 효과적인 마케팅을 전개해 나가야 한다.

트위터는 앞서 설명한 바와 같이 비즈니스 현상을 조사하고 분석하는 '정보수집', 기업의 정보를 수시로 실시간 발신하는 '정보발신', 고객과 판매를 지원하는 '판매촉진', 고객과의 직접적인 대화에 의한 '커뮤니케이션' 등의 역할을 하는 도구이다.

기업은 먼저 이러한 역할의 어떤 요소를 목적으로 할 것인지 명확히 하고 그 목표를 세분화한 다음, 각 기업의 특성을 고려한 '트위터 마케팅 프레임'을 만들어야 한다. 그런 다음 그 프레임에 기초한 운영정책과 운영계획을 작성하고 트위터 마케팅에 임해야 할 것이다.

트위터 마케팅을 성공으로 이끄는 요점들

(1) 트위터 마케팅은 장기전이다

지금까지 필자가 만나 본 많은 사람들이 "트위터를 활용해 돈을 벌수 있을까요?"라고 묻는 경우가 많았다. 이 질문에 대해 이렇게 답할 것이다. "네, 돈을 벌 수 있습니다. 하지만 쉬운 일은 아닙니다."

많은 사람과 기업들이 단기간 내에 트위터에서 비즈니스적 효과를 보려고 한다. 그러나 앞의 예에서 본 바와 같이 델 아웃렛은 2년간 고객들과 지속적인 커뮤니케이션 관계가 유지되도록 노력했고, 그 결과 650만 불이라는 매출을 달성해냈다. 트위터 비즈니스에서 성공하기 위해서는 그만큼의 노력이 필요하다.

트위터에서 트윗을 지속적으로 발신하고 팔로워들인 고객들에게 신뢰를 얻는다면 이는 기업의 입장에서 억만금을 주어도 살 수 없는 성공의 큰 밑거름이 될 것이다.

즉, 단기간의 직접적인 이익을 얻으려고 하기보다는 고객들과의 커뮤니케이션을 촉진하고, 홈페이지로 고객들의 방문을 유도하고, 고객들이 오프라인 점포를 찾게 만들어야 한다.

트위터를 시작하고 당장 눈에 보이는 효과가 없다고 해서 걱정할 필요는 없다. 트위터를 시작하고 당장에 성과를 낸 곳은 어디에도 없기 때문이다. 그리고 단기간 내에 비즈니스적 성과가 생기길 바란다면 트위터 마케팅 외의 다른 마케팅 수단을 고려해 보라고 권하고 싶다.

(2) 양보다 질이다

트위터에서 팔로어들의 양보다 질이 더 중요하다. 필자가 이 글을 쓰는 과정에서 다시 한 번 확인한 사실이 있다. 그것은 팔로어들의 수가 많다고 해서 해당 기업의 트위터 마케팅이 성공했다고 볼 수 없다는 점이다. 트위터 마케팅에 적합하도록 기업이 변하지 않는다면 팔로어들의 수가 수만 명이 되고 매일 수백, 수천 건의 트윗이 타임라인을 도배한다고 해도 여전히 고객들의 불만은 넘쳐 날 것이고, 기업에 대한 부정적인 이미지만이 확산될 것이다.

반면에 팔로어들의 수가 수백, 수천 명에 불과하다고 해도 고객들의 불만사항이나 요구사항들을 현장에 바로 반영시키고 기업 스스로도 끊임없이 변화하면서 고객들을 만족시키고 그들에게 감동을 선사해야 한다. 그리고 이런 노력이 선행되었을 때 실질적인 매출 증진 효과가 발생하게 되고 기업의 고객들인 팔로어들이 스스로 홍보 대사가 될 것이다.

(3) 직접 경험해 보라.

"트위터가 무엇이고 어떻게 활용해야 하는가?"라는 질문에 답하는 것은 그리 간단한 일이 아니다. 하지만 우리가 트위터를 직접 경험해 본다면 그 답을 내리는 것이 그렇게 어려운 것만은 아님을 알게 될 것이다.

일부 기업들은 트위터에 대한 아무런 사전 준비도 없이 외부대행사에 트위터 마케팅을 맡기고 있다. 과연 기업과 고객들의 커뮤니케이션을 제삼자가 맡아서 하는 게 가능한 일인지, 그리고 그것이 과연 효과적일지 의문스럽다.

트위터에 대한 충분한 사전 지식만 갖추고 있다면 트위터를 활용한 마케팅이 그렇게 어려운 것만은 아니다. 따라서 트위터 마케팅 전략을 세우는 기업은 트위터를 반드시 직접 경험해 봐야 한다.

(4) 정직하고 명확하게 이야기하라.

오늘날 우리는 넘쳐 나는 정보들과 다양한 선택들의 홍수 속에 살고 있다. 그래서 어떤 사람들은 아무것도 듣지 않기 위해 귀를 막거나 혹은 선택의 기회를 포기한다. 또 어떤 사람들은 넘쳐나는 정보에 매몰되어 제대로 된 커뮤니케이션을 하지 못하고 허우적거린다. 오늘날과 같은 시대에는 무엇보다도 명확한 커뮤니케이션이 중요하다.

고객들에게 자신이 전달하고자 하는 바를 구체적이고 명확하게 전달해야 한다. 그리고 전달하고자 하는 바를 효과적으로 전할 수 있는 방법이 무엇인지 항상 고민해야 한다. 고객들에게 메시지를 인식시키려면 단순하면서도 특별하게 시각적으로 말해야 한다.

- 모든 사람이 이야기할 때는 가급적 말하지 마라.
- 가급적 적게 말하라. 한 개의 핵심만이 사람들에게 기억된다.
- 시각적으로 말하라.
- 단어들을 말할 때는 생각하면서 말하라.

고객에게 정직하게 말하고 분명하게 말하라. 그리고 그것을 행동으로 보여 주는 기업이 되어라. 고객들에게 믿음과 확신을 주는 것이 무엇보다도 중요하다.

(5) 인기에 영합하지 마라

흥미 위주의 이벤트에 몰두하고 고객들에게 말초적인 재미만 제공할 경우 경쟁 업체와 차별화된 마케팅을 펼치기 어렵고 오히려 그동안 쌓아 왔던 긍정적인 기업 브랜드 이미지까지 손상시킬 수 있다.

특히 국내 기업 트위터의 경우 트위터 계정을 개설하고 나서 하나같이 이벤트나 프로모션에만 몰두한다. 하지만 이러한 이벤트나 프로모션들이 차별화된 것이 아니라 다른 기업들과 대동소이한 경우가 대부분이며 또한 그것의 효과도 크지 않다. 따라서 효과도 없이 적지 않은 예산만 낭비하고 만다.

남들이 하는 대로 따라가기보다는 기업에 어울리는 독자적인 방식을 선택하여 운영하는 것이 최선의 트위터 운영 방식이 될 것이다.

(6) 자화자찬하지 마라

일부 기업들이 자사의 제품이나 서비스 등에 대한 장점만을 지나치게 부각시키거나 자사에 대한 자랑만을 늘어놓는 자화자찬식의 트위터 마케팅을 실행하고 있어 문제가 되고 있다. 자신을 지나치게 과시하거나 자랑하는 기업이나 개인에 대해서는 비록 평소 호의적인 감정을 가지고 있더라도 바로 거리를 두거나 관계를 끊는 것이 오늘날 트위터에서의 현실이다. 따라서 항상 겸손한 자세로 트위터를 운영해야 한다.

아이돌 네트워크 :

아이돌 그룹 멤버 간 연결 관계는 팬 관계에 도움이 되는가?

글 · 윤호영, 박한우

본 연구는 국내 50개 아이돌 그룹을 대상으로 하여, 2010년 10월 현재 트위터 계정을 쓰고 있는 아이돌 그룹 멤버들간의 트위터 연결망을 분석하였다.

연예인들의 트위터 사용은 그간 큰 화제가 되어왔다. 레이디 가가는 처음으로 트위터 팔로어 천만 명을 넘어섰고, 2011년 5월 현재 트위터 팔로어 수 세계 1위를 차지하고 있다. 그 뒤를 저스틴 비버라는 미국 아이돌 가수가 차지하고 있다. 한국에서도 소셜 네트워크 서비스(SNS)를 통한 아이돌 마케팅은 대성공을 거둔 바 있다. 예를 들어, 빅뱅의 지드래곤을 내세운 미투데이(Me2day) 프로모션은 3일간 20만 명 가량을 새로 가입시켰다.

이와 같이 연예인 특히 아이돌의 트위터는 많은 화제를 불러일으키고 있지만, 이러한 현상을 분석 대상으로 삼은 연구는 찾아보기 힘들다. 본 글에서는 국내 아이돌 그룹 멤버들 간의 트위터 연결망을 통해, 아이돌끼리 관계를 맺고 대화하는 것이 팬과의 관계에 도움을 줄 수 있는가를 규명하고자 한다.

관심의 경제와 연예인의 미디어 사용

일찍이 골드하버(1997)는 근래의 정보통신 사회로의 이행이 관심의 경제(attention economy)로 들어서는 계기가 되어 왔다고 언급한 바 있다. 데이븐포트와 벡(Davenport & Beck, 2002:20)은 관심을 '특정한 정보관련 사항에 대해 중점을 두는 정신적 관여' 라고 정의한 바 있다. 관심의 경제 시대에는 관심이 시장에서 상품을 생산하고 성과를 올리는 데 핵심적인 요소가 된다. 그 이유는 관심의 경제 체제에서는 상품에 대한 정보가 시장에 넘쳐나기 때문에, 실제로 특정한 상품의 판매를 좌우하는 것은 상품의 질보다는 상품에 대한 소비자의 관심이라는 것이다.

이러한 차원에서 보자면, 연예인 – 나아가 아이돌 멤버들 –의 트위터 활동은 관심의 경제에서 희소자원인 관심을 얻기 위한 행동으로 이해할 수 있다. 특히, 이들에게 있어서 대중들의 관심의 수준은 자신의 상품 가치를 높이고, 이를 통해 실제로 영리활동을 할 수 있는 기반이라는 점에서, 자발적인 SNS 서비스 활용을 통해 대중의 관심을 유도하는 작업은 매우 자연스러운 일이라 할 수 있다.

그런데, 재미난 점은 대중의 관심을 얻고자 하는 연예인 및 아이돌의 트위터 사용은 이율배반적인 속성을 띄고 있다는 점이다. 즉, 대중의 관심을 얻고자 하면서도 실제로 대중과 직접적인 대화를 하는 경우가 거의 없다는 것이다. 오히려, 집합적인 대중을 대상으로 자신의 이야기를 하거나 혹은 연예인 지인들과 소통함으로써 이른바 '나는 당신들과 다릅니다' 라는 지위를 얻고자 하는 경향을 보여준다는 것이다(Marwick and Boyd, 2011). 그렇다면, 실제로 연예인 개인과 대중들의 관계에서 있어서 트위터 활동이 연예인 개인에 대한 관심을 얻는 데 도움이 되는가? 실제로 연예인 개인의 트위터 활동은 대중들과 직접적으로 대화를 하지 않음에도 불구하고 대중들의 관심을 불러 일으키는 효과가 있다는 점이 입증되어 왔다. 그렇다면, 과연 아이돌 그룹 사이의 관계 맺음이나 소통이 팬 관계에 도움이 되는가? 더욱 구체적으로, 아이돌 간의 트위터 소통은 자신의 트위터 팬이라 볼 수 있는 팔로어를 늘리는 데 도움이 되는가?

아이돌 간 트위터 연결망과 아이돌의 팔로어 수의 관계

결과를 요약하면, 특정한 아이돌이 다른 아이돌들과 트위터를 통한 관계맺음 혹은 소통이 있을 경우, 그 개인 아이돌의 트위터 팔로어 수는 증가한다는 것이다. 즉, 다른 아이돌과 팔로잉-팔로어 관계가 있거나 혹은 멘션을 주고받는 과정이 있다면 그 개인의 트위터 팔로어 수는 증가한다. 한 아이돌이 다른 아이돌에게 다가가서 소통을 할 경우 다른 아이돌의 팔로어들이 이들 아이돌간의 소통에 관심을 보이게 되어 자신이 좋아하는 관심의 대상인 아이돌뿐만 아니라 그 아이돌과 관계를 맺는 다른 아이돌의 트위터도 팔로우하게 될 것이기 때문이다.

그렇다면, 이러한 관계는 자신과 경쟁의 관계에 있는, 혹은 소문의 진원지가 될 수도 있는 성별이 다른 아이돌과 소통하는 경우에도 적용되는 것인가? 더군다나, 한국의 아이돌 시장은 성별 경계에 따라 명확히 경쟁의 대상이 정해져 있다. 예를 들어, 소녀시대는 카라와 경쟁하는 것이지 빅뱅과 직접적으로 경쟁하지는 않는다. 또한, 같은 소속사 그룹들 간에는 경쟁보다는 오히려 상호간의 소통을 통한 시너지가 존재할 수 있지만 소속사가 다른 그룹에도 이러한 효과가 존재할 수 있을 것인가 등의 의문이 생길 수 있다.

(팔로잉관계는 회색으로 연결되어 있으며, 이 위에 검은색으로 멘션 관계를 표기하였다.
노드의 크기는 전체 팔로워의 크기를 표시했다.)

〈그림 1〉 아이돌 트위터 연결망

멘션을 받거나 혹은 팔로잉 하거나

결론부터 이야기하자면, 특정한 아이돌이 다른 아이돌을 팔로잉 하거나 혹은 멘션을 받는 경우에만 트위터 팬 팔로어 숫자가 증가한다. 그러나 이는 어떠한 아이돌과 관계를 맺는가에 따라 다르게 나타난다. 팔로잉을 하는 경우, 자신과 같은 소속사의 같은 성별 아이돌을 팔로잉하거나 혹은 다른 소속사의 다른 성별을 가진 아이돌을 팔로잉 할 경우에만 팬 팔로어 수가 증가한다. 멘션을 받는 경우에는 같은 소속사, 같은 성별 아이돌에 대한 효과는 없어지고, 모두 다른 소속사의 아이돌로부터 멘션을 받을 경우에 증가한다. 즉, 성별에 상관없이 다른 소속사 아이돌로부터 멘션을 받을 경우, 나의 팔로어 수는 증가하는 것으로 나타난다. 재미있는 것은, 다른 소속사의 다른 성별을 가진 아이돌로부터 멘션을 받는 경우의 효과가 가장 크다는 점이다.

그렇다면, 왜 멘션을 하는 경우에는 팔로어 수가 증가하지 않을까? 그 이유는 트위터 상의 인터페이스와 연예인이라고 하는 데에서 찾을 수 있다. 아이돌은 기본적으로 많은 팬들로부터 멘션을 받고 있다. 따라서, 다른 아이돌에게 멘션을 하여도 멘션을 받는 아이돌의 팬들은 그 멘션을 수많은 멘션들 속에서 구분해내기 힘들다. 반면에, 내가 관심을 가지고 있는 아이돌이 다른 아이돌에게 멘션하는 것은 쉽게 눈치를 채는 것이다. 그래서, 내가 관심을 가진 아이돌이 멘션을 보낸 그 아이돌도 팔로우 하게 된다. 이에 따라, 멘션을 받는 아이돌의 팔로어 수만 증가하게 되고 멘션을 하는 아이돌의 팔로어 수는 증가하지 않는 것이라 생각할 수 있다.

그러나, 이러한 논리를 적용한다면, 팔로잉을 받는 경우에 팔로어 수가 증가해야지, 팔로잉을 하는 경우의 나의 팬이 증가하는 것을 설명하기 어렵다. 왜냐하면, 아이돌은 수많은 팔로어를 가지고 있기 때문에, 관심을 가진 아이돌이 다른 아이돌을 팔로우 한다고 해서, 다른 아이돌의 팬들이 팔로잉을 보낸 그 아이돌의 팬이 되는 경우를 판독해내기는 어렵다고 생각할 수 있기 때문이다. 한 가지 가능성은 멘션 관계로부터 팔로잉이 나타난다는 것인데 이는 향후 더 살펴보아야할 문제로 남겨둔다.

※ 필자들의 미발표 논문으로 현재 국제 저널 투고를 위해 준비 중.

사례 02

농식품 분야의 SNS 활용
: '도토리속 참나무'의 신선육 마케팅 성공 사례

글 · 박재은, 문정훈

"하루 중 무작위 시간을 정해 트위터(twitter)에 공지를 띄웁니다. 그때를 맞춰 하루 열 분께 선착순으로 그날 갓 잡은 도참 고기(300g)를 보내드립니다." '도토리속 참나무'는 최근 주목 받고 있는 소셜 네트워크 서비스(SNS)를 활용하여 성공적인 마케팅을 이끈 대표적인 사례이다. 육류 및 육류 가공 식품 전문 쇼핑몰인 '도토리속 참나무'는 농장이나 지역 이름이 홍보의 대부분이었던 이 분야에서는 드물게 자체적인 브랜드를 만들어 내는 것에 성공하였다. 상품만이 독자적으로 존재하는 온라인 쇼핑몰의 한계를 극복하는 감성적 브랜드를 형성하기 위해 '도토리속 참나무'의 운영자 김태진 씨는 소셜 네트워크를 적극 활용하였다.

소셜 네트워크 서비스는 소비자가 될 가능성이 있는 사람들에 대한 접근성이 높을 뿐만 아니라 소비자와의 일대일 소통이 용이하다. 김태진 씨는 도토리속 참나무의 줄임말인 '도참'을 딴 'docham08'이라는 트위터 계정을 열어 선착순으로 고기 샘플을 증정하는 이벤트를 열었다. 하루 중 무작위 시간에 트위터에 증정 트윗(tweet)을 띄우면, 트윗을 본 소비자들은 도참 사이트에 고기를 신청한다. 동시에 이 내용은 리트윗(RT, retweet)을 통해 다른 트위터 이용자들에게 퍼져나간다. 열 명에게 신청을 받는 데 걸리는 시간은 20초 정도이다. 관심 있는 소비자들은 트윗이 올라온 지 20초 내에 신청을 하기 위해 'docham08'을 팔로잉(following)하는 것이 유리하다. 매일 열 명에게 고기 300g을 증정하는 비용만으로 관심 있는 소비자들을 크게 확보할 수 있는 구조이다. 한때는 손글씨로 작성한 구매 후기를 트위터로 올리는 트위터 손글씨 이벤트도 열었다.

소비자 확보가 이루어진 후 트위터를 통한 판매는 더욱 빛을 발한다. 도토리속 참나무에서 팔고 있는 상품은 모두 신선식품이다. 신선식품은 긴 유통 시간과 마케팅 과정을 거치면서 가치가 떨어진다. 생산자는 좋은 상품을 생산하고도 떨어지는 신선도 때문에 제 값을 받지 못하고, 소비자 역시 좋은 상품을 접할 기회를 놓쳐버린다. 트위터를 통한 실시간 소통은 생산자와 소비자 모두에게 윈윈(win-win)의 결과를 가져다 준다. 상품을 생산하자마자 아이폰으로 바로 상품 페이지를 만들어 기획하고 트위터를 통해 마케팅을 한 후 소비자에게 배송하는 전 과정이 하루 안에 이루어진다. '도토리속 참나무'에서는 전라남도에서 그날 잡은 신선한 고기를 냉동하지 않고 당일 배송한다. 다른 어떤 소통 채널보다도 속도가 빠른 트위터가 아니었다면 생산에서 소비까지의 전 과정이 하루의 시간 안에 이루어지는 것이 가능하지 않았을 것이다.

소비자와 가깝게 소통할 수 있는 소셜 네트워크 서비스를 연동시킨 만큼, 도참은 소비자가 원하는 바를 구체적으로 실현하고 입소문을 적극 활용하며 소비자들의 참여를 자연스럽게 유도하고 있다. 소비자가 원하는 대로 고기의 포장 용량과 손질 방식을 고를 수 있도록 함으로써 좋은 호응을 얻었을 뿐만 아니라, 소비자들의 호응을 블로그를 통해 쇼핑몰에 직접 옮겨 담았다. 도참의 사이트에는 수많은 블로그 이용자들의 상세한 후기가 링크되어 있으며, 블로거들이 제시한 다양한 레시피들도 게재되어 있다. 상품 상세 페이지는 일반적인 쇼핑몰의 상세 설명과 다르게, 〈그림1〉의 과정을 통해 실제 구매자의 직접적인 포스팅으로 이루어진다. '도토리속 참나무'는 소셜 네트워크의 시대에 걸맞게, 생산자의 일방적인 홍보가 주가 되는 기존의 쇼핑몰보다 구매자의 손길이 많이 닿아있는 블로그 쇼핑몰이다. 생산자의 게시물도 상품에 관한 것에 제한되지 않고 일반 블로그처럼 '도참 카툰', 디자인, 먹거리, 마케팅 등 다양한 내용에 걸쳐 있다. 이러한 여러 노력이 '도토리속 참나무'를 감성적인 브랜드로 키울 수 있었다.

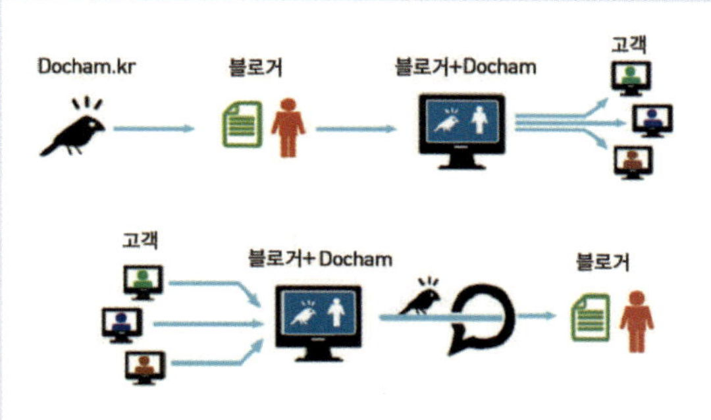

〈그림 1〉 도토리속 참나무 블로그 중 '상생의 관계, 도참 상품 페이지 제작 과정'

※ 출처 http://docham.com/blog/list/blogNo/1/categoryNo/5/pageNo/5)

최근에는 'uajjang.com'에서 소셜 방송을 통한 판매도 시도하고 있다. 생산자는 실시간으로 동영상을 찍어 자기 계정에 올리면 소비자는 동영상 내 쇼핑 버튼을 눌러 해당 상품의 상세 페이지로 바로 이동해 구매할 수 있다. 동영상은 아이폰으로 전송할 수도 있다.

소셜 네트워크 서비스를 이용하면 여러 단계를 거치는 유통이나 마케팅 비용이 크게 줄어들기 때문에 적은 비용으로도 틈새시장이 열린다. 특히 상품에 대한 솔직한 평가가 아주 빠른 속도로 퍼지기 때문에 모두에게 평등한 마케팅이 가능하다. 소셜 네트워크 서비스를 통해 시간과 금전적 비용을 크게 줄임으로써 가장 효과적인 마케팅을 시도하고 감성적인 브랜드를 구축할 수 있을 것이다.

13 part 3

트위터의 가치와 트윗애드온즈 활용방법

글 · 김태견 ((주)지우닷컴 대표, 트윗애드온즈 운영)

1. 들어가며

현재 한국을 비롯한 전 세계가 소셜네트워트 서비스(SNS)와 스마트폰 열풍에 빠져들고 있다. 한국의 경우 트위터, 페이스북, 미투데이 등이 이전의 싸이월드를 뛰어넘어 SNS 들의 최대 장점인 읽고 쓰기의 간편함을 무기로 개개인의 삶의 중요한 부분으로 점차 자리잡고 있다. 이 마이크로 블로그 서비스들은 포스팅 글자수를 기존의 블로그, 미니홈피 등과 차별화하여 포스팅 글자수를 제한한다. 이용자들은 자신의 생각과 정보들을 최대한 줄여 다른 이용자들에게 전달하고 실시간으로 정보를 주고 받아, 업무 중 커피타임, 식사 중이나 심지어 화장실에서도 빠르고 간편하게 이용할 수 있다. 이러한 트렌드가 전 세계인들의 라이프 스타일을 변화시키고 있으며, 이로 인하여 파생될 수 있는 여러 가지 변화들도 어느 정도 예측해 볼 수 있다.

이 글은 필자가 12년째 웹사이트 개발, 운영을 해 온 경험, 특히 우리 나라에서는 아직 생소한 트위터 매쉬업 분야의 경험을 적은 것이다. 작은 지식과 경험이지만 필요한 독자에게는 참고가 될 수 있으리라고 생각한다.

2. 트위터의 탄생과 역사

필자가 트위터를 처음 접한 것은 2007년 7월이었으니 이제 4년이 좀 지났다. 트윗애드온즈에 대한 에피소드를 풀기 전에 트위터가 무엇인지 궁금하신 분들을 위해 그리고 왜 트위터가 현재 전 세계 인구 중 2억 명이 사용하게 되었는지 그 배경을 살펴보기로 하자.

트위터(twitter)란 '지저귀다' 라는 뜻을 가지고 있는데, 140자 글자로 단문 커뮤니티를 하는 서비스로 2006년 7월에 에반 윌리엄스, 비즈 스톤, 잭 도시 등 3명이 공동으로 서비스를 시작하였다.

▶ 오른쪽부터 에반 윌리엄스, 비즈 스톤, 잭 도시

에반 윌리암스는 일반적인 실리콘 밸리 창업자들의 코스인 와튼 스쿨이나 유명 대학교를 졸업한 후 창업한 경우와는 달리, 순수 창업의 피가 끓어올라 창업을 한 독특한 인물이다. 1980년대초 야구만화의 한 획은 그은 〈공포의 외인구단〉의 주인공 설까치와 닮았다고나 할까. 만난 적은 없지만 관련 일을 하면서 에반의 트위터를 보면 느낄 수 있는데, 안될 것을 알면서도 각오하고 또 달려드는 그런 스타일이다. 대학을 중퇴하고 여러 번 창업에 실패해서 아버지의 농장으로 잠시 돌아가지만 또 일어나서 창업을 시작한다. 메인 프로젝트가 아닌 사이드 프로젝트로, 블로거 닷컴(blogger.com, 2003년 구글에 매각)과 트위터 닷컴을 창업하여, 두 번씩이나 IT 역사에 획을 긋는 서비스를 만든 이는 내가 알기로는 에반이 유일하다.

맨 처음 트위터 창업자들이 시작한 메인 프로젝트인 '팟캐스트' 라는 서비스가 시간이 지남에 따라 사업에 대한 열정이 없어지고 창업자 본인들도 잘 사용하지 않게 되었을 때 뭔가 다른 것을 만들어 데모 테스트를 하게 되었는데, 이것이 트위터의 시작이다. 왜 140자일까? 미국의 일반적인 휴대전화 SMS 문자수 제한은 160자인데 사용자명과 콜론에 필요한 20자를 빼고 나머지 140자로 문자수를 제한하였는데, 결과적으로 현재 트렌드에 따라 글을 읽기 쉽고 간편하게, 때로는 함축적으로 쓸 수 있게 되었다. 일단 간편하게 만들기는 하였지만 트위터 프로젝트가 잘 될 지에 대해서는 모두가 확신할 수 없었다고 한다.

아무리 괜찮은 프로젝트라고 하더라도, 그리고 이를 기획하고 개발하여 디자인을 입히고 최종 테스트를 하는 동안 혼신의 노력을 기울이더라도, 마음먹은 대로 되지 않는 것이 개발 프로젝트이다. 우리 회사의 경우에도 몇 달 이상 개발한 프로젝트를 외부에 공개하지 않는 것이 비일비재하다.

현재 트윗애드온즈는 팀원이 8명 밖에 안 되기 때문에 몇몇 핵심 서비스의 지연과 수정은 시간과 재정적인 손실 등 많은 대가가 뒤따른다. 하지만 그런 시행착오 뒤에 나오는 서비스들은 이용자들 사이에 큰 호응을 이끌어 내는 등 살아있는 서비스가 될 가능성이 더 많은 것이 사실이다.

트위터 프로토타입을 만든 이후 처음에는 아무도 트위터를 좋아하지 않았고 처음 9개월 동안 사람들은 트위터에 대해 별 쓸모가 없다고 했다고 한다. 에반 윌리엄스는 그 말을 듣고 "아이스크림도 쓸모 없다. 그렇다고 우리가 아이스크림과 그 기쁨을 모두 버려야 하는가?"라고 했는데, 이는 유명한 일화가 되었다. 그의 유연한 사고방식과 긍정적인 마인드 그리고 쉽게 포기하지 않는 스타일을 엿볼 수 있는 대목이다. 또 트위터 프로젝트가 잘 될지 확신이 없었을 때 집안 청소를 하고 있었던 비즈 스톤의 호주머니에서 휴대폰이 울렸는데 이때 에반 윌리엄스로부터 지금 포도주를 마시고 있다는 트윗이 왔는데 나중에 비즈 스톤은 그때 트위터 서비스가 잘 될 것이라는 직감이 들었다고 했다. 이는 창업자나 개발자만이 느낄 수 있는 일종의 '본능', 말하자면 '감' 인데, 서비스를 꾸준히 이끌어가는 데는 초기 사용자들의 실망스러운 반응과 피드백보다는 때로는 "감"이 필요하다.

비교하기도 부끄럽지만 현재 트윗애드온즈의 카테고리 서비스 중 '트윗판도라' 라는 설문방식의 서비스가 있다. 초기 2주일 동안 그 서비스 이용자들은 꾸준히 늘고 있는데 도대체 재미가 없다는 말이 사용자들 사이에 계속 나왔고 내부에서도 이 서비스를 베타 테스트 중이지만 계속 해야 되는지 비관적인 의견도 나왔다. 하지만 나는 분명히 유저들이 스스로 올리고 투표하고 포인트를 주고 받는 이 새로운 형식의 서비스 트윗판도라(이 명칭도 내가 팀원들을 설득시켜 겨우 확정되었지만)는 잘될 수 있다고 믿었다. 이전까지 전체적으로 정적이었던 트윗애드온즈에 포스퀘어처럼 유저의 액션에 반응하는 동적인 부분을 추가하여, 재미있고 호응이 많은 액션이 더 많이 보일 수 있게 10위까지의 설문순위를 다른 카테고리 메뉴에도 보여주고, 기타 다른 방식을 몇 가지 추가하고 난 후에야 내부에서 긍정적인 반응을 이끌어냈다. 앞으로 어떻게 될지 판단하기는 이르지만 일단 몇 달이 흐른 지금 시간이 지날수록 점차 많은 분들이 참여하고 있다.

잘 알려지지 않았지만 처음 트위터 닷컴의 브랜드명은 휴대전화 진동에서 따온 "경련하다" 라는 뜻의 'twitch' 로 생각했었다고 한다. 하지만 어감이 안 좋다고 생각하여 새들의 지저귐이라는 뜻의 'twitter' 로 결정하였다고 한다. 창업멤버 중 한 명인 비즈 스톤에 의하면 처음 10명 밖에 안 되는 개발자들과 이런 획기적인 서비스를 만들 때 각자 생각하는 것이 많이 달랐다고 한다. 그래서 팀원들간의 커뮤니케이션이 절실히 필요하다고 깨달았고, 몇 달 이상 회사 내에서 팀원들끼리 이용해 본 후 재미있고 가능성이 있다고 판단하여 2006년 7월 베타 서비스를 공개한다.

여담이지만 사실 브랜드 선택은 창업 시작 단계에서 대단히 중요한데, 순간의 서비스명 결정이 몇 년 후에는 회사의 크기를 가를 정로가 될 수 있다. 이렇게 보면 'twitter' 라는 브랜드로 결정한 것은 매우 중요한 순간이었으며, 결과적으로 현명한 선택이었다고 생각한다(페이스북도 초창기 thefacebook 이었지만 나중에 facebook.com 으로 바꾸었다).

내가 처음 트위터를 본 것은 블로그 뉴스매체인 2007년 매셔블(mashable.com)에서이다. 우리 회사가 외국을 상대로 개발한 갠지즈닷컴이 2007년에 4월 7일 매셔블에 기사가 나간 후 수많은 창업을 소개하는 서비스들을 유심히 보았지만 유독 트위터 닷컴을 매셔블에서 자주 보았다. 사실 그 당시에는 여러 마이크로블로그서비스 중 하나라고 생각했었고 큰 기대를 하지 않았다. 소위 다른 잘 나가는 서비스들(예를 들어

digg.com 과 myspace.com 과 같은)이 비지니스적으로는 나에게는 보다 매력적이었기 때문이었는데, 결국 1년 후 2008년에 이러한 생각이 바뀌게 된다. 이와 관련된 계기는 차차 이야기하기로 하고 일단 트위터의 태생 배경과 변화에 대해 이야기하겠다.

트위터는 얼마 전 2011년 7월 15일 조촐한 5주년 기념 파티를 했었는데, 5년 밖에 안된 서비스 치고는 성장 속도가 굉장히 빠른 편이다. 2006년에 서비스를 시작했는데 처음에는 그다지 인기를 끌지 못했지만 2007년 초부터 입소문이 나면서, 미국내 유명 연예인과 스포츠인, 정치인들까지 사용하게 되었고, 대형 재난이나 사고 그리고 천재지변 시 SNS 중 가장 빠른 정보전달의 매체로서 트위터의 역할이 언론과 TV에 소개되면서 폭발적으로 성장하게 되었다.

실제 트위터는 인도 뭄바이 테러 사건 당시 테러범에 의해 장악된 호텔과 병원에 관한 정보를 발빠르게 전송해 큰 도움을 주었다. 이밖에도 재난이나 사고를 도운 트위터의 역사 중 아직도 제일 유명한 것은 허드슨 강 비행기 착륙 사건 때이다. 뉴욕 공항을 이륙한 US Airways 비행기가 새와 부딪혀 엔진이 고장을 일으켰지만, 비행기 조종사의 순간적인 기지로 허드슨 강 위로 비상 착륙을 시도했는데 기적적으로 155명 탑승객 모두 무사히 구조되었고 그 조종사는 일약 유명인사가 되었다. 당시 구조하는 Ferry에 타고 있던 자니스 크럼스라는 사람이 이 사고 장면을 아이폰으로 사진을 찍어 본인의 트윗에 올렸는데 그 생생한 현장 사진과 트윗으로 인해 바로 트위터 특종이라는 말이 유명해졌고 전 세계 유수 언론들이 이 사진으로 속보를 타전하고, 엄청난 블로거들이 이 사진을 본인 블로그나 카페에 퍼 날랐다.

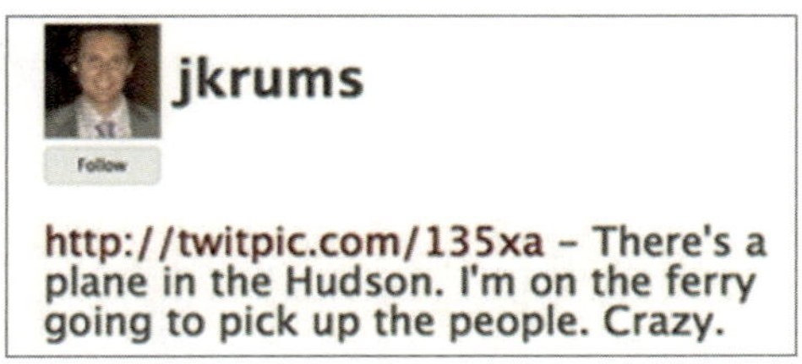

〈그림 2〉 허드슨 강 비행기 착륙 모습

이 트윗 하나가 트위터를 모르거나 알고는 있지만 트위터에 관심 없던 전 세계인들의 시선을 단번에 끌게 된 것이다. 하나의 트위터 메시지 파워가, 그 옛날 1946년도 당시 원자폭탄을 실험했던 마샬 군도의 비키니섬에서 유래한 비키니보다, 그 파급효과나 파워 면에서 더 강력할 수도 있다고 생각된다.

얼마 전 5주년을 맞은 트위터는 매일 60만 명이 새로 회원으로 가입하는데 이는 서비스 초기 1년 반 동안 가입한 회원수가 같다. 트위터가 탄생한 첫 날 총 224개의 트윗이 올라갔는데 이는 현재 사용자들이 매 0.1 초마다 올리는 트윗의 양과 같다. 7월 초에 트위터 회사는 100만 번째 트위터 앱이 등록되었다고 밝혔는데 현재 총 75만명의 전 세계 외부 개발자들이 트위터 앱을 만들고 있다.

2011년 7월 1일 트위터 공식 블로그에 의하면 하루에 올라오는 트윗이 2억 개의 이상이라고 한다. 2009년 1월 2백만 개, 1년 전 6천 5백만 개 수준이었으니 트위터의 성장 속도을 가히 짐작할 수 있다. 재미있는 비교로, 매일 트윗으로 전세계가 1천만 페이지 분량의 책을 공저하고 이는 톨스토이의 〈전쟁과 평화〉와 같은 책을 8,163권을 작성하는 셈인데 이 책으로 탑을 쌓으면 448미터가 되어 매일 세계에서 두 번째로 높은 타이페이 101 빌딩과 비슷한 높이가 된다고 한다

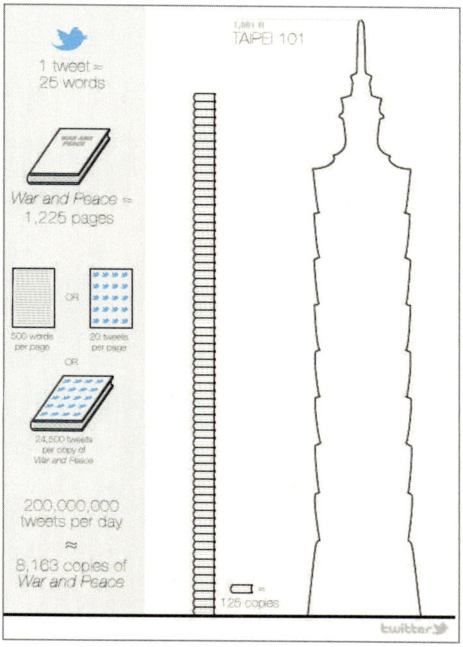

〈그림 3〉 하루 2억 개의 트윗

※ 출처 : http://blog.kr.twitter.com/2011/07/2.html

3. 트윗애드온즈 관련 에피소드

지금까지 대략적으로 트위터의 탄생에 얽힌 비하인드 스토리를 잠깐 살펴보았다. 이제 트윗애드온즈와 관련된 한국에서의 에피소드를 소개하기로 하겠다.

2007년도판 매셔블mashable.com의 트위터 관련 기사를 처음 볼 때만 해도 별다른 생각이 없었지만, 옛 팀원 중 한 명이 샌프란시스코에서 근무하다가 와서 당시 트위터에 대해 현지에서 느낀 감동, 그리고 트위터가 어떻게 진화할 것인가에 대해 전해 주는 이야기를 듣고 나서 생각이 바뀌게 되었다. 외국 사이트들을 운영하고 있던 당시 회사로서는 운영하고 있는 사이트에 트위터를 접목시키고 분석과 연구를 해서 한국에 트위터 매쉬업사이트를 만들어야겠다는 중대한 결정을 하게 된 만남이었던 것이다.

그때부터 트위터 매쉬업을 연구하여 우선 외국 사이트에 연동시키니 트래픽이 일단 지속적으로 늘어나는 것이 눈에 보였다. 그때 하루 5만명의 유니크 방문자가 있던 갠지즈닷컴은 트위터 연동을 통해 거의 1.5배 가까이 트래픽이 늘어나는 경험을 하게 된다. 이 일로 인해 아직 스마트폰 보급이 되지 않았지만 장차 한국에서의 스마트폰 보급에 맞춰 매쉬업 사이트를 오픈할 동기가 생기게 된 것이다. 사실 스마트폰이 없는 SNS는 반쪽 짜리 서비스와 같다. 반대로 SNS가 활용되지 않는 스마트폰은 사용자들의 재미와 사용률이 많이 떨어지는 것도 사실이다. 애플의 아이폰과 전 세계의 스마트폰 보급이 트위터나 페이스북 같은 서비스를 폭발적으로 증가시켰고 그 서비스들을 이용하는 숫자가 늘어날수록 스마트폰을 구입하고 업그레이드 된 신제품을 구입하려는 사용자들이 늘어난다는 통계가 있다.

우여곡절이 많았지만 한국에서도 2009년 11월 KT가 국내에 애플의 아이폰을 전격 출시했다. 첫 반응부터 폭발적이었고 출시 5개월도 되지 않아 판매대수가 40만 대를 넘겼다. 사실 아이폰의 도입은 출시 몇 년 전부터 이야기가 많았지만 KT의 이석채 회장의 용기 있는 결정으로 아이폰이 도입되었다는 언론 기사가 결코 과언이 아니다. 아이폰의 도입은 국내 통신업계의 대변혁을 일으킨 시발점이 되어 산업 전반에 엄청난 파급효과를 가져왔는데, 특히 앱스토어를 통한 다양한 아이폰 컨텐츠 공급은 사용자들에게 큰 반향을 불러 일으켜 타 이동통신사와 국내 주요 휴대폰 제조기업들까지 스마트폰 무한 경쟁을 일으켰다. 2년이 지난 지금, 국내 제조사들도 뒤늦게 스마트폰 경쟁에 뛰어들었지만, 세계 시장에서의 브랜드 선점 효과를 통해 볼 때 결국 아이폰의 도입은 체질 강화를 위한 전환점이 되어 좋은 결과를 낳았다고 생각된다.

우리회사는 갠지즈닷컴(http://www.ganges.com)과 코리언무비(http://www.koreanmovie.com) 라는 외국 사이트에 트위터를 접목시켜 운영하다가 한국에서 트위터 매쉬업 사이트를 기획하여 2010년 3월에 트윗애드온즈를 선보였다. 사실 트윗애드온즈보다 먼저 운영한 사이트는 현재 회사이름인 지우닷컴이다. 지우닷컴에서 트윗애드온즈를 만들기 전에 트위터가 한국에서 어떤 도움이 될까라는 생각을 많이 했다. 코리언무비닷컴을 세계인들을 대상으로 영문으로 운영하게 된 가장 큰 이유 중 하나는 한국영화와 드라마를 전 세계에 소개한다면 한국의 브랜드 이미지를 향상시켜 기업 상품을 홍보하는 데 조금이나마 도움이 될 수 있다고 생각했기 때문이다.

같은 맥락에서, 전 세계 트위터 매쉬업들을 많이 둘러보았지만 트위터와 영화를 접목시킨 곳은 한 곳도 없었다. 영화는 초반 일주일이 가장 중요하다고 알고 있었고 개봉 후 일주일 동안 입소문이 나느냐에 따라 영화의 흥망이 좌지우지되며 특히 개봉 전 언론시사회나 일반인 시사회의 반응과 입소문이 좋으면 영화는 개봉관수를 초반에 많이 늘릴 수 있다고 알고 있어서, 회사에서는 일부 팀원들의 반대에도 불구하고 트위터와 영화 시사회를 접목시키는 모험을 하기로 하였다. 그리고 'movie tweet'의 기능과 파급효과를 몇 차례나 설명하고 설득한 끝에 트위터 닷컴으로부터 무제한 API 권한을 얻게 되었다.

(1) 트위터 시사회

처음 트위터 시사회 이벤트 시스템을 개발한 후 몇 달 동안은 각 영화 마케팅 회사와 영화 배급사들에게 아무리 트위터를 설명하고 우리만의 트위터 사용자 통계시스템을 소개해도 코웃음만 칠 뿐 사용조차 하지 않으려 했다. 두 달이 넘도록 우리가 직접 이벤트를 끌어와서 올리는 무한 작업을 반복했다. 당시 한국(그것도 대구)의 존재감이 없는 회사가 마케팅사들에게 전화와 메일을 통해 일일이 설명한 것을 믿어주지 않는 것은 어찌 보면 당연하다고 생각한다.

그런데 우연한 기회에 연락이 왔다. 작년에 3월 18일 개봉하여, 그 다음날인 3월 19일에 극장 측에 이미 돈을 들여 100명을 동원한 시사회가 잡혀 있었는데, 3월 18일 저녁 6시 퇴근 무렵에 한 마케팅 대행사에서 전화가 온 것이다. 한 달 전쯤 그렇게 설명해도 본인들이 직접 모아서 할 수 있다던 회사가 시사회 전날 사람이 없어 시사회가 무산될 상황에서, 믿기지는 않지만 지푸라기라도 한 번 잡아볼까 아니면 기왕 이렇게 된 상황에 트위터의 효과나 한 번 측정해 볼까 해서 전화가 온 것이다. 영화는 장동홍 감독에 윤제문 씨가 주연인 〈이웃집 남자〉였는데 〈해운대〉의 김인권씨와 영화 〈친구〉의 서태화씨가 조연으로 출연한 저예산 영화였다. 퇴근을 하지 않고 10분 정도 긴급회의를 열고 하겠다고 통보한 후 부랴부랴 야간 작업을 한 후 저녁 10시경 지우닷컴 홈페이지에 한국 최초의 트위터 시사회를 올렸다. 결과는 트위터 친구들을 대상으로 2시간 만에 간단히 100명을 넘기게 되었다.

그 다음날 서울로 직접 향해서 신청자들을 직접 보고도 결과를 믿지 못하는 대행사 팀장을 옆에 앉히고 저녁 6시부터 트위터 시사회를 보러 오신 분들에게 직접 표를 나누어주기 시작했고 트위터로 사람들이 몰려오는 것을 확인한 팀장은 그제서야 감독님 이하 주연배우들에게 전화를 돌려 지금 난리가 났다, 시사회 끝나고 무대 인사해야 된다고 하는 해프닝이 벌어졌다. 알고 보니 원래 시사회가 무산되었다고 알고 있던 배우들과 감독, 스텝들이 시사회에 참석하지 않았던 것이었다. 보통 영화 시작 전 무대인사가 있지만 이날은 특별히 영화 관람 후 인사를 하고, 대신 감독, 배우들과 트위터 사용자들 중 10명이 막걸리 번개를 가지기로 하였다.

〈그림 4〉 트위터 최초 시사회 〈이웃집 남자〉 무대 인증샷
트위터 시사회 후 즐거운 막걸리 번개. 윤제문씨와 김인권씨의 모습.

그날 영화인들과 많은 대화가 있었으며, 특히 장동홍 감독은 트위터를 잘 모르지만 독립영화나 저예산 영화들을 홍보할 수 있는 창구가 많이 마련됐으면 좋겠다는 의견을 피력했다. 영화는 초반 입소문이 중요하다. 극장주는 초반에 손님이 없는 영화를 오래 기다려주지 않기 때문이다. 이익을 추구하는 극장주 입장에서는 어쩔 수 없지만, 안타까운 것은 재미있고 좋은 영화일지라도 홍보 부족과 예산 부족으로 인해 극장 수를 확보하지 못하면 그에 합당한 문화적 가치를 인정받지 못한다는 점이다. 이를 트위터의 입소문이 도와준다면 영화제작사는 홍보비를 줄이는 대신 비용을 제작에 좀 더 투입할 수 있어 보다 양질의 영화를 만들 수 있어 좋고, 관람객은 좋은 영화를 보다 많이 볼 수 있는 기회가 생겨서 좋고, 세계의 많은 이들이 한국의 좋은 영화를 보고 감동을 받아서 좋고, 미래에는 영화를 제작할 수 있는 감독과 스텝 그리고 배우들 토양이 갈수록 비옥해져서 종래에는 제임스 카메룬 감독의 〈아바타〉처럼 전 세계적인 문화 아이콘을 만들 수도 있지 않을까?

제임스 카메룬 감독은 17세인 청소년때 〈아바타〉를 구상했다고 하는데 영화 타이타닉 이후 10년간 〈아바타〉 한 작품을 실현하기 위해 심혈을 기울였고 실제 아바타의 3D 장면을 찍기 위해 무려 5년동안 실패를 반복하였다. 일각에서는 〈아바타〉를 10년 뒤에나 나올 법한 영화라고 한다. 천문학적인 제작비를 들이고 최고의 스텝과 제작진들이 힘을 합쳐서 단순한 입체효과가 아닌 관객의 심리까지도 철저히 염두에 두어 완벽하게 기획한 작품이라는 것이다. 〈아바타〉 이후 전 세계적으로 3D 입체 영화 붐이 불었지만 높아진 관객의 눈높이를 맞출 수가 없어 계속 실패를 반복하게 되어 관객들이 3D영화 기피현상까지 나오게 되었다. 이를 통해 볼 때 더욱 토양의 중요성을 생각하게 된다. 단순히 천문학적인 제작비를 들인다고 해서 좋은 영화가 나오는 것이 아니라는 이유가 여기에 있다.

한국에서는 저예산 영화인 〈집으로〉가 순 제작비 15억원에 관객수는 34일만에 300만, 63일만에 400만을 넘어 419만 명을 기록하였고, 〈워낭소리〉는 다큐멘터리 독립영화로 6개 개봉관에서 시작하여 점차 상영관을 늘려 개봉 19일째 10만 명, 37일째 100만 명 , 46일째인 200만 명을 돌파해 한국 독립영화 사상 최고 기록을 경신했다. 만약 이 영화들이 트위터를 통해 초반에 입소문이 났었다면 훨씬 더 좋은 결과가 나왔을 가능성이 있고 이 밖에도 이름 없이 사라져간 수많은 영화들도 조금이나마 빛을 더 보지 않았을까 생각해 본다. 저예산 영화 〈이웃집 남자〉는 추후 IPTV의 새로운 영화 섹션에 3500원으로 당당히 다운받아 볼 수 있게 된 것을 확인했을 때 참 다행스럽고 트위터 시스템이 새삼 고맙게 생각되었다.

그 후 지우닷컴에 영화이벤트와 시사회를 트윗애드온즈로 이전하는 작업을 하고 있는데 하나씩 세어보니 1년 남짓 동안 〈아저씨〉와 〈이끼〉, 〈맨발의 꿈〉, 〈의형제〉 등 무려 154개의 트위터 시사회와 예매권 이벤트를 진행하였다. 트윗애드온즈는 이번 가을 실시간 영화다운로드 서비스와 영화정보를 합친 컨텐츠를 선보이기 위해 작업 중인데, 그 곳에서 트위터 시사회와 예매권 이벤트를 통합해서 볼 수 있고 입소문을 한곳에서 실시간으로 보게 될 것이다. 그 모든 정보들은 트윗애드온즈 유저들로부터 트위터로 전송될 예정이다.

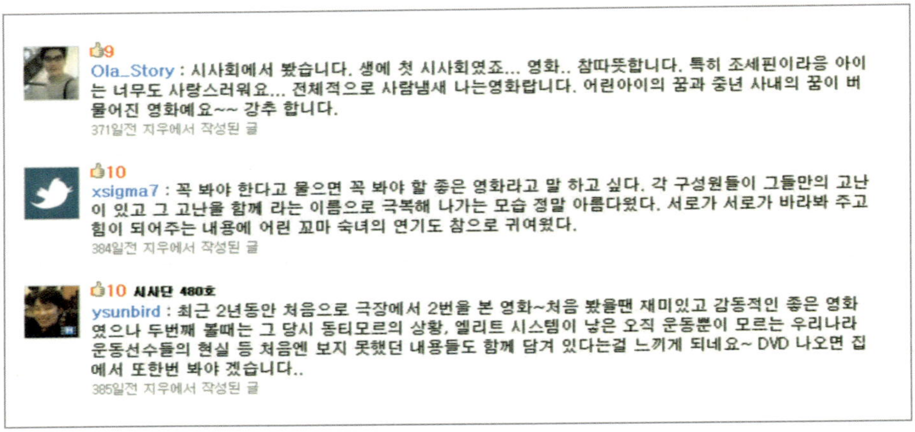

– 영화 〈맨발의 꿈〉 시사회를 보고 올린 무비트윗들중 일부에서 –

(2) 맞팔율 계산기 서비스

트윗애드온즈 서비스의 기획의도는 전 세계에 존재하는 몇 십만 개의 트위터 매쉬업 사이트들 중 한국만의 특화된 트위터 부가서비스를 제작하고자 한 것이었다. 트위터에 처음 가입하면 기존의 트위터 친구들의 추천을 받거나 언론에서 특정 유명인의 트위터를 보는 것 외에는 좀처럼 다른 이의 트윗을 볼 수가 없다. 팔로잉, 팔로우라는 독특한 트위터 시스템에 의해 이루어지는 특성에 착안해 어느 정도 팔로우를 쉽게 모아주는 〈맞팔율계산기〉 서비스를 2010년 3월 5일 오픈하게 되었다. 내부 테스트 후의 공개적인 첫 트윗은 **"제 맞팔율은 83%입니다"** 였다

@twitaddons 계정의 첫 맞팔율계산 트윗으로 간단한 서비스를 시작하게 되었는데 아래 그림은 맞팔율계산기만 서비스할 때의 소박한 모습이다.

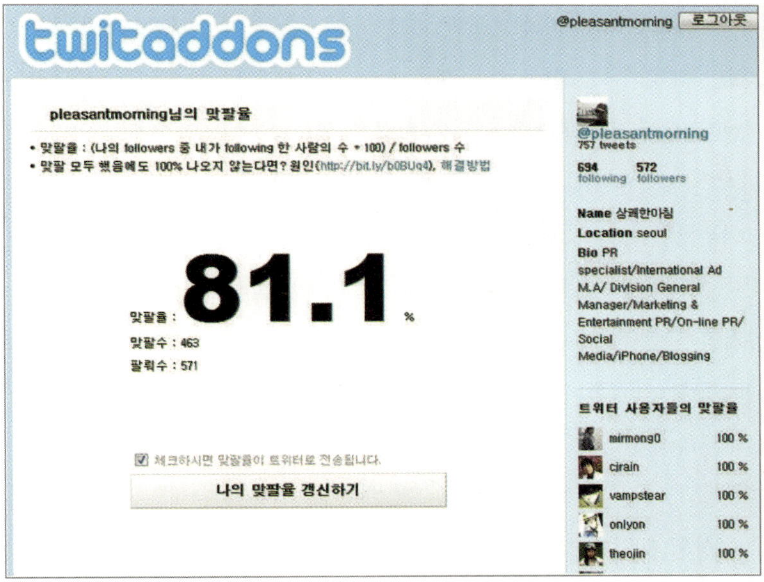

(3) 트위터 모임

아래는 2010년 3월 20일 한국트위터모임이 정식 서비스 된 모습이다.

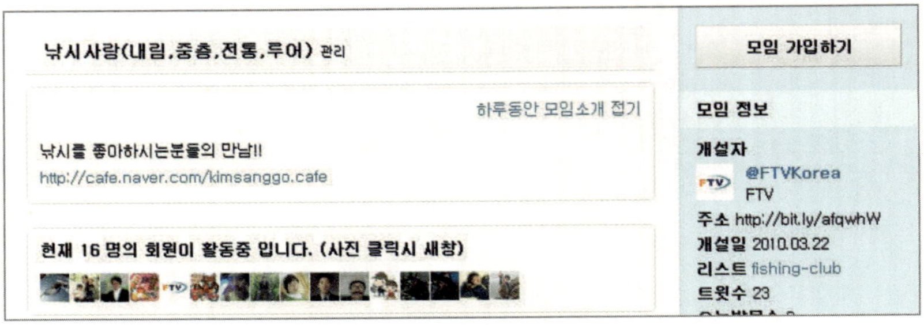

이 전부터 구글DOCS 서비스를 활용한 '치킨교', '커피당' 등 일부 트위터 사용자들이 모임형식으로 활동을 하고 있었으며, 그들 스스로 '당주', '교주'라는 호칭으로 새로운 SNS문화를 만들어가고 있었지만, 관리의 한계과 사용자들의 글을 한 곳에 볼 수 없다는 불편함이 있어 해쉬태그를 이용한 한국 트위터 모임을 만들게 되었다. 해쉬태그는 전 세계인들이 사용할 수 있지만 해쉬태그를 악용해 무분별한 광고 트윗, 스팸 트윗 등 그야말로 광고와 스팸에 사용자들이 트렌드 트윗에 노출될 수 밖에 없는 문제점이 있다. 트윗애드온즈에서 해쉬태그는 모임을 만들때 구분자로서 역할을 하게 되며 사용자들은 트윗애드온즈만의 필터링 시스템을 활용하는 한편, 같은 목적과 관심사로 인해 당에 가입된 사람들만 트윗이 보일 수 있는 옵션을 선택할 수 있어 사용자들이 계속 늘게 되었다.

3월23일 하루 동안 개설된 트위터 모임은 163개였고, 이후 폭발적인 성장으로 하루 평균 150개 이상의 모임이 개설되고 있다. 초기에는 [그룹팔로우]란 명칭으로 서비스되었는데, 3월 24일부터 [한국트위터모임]으로 서비스명을 변경하고 한글 해쉬태그를 사용할 수 있도록 업데이트 되었다. 초기에는 @twitaddons 계정으

로 [그룹팔로우]로 서비스를 시작하였으나, @korean_groups 한국트위터모임 계정으로 트위터 모임 개설을 안내하고 있다.

작년 6월 총선을 앞두고 국내 소셜미디어 사용자는 급격한 증가세를 보여, [트위터모임]에도 정당들의 공식 모임이 개설되기 시작하였다. 정치인들도 SNS를 활용한 소통에 적극적으로 나서게 되었고, 한나라당이 가장 먼저 [트위터 모임]을 개설하게 되었다.

급기야 일명 '피자의 난'이라고 불린 사건이 일어났다. 기업들도 SNS에 있는 고객들과 소통을 하고자 많은 시도를 하고 있는데, 그 하나로 도미노피자에서 "도미노 해피 페스티벌"이벤트를 진행하였다.

이벤트 내용은 도미노피자 공식 트위터 계정의 팔로어(follower)에게 팔로어 100명당 1000원을 할인해 주는 것으로, 팔로어가 많을수록 할인액이 커지는 이벤트였다.

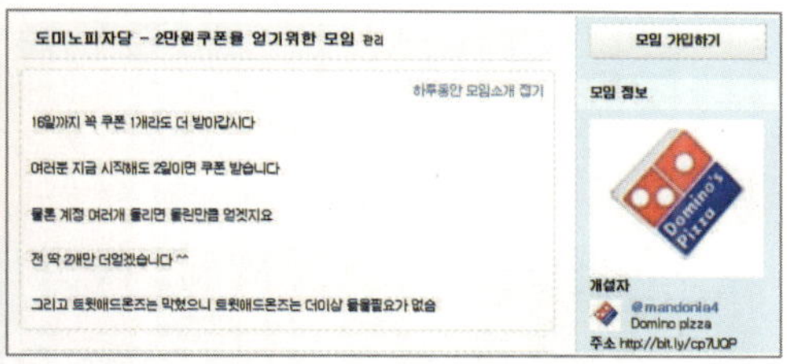

이 이벤트는 트위터뿐만 아니라 온라인 상에서도 급격하게 퍼져나갔으며, 트위터를 사용하지 않는 사람까지 트위터에 대거 가입하는 소동이 벌어졌다. 또 도미노피자를 위한 모임이 속속 [트윗터모임]에 개설된다. 팔로매니저, 맞팔율계산기에도 팔로어를 모으기 위한 사용자들로 북세통을 이루었고, 이벤트를 위해서 팔로우를 모집하는 기이한 현상까지 나타나게 되었다.

도미노피자의 이벤트로 인해서 각종 문제점이 발생하고, 이에 따라 많은 사람들이 조기마감을 요구하자 8월 5일까지로 예정되었던 이벤트가 7월16일까지로 당겨지게 되었고, 트윗애드온즈에서도 7월8일부터 이벤트가 끝나는 7월16일까지 급기야 맞팔율계산기 서비스를 잠정 중단하게 되었다. "피자의 난" 사건은 많은 것을 시사한 이벤트였다고 평가되고 있다. 트위터 마케팅에서는 나의 생각과 의견이 얼마나 팔로어들에게 전달이 되느냐가 핵심인데, 이벤트 결과 예측하지 못한 다양한 문제점이 발생하게 되어 '도미노 피자'의 이미지가 나빠졌다는 의견과 피자 이벤트로 인해 노이즈 마케팅이 되어 인지도가 오히려 올라갔다는 등 의견이 분분한 가운데, 스마트폰으로 신청하면 15% 할인혜택을 받는다는 것을 알리게 되고 매출은 많이 높아졌다는 것이 업계의 예상이었다.

더 나아가 소셜 미디어 마케팅에 대해서 좀더 깊게 생각할 수 있는 좋은 에피소드가 된 것만은 분명하다는 생각이다.

기억에 남는 에피소드가 한 가지 더 있다. 지난 가을 김치가 아니라 금치라 불릴 만큼 배추 가격이 비쌌다. 트윗애드온즈에서 [지리산둘레길 http://bit.ly/blsabl]모임을 운영하시는 @rndlsdnjf2 님께서 올린 트윗이 사건의 발단이었다. 저렴한 가격에 택배로 보내주고 싶다는 트윗이 RT가 되면서, 언론사에서 와전된 내용을 기사화하고 이 기사를 본 사람들이 너나 할 것 없이 서둘러 트위터 계정을 만들고 [지리산 둘레길] 모임에 가입을 하게 된 것이다.

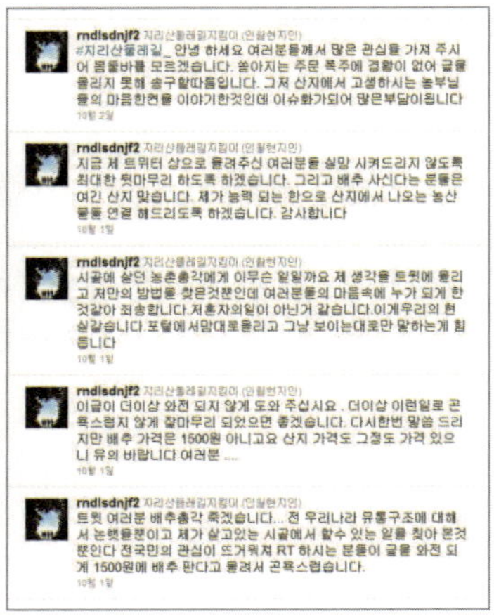

그날 하루 트윗애드온즈는 평상시 대비 30% 많은 방문자들이 [지리산 둘레길 모임]에 가입하는 것으로 인해 서버가 폭주하여 다운될 지경이었으며 @rndlsdnjf2 배추 총각은 와전된 언론사의 확인되지 않은 기사로 인해서 부담스럽다는 트윗을 올리고, 리트윗을 그만해 달라는 요청을 하기까지 되었다.

(4) 트윗터 맞팔 서비스 무료시대 끝, 반 유료화 소동

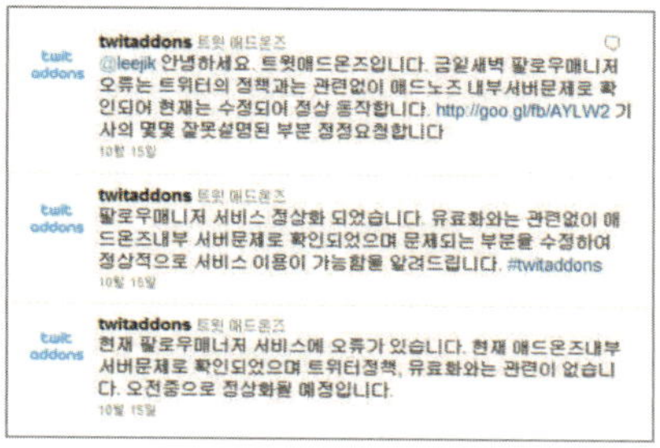

2010년 10월 15일 오전 베타뉴스의 이직 @leejik 대표로부터 전화가 걸려왔다. 트위터 팔로워 관리 서비스를 제공하던 리팔로우(www.refollow.com) 공지에서 트위터의 정책 변경에 의해 유료 서비스를 제공할 예정이라는 것이다. 부랴부랴 관련 내용을 확인하고 트위터 본사의 정책을 살펴보는데 베타뉴스에서 트위터 맞팔 서비스 무료시대 끝. 반 강제로 유료시대 시작 돼 (http://www.betanews.net/article/509467) 라는 제목으로 기사가 발행되었다. 맞팔율계산기 유료화 기사는 리트윗 되고 진위여부 확인하는 전화, 멘션 등이 이어졌다.

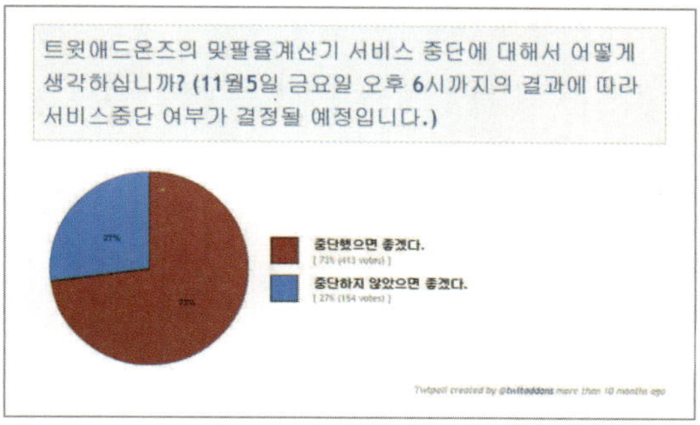

검토 결과 트윗애드온즈에서 근거 없는 내용으로 확인하고 베타뉴스에 보도자료 정정 요청을 하게 되었으나 공교롭게도 트윗애드온즈 팔로우 매니저에 오류가 생겨 유료화 논란이 확산된 듯 하였다.

타업체의 블로그 공지만 보고 잘못 작성된 오보였지만, 핵심 컨텐츠 서비스인 맞팔율계산기에 대한 사용자들의 관심이 얼마나 큰지 확인하게 된 에피소드였다.

(5) 맞팔율계산기 서비스 중단과 재개

맞팔율계산기 서비스 중단에 대해서 회사에서는 오랜 시간 동안 논쟁이 있었다. 트윗애드온즈 사용자들도 어차피 유료화로 가지 않을까라는 예측을 블로그에 포스팅하고, 또 얼마 전 유료화 오보로 인한 소동도 있던 터였다.

트위터 사용자들의 맞팔율

- 최근들어 맞팔율계산기가 처음 기획의도와는 다르게, 단순히 팔로워 숫자만을 늘리기 위한 용도로 사용되는 경우가 많이 발견되고 있습니다.
  이것은 트윗애드온즈가 추구하는 방향과 다를뿐더러 많은 트위터 사용자들이 해당서비스 중단을 원하고 있어(http://twitpic.com/341e1f)
  이에따라 맞팔율계산기 서비스가 2010년 11월 14일까지만 서비스될 예정입니다.
  그동안 맞팔율계산기를 사용해주신 분들께 감사드립니다.
- 맞팔율 : (나의 followers 중 내가 following 한 사람의 수 * 100) / followers 수

맞팔율계산기 서비스의 기획 의도와는 다르게, 팔로어 숫자를 늘리기 위한 용도로 사용되는 경우가 많았던 것이 사실이었다. 하지만 서비스를 중단하면 제2, 제3의 맞팔율계산기 밴치마킹서비스가 나올 수 있다는 것이 가장 큰 고민이었다. 하지만 내부에서는 일단 투표를 실시하는 쪽으로 의견이 모아졌고, twtpoll.com 서비스를 이용해서 사용자들의 의견을 듣기로 하였다. 투표를 트윗애드온즈 내부에서 실시하지 않았기에 전적으로 사용자 중심의 조사라고는 할 수 없었지만 결과에 따라 서비스를 중단하기로 잠정 결론을 내었다. 하지만 투표방식에 대한 아쉬움도 남았다. 트윗애드온즈 맞팔율계산기를 사용하지 않는 사용자들은 반대의견을 많이 낼 것이며, 충분한 공지가 되지 않아-사실 트윗애드온즈에는 공지하지 않았는데-충분한 의견을 수렴하는데 부족함이 있었다는 것이다.

맞팔율 계산기 서비스 중단 하자마자 하루도 안 되어 2개의 유사서비스가 출현하였다. 예측은 했지만 이렇게 빨리 유사서비스가 나올지는 몰랐다. 맞팔율 계산기 서비스를 중단하는 게 과연 잘한 선택인지에 대해 전직원들이 회의를 하게 되었는데 트윗애드온즈의 맞팔율 계산기가 없어진다고 유사서비스가 안 나오는 게 아니라 여러 개의 유사서비스로 인하여 더욱 혼란스러워질 것이며, 맞팔율 계산기를 중지하기 전보다 혼탁한 트위터 생태계가 될 것이란 생각에, 중지 일주일 만에 다시 서비스를 하기로 결정되었다.

(6) 〈트위터 뉴스〉와 〈트위터 사진〉

현재 트윗애드온즈에서는 기존의 언론매체와는 다르게 트위터상의 뉴스를 모아서 보여주는 〈트위터뉴스〉 와 〈트위터사진〉 서비스를 하고 있는데 트위터 사용자들의 리트윗이 많이 된 기준으로 시간대별로 보여주고 있다.

● 세상에서 가장 빠른 매체 – 실시간 정보네트워크 트위터

〈2011년 7월 27일 서울 지역에 최고 415mm 물 폭탄〉

2010년 추석 물난리에도 이슈가 되었지만 이번 수도권 폭우에도 또 다시 트위터의 실시간 정보 네트워크의 위력이 발휘되었다. 실시간으로 각 지역의 침수 상황, 교통상황이 리트윗으로 전파되었고, 일부 트위터 사용자는 타임라인의 침수 정보를 정리해서 다시 트윗하며 집단 지성을 활용한 구체적인 정보제공을 제공하기도 하였다.

트위터 검색 '침수' 로 검색을 시도해보았는데 실시간으로 너무 많은 정보가 올라왔다. 리트윗 등으로 중복된 내용도 많았지만 실시간성 이라는 가장 큰 장점 부각되었으며, 침수 피해지역의 사진이 트윗픽(twitpic.com)이나 와이프러그(yfrog.com)에 공유되고, 언론사들은 책상머리에서 또다시 트위터의 침수정보를 편집하여 기사화를 하는 모습을 볼 수 있었다.

● 트위터와 기관들의 공식적인 침수피해 정보제공

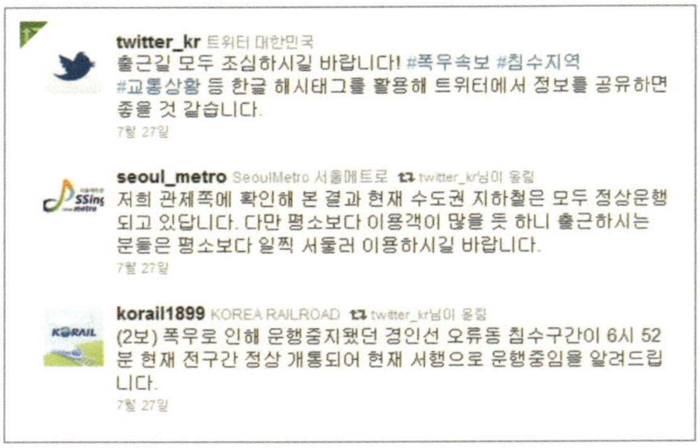

트위터 대한민국 공식계정인 @twitter_kr 은 한글 해쉬태그를 활용한 주제로 정보공유 권고
서울메트로(@seoul_metro)와 코레일(@korail1899) 공식트위터계정도 관련 정보 제공

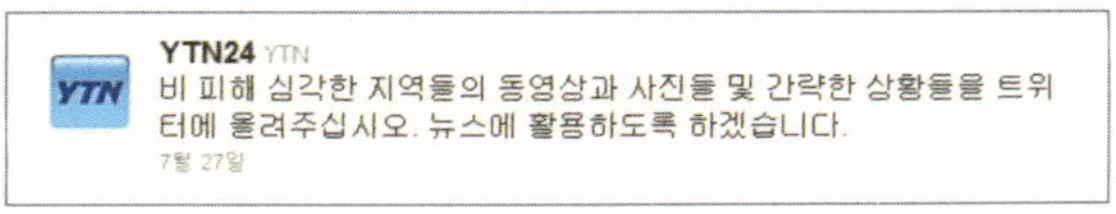

● 언론사들의 트위터에서 살아있는 소재 발굴

트위터의 장점이 실시간성이지만 다른 한편 너무 빠른 타임라인으로 해당 정보를 체계적으로 확인하기가 어렵다는 단점도 있다. 트윗애드온즈의 트위터사진을 살펴보면 리트윗(추천)이 많이 된 사진을 시간대별(실시간, 최근3시간, 최근24시간, 1일, 2일, 3일)로 정리해서 보여주고 있다. 수많은 침수피해 사진 중 가장 많이 추

천된 사진을 순위로 매겨서 실시간 정보의 가치를 나열해 줌으로써, 집단지성으로 만들어진 정보 선택의 가이드라인을 제공해주고 있다.

위와 같이 트위터 뉴스와 사진을 보면 앞으로 트윗애드온즈가 나아가야 할 방향을 조금 엿볼 수 있을 것이다.

사례 01

개인의 동기가 네트워크 구조를 설명하는가?
-트윗애드온즈 온라인 공동체 비교연구-

글 · 최수진, 박지영

많은 선행연구들이 네트워크 구조를 주어진 것으로 전제하고, 해당 네트워크가 개인의 동기나 행위에 어떠한 영향을 미치는지를 연구해온 반면, 본 연구는 이러한 가정에 의문을 제기하며 개인의 동기가 거시적 차원의 네트워크 구조에 미치는 영향에 대해 분석하고자 한다.

이를 위해, 연구자의 인위적 개입이 적고 전체 네트워크 구조 데이터를 보다 쉽게 획득할 수 있는 온라인 공동체를 연구대상으로 정하였다. 특히, 트윗애드온즈의 경우 공동체 가입 이전에 개인의 동기를 명시적으로 파악할 수가 있어, 개인의 동기와 네트워크 구조간의 선후관계가 전제된 본 연구문제에 부합하였다. 개인의 동기는 관련 연구결과들을 바탕으로 사회정치적(sociopolitical) 동기, 정보획득(access to information) 동기, 정보공유(information sharing) 동기 및 관계적(interpersonal) 동기로 구분하였다. 상기 동기 유형에 입각하여, 10개의 트윗애드온즈 공동체, 2만 7천여명의 구성원들이 두 달 간 주고받은 메시지를 바탕으로네트워크 구조를 도출하였다.

아래 그림이 나타내듯, 각 동기유형별로 네트워크 구조가 상이함을 알 수 있다. 사회정치적 동기를 지닌 개인들로 구성된 공동체의 경우 소수 핵심 구성원들을 중심으로 방사형태의 네트워크 구조를 보였으며, 정보획득 동기의 경우 핵심 클러스터에 여러 개의 하위클러스터가 연결되어 있음을 알 수 있다. 구성원들이 정보공유를 위해 모임에 가입했을 경우, 정보획득 동기와 달리, 하위클러스터 없이 모두 핵심 클러스터에 운집된 형태를 나타냈으며, 관계적 동기의 경우, 상호호혜의 원칙에 따라 관계의 평등성이 유지되었음을 알 수 있다.

따라서, 본 연구는 집단의 네트워크 구조가 변하지 않거나, 구성원들의 의도와 상관없이 존재하는 것이 아니라, 개인의 동기에 따라 다른 형태로 형성될 수 있음을 확인하였다. 더 나아가, 공동체 구성원간의 대화내용에 대한 추가 분석을 통해 본 연구의 잠정적 결론을 보완하고자 한다.

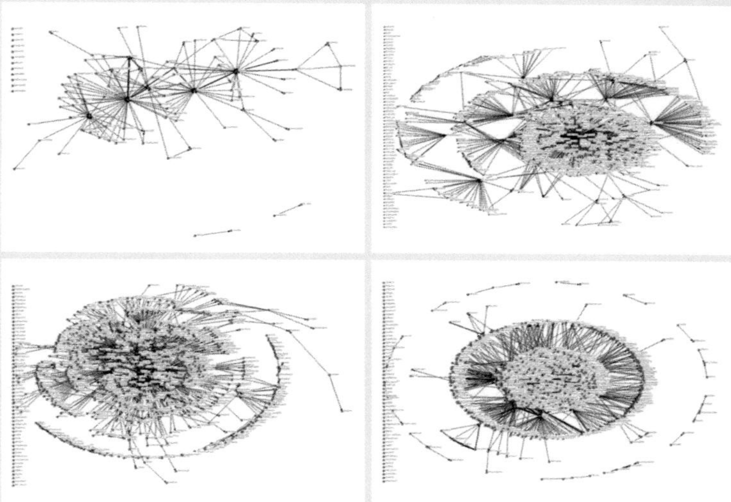

〈그림 1〉 동기 유형별 네트워크 구조

▲ 최수진 & 박지영 & 박한우 (2011).
Does Motivation Define the Network Structure?Comparative Study of Twitaddons.com Online Communities withDifferent Member Motives.WCU웹보메트릭스사업단-영남대학교 사이버감성연구소 공동주최 학술세미나 발표자료, 7월 1일. 대구: 팔공산온천관광호텔.

※ 필자들의 미발표 논문으로 현재 국제 저널 투고를 위해 준비 중.

Appendix A

NodeXL을 이용한 소셜미디어 분석

NodeXL
새로운 네트워크분석 도구

최명군, 김민주

목차

1. SNA 개요 및 NodeXL 장점
2. NodeXL 구성요소
3. NodeXL을 이용한 네트워크 분석

1. SNA 개요 및 NodeXL 장점

1. SNA 도구

Social Network Analysis 는 Social Network 구조, Social Media와 기타 Network 구조 등에 대한 연구를 지원하는 툴

- 주요 네트워크 분석 프로그램의 종류와 비교

목적과 용도	프로그램	특징
수집된 데이터를 이용한 네트워크 시각화와 통계적 분석	UciNet	가장 대중적이며 여러 통계적 분석을 제공함
	Paiek	분석 대상이 많은 연구의 시각화에 유용함
	NetMiner	한국어 지원이 뛰어나며 통합 분석이 가능함
네트워크 분석을 위한 웹사이트 링크 데이터의 수집과 parsing	LexiURL	여러 종류의 동시링크 분석에 특화됨
	SocSciBot	웹사이트에 포함된 아웃링크 분석에 초점
	IssueCrawler	동시 아웃링크를 이용한 온라인 이슈 파악
	Mozdeh	블로그 RSS 피드의 수집과 분석

※ 출처 : 박한우(2010), LexiURL을 이용한 동시링크분석-정치웹진,정치포럼사이트, Journal of the Korea Data Analysis Society, Vol. 10, No. 2(B)

2. 왜 노드엑셀(NodeXL) 인가 ?

- 순환적 그래프데이터 구조를 표현할 수 있는 기존의 도구들은 각각 한계를 가졌다. 네트워크 분석은 학술, 상업과 인터넷 Social Media 등 분야에 중요한 연구영역이고 빠른 성장을 보이고 있다.
- 현재 사용하고 있던 도구는 명령을 입력 등의 방식으로 네트워크를 분석하기 때문에 도구에 대한 많은 지식이 필요하다.
- 많은 네트워크 데이터들은 Excel 파일로 저장하고 있다.

3. NodeXL

NodeXL는 Microsoft Excel 2007에 네트워크 분석도구를 추가한 새로운 기능 툴이다. NodeXL는 NET Framework 3.5 소스를 통해 다른 네트워크분석 소프트웨어를 이용한 분석결과나 기초데이터도 처리할 수 있다.

NodeXL 개발자 →

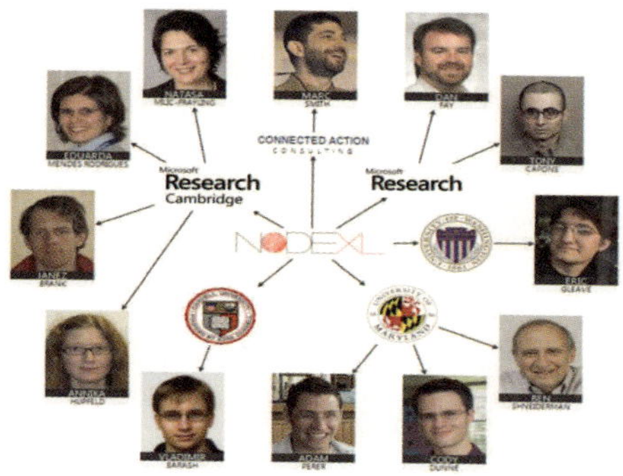

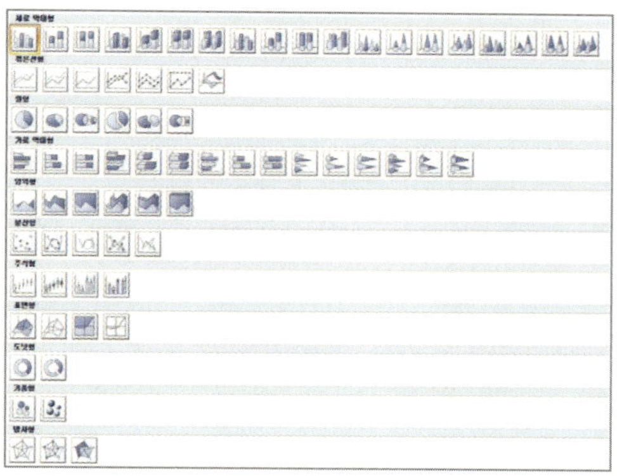

→ 결정적으로
Microsoft Excel 2007
차트기능 중
네트워크 차트가 없음

4. NodeXL의 장점 – SNA(Social Network Analysis) 쉽게 만들자

- 광범위하게 사용되고 있는 Excel에 네트워크 분석 툴을 결합하여 연구의 시너지효과를 실현
- SNA 초보자도 쉽게 접근할 수 있음
- NodeXL은 앞서 나열된 SNA도구들의 가장 발전되고 간편한 도구 중의 하나라 할 수 있음

1. NodeXL 다운로드

- 사이트 주소 – http://www.codeplex.com/NodeXL
- NodeXL 사이트 첫 페이지 오른쪽 상단에서 아래의 왼쪽 그림과 같은 다운로드 메뉴를 볼 수 있다. 초록색 다운로드 링크를 클릭하면 아래의 왼쪽 그림과 같은 창이 뜨고 NodelXL 최신버전(2011.7월 기준) 압축파일을 무료로 다운받을 수 있다. 또한 간단한 사용법도 배울 수 있다.

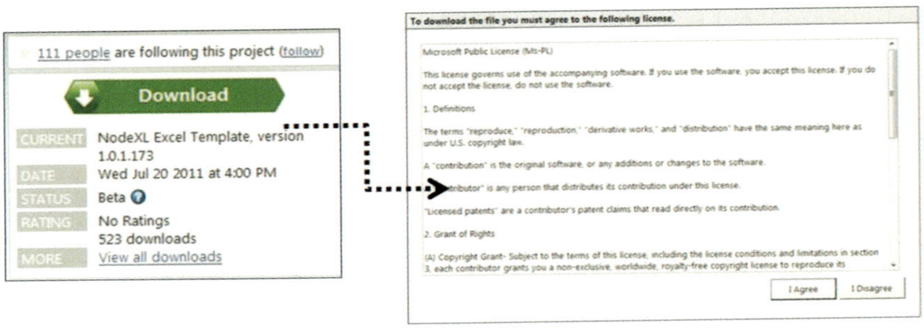

2. NodeXL 구성요소

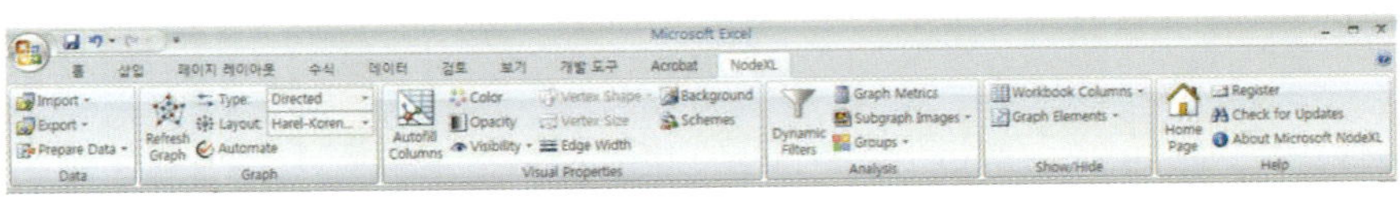

Data	데이터 입력 (직접 입력, Excel 데이터 입력, 다른 도구 결과 입력 등)
Graph	도표 도출 (선 스타일, 도표형식)
Visual Properties	도표 시각화 (Node의 색깔, 크기, 투명도, 형태 ; 선의 굵기 등)
Analysis	데이터 분석 (데이터 속성 분석, 계산 등)
Show/Hide	데이터 창구에 항목 추가
Help	도움

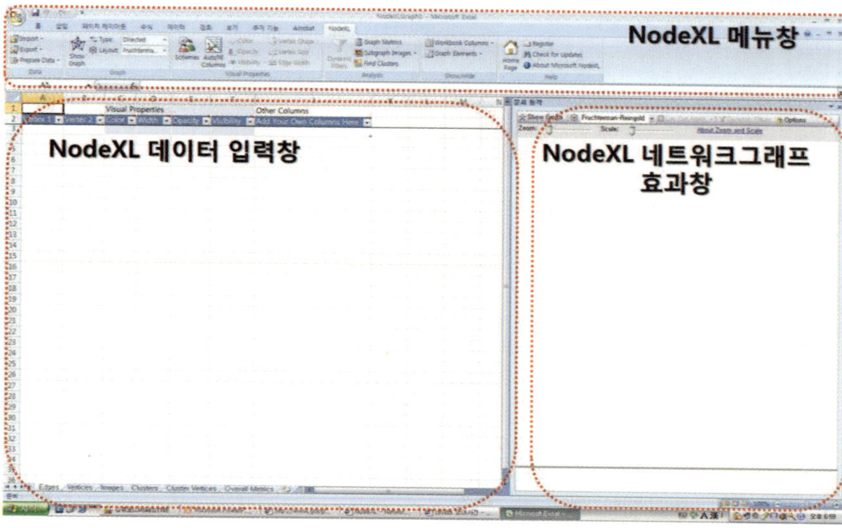

3. NodeXL 데이터 입력창

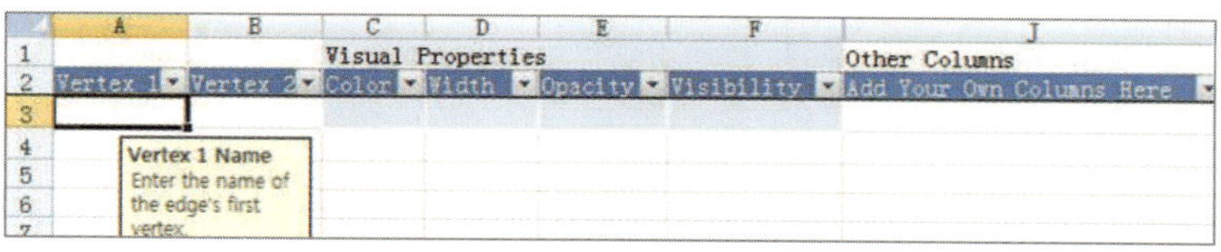

Edges	링크 (연결선) : links, ties & connections
Vertices	노드 (개체) : Nodes, entities & items
Images	이미지
Clusters	하위 그룹
Cluster Vertices	하위 그룹으의 노드
Overall Metrics	전체 데이터 계산

- NodeXL에서 개체(vertices)는 색, 모양, 크기, 투명도의 성질로 표현될 수 있다

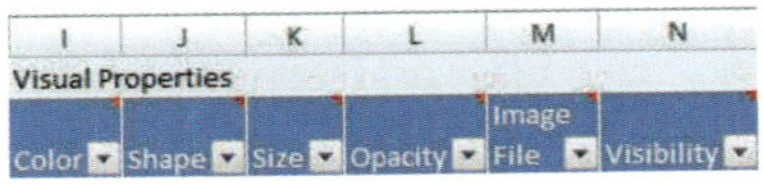

- Autofill Columns을 이용하여 연결선(Edge), 개체(vertex)의 크기와 각각의 중심도 및 특정 값에 따라 표현할 수 있다.

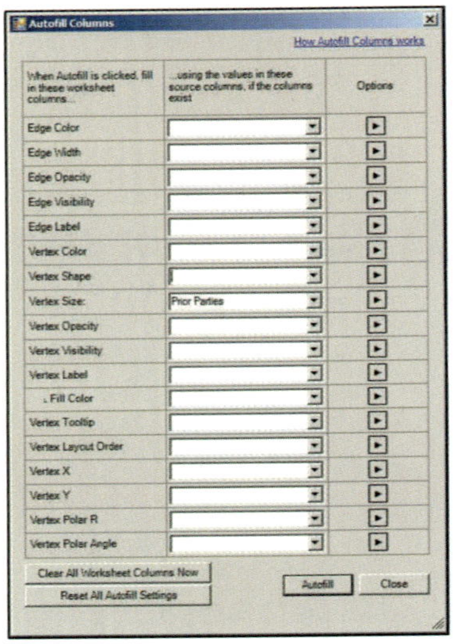

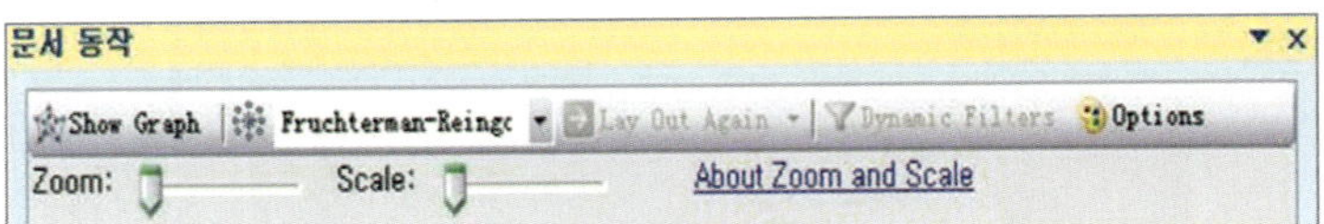

Show Graph	그래프 그리기
Lay Out Again	그래프를 레이아웃 유형별로 다시 꾸미기
Dynamic Filters	필터(데이터 일부분 표시)
Options	도표 디자인 설정
Zoom	확대
Scale	비율

1. NodeXL에 데이터 불러오기

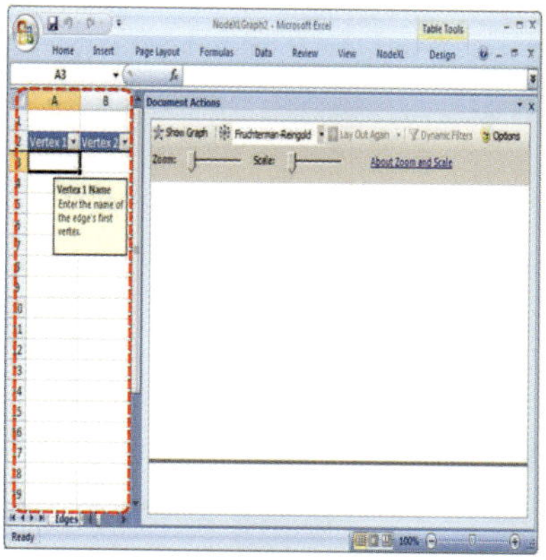

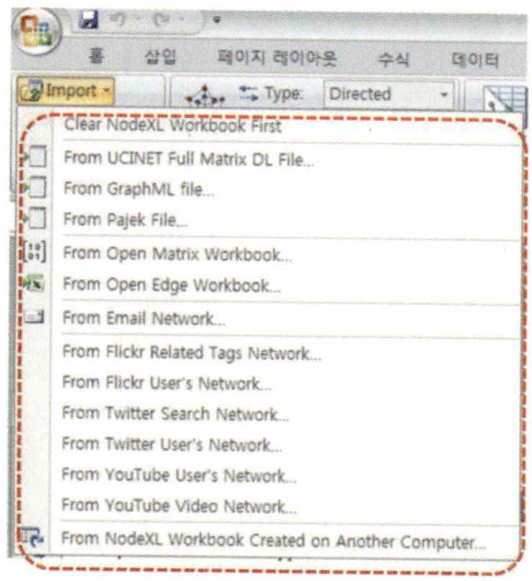

① Vertex1 행에서 Vertex2 행으로 향하는 데이터를 작성한다.

② 기존의 데이터를 불러(import) 온다. 특히 노드엑셀은 Email, Flickr, Twitter, Youtube의 데이터를 수집할 수 있다는 장점이 있다.

1-1. 트위터 데이터 수집하기

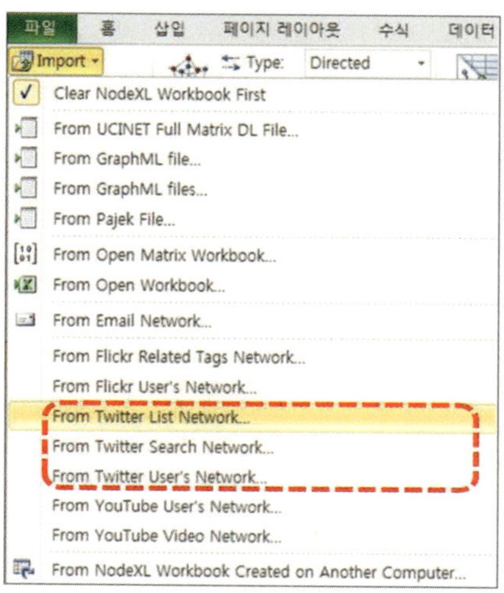

NodeXL에서 제공하는 Twitter 네트워크수집 옵션

- List Network
- Search Network
- User's Network

예) Search Network

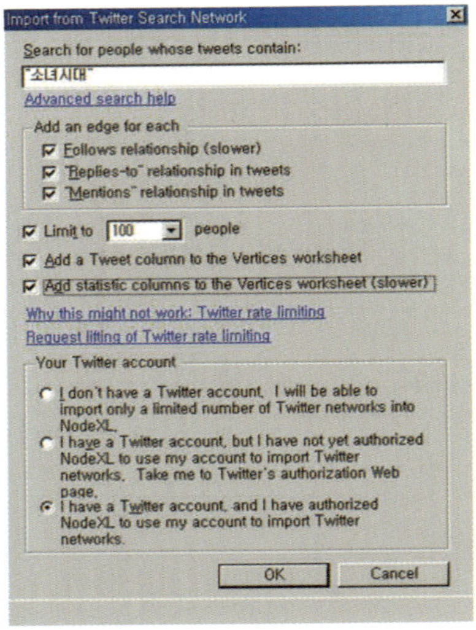

- "Search Keyword"
  예)"소녀시대" 따옴표 안의 내용이 포함 된 데이터만 수집한다.

- 'Follows relationship' 만 체크할 경우, "Search Keyword"를 언급한 사용자들의 follow 관계를 불러온다. 검색 키워드가 포함 된 reply, mention 데이터가 필요하면 3박스 모두를 체크한다.
  (사용자들간의 키워드와 관련 된 reply, mention이 없는 경우도 있다.)

- Twitter 계정이 없어도 사용가능하며, 계정이 있을 경우 인증을 받으면 더 많은 데이터수집이 가능하다.

예) user's Network

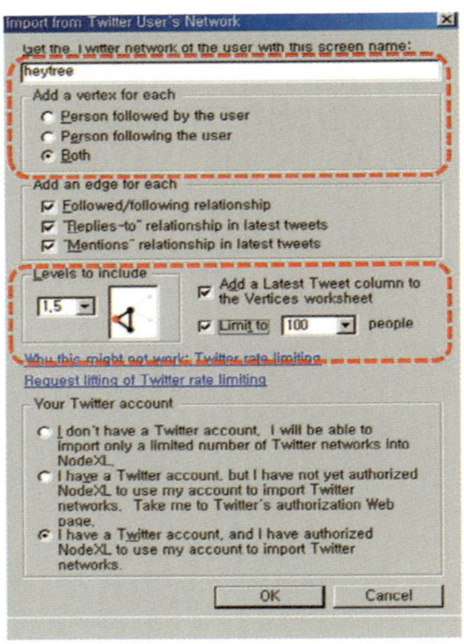

- "User ID"
  예) heytree 사용자의 데이터를 수집한다.
  (예를 들어 following, follower 관계)

- 한 명의 사용자 데이터를 수집하는 데 대략 10~30초가 소유된다. 사용자의 데이터에 따라 몇 시간에서 하루 이상 시간이 소요될 수도 있다.
  'Limit to'를 체크해 sample를 줄이기를 권하지만, 이 경우 적은 데이터를 수집하는 한계점을 있다.

1-2. 유투브 데이터 수집하기

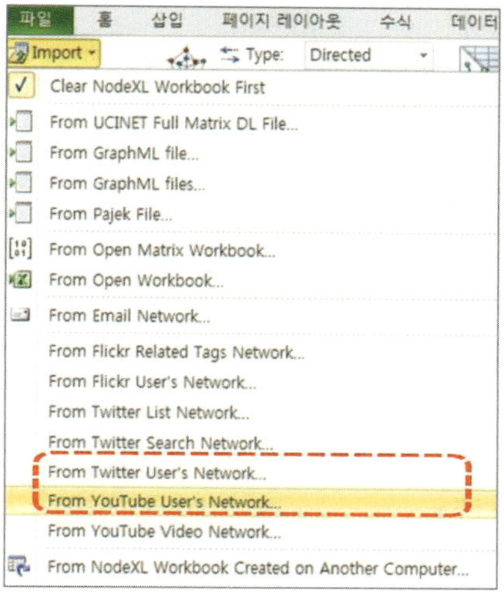

NodeXL에서 제공하는
Twitter 네트워크수집 옵션

- From YouTube User's Network
- From YouTube Video Network

예) User's Network

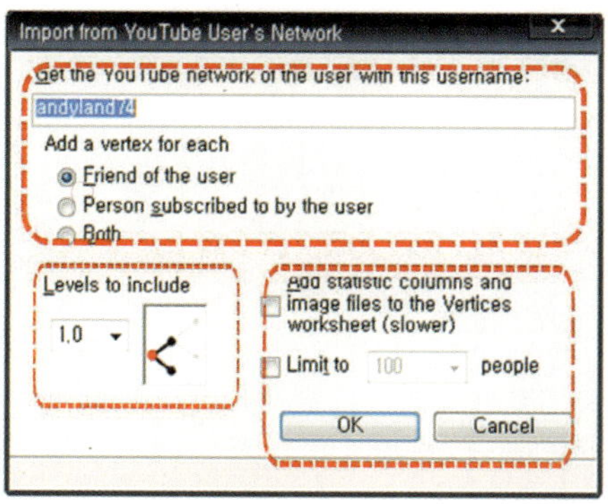

- "Username"
  예) andyland74 사용자의 데이터를 수집한다. 아래 필요한 데이터를 선택할 수 있다.
- 통계열 및 사용자 이미지 추가가능 (소요시간과 비례)
- 데이터 수집 제한 인수 100명~1000명 (소요시간과 비례)
- 네트워크 데이터 수집범위 1.0/1.5/2.0 (소요시간과 비례)

예) Video Network

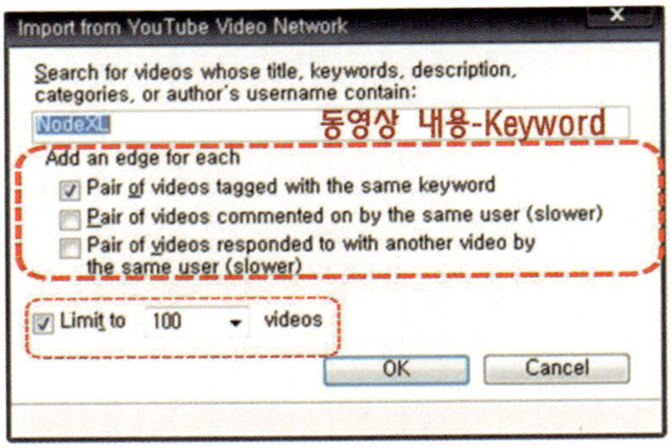

- "Video keyword"
  예) NodeXL 동영상의 데이터를 수집한다. 아래 필요한 데이터를 선택할 수 있다.

- 데이터 수집 제한 인수 100개~1000개
  (소요시간과 비례)

2. NodeXL에서 데이터 만들기

- 매트릭스로 나타낸 네트워크 표

	지영	왕정	현진
지영	0	1	1
왕정	0	0	0
현진	1	0	0

- Edge list로 나타낸 네트워크 표

Vertex 1	Vertex 2
지영	왕정
지영	현진
현진	지영

① 위의 두 매트릭스와 Edge list는 다르게 표현된 같은 네트워크

② Edge list는 Vertex1에서 Vertex2로의 방향성을 나타냄

③ 다른 속성을 첨가하지 않는다면 Vertex1에서 vertex2로 향하는(directed) 이진법 (binary)적인 네트워크라 할 수 있음

④ NodeXL은 Edge list로 네트워크로 분석함

⑤ 네트워크 지표들은 이진(binary)매트릭스에 기초해 계산 되지만, Edge weight를 넣어서 관계의 강도(valued)를 시각적으로 표현 할 수 있음

● 네트워크분석을 하는 Matrix 파일을 edge list로 바꾸기

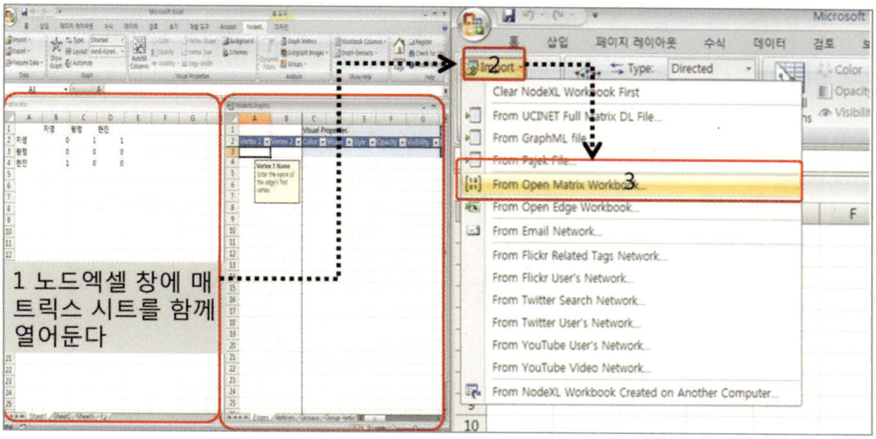

▲ 기존의 네트워크분석을 하는 Matrix 파일을 edge list로 나타내어 활용할 수있다.

3. NodeXL에서 네트워크 다이어그램 그리기

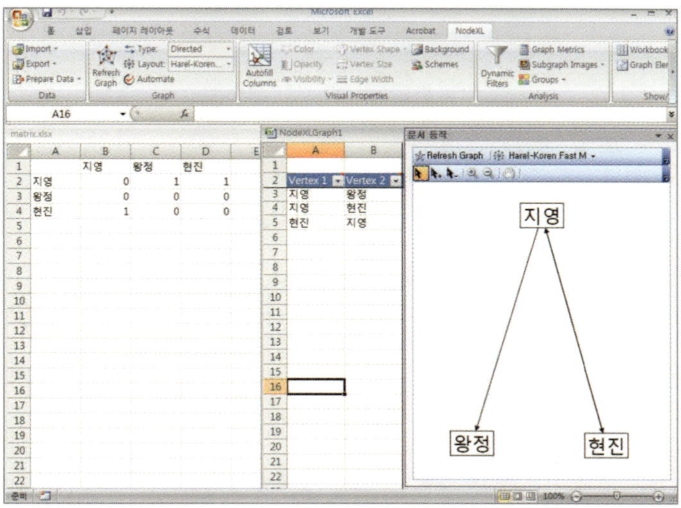

▲ 관계가 있고 없고를 나타내는 2진(binary)법적, 방향성이 있는(directed) 네트워크 완성.

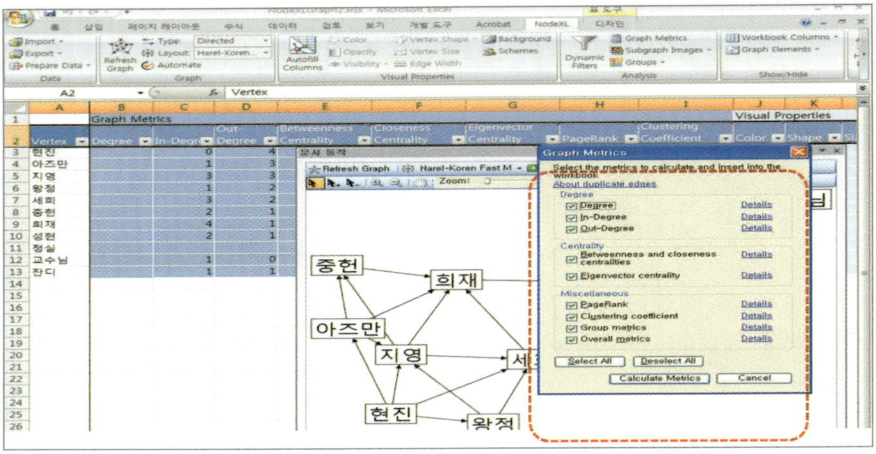

▲ Graph Metrics를 이용하여 각 개체들의 Degree, In-degree, Out Degree, Betweenness and Closeness centrality, Eigenvector centrality, Page Rank, Clustering Coefficient, Group Metrics 값들을 계산하여 네트워크 다이어그램 완성.

※ 네트워크 기본 개념 설명

- Degree Centrality
- Betweenness Centralities : Bridge Scores for Boundary Spanners
- Closeness Centrality : Distance Scores for Broadly Connected People
- Eigenvector Centrality : Influence Scores for Strategically Connected People

3-1. 카테고리 별로 구분하려면 'Scheme'을 이용

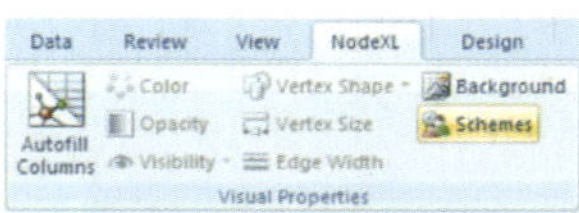

Category column : sex

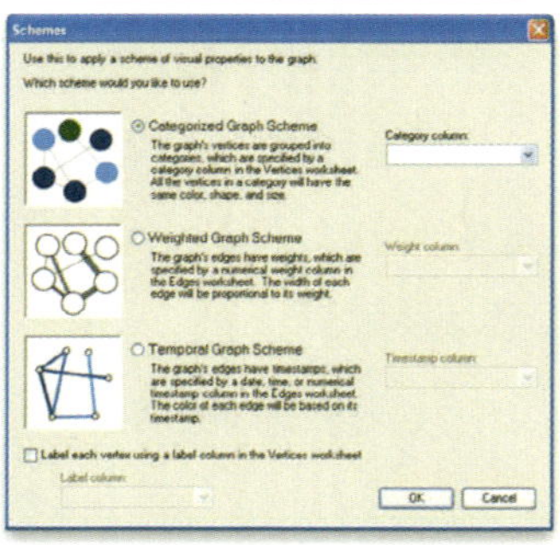

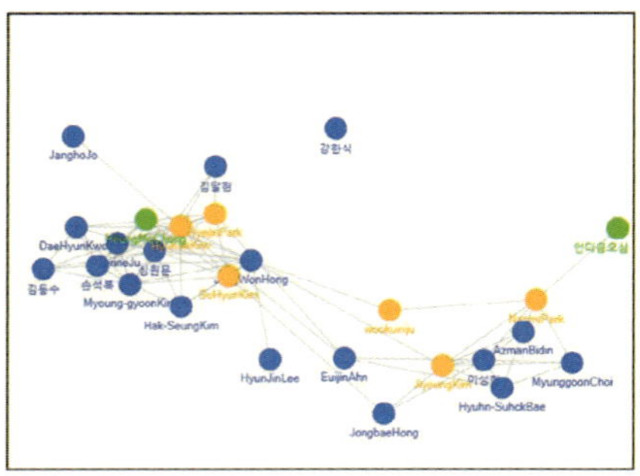

4. NodeXL 사례

● NodeXL 사례 (1)

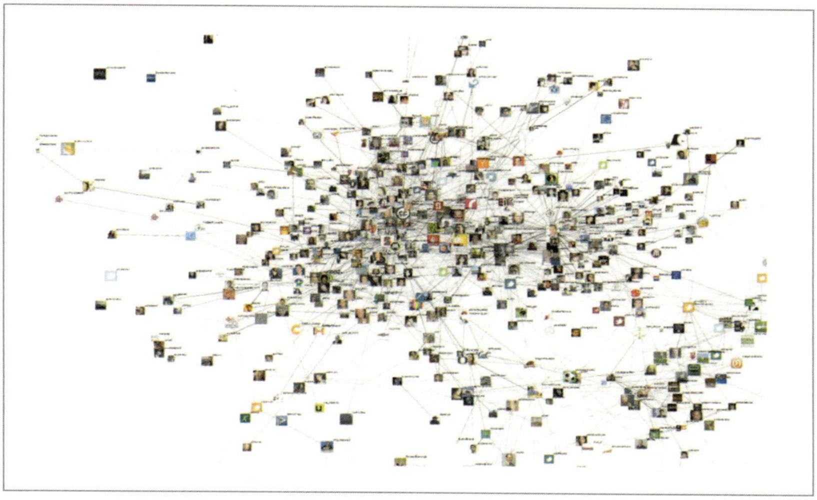

● NodeXL 사례 (2)

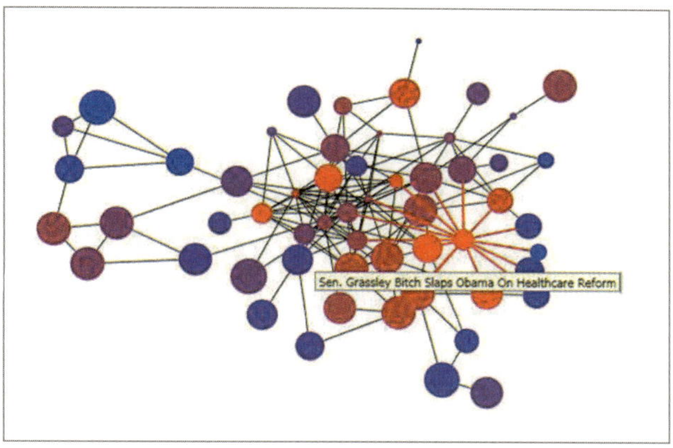

▲ 코멘트 수와 비디오의 순위에 따라 개체의 색과 크기를 나타낸 YouTube의 건강보험에 관련된 비디오 네트워크

※ 출처 : Derek Hansen, Ben Shneiderman, Marc A. Smith, "Analyzing Social Media Networks with NodeXL : Insights from a Connected World"

Appendix B

Webometric Analyst 를 이용한 소셜미디어 분석

Webometric Analyst

Web impact report,
Link(cite) impact report and Youtube Network

최명군, 최성철

목차

1. Webometric Analyst 다운로드
2. Web Impact Report
3. YouTube 네트워크 분석

1. Webometric Analyst 소개

- 웹사이트 동시언급을 분석할 목적으로 영국의 Thelwall 교수가 개발하였다.
- Webometric analyst 홈페이지 주소 – http://lexiurl.wlv.ac.uk/
- Webometric analyst의 장점은 사이버 공간에서 두 행위자 간, 직접적 관계로부터 찾을 수 없는 숨겨진 네트워크를 발견하는 데 있다.

2. Webometric Analyst 다운로드

- 사이트 주소 – http://lexiurl.wlv.ac.uk
- 사이트 첫 페이지 상단에 위치한 메뉴 가운데 그림과 같은 'Download' 메뉴를 볼 수 있다. 이를 클릭한 후, 몇 가지 정보를 입력하면, 최신버전(2011.7월 기준)의 파일을 무료로 다운받을 수 있다.

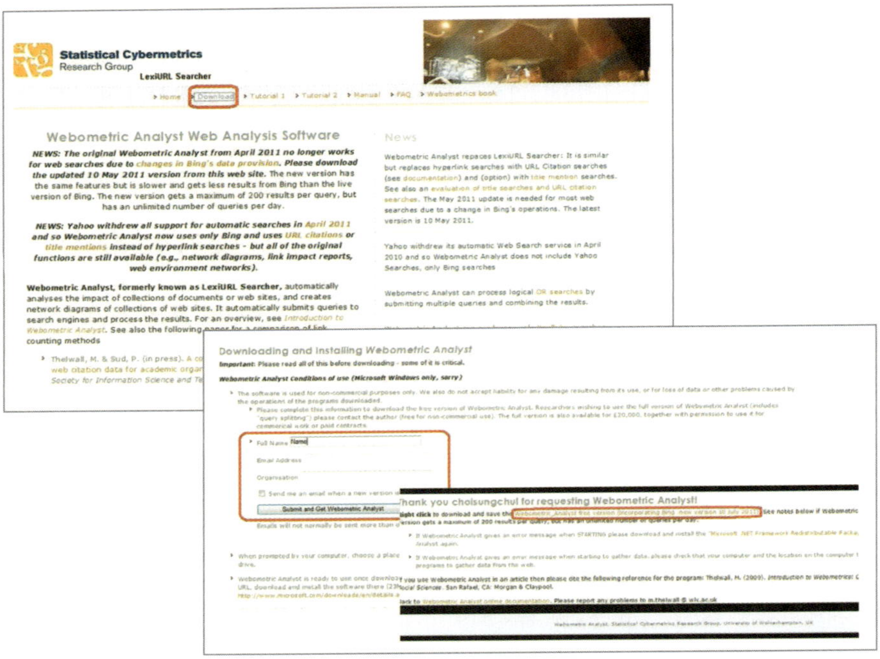

1. Web Impact Report 메뉴얼

1-1. Webometric Analyst 열기

- 다운받은 Webometric Analyst 파일을 연다.
- 'None of the above – Go to the classic interface' 선택한 후, [OK] 버튼을 클릭한다.

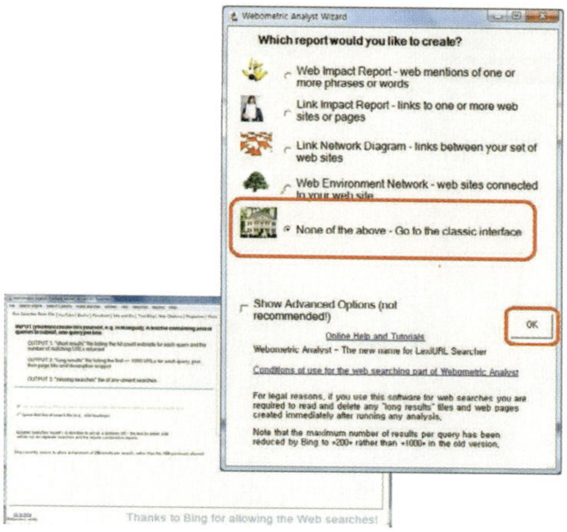

1-2. 쿼리파일 만들기

- 메모장 같은 Text Editing Program을 사용한다.
- 검색하고자 하는 단어나 문장을 한 줄에 하나씩 입력한다.
  그리고 저장할 때, 인코딩을 'UTF-8'로 변경하여 저장한다.

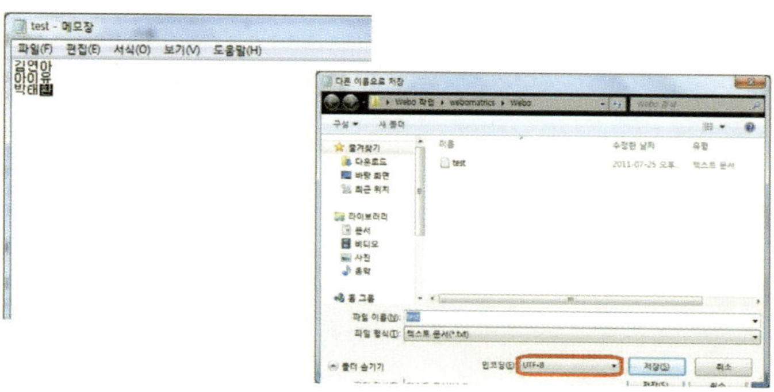

1-3. 쿼리파일 불러오기

- 'Run all searches in file' 버튼을 클릭한다.
- 미리 만들어둔 쿼리파일(그림에선 test.txt)을 연다.

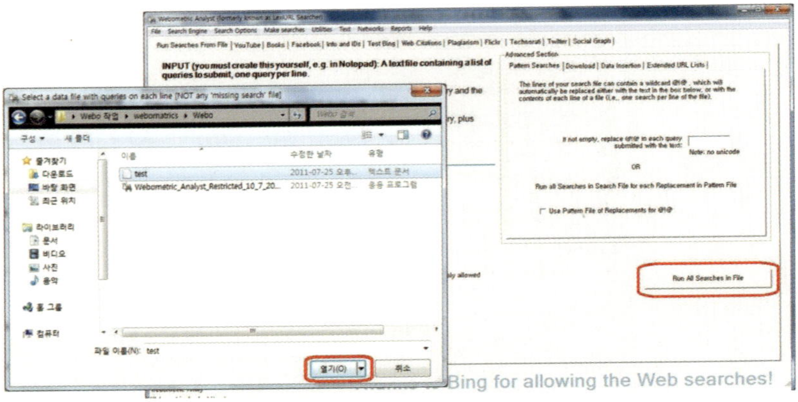

1-4. 검색 시작(프로그램 실행)

- 프로그램이 실행되는 것을 확인한다.

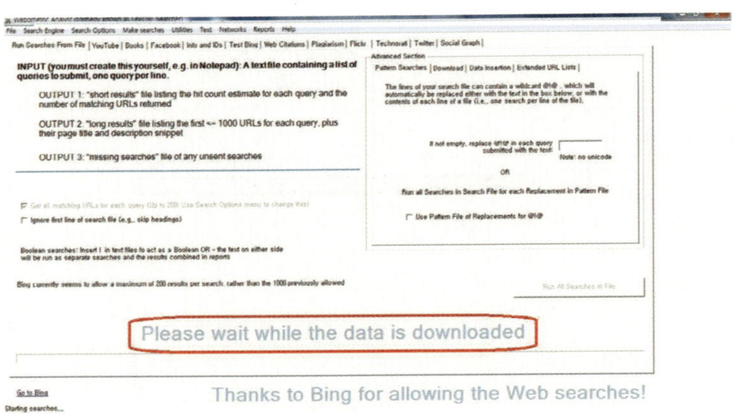

1-5. 결과물 확인

- 실행이 완료되면 Result counts per page와 Long results, Short results, 이렇게 3개의 파일이 생성된다.

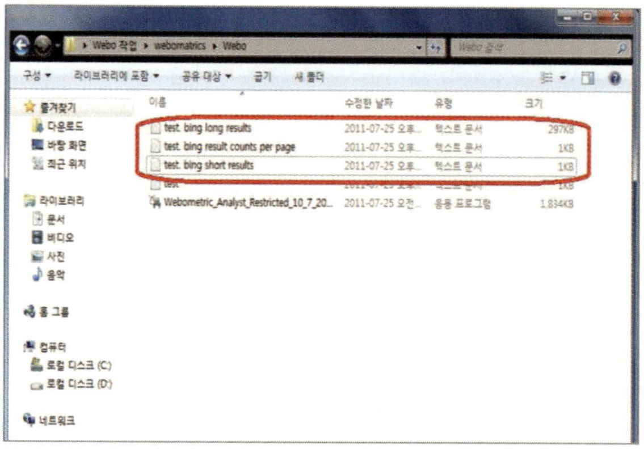

① Result counts per page

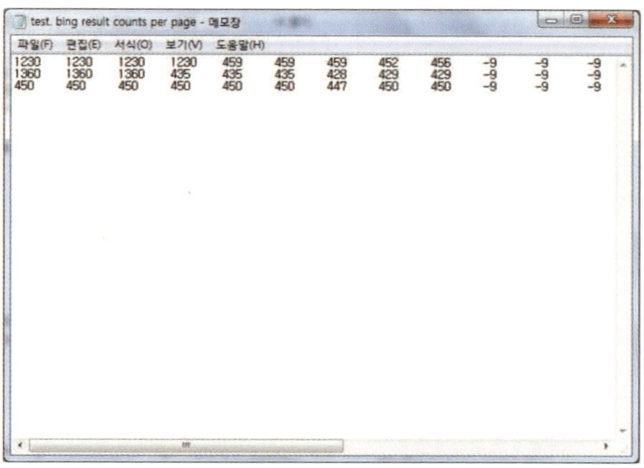

② Long results

- 해당 검색어로 찾은 URL과 Title, 본문 내용을 포함한다.

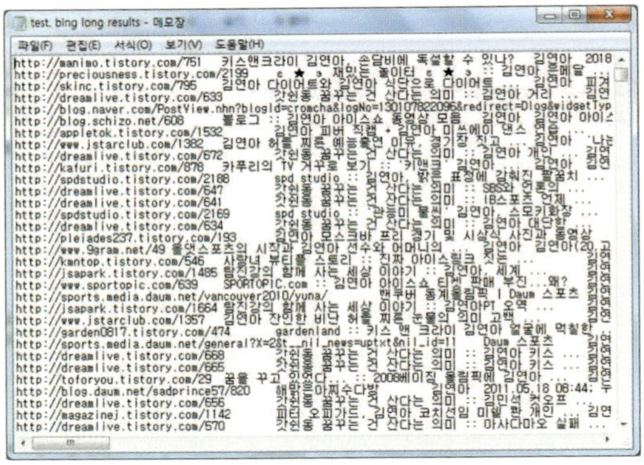

③ Short results

- Hit count / URLs Returned 값을 보여준다.
- 예시에서 1230은 첫 번째 결과 페이지로부터 나온 Hit Count 값이고, 398은 검색 엔진에 의해 되돌아온 URL의 실제 개수이다.
- Hit count가 URLs Returned 보다 더 의미 있는 값이다.

2. Web Impact Report

2-1. 리포트 생성

- Reports 메뉴에서 'Make a Set of Standard Impact Reports from a Long Results File – reported separately for each query – merging consolidated queries from query splitting ma'을 클릭한다.

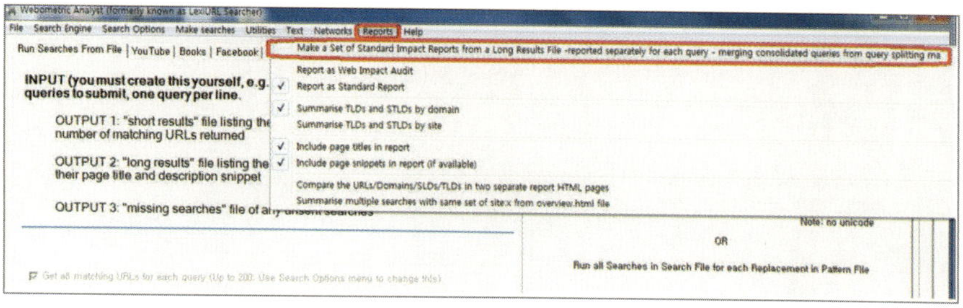

2-2. Long Results 파일 열기

- 나온 결과 값 중, long results 파일을 선택하여, 일반적 웹 가시성 보고서를 생성한다.

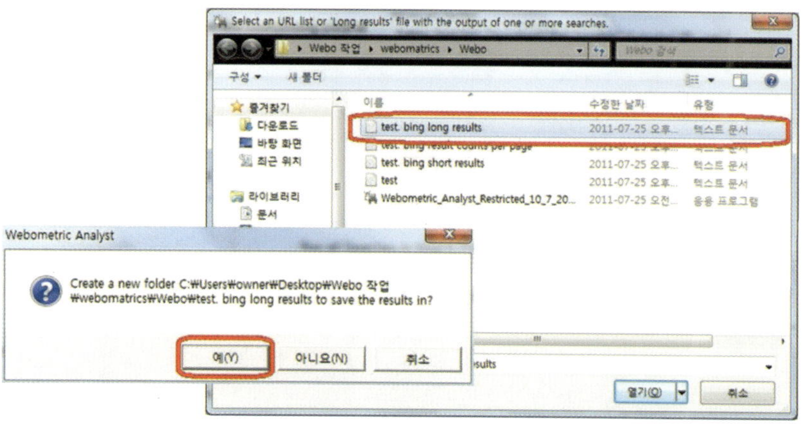

● 해당 화면이 나오며, 동시에 폴더(ex. test.bing long results)가 long results 파일이 있던 곳에 생성이 된다.

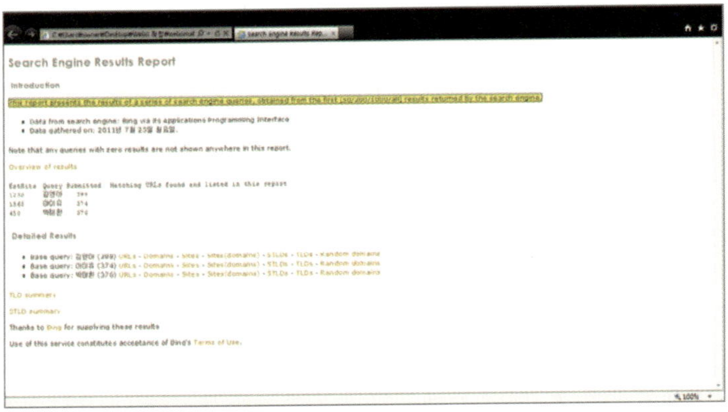

● 결과 보고서는 생성된 폴더 내에 존재하는 index.html 파일에서 볼 수 있다.

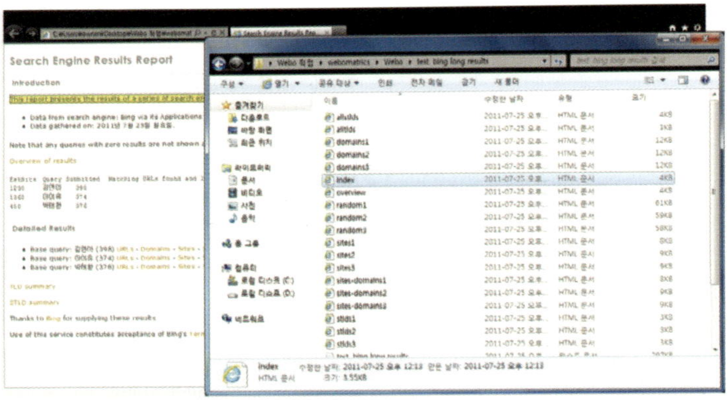

2-3. 결과 분석 (Domain)

- 일반적으로 domain을 많이 연구하는데, 여기서 Domain을 예로 들었다. 이를 확인하기 위해 'Domain'을 클릭한다.

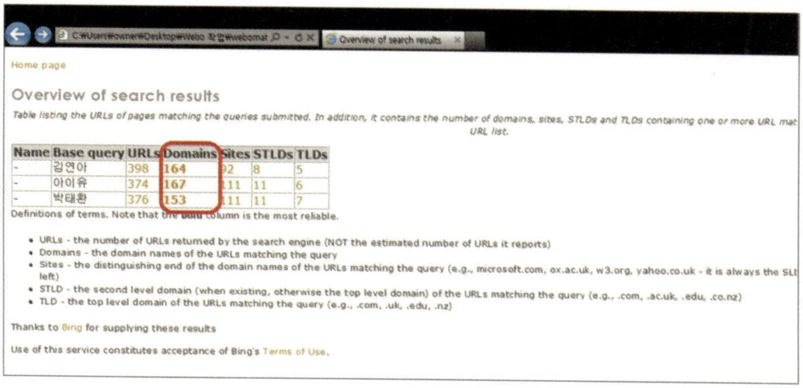

Home page

Overview of search results

Table listing the URLs of pages matching the queries submitted. In addition, it contains the number of domains, sites, STLDs and TLDs containing one or more URL mat URL list.

Name	Base query	URLs	Domains	Sites	STLDs	TLDs
-	김연아	398	**164**	92	8	5
-	아이유	374	**167**	111	11	6
-	박태환	376	**153**	111	11	7

Definitions of terms. Note that the bold column is the most reliable.

- URLs - the number of URLs returned by the search engine (NOT the estimated number of URLs it reports)
- Domains - the domain names of the URLs matching the query
- Sites - the distinguishing end of the domain names of the URLs matching the query (e.g., microsoft.com, ox.ac.uk, w3.org, yahoo.co.uk - it is always the SLI left)
- STLD - the second level domain (when existing, otherwise the top level domain) of the URLs matching the query (e.g., .com, .ac.uk, .edu, .co.nz)
- TLD - the top level domain of the URLs matching the query (e.g., .com, .uk, .edu, .nz)

Thanks to Bing for supplying these results

Use of this service constitutes acceptance of Bing's Terms of Use.

- 그 결과, 검색어 '김연아'에 대해 dreamlive.tistory.com 도메인에서 19.6%로 가장 많은 검색 결과가 나타났고, 그 뒤를 이어 www.youtube.com(16.6%), blog.daum.net(2.5%)이 나타난다.

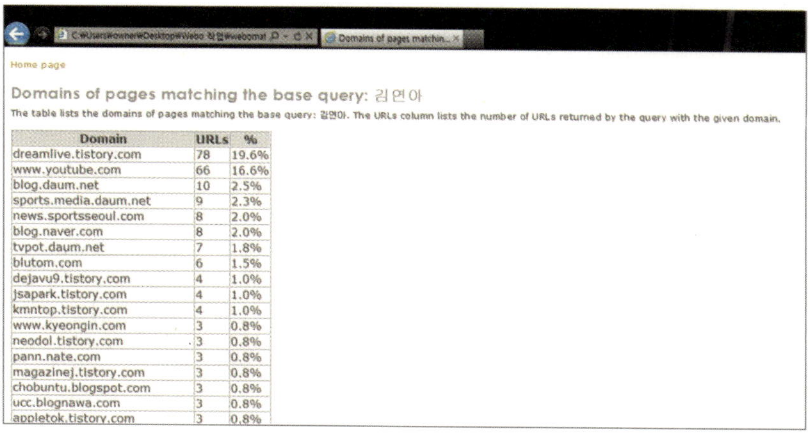

Home page

Domains of pages matching the base query: 김연아

The table lists the domains of pages matching the base query: 김연아. The URLs column lists the number of URLs returned by the query with the given domain.

Domain	URLs	%
dreamlive.tistory.com	78	19.6%
www.youtube.com	66	16.6%
blog.daum.net	10	2.5%
sports.media.daum.net	9	2.3%
news.sportsseoul.com	8	2.0%
blog.naver.com	8	2.0%
tvpot.daum.net	7	1.8%
blutom.com	6	1.5%
dejavu9.tistory.com	4	1.0%
jsapark.tistory.com	4	1.0%
kmntop.tistory.com	4	1.0%
www.kyeongin.com	3	0.8%
neodol.tistory.com	3	0.8%
pann.nate.com	3	0.8%
magazinej.tistory.com	3	0.8%
chobuntu.blogspot.com	3	0.8%
ucc.blognawa.com	3	0.8%
appletok.tistory.com	3	0.8%

3. YouTube 네트워크 분석

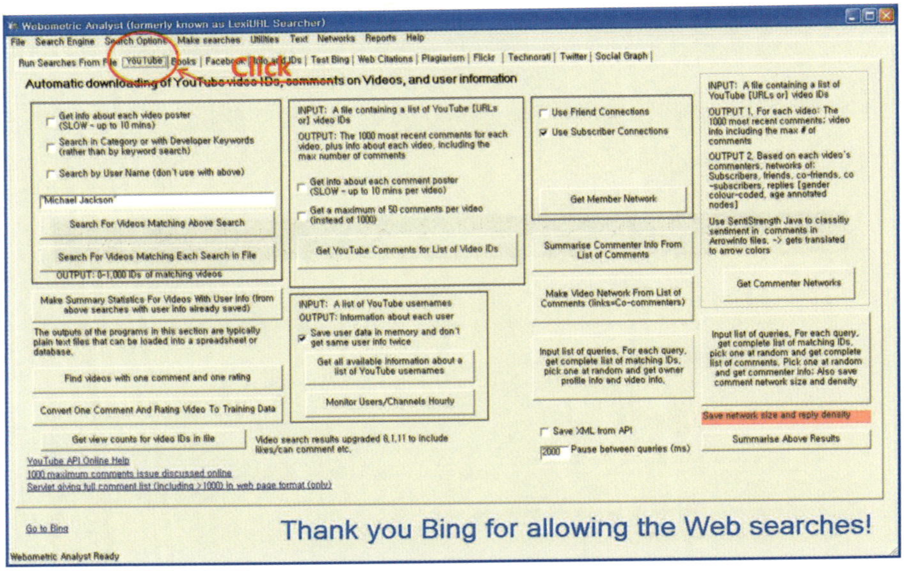

1. 검색어를 이용한 데이터 모으기

빈칸에 검색어를 넣고 Search For Videos Matching Above Search를 누른다.
이 메뉴얼에서는 "welcome library AND introduction library"라는 검색어로 테스트함.

- Search For Videos Matching Each Search in File은 input파일인 text파일을 불러올 때 사용함
- text파일은 UTF-8로 저장하는 것을 권장함

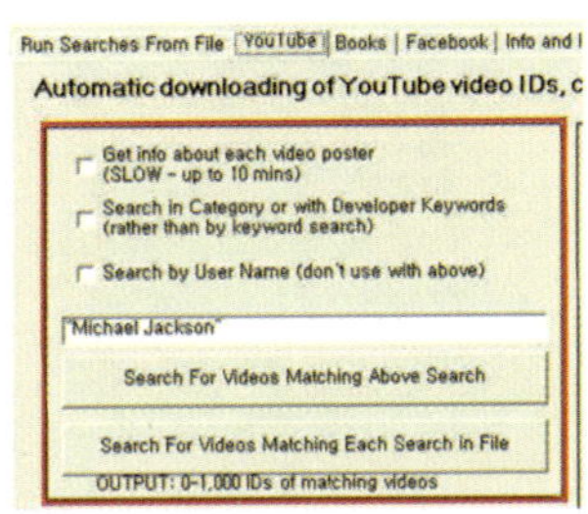

- 옵션 1 : 각각의 비디오 클립에 대한 자세한 정보를 가져 옴
- 옵션 2 : 카테고리를 넣어 검색
- 옵션 3 : 유저 이름을 통해 검색

1-1. 데이터 확인하기

1) SearchWord

Test word : "welcome library AND introduction library"

검색어를 통한 Video ID를 담는 텍스트파일

2) _idURLs.txt

검색된 결과를 나타내는 결과파일

- 비디오ID, published 날짜, 업데이트된 날짜, 동영상 제목, 동영상 url, 게시자이름, dislike, likes, viewcount, favorite count 등을 알 수 있음.

  텍스트 파일을 엑셀로 열면 아래와 같은 결과를 볼 수 있음.

  옵션 값에 따라 카테고리가 달라질 수 있음.

VideoID	Published	Updated	Title	VideoURL	AuthorName	AuthorURI	Dislikes	Likes	CommentPermission	RatePermission	FavouriteCount	ViewCount	CommentCountHint
zPzjoQb9I	2009-01-20T18:0	2011-02-05T	Welcome to	http://www.youtu	GreenvilleLibrary	http://gdata.youtube.com/feeds/api,	-1	-1	3	3	23	3480	
rbNQtQDI	2008-04-11T21:3	2010-08-27T	God's Library	http://www.youtu	JoePaprocki	http://gdata.youtube.com/feeds/api,	-1	-1	1	1	2	1121	
wqgNm1v	2008-09-02T02:3	2010-08-27T	Welcome to	http://www.youtu	BartonCollegeLibrary	http://gdata.youtube.com/feeds/api,	0	7	1	1	6	2607	
Z-AgLediz	2008-09-10T14:4	2010-08-22T	Welcome to	http://www.youtu	USFLibraries	http://gdata.youtube.com/feeds/api,	0	1	1	1	1	510	
rh66xgr8d	2008-09-02T04:3	2010-08-27T	Welcome to	http://www.youtu	BartonCollegeLibrary	http://gdata.youtube.com/feeds/api,	0	4	1	1	3	813	
8nYe7Vt3I	2011-01-05T14:1	2011-01-05T	Omaha Publ	http://www.youtu	OmahaPublicLibrary	http://gdata.youtube.com/feeds/api,	-1	-1	1	1	0	66	
RtqxVbI0T	2011-01-05T15:3	2011-01-05T	Omaha Publ	http://www.youtu	OmahaPublicLibrary	http://gdata.youtube.com/feeds/api,	-1	-1	1	1	0	122	
zOLuZ6O	2011-01-05T15:4	2011-01-05T	Omaha Publ	http://www.youtu	OmahaPublicLibrary	http://gdata.youtube.com/feeds/api,	-1	-1	1	1	0	89	
hgUivDJnj	2009-01-20T16:3	2010-08-23T	Welcome to	http://www.youtu	CHCRob	http://gdata.youtube.com/feeds/api,	-1	-1	1	1	2	378	
bCzCbYz6	2011-01-04T21:3	2011-01-05T	Omaha Publ	http://www.youtu	OmahaPublicLibrary	http://gdata.youtube.com/feeds/api,	-1	-1	1	1	0	286	
#NAME?	2007-08-19T18:0	2010-08-27T	Library Welc	http://www.youtu	jsugar216	http://gdata.youtube.com/feeds/api,	-1	-1	2	1	1	547	
1oaBxasak	2011-03-10T18:4	2011-04-22T	Welcome to	http://www.youtu	PapersGenius	http://gdata.youtube.com/feeds/api,	0	1	1	1	1	1499	

1-2. 데이터 확인하기

- 앞서 검색된 결과 파일을 이용하여 이용자 정보와 함께 비디오에 대한 전체적 요약적인 통계를 만든다.
- Input file : Test_1_idURLs.txt
  (CheckBox 1의 결과파일)
  → 버튼 클릭 !

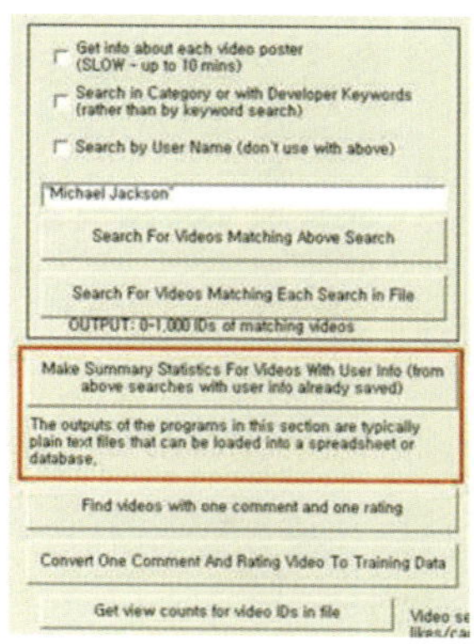

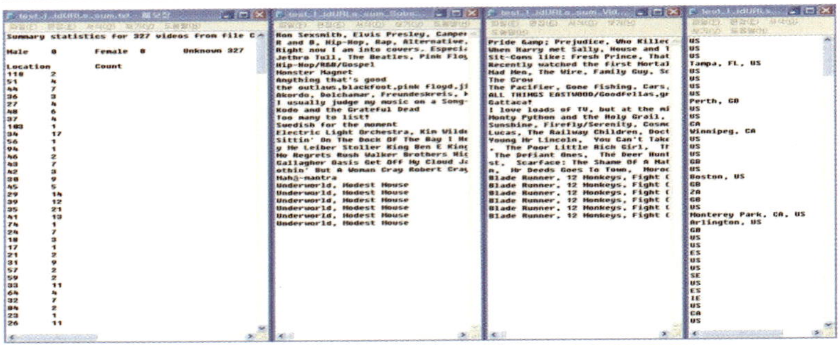

1-3. 데이터 변환

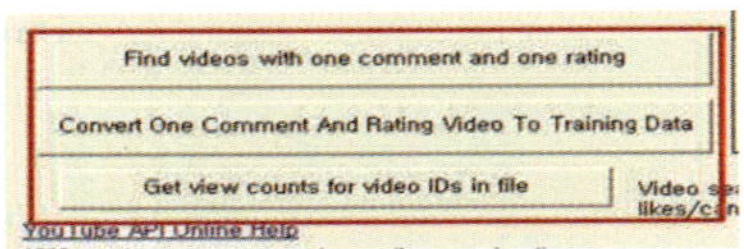

- 하나의 코멘트와 한 번의 레이팅인 비디오를 찾는다.

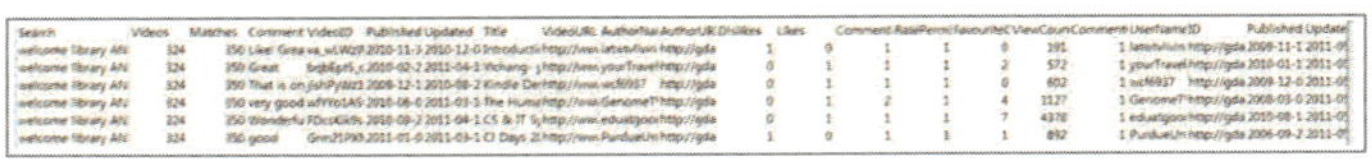

- 하나의 코멘트와 레이팅인 비디오를 training data로 변환한다.

- 비디오ID를 담고 있는 파일에서 뷰카운트를 가져온다.

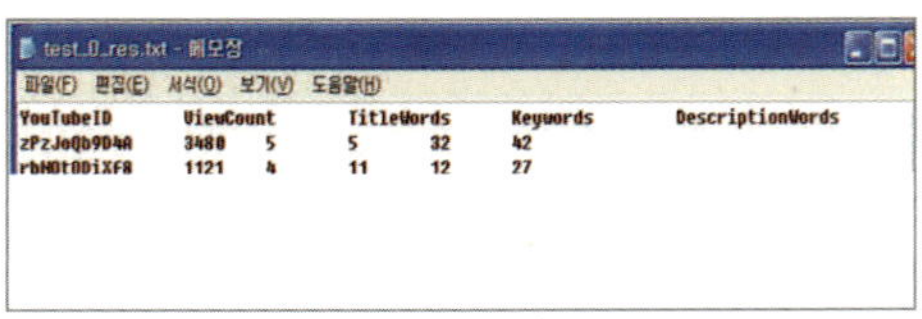

2. 동영상의 코멘트 분석

- INPUT : YouTube(URL 혹은) 비디오 아이디 파일
- OUTPUT : 각자의 비디오 파일에 대해서 최근 1000개의 코멘트.
- 추가적으로 각자의 비디오 정보와 최대 코멘트 수치.

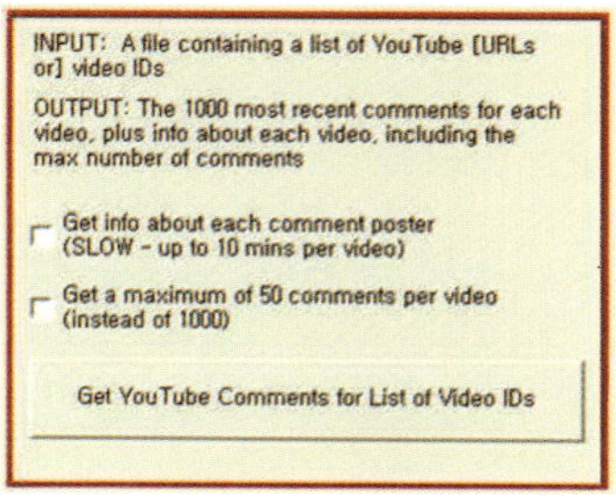

2-1. 결과파일 확인

- _Info.txt

  체크박스 상관없이 동일

  비디오아이디, 제목, URL, 코멘트 간단한 정보

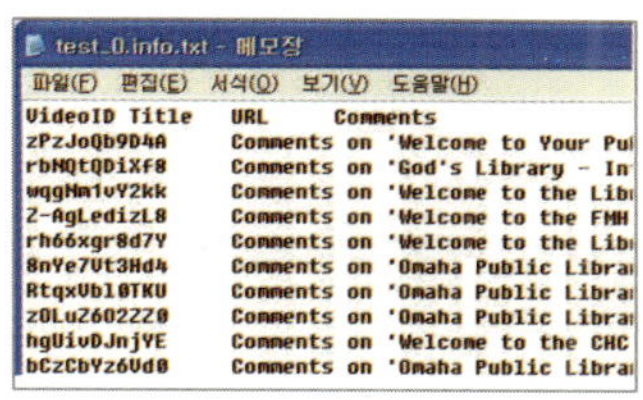

- _comments.txt

  옵션 여부에 따라 나오는 정보의 양이 달라짐

→ 기본적으로 아래와 같은 정보가 나옴.

VideoID	CommentID	Published	Updated	Title
Content	InReplyTo	AuthorName	AuthorURI	

3. 이용자 이름을 이용한 검색

- INPUT : Youtube의 이용자이름(userID) 리스트
- OUTPUT : 각각의 이용자에 대한 정보
- Monitor Users/Channels Hourly를 클릭하면 시간마다 변경된 데이터가 업데이트됨
- 체크박스 – 메모리에 유저 정보를 저장한다.
  그리고 같은 유저에 대해선 두 번 가져오지 않는다

4. 유투브 멤버 네트워크

- 친구 관계를 이용한 네트워크
- 구독자(subscriber) 관계를 이용한 네트워크

→ 둘 중 하나 선택 후 Get Member Network 클릭 !

- Input files

```
GreenvilleLibrary
JoePaprocki
USFLibraries
BartonCollegeLibrary
BartonCollegeLibrary
OmahaPublicLibrary
OmahaPublicLibrary
OmahaPublicLibrary
CHCRob
HooverPresLib
jsugar216
PapersGenius
YouManitoba
kcookonlinelib
UoLLibrary
SaddlebackLIBRARY
DevelopIntelligence
UniLincolnLibrary
CongLib
bezakor
BridgeToHealthVideo
BobstRef9
MontParkTV
HarperCollegeLibrary
UTALibrary
gshea0765
UOC
SVALibrary
biblioteksforening
daisymay123456
howtolearnenglish
pilgrimlibrary
TrinityLibrary
MAIDTV
fhacbib
PublicResourceOrg
stevebizlib
dmetcalf1000
GoogleDevelopers
cooklibrary
GenealogyCompass
```

- Output files

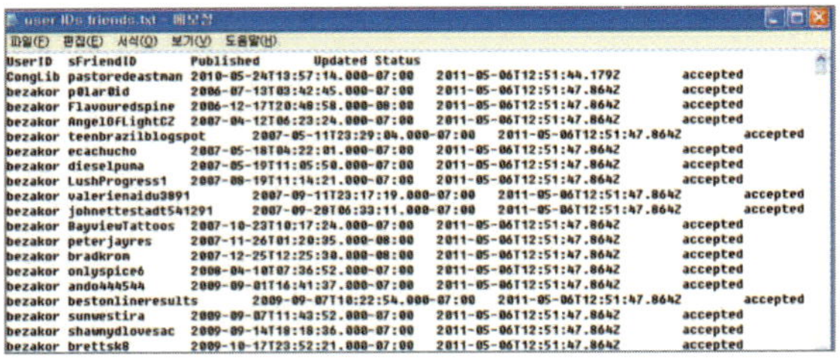

```
UserID  sFriendID       Published       Updated Status
CongLib pastoredeastman 2010-05-24T13:57:14.000-07:00   2011-05-06T12:51:44.179Z        accepted
bezakor p0lar0id        2006-07-13T03:42:45.000-07:00   2011-05-06T12:51:47.864Z        accepted
bezakor Flavouredspine  2006-12-17T20:40:58.000-08:00   2011-05-06T12:51:47.864Z        accepted
bezakor AngelOfLightCZ  2007-04-12T06:23:24.000-07:00   2011-05-06T12:51:47.864Z        accepted
bezakor teenbrazilblogspot      2007-05-11T23:29:04.000-07:00   2011-05-06T12:51:47.864Z        accepted
bezakor ecachucho       2007-05-18T04:22:01.000-07:00   2011-05-06T12:51:47.864Z        accepted
bezakor dieselpuma      2007-05-19T11:05:50.000-07:00   2011-05-06T12:51:47.864Z        accepted
bezakor LushProgress1   2007-08-19T11:14:21.000-07:00   2011-05-06T12:51:47.864Z        accepted
bezakor valerienaidu3891        2007-09-11T23:17:19.000-07:00   2011-05-06T12:51:47.864Z        accepted
bezakor johnettestadt541291     2007-09-20T06:33:11.000-07:00   2011-05-06T12:51:47.864Z        accepted
bezakor BayviewTattoos  2007-10-23T10:17:24.000-07:00   2011-05-06T12:51:47.864Z        accepted
bezakor peterjayres     2007-11-26T01:20:35.000-08:00   2011-05-06T12:51:47.864Z        accepted
bezakor bradkrom        2007-12-25T12:25:30.000-08:00   2011-05-06T12:51:47.864Z        accepted
bezakor onlyspice6      2008-04-10T07:36:52.000-07:00   2011-05-06T12:51:47.864Z        accepted
bezakor ando444544      2009-09-01T16:41:37.000-07:00   2011-05-06T12:51:47.864Z        accepted
bezakor bestonlineresults       2009-09-07T10:22:54.000-07:00   2011-05-06T12:51:47.864Z        accepted
bezakor sunwestira      2009-09-07T11:43:52.000-07:00   2011-05-06T12:51:47.864Z        accepted
bezakor shawnydlovesac  2009-09-14T18:18:36.000-07:00   2011-05-06T12:51:47.864Z        accepted
bezakor brettsk8        2009-10-17T23:52:21.000-07:00   2011-05-06T12:51:47.864Z        accepted
```

- Input files

user IDs.txt
텍스트 문서
6KB

- Output files

user IDs subscriptions.txt
텍스트 문서
635KB

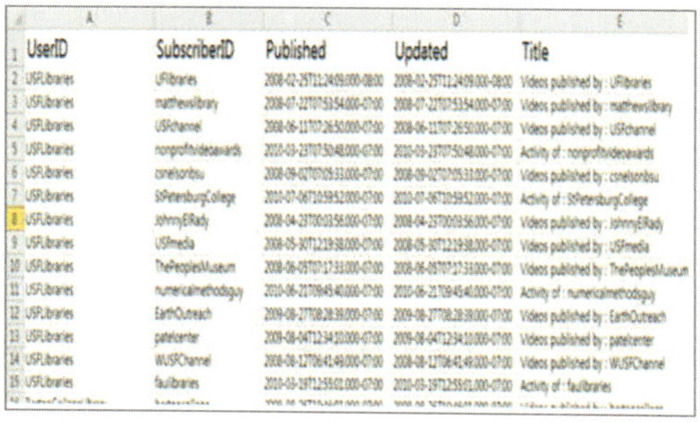

5. Comment & Commenter 네트워크

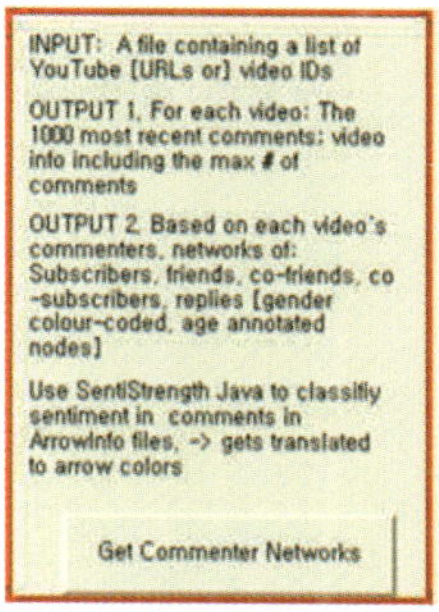

- INPUT : 비디오 아이디, 유튜브 비디오 리스트
- OUTPUT 1 : 각 비디오의 1000개의 최근 코멘트와 최대 코멘트 수가 포함된 비디오 정보.
- OUTPUT 2 : 각 비디오를 바탕으로 한 구독자, 친구, 동일한 친구

(Co-friends, 공동 구독자, replies[gender colour-coded, and annotated nodes)

저자 목록

〈일반 저자〉

George A. Barnett,
김장현, 김태견, 남윤재,
문정훈, 박한우, 신호철,
윤호영, 이연옥, 임연수,
전채남, 정정주, 조성은,
최규문

〈학부/석박사과정 저자〉

김남정, 김민주, 김지영,
박세정, 박재은, 박지영,
이설련, 이성철, 최명균,
최성철, 최수진

※ 저자 목록(가나다 순)

〉〉 일반 저자 소개

1 George A. Barnett

gabarnett@ucdavis.edu

주요경력
- 現 캘리포니아대 (UC-Davis), 교수/학과장, 2009~현재
- 뉴욕주립대 (SUNY-Buffalo), 교수, 1981~2009
- 텍사스대, 메일랜드대, 렌셀러대 강의
- 現 국제학회 International Network for Social Network Analysis 회장

학력
- 미시간주립대학교, 박사 (1972-1976)
- 일리노이대학교, 석사 (1971-1972)
- 일리노이대학교, 학사 (1967-1971)

주요연구
- Global Networks (2011) 등 다수 국제 저널에 논문 게재
- New Media and Society (2011)
- Connection (2010)
- Journal of the American Society for Information Science and Technology (2010)
- Journal of Communication (2010)

2 김장현

jangkim@hawaii.edu

http://jangkim.net
http://twitter.com/commpeace

주요경력
- 現 미국 하와이대 교수 (2007~현재)
- 서강대학교 초빙교수 (2011 여름학기)
- 싱가폴 경영대학교/뉴욕주립대학교 싱가폴 프로그램 초빙교수 (2010 여름학기)
- 뉴욕주립대학교 강사 (2005~2007)

학 력
- 뉴욕주립대학교 커뮤니케이션학 박사 (2003-2007)
- 연세대학교 신문방송학과 석사 (1996-1998)
- 연세대학교 경제학과 학사 (1992-1996)

주요연구
- Telecommunication Policy (2011), Asian Journal of Communication (2009), Journal of American Society for Information Science and Technology (2010) 등 다수의 권위있는 저널에 논문 게재
- 개인의 자아관이 페이스북 사용에 미치는 영향 연구 (2010)
- 백악관과 국민의 소통 패턴을 다룬 "프레지던트 메시지" 번역, 출판 (2011)
- 주요 연구분야: 소셜 네트워크, 소셜미디어, 문화와 디지털 미디어, 조직 소통, 정책커뮤니케이션, 커뮤니케이션 이론 등

3 김태견

ceo@gioo.com

http://www.twitaddons.com
htttp://twitter.com/taemuchin

주요경력

- 現 ㈜지우닷컴 대표 (2007~현재)
- 갠지즈닷컴(Ganges.com)과 코리언무비(koreanmovie.com) 설립
- 한국 트위터 모임, 트윗애드온즈(twitaddons.com) 운영

학력

- 경일대학교 전자공학과 학사 (1991-1998)

주요활동

- 기프트미 (giftme.kr) 개발 (2011)
- 소셜 설문조사 트윗판도라 런칭 (2011)
- 한국트위터 모임 트윗애드온즈 (twitaddons.com) 설립 (2010)
- 트위터 시사회 (kr.gioo.com) 시스템 개발 (2009)
- 영문 사이트 코리언무비 (koreanmovie.com) 런칭 (2008)
- 해외 비디오모음사이트 갠지즈닷컴 (ganges.com) 오픈 (2007)

4 남윤재

yoonjaenam@gmail.com

http://www.yoonjaenam.com

학력

- PhD, Dept. of Communication, University at Buffalo, State University of New York (2011)
- MCIS (the Master of Communication and Information Studies), School of Communication Information and Library Studies, Rutgers University, New Jersey (2004)
- M.A. Dept. of Communication, Yonsei University, Seoul, South Korea (2001)
- B.A. Dept. of Communication, Yonsei University, Seoul, South Korea (1999)

주요연구

- Dissertation: Corporate social responsibility in a global business system: Affiliation network analysis of hyperlink relationships among global companies and their stakeholders
- Nam, Yoonjae & Barnett, George A. (2010) Communication media diffusion and substitutions: longitudinal trends from 1980 to 2005 in Korea, New Media & Society, 12(7): 1137-1155 (SSCI)
- Nam, Yoonjae & Kim, Joohan (2010). Semiotic analysis of sounds in personal computers: Toward a semiotic model of human-computer interaction. Semiotica, 182 (1/4):269-284
- Nam, Yoonjae, Kwon, Kyounghee H., & Lee, Sungjoon (2010). Does it really matter that people do zipping ads? Testing the effectiveness of simultaneous presentation advertising (SPA) in IDTV environment, Cyberpsychology, Behavior, and Social Networking, 13(2): 225-229

5 문정훈

moonj@snu.ac.kr

http://region.snu.ac.kr

주요경력

- 現 서울대학교 지역정보학 교수 (2010~현재)
- KAIST 경영과학과 교수 (2006~2010)

학 력

- 뉴욕주립대학교 경영대학원 박사 (2002-2006)
- 서울대학교 석사, 1997-1999
- 서울대학교 학사, 1991-1996.

주요연구 및 활동

- 온라인 마케팅 및 정보 경영, 농식품 비즈니스, 지역 혁신 및 마케팅 등의 분야에 연구
- Online Information Review, Technological Forecasting and Social Change, Scientometrics, INNOVATION 등 국제 저명 학술지에 논문 다수 출판
- 국제 학술지 Agribusiness and Information Management 편집장 (2009-현재)
- AutoID Lab 한국 부소장 (2007-현재)

6 박한우

hanpark@yun.ac.kr

http://www.hanpark.net

주요경력

- Journal of Contemporary Eastern Asia 공동편집위원장
- Scientometrics, International Journal of Internet Science, CollNet Journal of Scientometircs & Information Management 편집위원
- Journal of Computer-Mediated Communication, Social Science Computer Review 특별호 편집위원장
- 아시아트리플헬릭스학회 디렉터
- 영남대 사이버감성연구소 소장
- 교육과학기술부 세계수준연구중심대학(WCU) 웹보메트릭스사업단 단장
- 영국 옥스퍼드인터넷연구소(OII) 방문연구원
- 네델란드왕립아카데미(NIWI-KNAW) 상임연구원
- 한국정보문화센터(현: 한국정보화진흥원) 정책연구원

학력

- 미국 뉴욕주립대학교(SUNY-Buffalo) 커뮤니케이션학과 박사
- 서울대학교 신문학과(현: 언론정보학과) 석사
- 한국외국어대 신문방송학과(현: 언론정보학부) 학사

주요연구
- 2002년부터 SSCI급 국제저널에 약 40편 논문발표 (공저자 포함)
- 하이퍼링크를 이용한 사회관계망분석 및 계량정보분석 연구분야에서 100회 이상 피인용됨
- Park, H. W., & Leydesdorff, L. (2010). Longitudinal Trends in Networks of University-Industry-Government Relations in South Korea: The Role of Programmatic Incentives. Research Policy. 39 (5), 640-649.
- Park, H. W. (2010). Mapping the e-science landscape in South Korea using the webometrics method. Journal of Computer-Mediated Communication. Vol. 15, No. 2. 211- 229.
- Park, H. W. (2003). Hyperlink network analysis: A new method for the study of social structure on the web. Connections, 25(1), 49-61.

7 신호철

twitcamp@gmail.com

http://twitcamp.tistory.com
http://twitter.com/FotoCiti
http://www.facebook.com/TwitCamp

주요경력
- 現 (주)트윗캠프 대표이사/사장
- 現 (사)한국인터넷전문가협회 소셜미디어지원센터장
- 前 프라임에이엠(주) 상무, 신도림테크노마트 유통본부장
- 前 日 베스트電器코리아 기획실장
- 前 한솔CS클럽 전략기획실장

학력
- 고려대학교 일어일문학과 졸업 (부전공 : 경제학)

주요활동
- 트위터 메쉬업 개발, 페이스북 어플리케이션 개발, 트위터 분석시스템 개발
- KBS 소셜미디어 전략, 활성화 연구용역 (2010-2011)
- 정부부처 소셜미디어 전략, 활성화 연구용역 (2010-2011)
- 트위터 비즈니스 출간 (2010)
- 아이폰과 트위터는 왜 성공했을까 번역출간 (2010)

8 윤호영

hoyoung@yu.ac.kr

주요경력

- 현재 WCU 웹보메트릭스 사업단 연구원
- 2000년대 국책 및 기업 연구소에서 일함
- 1990년대 연극제 및 무용제에서 일함

학 력

- University of Illinois at Urbana-Champaign 박사 과정 3년 다니고 휴학
- 연세대학교 사회학과 석사
- 연세대학교 영어영문학 학사

주요연구 및 활동

- 한국 인터넷의 특징 : 소통기반 정보 축적 및 유통 문화
- Bottom-up political activities with General-interest Intermediaries
- 금융 전염의 구조 : 1982-1998
- 인간본질에 관한 취스킨트의 인식 : 비둘기, 콘트라베이스, 좀머씨 이야기를 중심으로

9 이연옥

yawningtree@gmail.com

http://www.yawningtree.net
http://twitter.com/yawningtree

주요경력

- 인터넷정치 연구가
- 런던대학교 강사 (2010~현재)
- SouthWest London Academic Network 연구조교 (2009~2011)

학력

- 영국 런던대학교(Royal Holloway) 정치학 박사
- 프랑스 그르노블3대학교(Stendhal-Grenoble III) 정보와 커뮤니케이션 과학 박사준비과정 (DEA)
- 영국 레스터대학교(Leicester) 매스커뮤니케이션학 석사
- 홍익대학교 경영학 학사

주요연구

- Lee, Y. (2011). "South Korea." In Kelly, S. & Cook, S. (eds.), Freedom on the Net: A Global Assessment of Internet and Digital Media, pp.299-309. Washington DC: Freedom House
- Lee, Y. & Park, H. W. (2010). "The Reconfiguration of E-Campaign Practices: A Case Study of the Korean Presidential Primaries of 2007." International Sociology 25(1): 29-53.
- Lee, Y. (2009). "Internet Election 2.0? Culture, Institutions and Technology in the Korean Presidential Elections of 2002 and 2007." Journal of Information Technology & Politics (Web 2.0 Special Issue) 6(3): 312-325.

10 임연수

yonsoolim@hongik.ac.kr

주요경력
- 현) 홍익대학교 광고홍보학부 전임강사
- 전) 영남대학교 WCU 웹보메트릭스사업단 연구교수
- 전) 한국능률협회컨설팅 연구위원

학 력
- 뉴욕주립대(버팔로) 커뮤니케이션학 박사
- 서강대학교 신문방송학 석사
- 고려대학교 사회학 학사

주요연구
- New Media & Society, Social Science Computer Review, Government Information Quarterly, Asian Journal of Communication, Journal of International Communication, Journal of the Korean Data Analysis Society, 인문연구 등 다수의 국내외 저널에 논문 게재
- 주요 연구 분야 : 공공캠페인 설득메시지 전략 연구, 국제PR, 정치캠페인, 소셜미디어 연구, 네트웍분석 (사회연결망, 의미연결망, 인공신경망)

11 전채남

cnjun@paran.com

http://www.facebook.com/chaenam
http://twitter.com/imckorea

주요경력
- (주)더아이엠씨(THE IMC) 대표이사 (현재)
- 영남대학교 문과대학 언론정보학과 외래교수 (현재)
- 대구가톨릭대학교 언론광고학부 외래교수 (현재)
- (주)서진애드컴 기획국 차장 (1995-2001)

학력
- 영남대학교 대학원 경영학과 경영학박사(마케팅) (2001-2007)
- 영남대학교 경영대학원 경영학석사(마케팅) (1997-2001)
- 영남대학교 대학원 사회학과 문학석사 (1993-1995)
- 영남대학교 사회학과 문학사 (1986-1993)

주요연구
- 전채남, 박한우(2011), 트리플헬릭스 모형을 활용한 문화원형 발굴에 관한 연구, 사회과학연구, 제31집 1호, 영남대학교 사회과학연구소
- Jun, Chaenam, Yi Huiuk, Ahn, Euijin(2008), The Comparative Advntage of IMC on Brand Equity Building: An Empirical Verification, 마케팅논집, 제16집 제2권, 한국전략마케팅학회

주요활동

- 대구시교육청 정책홍보 자문위원 (현재)
- TEDxPalgong, Organiaer (현재)
- 대구교통방송(TBN), 생활속통계이야기 고정출연 (2008-2011. 5)
- 2011 대구세계육상선수권대회 온라인 홍보 대행 총괄
- 국토해양부 뉴미디어활성화 전략 수립 및 실행 총괄
- 창의 · 인성교육 현장포럼, 대구지방검찰청, 경북테크노파크 기업지원단, 대구시의회, 영남이공대 등 다수 특강

12 정정주

cjchung@buffalo.edu

주요경력

- 現 뉴욕주립대학교(SUNY-Buffalo) 강사, 2009~현재
- 現 Journal of Computer-Mediated Communication 스페셜 이슈 (Hyperlinked Society) 게스트 에디터(공동)

학 력

- 뉴욕주립대학교 커뮤니케이션학과 박사 (2006-2011)
- 고려대학교 신문방송학과 석사 (2002-2004)
- 한국외국어대학교 신문방송학과 학사 (1995-2002)

주요연구 및 활동

- Telecommunications Policy (2011)
- The Internet and Higher Education (2011)
- Global Networks (2011)
- Global Media Journal (2010)
- Social Science Computer Review (2010)
- Online Information Review (2010)
- Asian Journal of Communication (2009) 등 다수 국제 저널에 논문 게재

13 조성은

secho@yu.ac.kr

http://twitter.com/bbuzzy

주요경력

- 영남대 사이버감성연구소 연구원(2011-현재)
- 고려대학교, 숙명여대, 성신여대, 강사(2010)
- LG투자증권, 온라인 트레이딩 관련 웹기획, 마케팅(1999-2002)

학력

- Rutgers, The State University of New Jersey, School of Communication & Information Science 박사(2003-2010)
- 고려대학교 대학원 신문방송학과 석사(1998)
- 고려대학교 신문방송학과 학사(1996)

주요연구

- Cho, S. E. & Park, H. W. (2011 forthcoming). Government Organizations' Innovative Use of the Internet: The Case of the Twitter Activity of South Korea's Ministry for Food, Agriculture, Forestry and Fisheries. *Scientometrics*.
- Cho, S. E. & Park, H. W. (2011 reviewing). Who are Dominant Communicators on Twitter? A Study of Korean Twitter *Users.InternationalSociology*
- Cho, S. E. & Park, H. W. (2011 reviewing). A Cross-Cultural Comparison of Information Sharing Behaviour between Korea and Japan on Twitter Sphere. *JournalofInformationScience*.

14 최규문

letsgo999@gmail.com

http://letsgo.tistory.com
http://www.fb.com/letsgo999
http://twitter.com/letsgo999

주요경력

- 現 넷피아마케팅센터 연구소장 (2011. 2~현재)
- 페이스북네트웍스 대표, 인맥경영연구원 전임교수(현)
- 한국리더십센터 선임컨설턴트 (2005-2008)

학 력

- 서울대학교 수의과대학 학사 (1984-1991)
- 한국리더십센터 [성공하는 리더들의 7가지 습관] 퍼실리테이터
- 한국코칭센터 인증코치 (셀프리더십 & 디지털플래닝)

저서 및 주요연구

- [페이스북 비즈니스페이스북 페이지 완전정복] 출간 (공저, 더숲, 2011)
- [페이스북 무엇이고 어떻게 활용할 것인가] 출간 (공저, 더숲, 2010)
- 직무적합성 진단도구 [Harrison Assessments] 한글화개발 총괄 PM (2008)
- [KAIST 리더십 구성요소 분석] 조사 프로젝트 참여 (2007)

〉〉 학부/석박사과정 저자 소개

1 김남정

ssgugigi@snu.ac.kr

http://www.twitter.com/namnamjj

학력
- 서울대학교 지역정보전공 석사과정 (2011~현재)
- 한국과학기술원 경영과학과 학사 (2006~2011)

주요연구
- Extension of Need to Belong to Online Environment : a Literature Review (2010)

주요경력
- IRMA_KMIS 2011 학회 논문 발표

2 김민주

minjukim49@gmail.com

http://www.facebook.com/minjukim49

학력
- 영남대 심리학 학사

주요연구
- 소셜미디어, 임상심리

3 김지영

madagascar999@gmail.com

학력
- 영남대학교 언론정보학과 학사
- 영남대학교 언론정보학과 석박사 통합과정

주요연구
- 소셜네트워크분석, 시민저널리즘, 뉴미디어

주요경력
- e-Case/e-TECH, "Geo-information and Twitter Use: An Analysis of Top 1000Twitterians' Profiles" 발표
- SICSS2011, "Webometirics Analaysis of Local Media in South Korea : Focused on University students" 발표

4 박세정

madeinpsj@gmail.com

학력

- 미국 조지아주립대학교 박사 과정
- 영남대학교 언론정보학과 박사과정 수학
- 영남대학교 언론정보학 석사
- 영남대학교 국어국문학, 언론정보학 학사

주요연구

- 소셜 미디어, 웹보메트릭스 분석, 사회네트워크 분석, PR
- 지역미디어의 웹보메트릭스 분석-대학생 집단을 중심으로(2011)

주요경력

- 한국언론학회 2011, "스마트 미디어와 SNS, 과연 커뮤니케이션 혁명의 도구인가 : 정치, 사회 부분 진단"발표
- Asia Triple Helix 학회, "Webonaver 소프트웨어 프로그램" 발표
- 소셜미디어(Social Media) 학회, "Identifying influential users on Twitter: A case of Sejong City in South Korea" 발표

5 박재은

jaeun89@snu.ac.kr

학력

- 서울대학교 농업생명과학대학 지역정보전공 연구원 (2010~)
- 서울대학교 사회과학대학 경제학 전공 (2008~)

6 박지영

heytreee@gmail.com

http://www.facebook.com/heynaomi

학력

- 영남대학교 언론정보학 석사 과정
- 영남대학교 언론정보학 학사

주요연구

- 웹보메트릭스, 비영리기관, 사회네트워크 분석
- 한국에서 나타난 마이크로블로깅과 정치현상 사이의 상호작용, 서울시장 예비후보 토론회를 중심으로(2011)

주요경력

- SUNBELT 2011, "Is Twitter a Medium of Social Mobilization? An Exploratory Study of the Use of Twitaddons.com in South Korea" 발표
- SICSS2011, "Webometirics Analaysis of Local Media in South Korea : Focused on University students" 발표

7 이설련

yukiren311@gmail.com

http://twitter.yukiren311
http://www.facebook.com/xuelian311

학력

- YokoiYasuda Lab, Department of Systems and Social Informatics, Graduate school of Information Science, Nagoya University, Japan. (2010–2011)
- International Economy and Trade, School of Management, Harbin Institute of Technology, China. (2005–2009)
- Yanbian 1st high school(연변제일중학), Jilin Province, China. (2002–2005)

주요연구

- Shigeki Yokoi & Chiho Yoshida & Xuelian Li, Twitter based regional portal sites in Japan. (2009) To be received distinguished paper in e-CASE 2011,Tokyo.
- Park,H.W & Kim,J.Y & Xuelian Li, Regional information sites in Japan compared with Korea. Shigeki Yokoi& Xuelian Li, Real time contents curating online especially for social media.

주요경력

- Part time instructor in Central Educational Services, Japan.(2011)
- Translator for Chinese Students in Nagoya University, Japan. (2010–2011)
- Cultural Ministry in the school of management, Harbin Institute of Technology, China. (2007–2009)

8 이성철

innovation@snu.ac.kr

htttp://twitter.com/misresearch

학력

- 서울대학교 지역정보전공 석사과정 (2011~ 현재)
- 한국과학기술원(KAIST) 경영과학과 학사 (2005~2010)

주요경력

- KAIST 창업 동아리 아이템 공모대회 대상 (2010)
- 한국 소프트웨어 공모대전 장려상 (2009)
- 한국정보올림피아드(KOI) 공모부분 금상 (2004)

9 최명균

qksil1630@gmail.com

http://www.facebook.com/myunggoon.choi
http://myunggoon.linknow.kr/

학력

- 영남대 언론정보학 학사 과정

주요연구

- Internet, Webometrics, SNS, New Media, Network, 사회네트워크분석
- 쇠고기 수입반대에 나타난 정부-시민 갈등 메커니즘 및 네트워크 소통 전략 (2010)

10 최성철

just6161@naver.com

학력

- 영남대 언론정보학 학사 과정

주요연구

- 인터넷

11 최수진

sjchoi@mail.utexas.edu

주요경력

- 한국방송광고공사 (KOBACO) 근무 (2001-2008)

학력

- Ph.D. student, Dept. of Radio-TV-Film, University of Texas at Austin (2010-현재)
- M.A., Telecommunications, Indiana University at Bloomington (2008-2010)
- M.A., Graduate School of Journalism and Mass Communication, Yonsei University (2006-2008)
- B.A., Public Administration, Yonsei University (1997-2001)

주요연구

- Choi, S. (2011 forthcoming). Core-Periphery, New Clusters, or Rising Stars? International Scientific Collaboration among 'Advanced Countries' in the era of Globalization. Scientometrics.
- Choi, S. (2011 forthcoming). Facilities to Service based Competition, Not Service to Facilities based, for Broadband Penetration: A Comparative Study between the United States and South Korea. Telecommunications Policy.
- Waterman, D. & Choi, S. (2011 forthcoming). Non-discrimination Rules for ISPs and Vertical Control: Lessons from Cable TV. Telecommunications Policy.

인터넷 소셜미디어 개론 : 이론과 사례

2011년 10월 4일 인쇄
2011년 10월 10일 발행

편저자 | 박한우
펴낸이 | 이효수
편집기획 | (주)이우
펴낸곳 | WCU 웹보메트릭스 사업단
영남대학교출판부
출판등록 | 1975년 9월 5일 경산제16-1호
주소 | 경상북도 경산시 대동 214-1번지
전화 | 053-810-2275(WCU 웹보메트릭스 사업단)
053-810-1801~3(영남대학교출판부)
팩스 | 053-810-4722(영남대학교출판부)
홈페이지 | http://www.hanpark.net
http://book.yu.ac.kr

ISBN 978-89-7581-428-0